Sprache und Information
Beiträge zur philologischen und linguistischen Datenverarbeitung, Informatik und Informationswissenschaft

Herausgegeben von
István Bátori, Walther von Hahn, Rainer Kuhlen, Winfried Lenders, Wolfgang Putschke, Harald Zimmermann

Band 33

Nico Weber (Hg.)

Semantik, Lexikographie und Computeranwendungen

Max Niemeyer Verlag
Tübingen 1996

CIP-Titelaufnahme der Deutschen Bibliothek

Semantik, Lexikographie und Computeranwendungen / Nico Weber (Hg.). – Tübingen : Niemeyer, 1996
(Sprache und Information ; Bd. 33)
NE: Weber, Nico [Hrsg.]; GT

ISBN 3-484-31933-X ISSN 0722-298-X

Druck: Weihert-Druck GmbH, Darmstadt
Einband: Hugo Nädele, Nehren

Nico Weber

Formen und Inhalte der Bedeutungsbeschreibung: Definition, Explikation, Repräsentation, Simulation

Summary ... 1
Résumé ... 4
1 Einleitung ... 7
2 Semantische Analyse und lexikographische Bedeutungsbeschreibung ... 10
3 Definition und Bedeutungsexplikation ... 19
4 Computergestützte Lexikographie und die »Fundgrubenmetapher« ... 32
5 Zu diesem Band ... 36
Dank ... 42
Literatur / References ... 42

Johann G. Juchem

Zeichen, Bedeutung, Objekt aus kommunikationssemantischer Sicht

Zusammenfassung ... 47
Abstract ... 47
Vorbemerkung ... 47
Literatur / References ... 56

Rainer Stuhlmann-Laeisz

Was ist philosophische Logik der Zeit?

Abstract ... 59
Résumé ... 59
Vorbemerkung ... 59
1 Was ist die Aufgabe der Logik? ... 60
2 Was ist philosophische Logik? ... 61
3 Was ist philosophische Logik der Zeit? ... 62
Literatur / References ... 70

Bernhard Schröder

Zum Kompositionalitätsprinzip in der Semantik

Zusammenfassung ... 71
1 Kompositionalität als Prinzip in der Semantik ... 71
2 Varianten des Kompositionalitätsprinzips ... 72
3 Beispiele für kompositionelle extensionale Interpretationen ... 74
4 Bidirektionale Kategorialgrammatiken ... 77
5 Die kompositionelle Interpretation der Quantoren ... 80
6 Die kompositionelle Interpretation intensionaler Kontexte ... 83
7 Ein Theorem von Wlodek Zadrozny ... 85
Literatur / References ... 90

Udo L. Figge
Kognitiv orientierte Lexikographie
Zusammenfassung 93
Abstract 93
Résumé 94
1 Sprache als semiotisches System 95
2 Gedächtnis 95
3 Manifestation von Merkmalen und Konzepten 97
4 Semantisch und enzyklopädisch 101
5 Kognitiv orientierte Lexikographie 102
Literatur / References 103
Anhang 104

Uta Seewald
Wortbedeutungen in Wörterbüchern,
Wortbedeutungen in Texten
Zusammenfassung 109
Abstract 109
1 Die Lexikonkomponente in natürlichsprachlichen Systemen 109
2 Wortbedeutungen im Text und Defizite ihrer Darstellung im Wörterbuch 110
3 Konsequenzen für die Lexikonkonzeption 117
4 Status und Ziel der vorgestellten Lexikonkonzeption 125
Literatur / References 126

Manfred Bierwisch
Lexikon und Universalgrammatik
Summary 129
1 Einleitung 130
2 Lexikalische Einheiten als idiosynkratische Information 132
3 Die Struktur von Lexikoneinheiten 134
4 Lexikalische Einheiten als Regeln 140
5 Prinzipien im Lexikon 144
6 Grammatik und Lexikon 150
7 Ausblicke 161
Literatur / References 164

Henning Bergenholtz / Uwe Kaufmann
Enzyklopädische Informationen in Wörterbüchern
Abstract 167
1 Semantische vs. enzyklopädische Angaben 167
2 Term- und Wissensbanken 173
3 Mehr als eine Wahrheit? 176
4 Wörterbuchtypologie 177
Literatur / References 180

BURKHARD SCHAEDER

Ansichten von Bedeutung: fachsprachliche vs. gemeinsprachliche Semantik 183

Literatur / References 185

ASTRID STEINER-WEBER

On Compound Explication in a Byzantine Greek Dictionary

Zusammenfassung 187

Résumé 187

Literatur / References 193

MANFRED W. HELLMANN

Lexikographische Erschließung des Wendekorpus

1 Hintergrund des Projekts 195

2 Zum Wendekorpus 198

3 Zum Recherchesystem COSMAS 202

4 Zum Teilprojekt 1: Dokumentarisch-lexikographische Erschließung des Wendekorpus: Das "Korpuserschließende Wörterverzeichnis" (KWV) 204

Anhang 211

JEAN-MARIE ZEMB

Les temps d'un dictionnaire de TAO sont-ils venus?

Summary 217

1 Propositions conjointes visant l'élaboration commune d'un dictionnaire bilingue servant à la TAO – Erwägungen und Empfehlungen zu einer übersetzerbezogenen zweisprachigen institutionellen Lexikographie 218

2 Commentaires 221

ULRICH ENGEL

Semantische Relatoren

1 Zum Forschungsstand 223

2 Relatoren 225

3 Das Inventar der semantischen Relatoren 227

4 Anwendungsbeispiele 233

Literatur / References 234

URSULA KLENK

Die Beschreibung von Sätzen ohne Subjektsphrase in der kopfgesteuerten Phrasenstrukturgrammatik

Abstract 237

Literatur / References 244

SUZANNE WOLTING
Representation of Verb-alternations in an Inheritance-based Lexicon
Summary 245
1 Verb classes in the lexicon 245
2 The representation of verb classes in DATR 251
3 Representation of verb alternations 257
Literatur / References 258

STEPHAN MEHL
Probleme der Extraktion semantischer Relationen aus maschinenlesbaren Wörterbüchern
Abstract 261
1 Einleitung 261
2 Theoretische Probleme: Wörterbucheinträge und Bedeutungskonstitution 262
3 Probleme der maschinellen Erkennung von Relationen 268
4 Zusammenfassung und Ausblick 271
Literatur / References 273

GREGOR BÜCHEL
Können Verben semantische Relationen markieren?
Summary 275
1 Einleitung 276
2 Beschreibung der Datenbank zu G.W.F. Hegel: »Wissenschaft der Logik« 277
3 Relativsatzerkennung 279
4 Semantische Netze für definierende Phrasen 280
5 Graphen für Verben, die in definierenden Phrasen auftreten 282
Literatur / References 285
Anhang: Tabellen zur Relativsatzerkennung 286

ULRICH HEID
On the Verification of Lexical Descriptions in Text Corpora
Abstract 289
1 Relating corpus and lexicon – the problems 289
2 The DELIS approach to corpus lexicography – the toolbox 292
3 The descriptive approach in DELIS and its use in tools 293
4 Using the search condition generator 300
5 Implementation 305
Literatur / References 305

HERBERT KÜSTNER
Automatische Generierung natürlichsprachlicher Paraphrasen formaler Bedeutungsbeschreibungen
Vorbemerkung 307
1 Zusammenfassendes zur Wirkungsweise 307
2 Der rekursive Teil der Verarbeitung 308
3 Die Verarbeitung der sememinternen referentiellen Bindung 310
4 Schlußbemerkung 315
Literatur / References 315

MANFRED STEDE
Verb Semantics in Multilingual Sentence Generation
Abstract 317
1 Overview 317
2 Sources of paraphrases 319
3 A two-step architecture for multilingual paraphrasing 320
4 The lexicon of the generation system 327
5 Summary 328
Literatur / References 329

ADRESSEN DER AUTOREN 331

Nico Weber

Formen und Inhalte der Bedeutungsbeschreibung: Definition, Explikation, Repräsentation, Simulation

Summary

This is an extended written version of the opening communication at the Workshop on Semantic Theory and Lexicographic Theory – Applied Semantics and Lexicographic Practice *that was organized by the author at the University of Bonn on January 27 and 28, 1995. This workshop brought together specialists in linguistic, especially syntactic and semantic theory, experienced lexicographers, and computational linguists concerned with the computational treatment of meaning in dictionaries and other texts. Communications fell under the following subject headings:* Logic and communication theory · Semantic and lexicographic theory · Applied semantics and lexicography · Semantics and lexicography in computational linguistics. *At the end of each day there was a plenary discussion on:* What [kind of meaning] is there in dictionary explications? *and* What kind of semantics does (computational) lexicography need? *This volume contains written papers subsequently presented by participants.*

The introduction is entitled: Structures and contents of the description of meaning: definition, explication, representation, and simulation, *these four terms reflecting the main points under discussion. Approaches to the theory of definition, to lexicographic explication in dictionaries, and to symbolic representation of meaning in semantic theory have to be carefully studied in order to help us develop realistic expectations and working schemes for the simulation of meaningful communication in computational systems. Corpus-based* Computational lexicography *(= Cl) is currently one of the most interesting and most discussed topics in* Computational Linguistics. *Quite a number of national and international projects are engaged in research on and development of tools and methods for making dictionaries on the basis of large text corpora. Within Cl the interest focusses on printed dictionaries as text sources, because they are considered to "contain" substantial "information" or specialized "knowledge" on language and its "meanings", which in addition is presented in a more explicitly and regularly structured way than would be the case in other texts. There are two fundamental, and interrelated goals aimed at by these efforts: one is to "transform" printed dictionary text into computer-tractable lexicon data (commonly termed* lexical *or* lexicon acquisition)*; another is to "extract" lexical and semantic information from these sources and to bring it into a formal, theory-independent (if possible), computationally adequate representation to be re-used in NLP and AI systems that are in need of large-scale lexical information (a process that some like to term* knowledge acquisition). *Moreover, researchers in the course of these exercises hope to gain further theoretical insight into the nature of lexical meaning and its description or representation.*

A critical view of terminological usage in relevant Cl publications of the last decade (cf. illustrative quotations pp. 32–34) reveals a rather inconsiderate use of concepts almost devoid of a precise meaning and in no way connectable to any definite theoretical interpretation or technical implementation. What does it mean to say, for example, that dictionaries "contain" or "offer" "a wealth of" (a stereotypical formulation) "semantic" or "lexical" "content", "information", "knowledge" or "meaning" which is "implicit" or even "hidden" (why should it be?) and which has to be "extracted" or "made explicit"? These are evidently metaphors which, somewhat less evidently, describe rather abstract objectives, *but by no means definite* methods *to attain them. What is problematic, then, is that due to their suggestive power they seem to be more or less taken for statements of actual feasibility. It may well be, however, that progress in research and understanding needs productive metaphors, but misleading ones are a hindrance.*

Research on scientific and folk definition, *as well as on meaning* explication *in everyday communication and in lexicographic practice has shown that a »conduit metaphor« (M. J. Reddy) of definition or explication* texts *containing meanings as somehow independent entities is inadequate. Meaning definition or explication is a special kind of communication between a producer (the lexicographer) and a recipient (the interpreter or reader) via the text. Because the term "definition" is often criticized for not being adequate for comments on meaning in dictionaries, I opt for the term "explication" – this without any profound theoretical commitments. According to R. Robinson (p. 19) definitions may be classified according to their* purpose *on the one hand, and to the* method *or technique used on the other. There are a number of universally recognized methods (cf. Robinson's p. 21 ff. or A. Rapoport's p. 23), among them the so-called* Aristotelian *or* logical *method by* genus proximum *(close hypernym) and* differentia specifica *(distinguishing co-hyponym or other specification). In linguistic literature logical definition is viewed as only partly overlapping* lexicographic definition. *Two interesting classifications of lexicographic definitions in French dictionaries were presented by J. Rey-Debove 1967 and R. Martin 1990; 1992 (p. 25 ff.). Methods in Cl based on automated* headword finding (genus extraction) *and the compilation of lexeme taxonomies or hierarchically structured networks through hypernym or superordinate chaining are based on the assumption that definition by genus (proximum) and differentia(e) is, as it were, the normal form of meaning explication. Different structures are treated as more or less problematic deviations that have to be brought into line with logical definition. This, again, is not in accordance with the results of theoretical research which show that meaning definitions and lexicographic explications may have various structures and contents, none of which can be considered to be "fundamental".*

Meaning explications, in summary, are not the meanings *of their explicanda, but an* access *to them (Quasthoff/Hartmann 1982). This access may be characterized as a* non-interactive (one-way) communication *between the producer and the recipient(s) of an explanatory text (Wiegand 1981). The aim of this communication is by anticipation to meet recipients" information expectations, to answer their questions about meanings, to confirm or enlarge their experiences with words (Viehweger et al. 1977), or to "bridge the gap" that may exist between words and users" experience or knowledge (Rapoport 1950). Meaning explications are didactic messages to potential addressees (Robinson 1968). They consist of rules, hints, or examples showing how to use a word to "make reference to" something in the world (Wiegand 1985). Explicating meaning in a dictionary means producing "condensed" and "standardized" text intended to be interpreted by its potential users (Wiegand 1989). The user or reader or recipient role is one we simply cannot leave out if we want to model or simulate the communicative process of meaning explication. If, however, we abandon the communicative model we will have to define a new model of dictionary information processing in a context of* man–machine–interaction.

Another major point is the relation of lexicographic explication to semantic theory (or theories) (p. 10 ff.). There are two fundamental methods of meaning description: semantic discourse *in natural language on the one hand, and* semantic representation *using artificial symbolic algebras on the other. Linguistic representation may be functional, relational, or structural. The functional perspective focusses on the communicative meaning of linguistic expressions; relational models (which are often termed "functional", too) locate meaning in the relations between these expressions; and structural analyses, which may be sub-classified as componential or categorial, view meaning as being constituted by some kind of basic elements like* markers *or* features *in* interpretative semantics, atomic predicates *in* generative semantics *for componential analysis, or* semantic primitives *in the sense of A. Wierzbicka,* deep cases *or* semantic roles *after C. Fillmore and others for categorial representation.*

An extensively discussed question (especially in the heyday of componential semantics) has been whether lexicographic explications are equivalent to componential analyses of lexemes (p. 10 ff.). The answer is, in short, that they are not; instead, they are said to be paraphrases *– but what kind of paraphrases? Weinreich 1966 held that the* mention *or* use *of the explicandum in an "analytic" explication (in contrast to an incidental description) is necessary – in the sense that it may not be replaced by another expression* salva veritate. *On the question whether the explicandum could be replaced by its explication in normal contexts of use he was negative. Against this, Rey-Debove 1971 maintained a general "identity of function" between explicated words and their lexicographic paraphrases, so that they would be at least functionally equivalent, if not literally substitutable, in any given context. To give a complete set of paraphrases for a concept (viewed as a cognitive entity) in each of its articles is the program of the "explanatory and combinatory" dictionary of French (DEC) (Mel'čuk et al. 1984–1992) (p. 14 ff.). This dictionary, like its Russian predecessors, is based on the* meaning–text–model *which may be characterized as a relational semantic theory. In this model, regular morpho-semantic and syntactico-semantic relations between language expressions are captured by a set of* lexical functions. *The underlying principle is an operationalization of identity as similarity of meaning through an intuitive notion of* (quasi–) synonymy. *What is most interesting about the DEC is that fact that it is one of the rare dictionaries whose explications are overtly related to a semantic theory which is exposed in detail in the dictionary itself and in related publications.*

Conclusions: a critical view of the theory of meaning definion, lexicographic explication, semantic representation and computational simulation reveals that some of the ideas underlying current approaches in Cl to an automated analysis and interpretation of comments on meaning in dictionaries are problematic. Dictionary explications are not componential analyses of the explicanda, but paraphrases. This underlines their discursive (vs. representational) nature. Meaning paraphrases function as communications or instructions to potential addressees about how to use the linguistic expression the explication is about. Fundamental options for demonstrating the linguistic functioning of an expression are mention (referring to denoting entities), use (referring to entities denoted), and exemplification (presenting typical contexts). There are a number of methods of which the so-called Aristotelian method is only one and not necessarily the most adequate for lexicographic explication. These methods depend on whether explications are about words or things, on the formal and semantic properties of the words explained, on the kind of dictionary in which they appear. All these factors have to be considered when analysing and classifying explications, instead of only a few isolated ones. This volume reports on the state of the art by presenting some selected aspects of semantics in relation to lexicography and computational applications.

Résumé

Ceci est la version revue et développée d'une communication inaugurale à un colloque sur la Théorie de la sémantique et de la lexicographique – Sémantique appliquée et pratique de la lexicographie *organisé par l'auteur le 27 et 28 janvier 1995 à l'Université de Bonn. Ce colloque réunissait des spécialistes en théorie linguistique, surtout syntaxique et sémantique, des lexicographes et des spécialistes en* traitement automatique des langues (= TAL) *qui travaillent sur le traitement sémantique des textes et notammant des dictionnaires. Les communications portaient sur les sujets suivants:* Logique et théorie de la communication · Théorie sémantique et lexicographique · Sémantique appliquée et lexicographie · Sémantique et lexicographie en TAL. *Chaque journée se terminait par une discussion en plenum sur un des deux sujets:* Qu'y a-t-il dans les explications de dictionnaires? *et* De quelle sémantique la lexicographie a-t-elle besoin? *Ce volume contient les versions écrites ultérieurement soumises par les auteurs.*

La présente introduction est intitulée: Formes et contenus de la description du sens: définition, explication, représentation et simulation, *ces quatre termes reflétant les points essentiels en discussion. Diverses approches théoriques de la définition, de l'explication lexicographique dans les dictionnaires et de la représentation symbolique du sens dans la sémantique théorique doivent être soigneusement étudiées pour permettre de développer ultérieurement des plans plus réalistes et des méthodes plus efficaces en ce qui concerne la simulation sur ordinateurs d'une communication véritable. La* lexicographie assistée par ordinateur (= LAO) *travaillant sur des corpus est un des sujets les plus intéressants et les plus discutés au sein du TAL. Un grand nombre de projets nationaux et internationaux sont engagés dans le recherche et le développement d'outils et de méthodes pour le confectionnement de dictionnaires sur la base de larges corpus de textes. Au sein de la LAO l'intérêt est concentré sur les dictionnaires imprimés comme textes-source, parce que ceux-ci sont estimés "contenir" des "informations" substantielles ou un "savoir" spécialisé sur le langage et ses "significations" structurés d'une façon plus explicite et plus régulière que dans d'autres textes. Ces efforts ont deux objectifs fondamentaux reliés entre eux: l'un est l'idée de "transformer" des dictionnaires imprimés en lexiques informatisés (qu'on appelle normalement* acquisition lexicale)*; l'autre est "d'extraire" de ces sources des informations lexicales et sémantiques formalisées et réutilisables par des systèmes de traitement du langage naturel ou de l'intelligence artificielle (ce que certains appellent* knowledge acquisition). *En outre, à ces recherches se lie l'espoir d'acquérir des connaissances théoriques plus profondes sur la nature du sens lexical et de sa description ou de sa représentation.*

Un aperçu critique sur l'usage terminologique en LAO (de langue anglaise) publié au cours des dix dernières années (cf. citations-exemples pp. 32–34) révèle une utilisation peu réfléchie de concepts manquant d'un sens précis et qui ne peuvent être rapportés à aucune interprétation concrète ou implémentation technique réalisable. Que signifient, par exemple, des formules comme celle que les dictionnaires "contiennent" ou "offrent" "une (grande) richesse" (ceci étant une formulation stéréotype) "de contenu", "d'informations", "de savoir" ou "de sens" "sémantique" ou "lexical" qui, étant "implicite" ou même "caché" (pourquoi le serait-il?), doit être "extrait" ou "rendu explicite"? Il s'agit évidemmment d'emplois métaphoriques de ces termes qui, ceci étant moins évident, désignent des objectifs *plutôt que des* méthodes *pour les atteindre. Le problème est que leur pouvoir suggestif les fait passer à tort pour des affirmations de choses faisables qu'ils ne sont pas réellement. Il est probable que le progrès des connaissances et de la recherche ait besoin de métaphores conductrices, mais que des métaphores fallacieuses soient au contraire pour le moins gênantes.*

L'étude des procédés de la définition *scientifique ou populaire ainsi que des mécanismes de* l'explication du sens *dans la communication quotidienne et dans la pratique lexicographique a montré que la métaphore »du conteneur«, qui interprète les sens comme unités indépendantes pour ainsi dire conservés dans les* textes *de définitions ou d'explications, n'est pas correcte. La définition ou l'explication du sens représente une certaine manière de communiquer entre un producteur (le lexicographe) et un destinataire (le lecteur-interprète) au moyen du texte. Le terme "définition" étant souvent contesté dans l'application aux commentaires sémantiques dans les dictionnaires, je préfère employer celui "d'explication" – sans aucun autre engagement théorique. D'après R. Robinson 1968 (p. 19) les définitions peuvent être classées d'une part selon leurs* objectifs, *d'autre part selon les* méthodes *qu'elles représentent. Un certain nombre de ces méthodes sont mentionnées par tous les auteurs (cf. celles de Robinson p. 21 ff. ou de A. Rapoport p. 23), l'une d'elles étant la méthode dite* aristotélicienne *ou* logique *par* genre prochain *(hyperonyme immédiat) et* différence spécifique *(co-hyponymes ou autres spécifications distinctives). L'opinion commune en théorie linguistique est que la définition logique et ce qu'on appelle la* définition lexicographique *ne sont que partiellement semblables. Des classifications intéressantes de définitions lexicographiques de mots à signification autonome furent présentées par J. Rey-Debove 1967 et R. Martin 1990; 1992 (p. 25 ff.). Les méthodes suivies en général en LAO qui consistent à repérer automatiquement le mot-tête de l'explication* (extraction du genre) *et de compiler des taxonomies ou des réseaux lexématiques en suivant les enchaînements de supér- ou hypéronymes est fondée sur l'hypothèse que la définition par genre prochain et différence(s) spécifique(s) est, pour ainsi dire la forme normale de l'explication de dictionnaire. Les structures différentes sont traitées comme déviations causant plus ou moins de problèmes et qu'il faut faire concorder avec la forme logique. Ceci à nouveau ne se trouve pas en accord avec les résultats théoriques qui montrent que les définitions de sens comme les explications lexicographiques présentent des structures et contenus tout à fait variés dont aucun ne peut être considéré comme "fondamental".*

En résumé, l'explication n'est pas *le sens lui-même d'une expression mais un* accès *à ce sens (Quasthoff/Hartmann 1982). Cet accès peut être caractérisé comme* communication non-interactive (uni-directionnelle) *entre l'émetteur et le(s) récepteur(s) d'un texte explicatif (Wiegand 1981). L'objectif de cette communication est de satisfaire, par anticipation, les besoins d'information des récepteurs, de répondre à leurs questions concernant le sens des unités traitées, de confirmer ou d'élargir leur expérience avec les mots (Viehweger et al. 1977) ou de "faire le pont" entre les mots et l'expérience ou le savoir des utilisateurs (Rapoport 1950). Les explications de sens sont des messages didactiques qui s'adressent à des utilisateurs potentiels (Robinson 1968). Ils sont constitués de règles, d'aides diverses et d'exemples qui montrent comment utiliser un mot pour "faire référence à" quelque chose dans le monde (Wiegand 1985). Expliquer un sens dans un dictionnaire revient à produire un texte "condensé" et "standardisé" destiné à être interprété par des lecteurs potentiels (Wiegand 1989). Le rôle de l'utilisateur ou du lecteur ne peut finalement pas être ignoré par ceux qui essaient de modeler ou de simuler l'acte de communication qu'est l'explication du sens. Si toutefois nous abandonnons le modèle de communication nous aurons à définir un modèle radicalement nouveau du traitement de l'information dictionnairique dans le contexte d'une* interaction homme-machine.

Un autre point important est la relation entre l'explication du sens en lexicographie et sa représentation dans la ou les théorie(s) sémantique(s) (p. 10 ff.). Il existe deux méthodes fondamentales de la description du sens: le discours sémantique *en langage naturel d'une part et la* réprésentation sémantique *au moyen d'une algèbre symbolique artificielle d'autre part. La représentation linguistique peut être fonctionnelle, relationnelle ou structurelle. La perspective fontionnelle se concentre sur le sens communicatif des expressions linguistiques; les modèles relationnels (souvent également qualifiés de "fonctionnels") localisent le sens des expressions dans leur relations réciproques; les analyses structurelles, enfin, où l'on peut distinguer les analyses "componentielles" et les analysis "catégorielles", supposent que le sens est constitué d'éléments primitifs de base - soit les* traits *ou* marqueurs *sémantiques en* sémantique interprétative *ou les* prédicats atomiques *en* sémantique générative *pour l'analyse componentielle, soit les* primitifs *dans le sens de A. Wierzbicka ou les* cas profonds *ou* rôles sémantiques *d'après C. Fillmore pour la représentation catégorielle.*

Une question largement discutée (surtout à l'apogée de la sémantique componentielle) était de savoir si les explications lexicographiques sont l'équivalent d'une analyse componentielle des lexèmes (p. 10 ff.). La réponse est tout simplement non; les explications sont qualifiées de paraphrases, *mais de quel genre de paraphrases s'agit-il? Weinreich 1966 était d'avis que la* mention *ou l'*usage *de ce qui est l'objet d'une explication "analytique" (par opposition à une description contingente) est nécessaire dans le sens qu'il ne peut pas être remplacé par une autre expression* salva veritate. *Par contre, il estimait qu'un mot expliqué ne peut guère être remplacé par son explication en discours normal. Rey-Debove 1971 le contredisait en se déclarant convaincue par une longue expérience d'une "identité de fonctionnement" entre le défini et sa définition de sorte que l'un pourrait toujours remplacer l'autre en contexte, sinon littéralement, du moins fonctionnellement. Développer dans un article l'ensemble complet de paraphrases pour chaque unité conceptuelle représentée est le programme du dictionnaire "explicatif et combinatoire" du Français (DEC) (Mel'ŭk et al. 1984–1992) (p. 14 ff.). Comme ses prédécesseurs russes, le dictionnaire se fonde sur le* modèle sens-texte, *dans lequel on peut voir une théorie sémantique relationnelle. Dans ce modèle, les rapports réguliers morpho-sémantiques et syntaxico-sémantiques entre les expressions langagières sont saisies au moyen de* fonctions lexicales. *Le principe en est l'application du concept de l'identité de sens comme ressemblance basée sur une notion intuitive de* (quasi-) synonymie. *On notera avec un trés grand intérêt le fait que le DEC compte* *parmi les rares dictionnaires qui mettent en oeuvre une théorie sémantique particulière, au demeurant exposée en détail au sein du dictionnaire même et dans des publications périphériques.*

Conclusions: un regard critique sur la théorie de la définition, de l'explication lexicographique, de la réprésentation sémantique et de leur simulation sur ordinateurs révèle que certaines des idées prônées par la LAO actuelle en matière d'analyse automatique et d'évaluation des commentaires sémantiques reproduits dans les dictionnaires imprimés sont plutôt problématiques. Les explications fournis par les dictionnaires ne sont pas des analyses componentielles, mais des paraphrases. Ceci souligne leur caractère "discursif" (vs. de représentation). Les paraphrases fonctionnent comme des communications ou instructions adressées à des récepteurs potentiels et portant sur l'usage des expressions linguistiques en question. Des options fondamentales pour démontrer le fonctionnement linguistique d'une expression sont la mention (en parlant de signifiants), l'usage (en parlant de signifiés) et l'exemple (en produisant des contextes typiques). Il y a un certain nombre de méthodes d'explication parmi lesquelles la méthode dite aristotélicienne n'est qu'une parmi d'autres et pas nécessairement la plus appropriée pour l'explication lexicographique. Les méthodes utilisées dépendent du fait si on parle de mots ou de choses, des propriétés formelles et sémantiques des expressions expliquées et du type de dictionnaire en question. Tous ces facteurs doivent être considérés pour l'analyse et la classification des explications, et non seulement quelques-uns d'entre eux isolément. Ce volume présente l'état de la question avec quelques aspects choisis de la sémantique en relation avec la lexicographie et les applications en LAO.

1 Einleitung

Die Verfügbarkeit von maschinenlesbaren Corpora mit Sprachdaten und von Computerwerkzeugen für deren Manipulation hat zu einer Wiederbelebung empirischer und statistischer Methoden der Sprachanalyse geführt, wie die Herausgeber des diesem Thema gewidmeten Sonderheftes 19/1 (1993) der Zeitschrift *Computational Linguistics* feststellten. Es sind selbstverständlich auch andere Formen der Empirie möglich als stochastische Methoden. Unter ihrem Einfluß findet teilweise eine methodische Umorientierung statt von einer typologisch orientierten, introspektiven Linguistik der Beispiele zu einer theoretisch orientierten, deskriptiven Linguistik der Belege. Hier spielt, für einmal, die Lexikographie die Vorreiterrolle. In dem mit Computerunterstützung erstellten COBUILD wurden Bedeutungsdefinitionen auf der Basis eines extensiven Sprachcorpus formuliert und daraus Verwendungsbeispiele für die Lemmata aufgenommen. Der *Maschinellen Lexikographie (= ML; computational lexicography)*, einer bis dato nicht klar definierten Teildisziplin der Computerlinguistik, eröffnet sich hier ein profilgebendes neues Aufgabenfeld. Die Idee, daß Wörterbucheinträge aufgrund ihrer Strukturierung, einer irgendwie normierten Grammatik und Lexik sowie der Tatsache, daß dort bewußt und mehr oder weniger sorgfältig und systematisch Bedeutungen expliziert werden, eine besonders günstige Textbasis für computerorientierte Bearbeitungen darstellen, ist nicht neu (vgl. die Einleitung zu Boguraev/Briscoe (eds.) 1989 oder Weber 1991). Im DFG-Projekt *Computerorientierte Analyse der Definitionstexte deutscher Wörterbücher* (1991-1995) wird ein überschaubares maschinenlesbares Corpus von Einträgen aus dem DDUW systematisch morphologisch, syntaktisch und semantisch analysiert und klassifiziert (vgl. Weber 1992; 1993; to appear). Das Ziel ist eine formalisierte theorieneutrale Repräsentation der Bedeutungsbeschreibungen zu den Lemmata. Das Projekt stellt somit einen Testfall für corpusbasierte semantische Forschung dar.

Im Zentrum des Interesses stehen die Bedeutungsangaben, -erklärungen oder -erläuterungen, -be- oder -umschreibungen, -paraphrasen oder -periphrasen, -explikationen, -kommentare, -definitionen, oder was für einen Terminus man auch immer dafür benutzen möchte. Der Terminus »Definitionen« wird immer wieder verwendet und immer wieder auch kritisiert.[1] Nach Marcus 1970:87 »les définitions dans les dictionnaires ne sont pas des définitions au sens logique du mot«, weil sie eine – zumindest indirekte – »circularité« nicht vermeiden, die darin besteht, in einer sprachlichen Explikation den explizierten Term zu benutzen. Nach Wiegand 1981:157 ist die Bezeichnung »lexikographische Definition« schon aus formalen Gründen irreführend, weil der syntaktische *link* zwischen Definiendum (= **Dm**) und Definiens (= **Ds**), der »Definitor« (= **Dr**) oder »Relationsausdruck« (Wiegand 1985) fehlt. Wiegand 1985:52 ff. führt aus, »warum lexikographische Definitionen besser nicht zu den Definitionen gezählt werden sollten«. Sie sind keine terminologischen Festsetzungen innerhalb eines wissenschaftlichen Systems, sie sind nicht präskriptiv und sie sind nicht analytisch, da durch das Ds keine vollständige (exhaustive) semantische Dekomposition des Dm gegeben wird. Analytizität in diesem Sinne ist nicht entscheidbar und wohl auch nicht möglich, aufgrund der »Schlechtbestimmtheit« (Wolski 1980) natürlichsprachlicher Bedeutungen. Schließlich steht für ihn die didaktische Intention lexikographischer Bedeutungsexplikationen im »deutlichen Unterschied zum wissenschaftlichen Definieren« (Wiegand 1985:59). Für die »lexikographische Bedeutungsbeschreibung« zwischen »alltäglichem Sprechen über Wortbedeutungen« und »wissenschaftlicher Definition« (ibd. 17) wählt er schließlich die Bezeichnung »lexikographische Bedeutungserläuterung« (ibd. 60) oder auch – *sans façons* – »lexikographische Definition« (Wiegand 1989).

Eine fundierte terminologische Entscheidung ist nicht am Anfang, sondern am besten am Ende zu treffen, wenn man – hoffentlich – besser weiß, worüber man spricht und was man darüber zu sagen hat.[2] Aber wir brauchen einen Terminus als Arbeitsgrundlage. Gut geeignet ist **Bedeutungsexplikation**, weil es, wie *lexikographische Definition*, ein Internationalismus [3] ist und die allgemeine Idee von: *Bedeutungen explizit machen* vermittelt. Was aber heißt »Bedeutungen explizit machen«? Die Redeweise setzt voraus, daß zumindest manche Bedeutungen in der Sprache nur implizit gegeben seien. Die Verständigung zwischen Kommunikationspartnern setzt damit eine Konstruktion von Bedeutungen im Kommunikationsprozeß voraus, in der radikalsten Sichtweise situativ und subjektiv einmalig.[4] Die Redeweise setzt auch voraus, daß es möglich sei, Bedeutungen mit symbolischen Mitteln sozusagen au-

1. Vornehmlich allerdings von deutschsprachigen Autoren; die Frankophonen haben offensichtlich weniger (oder gar keine) Bedenken – vgl. Rey-Debove 1966; 1967; 1971:180 ff.; Fradin/Marandin 1979 oder Chaurand/Mazière (eds.) 1988.

2. Ich werde mich im übrigen bei der Besprechung der Literatur nicht mit der jeweils benutzten Terminologie an sich auseinandersetzen, sondern sie einfach – aber nicht unkritisch – übernehmen, mich eher auf die Inhalte konzentrieren und auf den eigenen terminologischen Gebrauch achten.

3. Vgl. die Anmerkung bei Wiegand 1989:532 und die Diskussion des Begriffs »Explikation« ibd. 542 f.

4. Vgl. hierzu den Beitrag von J. Juchem in diesem Band (47–57).

ßerhalb ihrer impliziten Seinsweise zu materialisieren, oder wenigstens eine Vorstellung davon außerhalb des normalen Kommunikations- und Konstruktionsprozesses zu evozieren. Manche meinen, daß dies nur vor dem Hintergrund einer ausformulierten **semantischen Theorie** möglich sei.[5] Solche Auffassungen entsprechen der von Carnap 1956, für den die *Explikation* alltagssprachlicher Begriffe deren »Rekonstruktion« durch einen neuen, exakt(er)en Begriff innerhalb eines logischen Systems ist. Welcher Lexikograph aber schreibt seine Definitionen konsequent auf der Basis einer ausformulierten semantischen Theorie? Welches Wörterbuch dokumentiert eine solche Theorie und ihre Anwendung? Günstigstenfalls, wird man antworten müssen, liegt qualitativ hochstehenden Wörterbüchern eine Beschreibungssystematik zugrunde, die wir rekonstruieren müssen und die, metatheoretisch beschrieben, so etwas wie eine Theorie der Bedeutungsexplikationen in diesen Wörterbüchern darstellen könnte. Eine Frage, die am besten mit computerlinguistischen Methoden untersucht wird, ist: wie systematisch sind Bedeutungsexplikationen in Wörterbüchern?[6] Nach Wiegand 1989:532 stellt »eine Typologie von sog. lexikographischen Definitionen relativ zu semantisch bestimmten Typen von Lemmazeichen (...) eine[s] der wichtigsten Desiderata der Wörterbuchforschung dar«. Eine Typologie von Bedeutungsexplikationen relativ zu semantischen Typen von Lemmata ist nur insoweit sinnvoll, als erstere tatsächlich von letzteren bestimmt werden. Dies ist jedoch nicht immer der Fall. Der in unserem Material äußerst häufig repräsentierte Typus der »morphosemantischen Explikation« [7] zeigt regelmäßige Korrelationen zwischen morphologischen Strukturen von Lemmata und morphosyntaktischen Strukturen der ihnen zugeordneten Explikationen.[8] Dies zwingt zu der Hypothese, daß auch andere Faktoren, als semantische, Typen von Bedeutungsexplikationen bedingen können, etwa die grammatische Kategorie oder die morphologische Struktur eines Lemmas.

---

5. Z.B. Cooper 1977:895 : »Semantic representation which is not linked with a theory of meaning seems little more than disambiguation (...); it might be compared with a system of phonetic transcription unaccompanied by a theory of phonetics. There seems little point in transcribing a language into a semantic representation or a phonetic alphabet unless one can say something about the meanings or the sounds represented«.

6. Das »wie« ist gewollt zweideutig; es bedeutet einerseits »in welchem Ausmaß«, andererseits »auf welche Art«.

7. Vgl. Weber 1992, 1993.

8. So werden z.B. von Adjektiven abgeleitete Substantive auf *-keit* fast immer durch einen substantivierten Infinitiv auf *-sein* expliziert. Beispiel: *<LEM>Abwegigkeit [Nom.Fem] - <DF>das Abwegigsein.*

2 Semantische Analyse und lexikographische Bedeutungsbeschreibung

Wir können zwei grundsätzliche Methoden der Bedeutungsexplikation unterscheiden:[9] den **semantischen Diskurs** in natürlicher Sprache über dieselbe oder eine andere natürliche Sprache und die **semantische Repräsentation** durch ein künstliches Notationssystem. Solche künstlichen Systeme sind mehr oder weniger formalisiert und stets vor dem Hintergrund einer bestimmten Theorie der Bedeutung und ihrer Darstellung definiert. Grundlegende Optionen sind hier die funktionale, die relationale und die strukturelle Repräsentation. In funktionaler Perspektive ist die Bedeutung sprachlicher Ausdrucksmittel ihre kommunikative Funktion, der relationale Zugang (der manchmal ebenfalls als "funktional" bezeichnet wird) definiert ihre Bedeutung in Beziehung zueinander und die strukturelle, komponentielle oder kategoriale Analyse geht von autonomen Bedeutungskomponenten als Basiskategorien aus. Modelltheoretische Ansätze sind am konsequentesten formalisiert. Das gilt sowohl für die Syntax als auch für die Semantik. Das Problem dabei ist, daß die Modelle als Ausschnitte der Welt, auf die logische Calculi referieren, meistens nur in Ansätzen, d.h. in Bezug auf ihre Eigenschaften und ein paar Beispiele beschrieben werden und ansonsten so abstrakt bleiben, daß zwar im Ansatz, aber keineswegs *in extenso* von einer Bedeutungs*explikation* die Rede sein kann. Die rekursive Definition von Bedeutung über irgendein Kompositionalitätsprinzip wurde von Teilen der linguistischen Semantik übernommen. Das gilt für die strukturelle Analyse durch hypothetische Bedeutungskomponenten wie *markers* oder *features* in der »Interpretativen Semantik« oder *atomic predicates* in der »Generativen Semantik« einerseits und die kategoriale Analyse durch *semantic primitives* im Sinne von A. Wierzbicka oder *deep cases* und *semantic roles* nach C. Fillmore andererseits. Die komponentielle Analyse und Repräsentation wurde weiterentwickelt durch die Integration relationaler (z.B. W. Chafe, C. Fillmore u.a.), funktionaler (S. Dik) und konzeptueller (J. Gruber, M. Bierwisch) Elemente. Kategoriale Repräsentationssysteme sind entweder logisch, ontologisch oder psychologisch fundiert. Die erste Art taucht in der Literatur immer wieder als »Bedeutungspostulate« auf, die zweite sind onomasiologische und die dritte kognitive Begriffssysteme.

Über Zusammenhänge und Unterschiede zwischen **struktureller** Bedeutungsanalyse und lexikographischer Bedeutungsexplikation ist viel geschrieben worden (z.B. Rey-Debove 1966, 1971; Herberg 1974; Viehweger et al. 1977; Lüdi 1985; Wiegand 1989 mit weiteren Literaturangaben).[10] Die Grundüberlegung läßt sich folgendermaßen rekonstruieren: die Annahme, »daß die Definition die semantische Merkmalstruktur eines Semems [Lexems -N.W.] verbal [diskursiv - N.W.] wiederspiegelt« (Herberg 1974:7), würde einerseits für die Merkmaltheorie sprechen, die sich durch eine jahrhundertealte Tradition der Bedeutungsexplikation bestätigt sähe, andererseits für die Bedeutungsexplikation in Wörterbüchern, deren Adäquatheit und Wissenschaftlichkeit sich durch die Konformität mit einer geschlossenen

---

9. Das Folgende ist eine sehr knappe Zusammenfassung eines von mir zusammengetragenen ausführlichen Forschungsberichtes mit Literaturangaben zum Thema: *Semantik von Bedeutungsexplikationen.*

10. »Zum wechselseitigen Verhältnis von einsprachiger Lexikographie und Merkmalsemantik« vgl. Wiegand 1989:543 ff.

(?) linguistischen Theorie und die Übersetzbarkeit ihrer Ausdrücke in deren formalisierte Beschreibungsalgebra erweisen würde. Die Erwartung gegenüber der Nutzbarkeit von gedruckten Wörterbuchtexten für die Merkmalanalyse war ungefähr dieselbe, wie sie später von der *Maschinellen Lexikographie* gehegt wurde.[11] Viehweger et al. 1977 diskutierten das Verhältnis zwischen Paraphrase, Definition und Merkmalanalyse (267 ff.) im Hinblick auf die Frage: »Wie weit kommt die Definition der Wörterbücher [sic] den Anforderungen einer möglichst exakten Semanalyse entgegen; in welchem Maße kann die lexikographische Definition für eine Komponentenanalyse nutzbar gemacht werden?« (270). Nach Lüdi 1985:69 war die Paraphrasierbarkeit »eines der häufigsten Argumente zu Gunsten der Zerlegbarkeit von Wortbedeutungen«. Er grenzt bedeutungsbeschreibende Paraphrasen von semantischen Merkmalanalysen und Definitionen als »einer besonderen Klasse von Paraphrasebeziehungen« (ibd.) dadurch voneinander ab, daß in ersteren die Relation zwischen Ds und Dm »ungeklärt« sei, in den beiden anderen nicht. Paraphrasen sind von Definitionen nach Viehweger et al. 1977:268 so zu unterscheiden: »Wenn die Paraphrase "eine nichtformalisierte, mehr oder weniger willkürliche und freie Zerlegung eines Semems in einzelne Merkmale" (..) darstellt, so darf man auf der anderen Seite die Hypothese aufstellen, daß die Definition eine relativ genaue und vollständige Zerlegung des Semems eines Lexems bzw. Paralexems [Lexemgruppe - N.W.] in seine Komponenten repräsentieren sollte«. Als Unterscheidungsmerkmale dienen syntaktische und semantische Kriterien. Definitionen haben eine spezielle »formale Struktur« (268) und eine spezifische (reduzierte) Syntax. Definitionen »reflektieren« nicht alle Inhaltsmerkmale (»Seme«) eines Lexems (»Semems«) (271), jedoch, im Unterschied zu Paraphrasen, »die wesentlichen«: »Definitionen implizieren ein höchstmögliches Maß Äquivalenz, das sich notwendig im Vorhandensein wesentlicher Merkmale (Seme) äußert. Das ist eine Anforderung an die Definition, die sowohl die Paraphrase i. e. S. als auch der nichtdefinitorische generelle Satz mit der "Ist ein"-Beziehung nicht erfüllt, insoweit als hier zwischen M_1 und M_2 kein gemeinsames spezielles relevantes Merkmal, vielmehr nur Übereinstimmung in einem sehr allgemeinen Merkmal vorliegen muß« (269). Sowohl Viehweger et al. 1977 als auch Lüdi 1985 zitieren die Ersetzbarkeit *salvo sensu* nach Weinreich 1966:446 ff. als Kriterium für die Abgrenzung lexikographischer Definitionen von nichtdefinitorischen Bedeutungsbeschreibungen. Weinreich ging von der Beobachtung aus, daß »complex semantic information is stored in the dictionary of a language in forms of the same type as it assumes in sentences« (471) und fragte sich, wie denn definitorische und nichtdefinitorische Phrasen zu unterscheiden seien, wenn sie syntaktisch identisch konstruiert sein können. Ein oft zitiertes Beispiel bei Weinreich 1966:446 ist:

(i) *A chair is a piece of furniture for one person to sit on.*

(ii) *A concert is an event for music lovers to enjoy.*

Die beiden Phrasen sind syntaktisch parallel, es sind generische Sätze, sie enthalten einen *genus*-Term und eine nähere Bestimmung *(differentia)*. *(i)* ist, nach Weinreich, eine Definition,

11. Vgl. Viehweger u.a. 1977:270: »Die Definitionsanalyse einsprachiger Wörterbücher sollte besonders geeignet sein, relevante Merkmale der Bedeutung zu ermitteln« und Byrd et al. 1987:219: »The wealth of information in published dictionaries can be tapped by semi-automatic and fully-automatic methods, in order to help build the computerized lexicons we require«.

(ii) nicht.[12] Warum? Weil, sagt Weinreich, *(i)* »analytisch« ist und das Dm nicht durch ein anderes »Sprachelement« *salva veritate* ersetzt werden könnte, während *(ii)*, ähnlich wie partikulare Sätze, »synthetisch« ist. *(i)* »reflektiert«, wie Viehweger et al. 1977 sagen würden, (die) wesentliche(n) Merkmale der Bedeutung des Dm, *(ii)* hingegen nur kontingente Merkmale.

Diese Art der Ersetzbarkeit ist zu unterscheiden von einer anderen vieldiskutierten (vgl. Wiegand 1989:563 ff.): der Ersetzbarkeit des Dm durch das Ds in alltagskommunikativen Äußerungen, der »synonymie d'un mot et d'un énoncé« (Rey-Debove 1971:203). Rey-Debove 1971:204 ff. verteidigt eine nicht wörtliche (»littérale«), aber generelle funktionale (»identité de fonctionnement«) Ersetzbarkeit gegen Weinreich 1962 und meint, daß ihre Erfahrung mit Wörterbüchern »nous permet d'affirmer que le caractère le plus constant de la définition est d'avoir la même fonction, dans le discours naturel où on la replace (...) que le défini qu'elle explicite« (204). Trotz einer Reihe von Problemen, die sie diskutiert, meint sie doch, daß »l'identité de fonction de la périphrase (la définition) et du mot explicité (le défini) pourrait faire partie des universaux du langage, et constituer, d'un point de vue métalinguistique le fondement même de l'analyse sémantique« (207). Genau darauf aber gründet ihre im Anschluß (213 ff.) geäußerte Überzeugung, daß »la définition n'est pas une analyse componentielle« (213). Die Funktion einer Definition ist nicht (höchstens zweitrangig) die einer »analyse du contenu« eines Lexems (214), sondern die einer Umschreibung (»périphrase«), die in derselben grammatischen und semantischen Funktion in der sprachlichen Kommunikation geäußert werden könnte. Die psychologische Realität der Komponentialanalyse wurde von Fodor et al. 1980 ebenso in Frage gestellt wie ihr ausgezeichneter Stellenwert innerhalb verschiedener möglicher Repräsentationen von Bedeutung: »Definitions are also just representations in some other language. The disagreement over the psychological reality of definitions is a dispute *within* versions of the representational theory of mind« (Fodor et al. 1980:312). Woetzel 1984:191 ff. kritisiert die »Unnatürlichkeit analytischer Bedeutungserklärungen« als sprachfern: »Die Bedeutungserklärung mittels semantischer Merkmale (...) verabsolutiert *einen* Aspekt möglicher Bedeutungserklärungen (nämlich das an wissenschaftlichen Zwecken orientierte Definitionsmodell) und wird deshalb ihrem Gegenstand nicht gerecht« (Woetzel 1984:19) – und plädiert ebenfalls für »Paraphrase statt Zerlegung« (ibd. 230). Wiegand 1989 dreht den Spieß einfach um, indem er Bedeutungsrepräsentationen durch semantische Merkmale als "verkappte" lexikographische Bedeutungsbeschreibungen deutet. Hat man, schreibt er, eine symbolische Beschreibung wie: »*Frau*: {[Mensch], [weiblich], [erwachsen]}, dann "funktioniert" diese Beschreibung deswegen, weil ein Leser (der Deutsch kann) die Klammern ignoriert, die angeblichen Nichtzeichen als Zeichen auffaßt, sich um den metasprachlichen Status nicht kümmert und im Akt des Lesens die Beschreibung deswegen versteht, weil er z.B. den Satz des Deutschen rekonstruiert: *Eine Frau ist ein erwachsener weiblicher Mensch*« (Wiegand 1989:545).

12. Wir bemerken übrigens hier eine Schwäche unseres Terminus »Bedeutungsexplikation«: es scheint nichts dagegen zu sprechen, ihn auf beide Beispiele zugleich anzuwenden. Alles, was irgendwie zur Bedeutung eines Wortes "gehört", kann in der Explikation dieser Bedeutung "genannt" werden. Dann ist es vielleicht nur nicht mehr **die**, sondern **eine** Explikation; es **ist** nicht mehr die Explikation, sondern **gehört zur** Explikation der Bedeutung. Er ist also unscharf, und damit kein Terminus, sondern ein »Behelfsterminus«.

Explikation durch Dekomposition mittels semantischer Primitive wurde theoretisch und praktisch von A. Wierzbicka (z.B. 1985; 1994) erforscht. In Wierzbicka 1985 wurde sie mit einer konzeptuellen Analyse von Lexembedeutungen, in enger Anlehnung an Grundsätze der PS, in Verbindung gebracht. Nach Wierzbicka 1994 sind intuitiv einsichtige, nicht weiter zerlegbare und für die semantische Charakterisierung nicht primitiver Begriffe zu gebrauchende, »konzeptuelle Primitive« der besagte "feste Grund", auf dem die Bedeutungsexplikation, und auch -repräsentation, "aufbauen" kann: »semantic description makes sense if it is anchored in a set of conceptual primitives linked with lexical indefinables, that is, words (or morphemes, or expressions) whose meaning is intuitively clear, and in terms of which all the other words can be characterized revealingly and accurately« (op. cit. 146). Die Menge der Primitive bilden eine »natural semantic metalanguage«; es sind, nach Wierzbicka 1994:150 (»latest list«) folgende:

> *[substantives] I, you, someone, something, people*
> *[determiners, quantifiers] this, the same, other one, two, all, much (many)*
> *[mental predicates] know, want, think, feel, say*
> *[actions, events] do, happen*
> *[evaluative] good, bad*
> *[descriptors] big, small*
> *[intensifier] very*
> *[meta-predicates] can, if, because, no (negation), like (how)*
> *[time and place] when, where, after (before), under (above)*
> *[taxonomy, partonomy] kind of, part of*

Primitive seien »universal, culture-free« und, natürlich, "einfach", während Lexeme ohne "Primitiv"-Status »unique, culture-specific« und, natürlich, "komplex" seien. "Definieren" (wie Wierzbicka es nennt) oder Explizieren ist die "Zerlegung" konzeptuell und semantisch komplexer sprachlicher Ausdrücke in durch Lexeme repräsentierte konzeptuelle Primitive. Was Wiegand 1989 in Bezug auf die Komponentialanalyse durch semantische Merkmale kritisierte, daß es sich um "verkappte" diskursive Explikationen in einer anderen symbolischen Notation handele, ist bei Wierzbicka methodisches Prinzip. Sie kritisiert die Explikationspraxis in mono- und plurilingualen Wörterbüchern und plädiert alternativ für die Formulierung von Explikationen mithilfe (syntaktisch verbundener) vorbestimmter Indefinibilien (op. cit. 153):

> *we have to start with some syntactic frame (words don't have any meaning in isolation, but only in sentences), and try to paraphrase the sentence serving as our point of departure in terms of word chosen earlier als indefinables. For example:*
>
> *X is courageous. =*
> *X can do things that other people can't*
> *because when other people think something like this:*
> *"I don't want bad things to happen to me"*
> *X thinks something like this:*
> *"I want do do what I should do".*

Es darf bezweifelt werden, ob die als Beispiel angeführte Explikation geeignet ist, »revealingly and accurately« die Bedeutung von »courageous« zu charakterisieren. Das Dilemma ist folgendes: um die Komponentialanalyse plausibel zu machen, muß das Repräsentationsalphabet überschaubar, klar strukturiert und zur Bedeutungsbeschreibung aller Lexeme einer - bei Wierzbicka zudem noch: aller - Sprache/n verwendbar sein. All dieses bedingt, daß die Repräsentationselemente von großer Allgemeinheit oder großem begrifflichem Umfang, d.h. unter anderem referentiell ziemlich unbestimmt sein müssen. Da die verwendete Syntax zu keiner weiteren semantischen Präzisierung beiträgt, ergibt sich die beobachtete Vagheit des explizierenden Ausdrucks. Im folgenden soll, als Vergleich, die explikationstheoretische Relevanz des funktionalen (i.S.v. relationalen) Paradigmas diskutiert werden.

Im Rahmen einer *funktionalen* Textanalyse und -interpretationstheorie diskutierten Neubauer/Petöfi 1981 standardisierte Explikationen (»canonical definitions«) in einer disambiguierten »canonical language« mit »canonical primitives« und einer »canonical syntax«. Die Menge der Primitive sollte in einer vergleichenden Analyse bestehender Sprachwörterbücher ermittelt werden (Neubauer 1980). Statt einer natürlichsprachlichen Syntax wurde eine Notation vorgeschlagen, die sehr stark an die in S.C. Diks FG (Dik 1989) erinnert. »For the unambiguous representation of the syntactic information as well as the semantic relations between explicandum and explicans it is more convenient to deal not with particular words/expressions but rather to regard "elementary sentence functions" as the genuine explicanda« (Neubauer/Petöfi 1981:346). Als - »syntaktisch« genannte - Kategorien wurden vorgeschlagen (348): Funktoren (Prädikate), Argument-Indikatoren (Variable), Argumentrollen-Indikatoren (Θ-Indikatoren), »dimensifier« (ontologische Typen, z.B. *number, colour, sense*), Qualitäts- und Quantitäts-Indikatoren, Koeffizienten (Quantoren), Maß-Indikatoren (Maßangaben, Numeralklassifikatoren), Modifikatoren. Daraus werden »kanonische« Texte aufgebaut: »the canonical text is made up of configurations of functors and argument frames, it is required that all the information that guarantees the well-formedness of these configurations be provided within the lexicon system« (353). Für das »lexicon of the canonical language« (355) stellen sich »Three crucial issues (..) in connection with the *semantic structure* of the explicantia: 1) How can the semantic structure of the explicantia be established, i.e. by what means can we discover the amount of knowledge that must be included in an explicans? 2) By means of what categories can this amount of knowledge be structured? 3) What macro-structure should the representations of individual explicantia have?« (357). Die syntaktisch-semantische Struktur von Explikationen, die kategorielle Substanz von »Primitiven-Korpora« und die Systematik von Explikationen sowie »Möglichkeiten der Verbesserung« wurden anhand von systematisch ausgewählten Beispielen in Neubauer 1980 untersucht.

Die **relationale** Bedeutungsanalyse ist (meta-)lexikographisch durch zwei Ausprägungen repräsentiert, der *descriptive semantics* von U. Weinreich und dem *meaning-text-model* (= MTM) von I. **Mel'čuk** und anderen. Das MTM ist mehrfach lexikographisch umgesetzt worden. In den 60er Jahren in der Sowjetunion entstanden, gab es dazu jahrzehntelang diverse theoretische Arbeiten und einige Probeartikel zu einem »erklärend-kombinatorischen / *tolkovo-kombinatornij* / *explanatory and combinatory*« Wörterbuch des Russischen (Apresjan/Mel'čuk/Žolkovskij 1969; Reuther 1978 mit deutscher Übersetzung von Probeartikeln). Nach der Emigration von Mel'čuk entstand unter seiner Leitung ein »Dictionnaire explicatif et combinatoire du français contemporain (DEC[FC])« mit insgesamt 328 »vocables«[13] an der Universität von Montréal (Mel'čuk et. al. 1984–1992). Dieses Wörterbuch basiert nun in der Tat auf einer elaborierten, ausformulierten und konsequent angewandten »lexikographischen Theorie« (I. Mel'čuk in Mel'čuk 1984:I,3). Die Theorie selbst wird in einem dafür reservierten Teil zu Anfang jedes Bandes ausführlich dargestellt, kommentiert, illustriert und bibliographiert.[14] Das MTM [15] ist ein »transduktives« Modell,[16] in dem die Erzeugung von Texten[17] stratifikationell modelliert ist mit, ganz unten, einer semantischen – oder, wenn man so will "kognitiven" – Tiefenrepräsentation, dazwischen tiefen- und oberflächensyntaktischen und -morphologischen [18] Repräsentationen, schließlich einer phonologischen (bedeutungsorientierten) und einer phonetischen bzw. (ortho)graphischen – also: gesprochenen bzw. geschriebenen – Oberflächenrepräsentation. MTM ist ein »funktionales« Modell mit teils statischen, teils prozeduralen Regeln. Nur die ersten sind für Mel'čuk genuin linguistisch.

Der DEC ist nach Mel'čuk 1984:I,3 ff. integraler Bestandteil einer theoretischen Sprachbeschreibung. Er hat den Anspruch, einzelne Lexeme vollständig und adäquat, i.e. mit allen notwendigen und hinreichenden Bedingungen für ihren Gebrauch darzustellen.[19] Mit dem Adäquatheitsprinzip korreliert nach I. Mel'čuk in Mel'čuk 1988:II,1 das Prinzip der »absoluten Ersetzbarkeit« von Dm und Ds. Die Artikel sind »rigide strukturiert« [20] und »les définitions des lexèmes d'une même famille sémantique se font toujours selon un même schéma« (Mel'čuk 1984:I,5). Ab Band II 1988 heißen die semantischen Familien »Felder«: »Un *champ sémantique* est l'ensemble de toutes les lexies qui partagent une même composante sémantique non triviale distinguée« (Mel'čuk 1988:II,29). Die Bestimmung des nicht trivialen hervorragenden gemeinsamen semantischen Merkmals ist intuitiv. Einem semantischen Feld entspricht auf der Ausdrucksseite ein »lexikalisches Feld *(champ lexical)*«.[21] "Definition" bedeutet für Mel'čuk »lexikalische Dekomposition«. Mit Hinweis auf A. Wierzbickas

---

13. Der Terminus entspricht: *lexical units* bei Cruse 1986 oder *lexemes* bei Matthews 1991 und bezeichnet potentiell polyseme Schlüsselformen, die als Lemmata in Wörterbüchern fungieren können.

14. Der theoretische Teil eines jeden Bandes enthält zahlreiche Literaturangaben und systematische Bibliographien. Ich verzichte mit Hinweis darauf auf detaillierte Referenzen zu meinen Ausführungen.

15. Vgl. bes. Mel'čuk in Mel'čuk 1992:III,14 ff. u. Literaturhinweise dort.

16. Es ist nicht, wie Mel'čuk 1992:III,15 betont, generativ oder transformationell, und es ist keine Grammatik im Sinne der GTG.

17. Die *synthetische* Perspektive »à partir du sens vers le texte« ist gegenüber der *Analyse* »à partir du texte vers le sens« nach Mel'čuk 1992:III,16 die fruchtbarere für die Linguistik.

18. »Tiefe« heißt: »orienté vers le sens«, »Oberfläche«: »orienté vers la forme« (Mel'čuk 1992:III,16).

19. »Dans la définition d'une lexie L, chaque composante doit être nécessaire et l'ensemble de toutes les composantes suffisant pour que la définition identifie L de façon unique dans tous ses emplois imaginables« (I. Mel'čuk in Mel'čuk 1988:II,30).

20. Kriterien dafür in Mel'čuk 1988:II,32 ff.

21. Ausführlich kommentierte Beispiele in Mel'čuk 1988:II, 41–72 sind: »phénomèmes atmosphériques, "permettre – défendre", parties du corps«.

Theorie der semantischen Primitive formuliert er als Prinzip: »La définition d'une lexie L ne doit contenir que les termes sémantiquement plus simples que L« (1988:II,31).

Die formale und semantische Modifikation von Lexemen durch unmittelbare Kookkurrenz mit anderen Lexemen wird durch sogenannte *lexikalische Funktionen* (= LF) der allgemeinen Form: $f(X) = Y$ beschrieben. Das Argument X steht für ein natürlichsprachliches Lexem, das Ergebnis Y für ein anderes, morphologisch oder appositiv modifiziertes bzw. formal völlig disparates Lexem oder Phrasem, und die Variable f für eine der knapp 60 LF, die durch mnemonische Kürzel bezeichnet werden und den sprachlichen Ausdruck Y durch Anwendung auf X ergeben.[22] Die LF können hier nicht im einzelnen besprochen werden;[23] sie können grob klassifiziert werden [24] in solche, die eine Derivationsbeziehung ausdrücken (morphologisch-semantisch); solche, die eine Kollokationsbeziehung ausdrücken (syntaktisch-semantisch); solche, die eine paradigmatische Beziehung ausdrücken (lexikalisch-semantisch); und solche, die eine Sachbeziehung ausdrücken (enzyklopädisch-semantisch). Mel'čuk meint, daß die »description systématique et exhaustive de la cooccurrence lexicale restreinte« (1984:I,6) den DEC zu einem brauchbaren Werkzeug für die maschinelle Sprachverarbeitung macht.

Äquivalenz- und Implikationsbeziehungen zwischen Argument-Lexemen und den Ergebnissen der Anwendung (komplexer) LF ermöglichen die Formulierung von »Paraphrasierungsregeln« (Mel'čuk 1992:III,37 ff.). Die wissenschaftliche Beschreibung möglicher **Paraphrasen** - im Sinne von: Verbalisierungen - kognitiver Inhalte ist das zentrale Anliegen des MTM und des DEC (als dem "Wörterbuch zur Theorie"): »Le but central du DEC est d'assurer l'ensemble des paraphrases le plus riche possible pour chaque "pensée" donnée« (Mel'čuk 1992:III,9). »Cela admis, décrire une language £, c'est notamment construire un système de règles formelles doué de la même capacité d'effectuer le paraphrasage en £ qu'ont les locuteurs de £« (ibd. 10). Über diese Fähigkeit hinaus beispielsweise dem Sprachverständnis auf den Grund gehen zu wollen, ist nach Mel'čuk nicht Aufgabe der Linguistik, sondern der Psychologie. »Semantische Repräsentation *(RSém)*« im MTM ist »une représentation formelle de l'invariant d'un ensemble de paraphrases (plus ou moins) synonymes. A partir d'une RSém, le MST [= MTM] produit l'ensemble des phrases porteuses du sens correspondant à cette RSém; le mécanisme clé qui assure cette production est appelé *système de paraphrasage*, et il fait partie de la composante sémantique du modèle (ibd. 10). Die Schlüsselbegriffe sind »Bedeutung *(sens)*« bzw. »Bedeutungsinvarianz« und »Synonymie«. Die *Bedeutung* einer sprachlichen Aussage ist die Invariante ihrer Paraphrasen.[25] Bedeutung wird reduziert auf sprachliche Bedeutung: »nous ne visons que le *sens purement langagier*: le plus superficiel, le plus littéral, celui qui est accessible uniquement grâce à la mise en oeuvre de la langue considérée« (ibd. 14). Paraphrasen mit gleicher Bedeutung stehen zueinan-

---

22. »Chaque FL [≡ LF] correspond à un sens très général (qui peut, à la limite, être vide) et à un rôle syntaxique profond« (Mel'čuk 1992:III,31). »Une FL n'est aucunement une unité sémantique bien précise (et encore moins, un élément sémantique primitif)« (ibd. 32).

23. Alphabetische Liste in Mel'čuk 1984:I,49 ff., 1988:II,91 ff., 1992:III,127 ff.

24. Nur ein Vorschlag!

25. »Le sens est l'invariant des paraphrases langagières« (Mel'čuk 1992:III,14).

der in einer Beziehung der *(Quasi-)Synonymie.*[26] Synonymie ist als »notion intuitive de départ« (ibd. 11) oder »notion primitive« (ibd. 12) undefinierbar. Nach streng wissenschaftlichen Maßstäben gibt es keine absolute Identität der Bedeutung bei Verschiedenheit des Ausdrucks. Im alltäglichen Sprachgebrauch werden jedoch, nach Mel'čuk, allzu feine Unterschiede von den Benutzern einer Sprache nicht gemacht und großzügige Auslegungen von Bedeutungsgleichheit zugelassen: »le locuteur traite comme identiques (...) les expressions linguistiques qu'il aurait pu en principe opposer (et qu'il fera contraster, probablement, dans un contexte différent). Les locuteurs ne sont pas aussi rigoureux que les linguistes qui étudient les possibilités sémantiques virtuelles des expressions« (ibd. 13). Ein diesem nachempfundener selektiver Begriff von Synonymie als Bedeutungs*nähe* aber sei operationalisierbar: »Nous voudrions refléter, dans notre modèle linguistique, ce comportement sémantique un peu nonchalant qui exploite la proximité des expressions en ignorant leurs distinctions, trop subtiles pour la tâche donnée« (ibd. 13).

Die kognitive [27] semantische Theorie mit dem stärksten Niederschlag in der theoretischen - und in der Zukunft vielleicht auch angewandten - Lexikographie ist die *Frame-Theorie* (FT). Fillmore/Atkins 1992 sahen darin die grundsätzliche Alternative zu einer (syntagmatisch und paradigmatisch) relationalen lexikalischen Semantik, wie sie etwa von Cruse 1986 vertreten wurde. »Semantic theories founded on the notion of *cognitive frames* or *knowledge schemata*, by contrast, approach the description of lexical meaning in a quite different way. In such theories, a word's meaning can be understood only with reference to a structured background of experience, beliefs, or practices, constituting a kind of conceptual prerequisite for understanding the meaning. Speakers can be said to know the meaning of the word only by first understanding the background frames that motivate the concept that the word encodes. Within such an approach, words or word senses are not related to each other directly, word to word, but only by way of their links to common background frames« (op. cit. 76 f.). Fillmore/Atkins 1992; 1994 untersuchten die Semantik des Wortfeldes RISK in englischen Textcorpora und Wörterbüchern und repräsentierten sie im Rahmen der FT. Diese wird als »a better tool for lexicography« (Fillmore/Atkins 1994:369) angesehen, weil »frame semantics, (..), unshackled by the notion of dictionary senses, begins with the effort to discover and describe the conceptual framework underlying the meaning of a word, and ends with an explanation of the relationships between elements of the conceptual frame and their realizations within the linguistic structures that are grammatically built up around the word. In this latter enterprise the problem of discovering, counting, and sorting dictionary "senses" does not arise. With frame semantics and an associated theory of grammar as the primary tools, the investigator sets out to discover the ways in which semantic elements from the conceptual frame are given syntactic and lexical realizations« (op. cit. 370). *Frames* als Werkzeuge der

26. »La relation de paraphrase est une relation de *synonymie* (et de *quasi-synonymie) entre phrases*« (Mel'čuk 1992:III,11).

27. Im Sinne der amerikanischen "*cognitive* science" im Schnittpunkt von Kognitionswissenschaft und Computersimulation (NLP; IA) - vgl. Konerding 1993:19: »Frames und verwandte Konzeptionen erscheinen somit gegenwärtig als ein unverzichtbarer Bestandteil der Theoriebildung innerhalb der zunehmend interdisziplinär arbeitenden Forschung von Kognitiver Psychologie, KI-Forschung und Linguistik: der sogenannten "Cognitive Science"«.

Lexikographie wurden ausführlich von Wegner 1985; Konerding 1993 und Konerding/Wiegand 1995 behandelt. Konerding 1993:17 schrieb: »Im Rahmen der Linguistik ist der intendierte Bereich der Verwendung von *Frames* der der lexikalischen Semantik«. »Mit *Frame* werden in der KI-Forschung (..) bereichsspezifisch sehr beschränkte aber themenspezifisch sehr ausführliche Teile von Wissensbasen bezeichnet (...). Für die Linguistik heißt dies, daß in einem Frame zu einem Lexem alle möglichen syntaktischen und semantischen Eigenschaften (das "Wissen" zu diesem Lexem) beschrieben sein können (relativ zu jeweils vorgegebenen Syntax- und Semantiktheorien« (op. cit. 16).

In Konerding 1993 und Konerding/Wiegand 1995 wird die »Konstruktion von Frames« für nach einer »semantisch bestimmten Typologie« klassifizierte Substantive durch »framekonstitutive Fragen/Themen« (Konerding/Wiegand 1995:106) beschrieben. Die *Frames* werden »verstanden als Textgerüste im Sinne der Textproduktionsforschung« (op. cit. 108), wie es etwas diffus heißt. In Anwendung auf Bedeutungsexplikationen soll das heißen, daß sie »zur systematisch geleiteten Gestaltung von Bedeutungsparaphrasenangaben [28] zukünftiger Wörterbücher« (112) verwendet werden können.[29] In Konerding/Wiegand 1995 dienen sie als Bewertungsmaßstab für Explizitheit und Vollständigkeit der Bedeutungsexplikationen zu Substantiven ausgewählter semantischer Typen (Konkreta und Abstrakta) in Sprachwörterbüchern der deutschen Standardsprache. Sie können auch als Basis für die Klassifikation von Explikationsstrukturen unter semantischen Gesichtspunkten dienen. Wiegand geht von korrektem Prädizieren und Referieren als sprachlichem Handeln aus. Das vorausgesetzte »notwendige Wissen, [das] für das sprachliche Handeln sozusagen "konstitutiv" [ist]«, nennt er *»gegenstandskonstitutives Bedeutungswissen«* (Konerding/Wiegand 1995:119). Jeder »Substantivtyp« benötigt bestimmte Klassen von Prädikatoren, die für die »Vermittlung« des gegenstandskonstitutiven Bedeutungswissen[s] zentral sind. Den Prädikatorenklassen werden in Wörterbuchexplikationen identifizierbare »lexikographische Angabeklassen« (125 f.) zugeordnet, z.B. (für »Werkzeugbezeichnungen«):

Klasse der Angaben zum Kategorienwissen
Klasse der Angaben zum Funktionswissen
Klasse der Angaben zum Form-, Größen- und Bestandteilwissen
Klasse der Angaben zum Wissen von weiteren wahrnehmbaren und sonstigen besonderen Eigenschaften.

Durch die Methode der *»funktional-positionalen Segmentation«* können die Angabeklassen zu »(nichttypographischen) Strukturanzeigern« (130) in Beziehung gesetzt werden. »Die Auffüllung der Prädikatorenklassen ist«, nach Konerding/Wiegand 1995:138 »eine Frage der lexikographischen Datenerhebung und die Auswahl der Prädikatoren ist eine Frage des lexikologischen und lexikographischen Sachverstands«.

Welche Schlüsse können wir nun aus den eben kurz skizzierten Forschungsergebnissen ziehen? Zunächst können wir sagen, daß Bedeutungsexplikationen in Sprachwörterbüchern

---

28. Eine von zahlreichen terminologischen Kreationen H. E. Wiegands.

29. Zu Fragen der Systematisierung und Verbesserung von Bedeutungsexplikationen in Wörterbüchern, im Rahmen einer funktionalen Texttheorie, vgl. Neubauer 1980; Neubauer/Petöfi 1981.

einen Beschreibungstypus repräsentieren, den ich als »semantischen Diskurs in natürlicher Sprache« bezeichnet habe. Dies ist sozusagen eine äußerliche Charakterisierung. Weiterhin ist festzustellen, daß die diskursive semantische Beschreibung aus verschiedenen Gründen nicht als äquivalent zu anderen Methoden der semantischen Repräsentation – insbesondere der in der Semantiktheorie der letzten Jahrzehnte dominierenden Komponentialanalyse – angesehen werden kann. Es gibt sozusagen keine vollwertige Alternative zur natürlichsprachlichen Bedeutungsbeschreibung, wenn man als Adressaten solcher Beschreibungen Benutzer eben dieser natürlichen Sprache im Sinn hat. Die sprachliche Leistung von (lexikographischen und anderen) Bedeutungsexplikationen wird von verschiedenen theoretischen Ausgangspunkten aus als »Paraphrase« bezeichnet.[30] Das ist sozusagen eine interne Charakterisierung. Diskursive Explikationen beschreiben oder repräsentieren Bedeutung, indem sie sie paraphrasieren. Diese Erkärung ist ungefähr so befriedigend wie die, daß ein Auto losfährt, weil es beschleunigt. Wenn wir wirkliche Antworten auf die Frage haben wollen, wie Bedeutungsbeschreibungen funktionieren – beispielweise weil wir ihre Interpretation simulieren wollen – müssen wir weitersuchen. Eine Möglichkeit, die wir an dieser Stelle nicht verfolgen, wäre eine Theorie der Paraphrase. Eine andere Möglichkeit ist die, sich anzusehen, welche Arten von Definition oder Explikation es gibt, wie sie klassifiziert und unterschieden werden können, um dann nochmals die Frage zu stellen, was für Schlüsse daraus für das Wesen der Bedeutungsexplikation gezogen werden können. In den folgenden Abschnitten werden die wichtigsten Typen und Merkmale anhand einiger ausgesuchter Vertreter der einschlägigen Forschungsliteratur skizziert.

3 Definition und Bedeutungsexplikation

R. **Robinson** 1968:12 unterscheidet sieben Bedeutungen des Begriffs »Definition«:

1. *A certain human activity, intellectual in character.*
2. *The sentence which mediates or expresses this activity.*
3. *The meaning of this sentence.*
4. *The predicative part of the sentence.*
5. *The meaning of the predicative part of the sentence.*
6. *A sense of a word.*
7. *A pithy saying of the form "X is ___'.*[31]

(1) bezeichnet er als Ursprung aller anderen Bedeutungen; (2) ist das Ergebnis der Definitionstätigkeit als *signifiant*, (3) als *signifié*; (4) ist das Ds (unter Ausschluß des Dm); (5) können wir als *Rhema* bezeichnen. (6) »is bad and should be avoided« (ibd.) und (7) kann, als "anekdotische Definition", hier ebenfalls außer Betracht bleiben. Definitionen können, wei-

30. **Wiegand** 1985:60 spricht von »lexikalischen Paraphrasen« und nennt »die geordnete Menge aller lexikalischen Paraphrasen zu einem Lemmazeichen (...) *lexikographische Bedeutungserläuterung*«.

31. Berühmtes Beispiel – Heraklit: *Krieg ist der Vater aller Dinge ...*

terhin nach Robinson 1968 folgendermaßen **klassifiziert** werden (Robinsons englische Termini in Klammern):

- Nach dem Definitionszweck *(purpose)*:
    - **Realdefinition** *(thing-thing-definition)*;
    - **Nominal**definition:
        - Definition durch **Symbolentsprechung** *(word-word-definition)*;
        - **Referentielle** Definition *(word-thing-definition)*:
            - **Lexikalische** Definition *(lexical definition)*;
            - **Vereinbarungs**definition *(stipulative definition)*;
- Nach der Definitions**methode** *(method)*.

Auf die Problematik der Realdefinition werden wir hier nicht eingehen.[32] Interessante Beobachtung am Rande: Die Formulierung "*X als Y* bezeichnen" im Deutschen (Beispiel DDUW: »**bezeichnen** (...) *jmds. Verhalten als Feigheit b.*«) deutet auf Realdefinition hin. Wörtlich genommen besagt sie, daß man einen bestimmten Sachverhalt *X* mit dem durch *als* syntaktisch eingeführten Sachverhalt *Y* identifiziert. Eine auf Nominaldefinition bedachte Formulierung müßte eher lauten: "*X mit(tels) / durch Y* bezeichnen". »Symbolentsprechung« als eine Art der Nominaldefinition meint vornehmlich Explikationen durch Übersetzungsäquivalente in mehrsprachigen Wörterbüchern. Im Mittelpunkt des lexikographietheoretischen Interesses stehen die Vereinbarungsdefinition (VD) [33] und, vor allem, die Lexikalische Definition (LD), die beide »referentiell« sind in dem Sinne, daß mit Worten [34] Gegenstände und Sachverhalte bezeichnet werden. LDn sind *konventionelle* Feststellungen, VDn arbiträre (oder kreative) Festsetzungen. Wörterbuchdefinitionen (WDn) sind nach Robinson LDn. In einer WD teilt ein Lexikograph seinen Lesern mit, wie bestimmte Elemente einer bestimmten Sprache zu einer bestimmten Zeit, an einem bestimmten Ort, nach einer bestimmten Norm verwendet werden. Der autoritative Charakter von Wörterbüchern ergibt sich aus der Wahl dieser *Norm*: es handelt sich dabei oft um Hochsprache, Oberschichtvarianten, Bildungssprache. LDn kann in dieser Hinsicht eine *didaktische* Intention zugeschrieben werden: »Lexical definition is our name for the enterprise of teaching some man the meaning actually borne by some word in some society« (Robinson 1968:44). Eine LD ist aber auch eine Aussage darüber, daß jemand ein Definiendum auf eine bestimmte Art und Weise verwendet (oder verwendet hat): »The meaning of a word is what it means to some person or some persons« (ibd. 35 f.). In dieser Perspektive sind LDn *historische* Aussagen: »Lexical definitions are historical assertions, and all historical assertions are true or false in so far as they are defi-

---

32. Vgl. dazu Robinson 1968:149 ff.
33. Bei Wiegand (z.B. 1985): »*Festsetzungs*definition« (im Gegensatz zur »*Feststellungs*definition«).
34. Die Pluralform ist beabsichtigt, um anzudeuten, daß nicht nur Einzelwörter Definienda sein können.

nite« (ibd. 39). LDn haben infolgedessen einen Wahrheitswert, VDn dagegen nicht: sie sind »proposals rather than propositions« (ibd. 63). Eine VD ist eine Deklaration, daß ein bereits existierendes oder ein neu eingeführtes Symbol auf eine bestimmte Art und Weise verwendet werden wird bzw. verstanden werden soll. LDn sind insgesamt für Robinson ein *kommunikatives* Phänomen: was mitteilbar ist, ist auch lexikalisch definierbar und was lexikalisch definierbar ist, ist auch mitteilbar. »All signs successfully used in communication are lexically definable«; »all communicable signs are lexically definable and no communicable sign is lexically undefinable« (ibd. 42).

Parallel zum Zweck wird auch die grundsätzliche *Methode* der referentiellen Definition *(word-thing definition)* kommunikativ bestimmt. Es geht darum, Konsens über referentielle Beziehungen zwischen Worten und Dingen herzustellen. »One cannot teach a man the meaning of the word "wool" by saying: "The word "wool" means wool, of course!" Word-thing definition is an enterprise which includes referring a man to a thing. But, if he already knows the name of the thing, definition is not needed. Definition is required precisely when he does not yet know its name. The problem of word-thing definition, therefore, is the problem how to refer a man to a thing without using the name of the thing. It is solved when teacher and learner both know that they are thinking of the same thing« (ibd. 94). Robinson zählt sieben Definitionsmethoden auf, die diesen Ansprüchen genügen, als bewährt gelten können und sich zumindest oberflächlich voneinander unterscheiden.

1. Die **synonymische** Methode *(method of synonyms)*. Gemeint sind Explikationen durch Angabe von »Wortsynonymen«; Beispiel: *<LEM>Ausfegsel [Nom.Neu] - <DF>Kehricht.* Zur Begriffsbestimmung und semantischen Kategorisierung von Synonymexplikationen im DDUW vgl.: Weber 1993.

2. Die **analytische** Methode *(method of analysis)*, bei der zwei Ausprägungen unterschieden werden können:

a) **Morpho-semantische** Definitionen, in denen die morphologische Struktur des Dm im Ds thematisiert wird, entweder durch Stamm- und Affixvariation oder durch syntaktische Expansion (ausführlich dazu: Weber 1992); Beispiele: *<LEM>abschätzig [Adj] - <DF>geringschätzig, abfällig; <LEM>Anzugstoff [Nom.Mas] - <DF>Stoff für Anzüge (1).*

b) **»Aristotelische«** Definitionen mit *genus proximum* und *differentia specifica*, d.h. mit naheliegendem Hyperonym und Kohyponym(en). Diese - überaus prominente - Methode wird in der Literatur vielfach auch als »logische Definition« oder »klassische Definition« (vgl. die kritischen Anmerkungen bei Wiegand 1989:546 ff.) bezeichnet. Die Verkettung logischer Definitionen begründet »taxonomische Systeme« (Sowa 1990) oder »Lexemnetze« (Sambor/Hammerl (eds.) 1991). Die »logische Definition« wurde mehrfach ausdrücklich von der »lexikographischen Definition« abgegrenzt (Marcus 1970; Zgusta 1971:252 ff.).

3. Die **synthetische** Methode *(method of synthesis)*, zu unterteilen in:

a) Die **relationale** Methode: »indicates the thing meant by mentioning its relation to some other known things« (Robinson 1968:99). Beispiel DDUW: *Nacht - Zeitraum etwa zwi-*

schen Sonnenuntergang u. Sonnenaufgang, zwischen Einbruch der Dunkelheit u. Beginn der Morgendämmerung.

b) Die **kausale** Methode: »A famous sort of synthetic definition is the causal or genetic definition, which indicates the thing signified by mentioning how it is caused or whence it arises« (ibd.). Beispiel DDUW: *Knall – plötzlicher, sehr harter, heftiger Laut von einem Schuß, einer Explosion o. ä.*

4. Die **implikative** Methode *(implicative method)*. Mit »Implikation« meint Robinson so etwas wie kontextuelle Implikation: »We may call it the "implicative" method, because it provides a sentence which implies that the word means so and so. We might also call it the "contextual" method, because it puts the word in a context which determines its sense« (ibd. 107). Beispiel COBUILD: *dispatch – if you dispatch someone to a place, you send them there for a particular reason or in order to carry out a particular task.* Diese Methode unterscheidet sich von allen anderen dadurch, daß die Verwendung des Dm sprachlich "vorgeführt" statt metasprachlich kommentiert wird: »It uses the word being defined and does not mention it, whereas the previous methods mention the word being defined and do not use it« (ibd.). Die Unterscheidung zwischen *Verwendung (use)* und *Erwähnung (mention)* des Dm ist ein grundlegendes Merkmal mit einer Reihe von Implikationen; ausführlich dazu Wiegand 1985.

5. Die **denotative** Methode *(denotative method)*, entweder durch Aufzählung prototypischer Signifikate oder durch Nennung eines typischen Beispiels für das Dm. »The denotative method of word–thing definition (..) consists in mentioning some part of the denotation of the word, some one or more of the things to which the word is applied. (It is usually impossible to recite the whole of the denotation)« (Robinson 1968:109). Beispiel COBUILD: *colour – (...) Red, blue, and green are colours. Sometimes black and white are thought to be colours.* Aufgrund der zweiten Möglichkeit »one obvious name for this method is the "exemplifying" or "exemplificatory" method or "exemplification" (ibd. 108). Genau wie bei der zwangsläufig meist unvollständigen Aufzählung ist bei der Beispielnennung eine Extrapolationsleistung des Interpreten nötig: »It is true that the hearer must abstract from the example the one character in virtue of which it is an example, and that he may not be able to do so« (ibd. 111).

6. Die **ostensive** Methode *(ostensive method)*, entweder durch *physische* Ostension (Zeigegesten) oder durch sprachliche Ostension (Deixis, Demonstrativa). Diese Methode begegnet eher in alltagskommunikativen (z.B. Lern–) Situationen als in Wörterbüchern.[35]

7. Die **Regel**methode *(rule-giving method)*, bei der Regeln für die Verwendung des Dm aufgrund eines Systems angegeben werden, z.B. des Sprachsystems – Beispiel DDUW: *ich – Person* [als grammatische Kategorie – N.W.], *in der man von sich selbst spricht; Bezeichnung für die eigene Person* – oder eines außersprachlichen Organisationssystems – Beispiel DDUW: *Levit – 1. jüdischer Tempeldiener aus dem Stamm Levi. 2. (...) Subdiakon u. Diakon als Assistenten des Priesters beim feierlichen Hochamt.*

35. Vgl. aber Weinreich 1962:31 mit einer anderen Interpretation von »ostensiv«.

Die angegebenen Methoden sind nicht alle, die es gibt, aber sie gehören zu den gängigsten. Auf Vollständigkeit kommt es hier nicht an, sondern darauf, folgendes zu zeigen: Es gibt verschiedene Methoden der semantischen Explikation durch Paraphrasen. Statt "Methoden" könnte man auch "Techniken" sagen. In Robinsons Grundkonzept verbleibend - *Kommunikation* von Informationen / Herstellung von *Konsens* über Bedeutungen - kann man dann sagen, daß verschiedene Explikationstechniken auf verschiedene "Mechanismen" der Aktivierung von Erkennen oder/und Verstehen auf Seiten des interpretierenden Systems abzielen. Weinreich 1962:33 spricht von »Operationen« als Bedingungen der Referenzbestimmung, und bemerkt: »Meanings differ as to the nature of the "operations" required to ascertain whether the conditions for denotation are fulfilled. Unfortunately lexicography seems bent on suppressing this fact by the easy elegance and spurious uniformity of its definition style«. Was er meint, wird am deutlichsten bei der ostensiven Methode, bei der »Operationen« der sinnlichen Wahrnehmung (»immediate inspection by one's sense organs«, ibd.) seitens des Rezipienten angestoßen werden. Bei anderen Definitionsmethoden werden zum Teil kompliziertere und abstraktere Mechanismen (»more complex experimental or deductive procedures«, ibd.) aktiviert. A. **Rapoport** 1950:50 ff. hat in seine Klassifikation von Definitionsmethoden, die ansonsten der von Robinson ähnlich ist, »operationale Definitionen« als eigenen Typ aufgenommen. Operationale Definitionen sind Anweisungen für Operationen, die auszuführen sind, um eine bestimmte Bedeutung zu »erfahren« (vgl. dazu Konzepte der *Prozeduralen Semantik* nach Woods 1990; vgl. Weber/Bäuerle 1995). Ein Beispiel wären Kochrezepte. Bedeutungen, genauer, das Wissen um Bedeutungen ist für Rapoport das Ergebnis von Erfahrungen. Bedeutungsexplikation ist eine Mitteilung von Erfahrungen über Bedeutungen: »Meanings arise out of experience. (...) How, then, can the meaning of a word be made clear? Obviously by indicating the experiences associated with it. (...) So actually the question "What do you mean?" is a request to share the experiences associated with the words you are using« (Rapoport 1950:53). Eine Bedeutungsexplikation ist ein Schlüssel, ein Zugang - zusätzlich zu dem durch das Dm repräsentierten - zu einer möglichen »Bedeutungserfahrung«. »(To) bridge the gap between words and experience (...) is the only purpose of definition« (ibd. 57). Als Methoden dazu zählt Rapoport auf:

- ☐ Synonymangabe *(definition by synonym)*
- ☐ Einordnung in eine (partielle) Taxonomie *(definition by classification)*
- ☐ Aufzählung von Referenten *(definition by enumeration)*
- ☐ Ostension *(definition by exhibiting an example)* - und eben:
- ☐ Operationale Definition *(operational definition)*.

Viehweger et al. 1977:270 sprechen, ebenfalls in kommunikativer Perspektive, vom »Definitionsgrund«, der darin bestehe, Leser von Explikationstexten in die Lage zu versetzen, Bedeutungen oder Bedeutungselemente zu erfassen, Erfahrungen zu bestätigen oder zu erweitern. Sie folgen damit der bereits von Bolinger 1965:572 geäußerten, vielzitierten Auffassung: »Dictionaries do not exist to define, but to help people grasp meanings, and for this purpose their main task is to supply a series of hints and associations that will relate the unknown to something known«.

Keine der hier angesprochenen Methoden zielt auf Dekomposition oder begriffliche Analyse in primitive Merkmale ab, sondern vielmehr auf Konstruktion von Beziehungen in begrifflichen Taxonomien oder, in moderner Sichtweise, semantischen Netzen bzw. auch von Beziehungen zwischen Dingen. Zu letzterem meinen Viehweger et al. 1977:271, »daß die lexikographische Definition einer spezifischen Zielsetzung insofern unterworfen ist, als im allgemeinen keine Bedeutungsanalyse im eigentlichen Sinne, keine erschöpfende Wiedergabe des Wortinhalts erstrebt wird, vielmehr nur die für den Durchschnittssprecher ausreichende, auf die Gleichsetzung zweier Dinge gegründete Erfassung von Bedeutungselementen garantiert werden soll. Die lexikographische Definition ist eine Formulierung über die Sache«. Wiegand 1985 meint, daß dies eine wesentliche Gemeinsamkeit der lexikographischen Definition (im Gegensatz zur wissenschaftlichen Definition) mit »dem alltäglichen Sprechen über Wortbedeutungen« (17) sei, bei dem »vor allem wenn substantivische Prädikatoren fraglich werden – meistens nicht ausdrücklich über deren Bedeutung und somit sprachbezüglich, sondern meistens über deren Bezugsgegenstände, also sachbezüglich geredet wird« (ibd. 33). Sehen wir uns einmal an, welche "Mechanismen" oder "Operationen" durch die verschiedenen nach Rapoport und Robinson zitierten Explikationsmethoden "in Gang gesetzt" werden könnten, um Information zu kommunizieren, Konsens herzustellen, heuristische oder deduktive Prozeduren zu starten, Erfahrungen zu (re)aktivieren, zu bestätigen oder zu erweitern. Die synonymische und die morpho-semantische ("morphem-synonymische") Methode sind am ehesten sprachbezogen; die relationale, kausale, ostensive und die Regelmethode sind klar sachbezogen;[36] die aristotelische, die implikative und die denotative Methode sind beides. Mit Synonymangaben und morpho-semantischen Explikationen wird auf die eventuelle Kenntnis anderer lexikalischer oder morphemischer Einheiten der Sprache Bezug genommen. Mit sachbezogenen Explikationen wird auf ontologische, soziale, kognitive Fakten, Zusammenhänge und Gesetzmäßigkeiten Bezug genommen. Mit der implikativen Methode wird die Verwendung eines Dm in einem syntagmatischen Zusammenhang demonstriert. Mit der aristotelischen und der denotativen Methode wird das Dm in einen paradigmatischen Zusammenhang eingeordnet. Wiegand 1985:86 meint, »das Kategorienwissen (...) scheint sowohl das verbreite[t]ste als auch das verbindlichste Wissen zu sein. Daher neigen zahlreiche Forscher dazu, dieses Wissen als Bedeutungswissen von enzyklopädischem Wissen abzutrennen«. Es ist vermutlich nicht so, daß jedes Dm auf jede beliebige Art definiert werden kann. Dazu abschließend noch einmal Robinson mit einem längeren Zitat:

> *Words tend to fall into classes according to the ways in which they are defined in common practice. There are words that are commonly defined ostensively only, such as the colour-words. There are words that are commonly defined denotatively only, such as "Romantic" in the literary sense. (Analytic definitions of "Romantic" are constantly being given. But they are not effective in causing or controlling anyone's use of the word. The only effective definition is the naming of the persons who are*

36. Eine Explikation zum Sprachsystem wie bei dem zitierten *ich*-Beispiel ist insofern sachbezogen, als sie sich metasprachlich auf das Sprachsystem als einem Gegenstand analog zu anderen Regel- oder Organisationssystemen bezieht.

pre-eminently the Romantics.) There are words that are commonly defined analytically only, such as "billion". There are words that are commonly defined first ostensively and later analytically, such as "circle". There are words that are commonly defined by the implicative method only, such as "I" and "or" and "of". It is not clear whether there are words that are commonly defined only by the synthetic method. There are probably no words that are commonly defined by the rule-giving method only. There are most probably no living words that are commonly defined by the synonymous method only, because there is not much use in a word that is only a synonym for another word. Dead words, however, like "buss" or "municipium", are commonly defined by the synonymous method only (Robinson 1968:131).

Die Wahl der Definitions- oder Explikationsmethoden hängt auch vom Wörterbuch ab. Es ist kein Zufall, daß wir für einige Methoden Beispiele aus dem DDUW, für andere solche aus COBUILD zitiert haben. Manche Methoden werden in bestimmten Wörterbüchern bevorzugt, andere kaum oder gar nicht angewendet. Eine Untersuchung darüber, welche Lemmata mit welchen Methoden expliziert werden, wäre ein Beitrag zu der von Wiegand 1989:532 geforderten Explikationstypologie. Eine Untersuchung darüber, welche Explikationsmethoden in bestimmten Wörterbüchern angewendet bzw. gemieden werden, etwa in Abhängigkeit zur Intention der Wörterbücher, wäre ebenfalls interessant.

Eine interessante »Typologie lexikographischer Definitionen« zu Substantiven, Verben, Adjektiven und Adverbien in einsprachigen Wörterbüchern des Französischen »d'après certains faits essentiels de structure« (145) stammt von Rey-Debove 1967. Sie unterscheidet:

- ◆ **Substantielle** Definition *(définition substantielle)*:
  - ■ **Inklusion** *(inclusion)*:
    - ★ **Logische** Definition *(aristotélicienne)*;
    - ★ **Morpho-semantische** Definition *(morpho-sémantique)*;
  - ■ **Exklusion**:
    - ★ **Syntaktische Negation** *(exclusion)*;
    - ★ **Semantische Negation** *(inclusion négative)*.
- ◆ **Relationale** Definition *(définition relationnelle)*:
    - ★ **Relativbestimmung** *(à transformateur relatif T_r)*;
    - ★ **Präpositionalbestimmung** *(à transformateur prépositionnel T_p)*.

Die »substantielle Definition« beantwortet die Frage: »Qu'est-ce que le défini?« (ibd. 146) und betrifft hauptsächlich Substantive und Verben. Die »relationale Definition« setzt das Dm als Begriff in Beziehung zu anderen Begriffen oder, bei Sachexplikationen, als Ding zu anderen Dingen (ibd. 155). Sie betrifft nur Adjektive und Adverbien. Die logische Definition heißt »inklusiv«, weil der Begriffsumfang des Oberbegriffs den des Dm einschließt. Dies ist auch der Fall bei morpho-semantischen Definitionen wie z.B. *jardinet - petit jardin* (ibd.

153). Die »syntaktische Negation« (»Exklusion« i. e. S.) expliziert einen Begriff »en niant son opposé« (Bsp.: *laisser - ne pas prendre*); die »semantische Negation« ist die Inklusion eines Antonyms (Bsp.: *lenteur - manque de promptitude; imprécision - manque de précision*). »Relationale Definitionen« werden entweder durch ein Relativpronomen *(T_r)* (Bsp.: *métallique - qui est en métal*) oder eine Präposition *(T_p)* (Bsp.: *inlassablement - sans se lasser*) eingeleitet. Die Typologie erhebt keinen Anspruch auf Vollständigkeit. Zu bemängeln ist, daß morphologische, syntaktische und semantische Kriterien ziemlich durcheinander verwendet werden. Andererseits wirken die Ausführungen, durch die spürbare Nähe zur lexikographischen Praxis, stimulierend - vielleicht gerade aufgrund ihrer Unvollständigkeit. Was die Typologie von den bisher dargestellten vor allem unterscheidet, ist, daß sie empirisch auf lexikographische Bedeutungsexplikationen ausgerichtet und eher ausdrucks- als inhaltsorientiert ist.

Martin 1990; 1992 schlug eine Doppelklassifikation vor nach dem, was er »formes définitoires« (Martin 1992:59 ff.) einerseits und »contenu définitionnel« (ibd. 64 ff.) andererseits nannte. Bei ersteren handelt es sich in etwa um linguistische (lexikologische), bei letzteren um außerlinguistische (referentielle) Kriterien. Die erste Einteilung sieht folgendermaßen aus (Bezeichnungen zum Teil geändert; in Klammern gegebenenfalls Martins Termini):

- ◆ Definitionstypen – "lexikalisch-semantische" Klassifikation:
  - ■ Metalinguistisch *(métalinguistique)*
  - ■ Paraphrastisch *(paraphrastique)*
    - ★ Taxonymisch *(hypéronymique)*
      - □ Hyperonymisch *(positive)*
      - □ Antonymisch *(négative; antonymique)*
      - □ Parataktisch *(conjonctionnelle)*
    - ★ Meronymisch *(métonymique)*
      - □ Holonymisch
      - □ Enumerativ
    - ★ Morpho-semantisch *(dérivationnelle)*
    - ★ Approximativ *(approximative)*
    - ★ Synonymisch *(synonymique)*

Metalinguistische Dn.[37] beziehen sich (mit) auf den signifiant mit Formulierungen wie: "marque", "exprime", "se dit de ...".[38] Es sind "Prädikationsregeln mit Erwähnung des Dm" (nach Wiegand 1985). Alle anderen bezeichnet Martin als »paraphrastiques«. Taxonymische

37. Die nachfolgenden Erläuterungen beziehen sich auf Martin 1990 u. bes. Martin 1992:59–64.

38. Bsp.: *être: verbe marquant l'idée d'existence.*

Dn. enthalten oder implizieren ein Hyperonym,[39] ein Antonym [40] oder mehrere koordinierte Hyperonyme (parataktische D.).[41] Meronymische, von Martin »métonymiques« genannte Dn. basieren auf einer partonymischen oder segmentalen Teil–Ganzes–Relation.[42] Martin nennt als Beispiele: Bezug auf ein Holonym,[43] Aufzählung von (Bestand)teilen (enumerativ),[44] Bezug auf eine Menge (»ensemble«)[45] oder auf die Bestandteile eines Ganzen (»au moyen d'un vocable au pluriel«).[46] Weitere »paraphrastische« Typen sind morpho-semantische,[47] approximative [48] und synonymische (nicht periphrastische) Dn. Die zweite Einteilung, in die die erste integriert werden kann, sieht folgendermaßen aus:

- ◆ Definitionstypen – "referentiell-pragmatische" Klassifikation:
  - ■ Konventionell *(conventionnelle)*
    - ★ *a priori*
    - ★ *a posteriori*
  - ■ Natürlich *(naturelle)*
    - ★ *Wort*definition *(définition de mot)* { synonymisch, antonymisch / morpho-semantisch / metalinguistisch
    - ★ *Bezeichnungs*definition *(définition de chose nommée)*
      - □ Minimal *(minimale)*
      - □ Stereotypisch *(stéréotypique)*
      - } hyperonymisch / meronymisch / approximativ

Konventionelle Dn a priori sind VDn, bei denen ein Wort (Terminus) gleichzeitig eingeführt und seine Bedeutung bestimmt wird. Die Bestimmung kann a posteriori erfolgen, z.B. bei ju-

---

39. Bsp.: *aguicher: exciter par diverses agaceries et manières provocantes* – mit *exciter* als angegebenem und *provoquer* als impliziertem Hyperonym.
40. Bsp.: *céder: ne plus résister à la pression* – mit negiertem Prädikat *résister*.
41. Bsp.: *voler: se soutenir et se déplacer dans l'air au moyen d'ailes* – mit *se soutenir* und *se déplacer* als parataktisch koordinierten Hyperonymen.
42. Vgl. Cruse 1986 (157–180).
43. Bsp.: *bras: partie du corps ...* – mit *corps* als »kanonischem« (Cruse) Holonym; *manche: partie d'un outil ...* – mit *outil* als »fakultativem« (Cruse) Holonym. Es sind noch andere der von Cruse 1986 genannten Relationen möglich *mass-constituents/ingredients, material-object, substance-particle, ...).*
44. Bsp.: *membre: main et pied de l'homme, patte et aile de l'animal.*
45. Bsp.: *armée: ensemble des soldats d'un pays.*
46. Bsp.: *barbe: poils qui poussent sur la joue et sur le bas de la figure.*
47. Bsp.: *justification: action de justifier, de se justifier.*
48. Z.B. mit *espèce de ...* oder *sorte de ...*

ristischen Definitionen. Im Gegensatz dazu, »la définition naturelle vise à saisir le contenu naturel des mots, c'est-à-dire le contenu plus ou moins vague que spontanément - et souvent inconsciemment - les locuteurs y associent« (Martin 1990:87). Der Terminus »konventionell« ist hier genausogut anwendbar wie auf VDn; deshalb wäre es besser, von stipulatorischen vs. deskriptiven Dn zu sprechen (vgl. ibd.). Minimal-Dn geben nur ein, z.B. funktionales, Bedeutungsmerkmal,[49] eine notwendige, aber nicht hinreichende Referenzbedingung an. Stereotypische Dn versuchen eine vollständige Beschreibung der benannten oder bezeichneten Gegenstände, also zu deren Identifikation hinreichende Referenzbestimmungen anzugeben.[50] »Une telle définition "stéréotypique" vise à donner, au-delà du contenu minimal de pertinence linguistique, une représentation de l'objet dénommé suffisante pour en permettre l'identification effective. Constituée de traits descriptifs ("tige d'acier emmanchée à un bout, applatie à l'autre") et de traits fonctionnels ("afin de pénétrer ..."), elle se fonde sur des propriétés universelles jugées suffisantes pour susciter de l'objet une représentation. (...) Contrairement à la définition minimale, linguistiquement pertinente mais objectivement désincarnée, la définition stéréotypique a pour visée la représentation effective« (Martin 1992:67). Mit »Repräsentation« ist hier eine mentale Repräsentation oder geistige Vorstellung des durch das Exm benannten oder bezeichneten Gegenstandes gemeint. Eine Definition oder Explikation wäre dazu da, eine (konzeptuelle) Repräsentation des Gegenstandes hervorzurufen (»susciter de l'objet une représentation«) und ihre Interpretation wäre die innere Handlung, die zu deren Realisierung (in welcher Plastizität, Explizitheit oder Klarheit auch immer) führt.

In einer auch für die Theorie der Bedeutungsexplikation interessanten Studie untersuchten U. **Quasthoff** und D. **Hartmann** 1982 anhand von elizitierten alltagssprachlichen mündlichen Bedeutungserklärungen die »Entscheidbarkeit zwischen holistischen und komponentiellen Bedeutungskonzeptionen« (Untertitel): »Unsere Grundthese ist, daß die Art und die Reihenfolge, in der Sprecher ihre Bedeutungen von Wörtern explizieren, Aufschluß darüber geben können, welche kognitiven Strukturen Wortbedeutungen zuzuschreiben sind« (Quasthoff/Hartmann 1982:109). Die Frage, wie (unter anderem) lexikalische Bedeutung in kognitiven Systemen gespeichert und repräsentiert ist, hängt natürlich eng zusammen mit der Frage, durch welche Explikationsmechanismen oder »-operationen« Erkenntnis oder Wissen zu dieser Bedeutung aktiviert werden kann. Für Quasthoff/Hartmann sind »Bedeutungsexplikationen« etwas, das vermittelnd zwischen Bedeutung (abstrakteste Ebene) und ihrer Erklärung (Diskursebene) steht. »Erklärungen stellen (..) nur einen empirischen Zugang zu Wortbedeutungen dar, sie sind nicht die Wortbedeutungen« (ibd. 102). Wortbedeutungen sind theoretische Einheiten mit »eher holistischer« als komponentieller Struktur. Entsprechend sind auch Bedeutungsexplikationen eher Operationen der Konstruktion oder Vernetzung (Synthese) als der Dekomposition (Analyse). Nichtwissenschaftliche Bedeutungsexplikationen werden wie folgt typisiert:

---

49. Bsp.: *tournevis: outil pour serrer, desserrer les vis (Dictionnaire du français contemporain).*

50. Bsp.: *tournevis: outil pour tourner les vis, fait d'une tige d'acier emmanchée à une extrémité, et aplatie à l'autre afin de pénétrer dans la fente d'une tête de vis (Petit Robert).*

1. »Explikation durch Nennung von Beispielen«, i.e. unmittelbar oder weiter untergeordneten Hyponymen (in Alltagserklärungen bevorzugt aus der prototypischen Ebene) – Beispiel: *Wurzel – Baumwurzel*. »Die alltagssprachliche Explikation durch Nennung von Beispielen versucht, die Intension des Stimulusbegriffs durch die Extension des Beispielbegriffs zu repräsentieren« (ibd. 106).

2. »Explikation durch Nennung eines bedeutungsgleichen Ausdrucks«, i.e. Synonyms. Der Unterschied zum vorhergehenden Typ ist der, daß mit der Benennung eines bedeutungsgleichen Ausdrucks eine tatsächliche Äquivalenz zwischen Explanandum und Explanans angestrebt wird. Der erklärende Begriff liegt also auf der gleichen begrifflichen Hierarchieebene wie der zu erklärende Begriff und deckt die gleiche extensionale Ausdehnung [sic] ab« (ibd. 107). Gemeinsam ist beiden Explikationstypen, daß »das Explanandum nicht durch Merkmale rekonstruiert, sondern extensional durch die Nennung eines Klassenbegriffs benannt« wird (ibd.)

3. »Explikation durch Nennung von übergeordnetem Begriff[51] und unterscheidendem Merkmal«, i.e. *genus proximum* und *differentia specifica*. Dabei wird ausdrücklich auf das Konzept der Konstruktion als Gegenbegriff zur Dekomposition eingegangen: »Im Vergleich zu den beiden anderen bereits diskutierten Erklärungsschemata ist für diesen Typ festzuhalten, daß auch hier die Bedeutung des Stimuluswortes nicht eigentlich in gleichgeordnete wesentliche Merkmale zerlegt wird, sondern daß die Explikation den zu explizierenden Begriff zunächst einmal als ganzen in ein begriffliches System von übergeordneten und nebengeordneten Begriffen einpaßt. Die Nennung von einem oder mehreren Merkmalen zur Abgrenzung des Stimulusbegriffs von hierarchisch nebengeordneten Begriffen läßt sich – im Sinne eines noch eher holistisch orientierten Bedeutungskonzeptes – als ein Mittel zur Abgrenzung der einen Begriffsklasse von anderen nebengeordneten verstehen. Das wäre etwas anderes als der Versuch, eine Wortbedeutung durch Zerlegung in Merkmale zu rekonstruieren« (ibd. 108).

4. »Explikation durch Nennung wesentlicher Merkmale«, die untereinander nicht hierarchisiert sind. Dieser Typ ist am ehesten als komponentiell anzusehen: »Hier wird (..) das Konzept zu einem Wort nicht mehr in irgendeiner Weise als Ganzes abgerufen und entweder durch ein Beispiel repräsentiert, durch ein Äquivalent ersetzt oder in ein hierarchisches Begriffssystem eingepaßt. Hier wird tatsächlich atomisiert in dem Sinne, daß Komponenten der Bedeutung genannt werden, die in ihrer Zusammensetzung erst die gesamte Bedeutung ergeben« (ibd. 109).

Bedeutungsexplikationen als spezifische Kommunikationsform sind ausführlich auch von H. E. **Wiegand** untersucht worden (z.B. Wiegand 1981; 1985; 1989 mit zahlreichen weiteren Referenzen): »Wörterbuchtexte werden in konkreten Wörterbuchbenutzungssituationen zum sprachlichen Medium einer spezifischen Art von interaktionsloser Kommunikation zwischen dem Lexikographen und dem Wörterbuchbenutzer« (Wiegand 1981:141). Die Interpretation eines Wörterbuchtextes – wie jedes Textes – setzt voraus (vgl. ibd. 144):

---

51. Das *proximum* wird hier, wie häufig, unterschlagen.

- Informationen (Kenntnisse) über die Welt (»enzyplopädische Informationen«);
- Informationen (Kenntnisse) über die Kommunikationssituation;
- Informationen (Kenntnisse) über die vorliegende Textsorte;
- Informationen (Kenntnisse) über das Sprachsystem (grammatische .. semantische).

Die eigentliche Frage ist für Wiegand die: »Welche Kenntnisse bestimmen – über die durch die Grammatik und Semantik von [einer Sprache] L gegebenen Interpretationen hinaus – in welcher Weise die in den Leseakten zu vollziehende Interpretation des Wörterbuchtextes?« (ibd. 144). Wörterbucheinträge sind »Instruktionstexte« (ibd. 145) in dem Sinne, daß sie in gewisser Weise den Leser "belehren" wollen. Die "Belehrung" besteht darin, daß »lexikographische Bedeutungserläuterungen« verkürzte Regelformulierungen [52] für Referenz- und Prädikationsregeln, »semantische Gebrauchsregeln« in »usuellen Benennungskontexten« (alltagssprachlichen Kontexten der Bedeutungselizitierung) (Wiegand 1981:161 ff.) sind. »Wörterbucheinträge der Form "Lemma" [...] *Bedeutungserläuterung(en)*, mit der Bedingung, daß letztere die Form eines Syntagmas (oder eines Satzes) haben, lassen sich als verkürzte Regelformulierungen verstehen; mit ihnen formuliert der Lexikograph die Referenz- und Prädikationsregeln für ein angesetztes Substantiv-Lemma "A" für die Verwendung von A in allen usuellen Texten für A, d.h.: relativ zur Klasse der usuellen Texte für A« (Wiegand 1981:161). Betrachten wir noch einmal das Grundschema der *Definition: Definiendum (Dm) + Definitor (Dr) + Definiens (Ds)*. Darin begründet nach der bekannten Formel von H. J. Heringer der Dr eine Bedeutungsrelation zwischen Dm und Ds: *R (Dm, Ds)*. Der Dr kann ausdrücklich verbalisiert sein oder unausgedrückt bleiben. Die erste Möglichkeit charakterisiert nach Wiegand 1981 »nichtstandardisierte Wörterbuchartikel«, die zweite »standardisierte Wörterbuchartikel«. Das Dm kann, wie bereits ausgeführt, im Ds erwähnt *(mention)* oder verwendet *(use)* werden. Wiegand 1981 illustriert den Unterschied am Beispiel: ***Softi*** *– jüngerer Mann von sanftem, zärtlichem, empfindungsfähigem Wesen*. Eine Explikation unter Verwendung des Dm wäre: *Ein Softi ist ein jüngerer Mann ...*, eine Explikation unter Erwähnung des Dm etwa: *"Softi" bedeutet, bezeichnet, wird verwendet für ...* Der Unterschied wird durch den Dr signalisiert. Wenn dieser aber nicht verbalisiert ist, wie das in vielen (nach Wiegand: »standardisierten«) Wörterbuchexplikationen der Fall ist, muß er sprachwissenschaftlich *rekonstruiert* werden. »Welche der möglichen Relationsausdrücke (...) der Sprachwissenschaftler wählt, um die semantische Beschreibung des Lexikographen zu rekonstruieren, ist eine Entscheidung, mit der bereits weitgehend festgelegt wird, wie – und d.h.: im Lichte welcher Bedeutungstheorie – der infrage kommende Ausschnitt der lexikographischen Praxis interpretiert wird« (Wiegand 1981:40). Das heißt: die Relation zwischen Explicandum und Explicans ist keine objektive Konstante, sondern eine zu interpretierende Variable. Die Interpretation ist wie die des Explicans selbst theorieabhängig. Die Relation kann in verschiedenen Wörterbüchern unterschiedlich sein und es gibt keine Garantie dafür, daß sie innerhalb eines Wörterbuch(ausschnitt)s immer dieselbe ist.

---

52. »Lexikographische Regelformulierungen in standardisierten Wörterbuchartikeln sind – verglichen mit entsprechenden Antwortäußerungen in Alltagsdialogen über Bedeutungen bzw. mit den Lesartvarianten, in denen der fehlende Relationsausdruck ergänzt ist, *verkürzte* Regelformulierungen« (Wiegand 1985:66).

Wiegand hat sich zu einer, wie er es nennt, »handlungsbezogenen Interpretation entschlossen« (ibd. 41). Darin faßt er »die Bedeutung eines sprachlichen Ausdruckes als die Regel(n) für seinen Gebrauch auf. Gebrauchsregeln sind Regeln für das sprachliche Handeln, und in Bedeutungsbeschreibungen werden diese Handlungsregeln angegeben« (ibd. 61). Was heißt »sprachliches Handeln« und welche »Regeln« sind gemeint? »Sprachliches Handeln« unterteilt Wiegand 1985:18 ff., in Anlehnung an E. Tugendhat, in *Prädizieren* und *Referieren*. Der Oberbegriff ist »Bezugnehmen auf etwas«. Prädizieren heißt, (beispielweise) einem Individuum *i* ein Prädikat *P* zuschreiben: *P(i)*. Wiegands Beispiel ist: *Werner ist ein Softi [S(w)]*. Referieren bedeutet ungefähr: auf etwas als Individuum / Individuen hinweisen (durchaus in Verbindung mit einer Prädikation). Beispiel: *Der Softi am Nachbartisch gefällt mir nicht [ιx (S(x) ∧ G(m,x))]*. Verschiedene Arten der Prädikation sind bekannt: einstellige (Eigenschaften) .. n–stellige (Relationen); Prädikationen erster Stufe (über Individuenkonstante oder Variable) .. n–ter Stufe (Prädikate über Prädikate ...). In Bedeutungsexplikationen relevante Arten der Referenz sind nach Wiegand 1985:20 ff. die singulär definite (Deixis) und die generische Referenz (implizit oder explizit allquantifiziert). Das Ds gibt *Regeln* dafür an, *auf was* man *wie* mit dem Dm »Bezug nehmen« (prädizieren oder referieren) kann und zwar in von Wiegand so genannten »usuellen Äußerungen« (ibd. 62) oder »usuellen Benennungskontexten« (ibd. 68 ff.): »Ein Lemmazeichen *A*, das ein substantivischer Prädikator ist, wird usuell verwendet, um auf denjenigen Gegenstand Bezug zu nehmen, der mit der lexikalischen Paraphrase zu *A* charakterisiert wird« (ibd. 75 f.). Auf die Beschränkung auf substantivische Prädikatoren, auf die Wiegand immmer wieder hinweist, bin ich hier nicht eingegangen, weil ich sie nicht für in unserem Zusammenhang wesentlich halte. Was ich für wesentlich halte, ist die Kritik an Komponentialismus und Analytizität sowie die These, daß durch die Texte selbst nichts expliziert wird, sondern bestenfalls Anleitungen zur semantischen Explikation an ein dazu fähiges System gegeben werden. In den Explikationen, wie sie in Wörterbüchern textuell realisiert sind, wären demnach keine »semantischen Informationen« »kodiert« im Sinne einer »Einfriermetapher«, die die Vorstellung erweckt, diese ließen sich, beispielweise durch Analysealgorithmen, »dekodieren« (im Sinne eines »Auftauens«). Stattdessen wären sie »Teile von quasi–natürlichen, potentiellen Antworten auf antizipierte Fragetypen in handlungssemantischer Deutung« (Wiegand 1989:552). Der Vorstellung einer abgeschlossenen statischen Kodierung von Bedeutungen wird eine »handlungstheoretisch orientierte« und »offene Bedeutungstheorie« entgegengesetzt (Woetzel 1984:241 ff.). Zentrale »theoretische Explikationsbegriffe« einer solchen Theorie sind nach Woetzel: *Ähnlichkeit, Analogie, Metapher*. »Eine solche offene Bedeutungstheorie ist in der Lage, die wirklichen Verhältnisse der sprachlichen Kommunikation aufzunehmen. Sie ist nicht auf die vollständige, definitorisch bestimmbare *Allgemeinheit* der Bedeutung aus, weil diese auch in der realen Sprachpraxis nicht existiert« (ibd. 246). Bedeutungen werden in der Kommunikation und nicht im Text "konstituiert" (wie es immer heißt). Der Wörterbuchtext ist nur ein – notwendiges aber nicht hinreichendes – Element in der Kommunikation zwischen Produzenten und Rezipienten von Bedeutungsexplikationen.[53] Die »handlungstheoretische« An-

53. Auf das Verhältnis der Bedeutungsexplikationen zu anderen Wörterbuch- und Artikelbestandteilen, das einer sorgfältigen aber vielleicht besser getrennten Reflexion bedarf, gehe ich hier nicht ein.

nahme besteht darin, daß der Rezipient Fragen zu oder Interesse an der Bedeutung eines sprachlichen Ausdrucks hat, die möglicherweise durch die im Text übermittelten Angaben zu Ähnlichkeiten mit anderen Ausdrücken, lexikalischer Vernetzung oder Verwendungszusammenhängen dieses Ausdrucks zu beantworten sind. »Das Schreiben von Wörterbuchartikeln eines allgemeinen einsprachigen Wörterbuches wird dann zu einem Formulieren einer Anzahl von potentiellen Antworten in verdichteter und standardisierter Form auf antizipierte Typen von Suchfragen, die in Typen von Benutzungssituationen integriert sind« (Wiegand 1989:552).[54]

Zusammenfassung: bei allen herangezogenen Autoren kann in folgenden Ansichten Übereinstimmung festgestellt werden:

- Die Bedeutungsexplikation zu einem Explicandum **ist nicht** dessen Bedeutung, sondern ein **Zugang** dazu (Quasthoff/Hartmann 1982).
- Diesen Zugang kann man als »interaktionslose Kommunikation« zwischen Wörterbuchproduzenten und Wörterbuchrezipienten beschreiben (Wiegand 1981).
- Ziel dieser "Einwegkommunikation" ist, Leseransprüche zu erfüllen oder Fragen zu beantworten, um die Bedeutungen von Wörtern zu erfassen, Erfahrungen mit Wörtern zu bestätigen oder zu erweitern (Viehweger et al. 1977), Lücken zwischen Wörtern und Benutzererfahrungen zu überbrücken (Rapoport 1950).
- Bedeutungsexplikationen haben den Charakter von Mitteilungen an einen Adressaten (Robinson 1968). Sie bestehen in Regeln, Hinweisen oder Beispielen dafür, wie mit dem Dm auf außersprachliche Gegenstände oder Sachverhalte »Bezug genommen« werden kann (Wiegand 1985). »Aus dem Definieren von *A* (...) wird somit die Gestaltung eines verdichteten und standardisierten Textes zu *A*, aus dem ein Benutzer-in-actu die Bedeutung von *A* erschließen kann« (Wiegand 1989:553).

4 Computergestützte Lexikographie und die »Fundgrubenmetapher«

Das Projekt der »Extraktion von Informationen« (»extracting syntactic and semantic information« (Byrd et al. 1987:230 passim)) aus gedruckten Sprachwörterbüchern beruht auf der Vorstellung, in diesen "stecke" in besonderer Menge, Vielfalt und Konzentration "sprachliches Wissen", das es "herauszuholen" gelte. Wörterbücher werden als "Fundgrube" für sprachliche und linguistische Informationen angesehen, "semantische Informationen" in den Bedeutungsexplikationen als deren Goldadern. Dazu einige Beispielzitate:

> *Published dictionaries contain a wealth of information that can be used to provide computational solutions (...) and can even furnish insights into deeper questions regarding the nature of lexical meaning and other epistemological issues* (Amsler 1984:161).

54. Zur »Textverdichtung« cf. Wiegand 1989:570 ff. und den Beitrag von W. Wolski im selben Band (956–967).

Standard on-line dictionaries offer a wealth of knowledge expressed in natural language form. (...) We propose techniques for processing the definitions of an on-line standard dictionary, and for extracting from them the semantic information (...). We consult the on-line dictionary as if it were a semantic expert (Jensen/Binot 1987:251).

Obviously existing dictionaries (both mono- and bilingual) contain an enormous wealth of semantic information, which should be more systematically exploited in semantic analysis than is now commonly the case (Dik 1987:258).

There is a hidden wealth of further information within the text of the definitions themselves (Slator 1989:97).

Programs have been developed which automatically make the structure of the definitions explicit and which indicate the sense of the defining words [!] (Vossen/Copestake 1993:247).

If we can map the published senses [!] *onto the ultimate CompLex [computational lexicon] senses, the wealth of lexical information available* [!] *can be assigned to those senses* (Byrd 1994:179).

Solche Ansichten werden in Publikationen normalerweise programmatisch zu Beginn geäußert, wobei sich die tatsächlich erzielten Ergebnisse stets als punktuell und deutlich weniger aufregend erweisen. Wie wir an diesen Zitaten (stellvertretend für viele andere) sehen, wird mit wiederkehrenden Schlagwörtern *(wealth of information)*, Anthropomorphismen *(semantic expert)* und Absichtserkärungen *(if ... then)* hantiert, hinter denen sehr komplexe Begriffe für ungeklärte Sachverhalte und Relationen oder bisher nicht realisierbare Methoden und Techniken stehen. Auf welche Art »enthalten« *(contain)* oder »bieten« *(offer)* Wörterbücher Informationen, wie (und warum?) sind sie gar darin »versteckt« *(hidden)*, welche Art von »Information« *(information)* ist »lexikalische« oder »semantische Information« *(lexical/semantic information)*, »lexikalische Bedeutung« *(lexical meaning / lexical content)* oder »sprachlich ausgedrücktes Wissen« *(knowledge expressed in natural language form)*? Was bedeutet in dieser Vorstellung das "Herausholen von Informationen"? In der bisher konkretesten Umsetzung der Fundgrubenmetapher bedeutet es *Reduktion*. Bekanntestes Beispiel ist das computerunterstützte *headword finding* (cf. Chodorow/Byrd/Heidorn 1985; Byrd et al. 1987), bei dem variierende Angaben zu semantischen Beziehungen zwischen Lexemen und Phrasemen auf wenige paradigmatische Basis-Relationen (taxonomische, substitutorische) zurückgeführt werden. Computerlexikographen gehen immer wieder von der Prämisse aus, daß logische Definitionen den Grundtyp bilden und andere Strukturen eine Art Abweichung darstellen: »Dictionary entries commonly contain a genus and differentia and the genus terms of dictionary entries may be assembled into large hierarchies« (Wilks et al. 1989:196); »traditionally it is assumed that dictionary definitions exhibit a classical structure of a *genus* and discriminating *differentiae*« (Vossen/Copestake 1993:246); »one common thread in these projects is the effort to automate the locating of superordinates (genus extraction) without having to evoke a full scale natural language analyser. Even more significant is the remarkable resemblance in the overall strategy for eliciting information relevant to subsequent language processing programs from the more or less unrestricted natural language text in the definition fields« (Boguraev 1994:133).[55] Durch die verkettete Auswertung solcher Strukturen sollen z.B. im Projekt ACQUILEX (Briscoe/de Paiva/Copestake (eds.) 1993) »Definitionsfolgen und Lexemnetze« (Sambor/Hammerl (eds.) 1991) automatisch ermittelt und maschinenlesbar repräsentiert werden (Vossen/Copestake 1993). Bedeutungsexplikationen, die bei der auf logische Definitionen abgestellten Analysemethode Schwierigkeiten bereiten, werden als Problemfälle, »definition structures which cause problems« (ibd. 252) behandelt. In einer anderen Umsetzung der Fundgrubenmetapher ist von *Explizierung* die Rede. Deren einfachere Formulierung lautet, daß in Wörterbüchern Informationen "implizit vorhanden" seien (was auch immer das heißen mag) und daß sie "explizit gemacht" werden müßten (was auch immer d a s heißen mag). Dazu noch einige Zitate:

> *We have been trying to construct lexical entries automatically from information available in the machine-readable version of Webster's Seventh Collegiate Dictionary. This work is rich in implicit information; the problem is to make it explicit* (Markowitz/Ahslwede/Evens 1986:112).

> *Computer programs doing natural-language processing of all kinds (...) require that syntactic and semantic information be made much more explicit than it is in dictionaries intended for human use* (Evens 1989:91).

> ... *discovery procedures identifying lexically relevant linguistic generalizations which have been both encoded* explicitly *by the lexicographers, and reflected* implicitly *in the nature of the artefact* (Boguraev/Neff 1992:111).

> *Researchers quickly became aware that substantial lexical information was implicit in (..) dictionaries - the most trivial* [!] *example was the presence of taxonomies implicit in the genus and differentiae structure of definitions - and much of it could be extracted automatically or semi-automatically* (Atkins/Levin/Zampolli 1994:28).

Eine realistischere Formulierung ist die, daß Bedeutungsangaben in Wörterbüchern insofern implizit sind, als sie auf Sprachwissen und -fähigkeit der Ersteller und der Benutzer aufbauen, und daß die Explizierung die Rekonstruktion dieser Kompetenz beinhalten muß. Die wichtigste Aufgabe der »internal analysis of dictionaries« ist nach Knowles 1990:1664 »an attempt to derive an adequate cognitive description of the lexicographical process itself, based on a careful "post factum" study of dictionaries as texts from which inferences can be drawn«. Aus keiner dieser Formulierungen läßt sich eine genauere Methodik ableiten, nach der vorgegangen werden müßte; sie benennen lediglich *Ziele*. Problematisch wird die Fundgrubenmetapher dann, wenn aufgrund ihrer Suggestionskraft die Ziele für Methoden gehalten werden, und auch die Ausgangsbasis besser definiert scheint, als sie es in Wirklichkeit ist. Der in unserem Projekt gewählte extensionale Zugang über *systematische* Struktur*analyse und* musterbasierte *Klassifikation* garantiert an sich ebenfalls noch keinen Erfolg. Dieser Weg wurde in der Vergangenheit bereits mehrfach beschritten und zunehmend methodisch exakter bestimmt als semantische Auswertung syntaktischer und lexikalischer Muster (Cal-

55. Diese Arbeit ist über längere Passagen wortidentisch mit der Einleitung zu: Boguraev/Briscoe (eds.) 1989 (angeführtes Zitat wörtlich dort S. 29).

zolari 1984), rekurrenter Phrasen (Markowitz/Ahlswede/Evens 1986) oder mit Wortklassenangaben versehener Phrasenstrukturen (Vossen/Meijs/den Broeder 1989). Hier ist umgekehrt die Methode klarer definiert als die Ausgangsbasis (mit welchen [Arten von] Informationen hat man es zu tun?) und die Ziele (welche [Arten von] Ergebnisse[n] können erwartet werden?).

Wenn - nach G. Lakoff und M. Johnson - unser gesamtes »konzeptuelles System« auf Metaphern beruht, dann auch das wissenschaftliche Denken. Tragfähige Metaphern wären dann unerläßlich für einen realistischen Forschungsplan. Sie sind aber in jedem Fall von großem Nutzen, genauso wie falsche oder leere Metaphern hinderlich sein können. Wir brauchen eine bessere theoretische Fundierung und neue Metaphern für die corpusorientierte ML. Wir brauchen ein genaueres Nachdenken darüber, in welcher Beziehung Bedeutungsrepräsentation in Wörterbüchern zu der in diversen linguistisch- oder logisch-semantischen Theorien steht. Deshalb ist es wichtig, sich wieder verstärkt mit diesen Theorien auseinanderzusetzen. In der Vergangenheit haben sich linguistische Theorien zur Semantik und computergestützte Analyse und Simulation sprachlicher Prozesse eher voneinander entfernt als einander angenähert. Das könnte daran liegen, daß sich theoretische Modelle beim Versuch ihrer Implementation nicht bewährt haben, daß umgekehrt die Performanz von Computeranwendungen die Ansprüche der Theorie nicht erfüllen konnte, oder daß die Computerlinguisten so von der Entwicklung ihrer Tools und Methoden in Anspruch genommen werden, daß ihnen nur wenig Raum für die Beschäftigung mit den theoretischen Grundlagen bleibt. Die (M)L braucht eine eigene, weiter als bisher ausgearbeitete Theorie darüber, welche linguistischen Informationen in Bedeutungsexplikationen verschiedener Typen kodiert sind und welche Schlüsse auf sprachliche Fakten daraus gezogen werden können. Antworten auf unsere Fragen kann die Auseinandersetzung mit der semantischen und der lexikographischen Theorie liefern, ebenso systematische Analysen von Wörterbuchdaten und Berichte von Lexikographen, die die Prinzipien und Methoden ihres Vorgehens darlegen. Es darf nicht vergessen werden, daß Bedeutungsangaben in Wörterbüchern von Menschen nach bestimmten - fremden und eigenen - Vorgaben produziert wurden und daß sie keine objektiv-abstrakten Gebilde *sui generis* sind.

Wiegand 1981:141 schlug vor, »semantisch bestimmte Typen von Wörterbuchbenutzungssituationen« zu untersuchen. Eine davon ist die »sprachwissenschaftliche Wörterbuchbenutzungssituation«, die die Frage zu beantworten sucht: »Wie lassen sich bestimmte Wörterbucheinträge, also Textteile von Wörterbuchartikeln, und ihre Relationen zueinander unter sprachwissenschaftlichen Gesichtspunkten genauer verstehen?« (ibd. 142). Parallel dazu stellt sich für eine »computerlinguistische (oder -lexikographische) Wörterbuchbenutzungssituation« die Frage, wie sich Wörterbuchexplikationen unter computerlinguistischen Gesichtspunkten genauer verstehen lassen. Das *Verstehen* ist aber nur der erste Schritt, ein zweiter ist die *Übertragung*. Nach Weber [to appear] »computational lexicography may be quite generally defined as an applied branch of (computational) linguistics dealing with the automated treatment of linguistic information in ways that are comparable to the contribution of traditional lexicography to the intellectual handling of this information«. Zur Simulation von Sprachverarbeitung gehört essentiell die semantische Verarbeitung. Es ist ein erklärter Zweck von Wörterbüchern, semantische Infomationen zu sprachlichen (meist lexikalischen)

Einheiten zu vermitteln. Was hier unter »semantischen Informationen« und unter »vermitteln« zu verstehen ist, ist alles andere als geklärt. Konsens besteht jedoch, wie wir gesehen haben, in der Definitions- und lexikographischen Theorie darüber, daß es sich um eine Kommunikation zwischen Lexikographen, Produzenten oder Schreiber und Adressaten, Rezipienten oder Leser über einen Text handelt. Besonders der Adressat besetzt in diesem Modell eine notwendige Rolle. Versuche, "Bedeutung(en)" *allein* aus dem Text zu "extrahieren", ignorieren diese Rolle. In der definitorischen und lexikographischen Theorie geht kein Autor davon aus, daß dies möglich sei. Ich glaube zur Zeit nicht, daß man soweit gehen kann, den Text für »nichts als Schall und Rauch« (J. G. Juchem, persönliche Mitteilung) zu halten. Wenn wir das Mitteilungsmodell der semantischen Explikation (in Alltagsdialogen wie in Wörterbuchtexten) übernehmen, muß die Übertragbarkeit zumindest der Rolle des Adressaten und der beteiligten Prozesse ("Mitteilung", "Erfahrungen", "Ansprüche", ...) überprüft werden. Haben sie präzise Denotate oder sind es Metaphern und wenn ja, für was? Wenn wir das Mitteilungsmodell nicht übernehmen, brauchen wir ein neues Wörterbuchtextbenutzungsmodell im Kontext einer *Mensch-Maschine-Interaktion.* Darin ist die Interpretation von Bedeutungsexplikationen möglicherweise etwas ganz anderes, als in der Mensch-Mensch-Interaktion mithilfe der Texte. Überlegungen dazu finden sich in der Literatur zur ML *(computational lexicography)* und zur Computerlexikologie *(computational lexicology)* allerdings nicht einmal Ansätzen (ich jedenfalls habe keine gefunden). Antworten werden auch hier noch nicht gegeben,[56] sondern erst einmal Fragen gestellt und bisherige Standpunkte, Ergebnisse und Perspektiven dargestellt.

5 Zu diesem Band

Die meisten Beiträge zu diesem Band sind schriftliche Ausarbeitungen von Vorträgen der Autoren auf einem Kolloquium zum Thema: **Theorie der Semantik und Theorie der Lexikographie - Angewandte Semantik und Praxis der Lexikographie** am 27. und 28. Januar 1995 in Bonn. Das Kolloquium wurde unter der Leitung von Nico Weber für das DFG-Projekt *Computerorientierte Analyse der Definitionstexte deutscher Wörterbücher* und den *Arbeitskreis Lexikographie* der *Gesellschaft für Linguistische Datenverarbeitung e.V. (GLDV)* am Institut für Kommunikationsforschung und Phonetik (IKP) der Universität Bonn abgehalten. Die Vorträge und Diskussionen sollten, wie durch die Themenformulierung angedeutet, etwa zur Hälfte theoretischer Natur sein, z.B. sprachphilosophisch, modelltheoretisch oder linguistikhistorisch, zur anderen Hälfte sollten es Erfahrungsberichte von Wissenschaftlern sein, die mit semantischer Repräsentation, z.B. im Zuge der Ausarbeitung oder der Analyse von Wörterbuchdefinitionen oder der Entwicklung einschlägiger Computersysteme befaßt sind. Mit dem Kolloquium sollte ein Versuch gemacht werden, die Theorie der Semantik, die lexikographische Forschung und Teile der Computerlinguistik, die auf sie aufbauen (sollten), wieder etwas miteinander zu verknüpfen. Das Programm beinhaltetete folgende Themenbereiche:

---

56. Einige Antworten werde ich versuchen in meiner Habilitationsschrift zur *Semantik von Bedeutungsexplikationen* (in Vorbereitung) zu geben.

- *Logische und kommunikationstheoretische Grundlagen.*
- *Theorie der Semantik und Lexikographie.*
- *Angewandte Semantik und Lexikographie.*
- *Semantik und Lexikographie in der Computerlinguistik.*

Neben den Einzelvorträgen wurde jeweils am Ende eines Tages im Plenum zu folgenden Rahmenthemen diskutiert: *Was steckt drin in Wörterbuchexplikationen?* und *Was für eine Semantik braucht die (maschinelle) Lexikographie?*

Die Beiträge von *J.-M. Zemb* und *M. Stede* in diesem Band wurden nicht auf dem Kolloquium vorgetragen. Dagegen fehlen die mündlich vorgetragenen Beiträge von *G. Wotjak: Zur Beziehung von lexikalischem Bedeutungswissen und enzyklopädischem Weltwissen* und von *P. Ludewig* über *Inkrementelle wissensbasierte Wörterbuchanalysen* sowie ein »Erfahrungsbericht« von *E. Hinrichs / H. Winhart* über *Praktische Semantik in der Computerlinguistik.* Der Bericht von *W. Wolski* über *Grundfragen der Konzeption eines Bedeutungswörterbuchs zum Werk von Paul Celan* ist an anderer Stelle erschienen (Lexicographica 10/1994, 1995).

Mit dem Problem der *semantischen Konstruktion* beschäftigen sich die ersten sechs Beiträge, nämlich kommunikativ-semantischer Konstruktion (Juchem), logisch-semantischer Konstruktion (Stuhlmann-Laeisz, Schröder), kognitiv-semantischer Konstruktion (Figge, Seewald) und grammatiktheoretischer semantischer Konstruktion (Bierwisch).

J. G. Juchem entwickelt Grundgedanken zu einer *handlungstheoretischen Kommunikationssemantik,* in der Zeichen als »Anstoß zur Konstruktion« gesehen werden, deren Grundrichtung »schon irgendwie bekannt« sein muß, um semantische Regularitäten überhaupt zu ermöglichen. Die Richtung wird durch »Erfahrung« gegeben; die Welt, auf die sich Bedeutungsinterpretation von Zeichen als gewohntes »inneres Handeln« (oder, reifiziert: »Handlungen«) bezieht, ist die Summe individueller Erfahrungen. Diese sind »in ihrer Grundstruktur vorprädikativ« (oder nicht propositional, wie der In-Begriff dazu lautet). Erfahrung ist die »Bedingung der Möglichkeit von Bedeutung«, »eine Konstruktion auf dem Boden der Vergangenheit«, die sich in der Zukunft »beweisen soll«. Ausgangspunkt von Juchems Überlegungen ist nicht die Definition oder Explikation von Bedeutungen, sondern die »Interpretation« von Zeichen. Interpretation aber ist Vergleich und Unterscheidung. Wir werden hier daran erinnert, daß die etymologische Bedeutung von "Definition" "Abgrenzung" ist. Neben der *Rolle des Interpretanden* wird vor allem auch der *Zeitbezug* von Erfahrung und Bedeutung in den Vordergrund gerückt.

Um die logisch-»semantische Normierung« von Zeitbestimmungen geht es in dem Beitrag von *R. Stuhlmann-Laeisz.* Ausdrücke wie: »es war immer der Fall, daß« oder »es wird immer der Fall sein, daß« werden durch normierende Regeln zu temporallogischen Operatoren. Dadurch können die Wahrheitsbedingungen von komplexen Sätzen, die diese Operatoren enthalten, exakt bestimmt werden. An diesem Beispiel wird eine berechenbare, wohlverstandene Art der *Bedeutungsbestimmung* vorgeführt. Dabei bedingen sich die Normierung von Strukturen der (formalen) Sprache und Annahmen über Strukturen in der Welt (in diesem Fall: die Struktur der Zeit), auf die sie referiert, gegenseitig. Die Interpretation der Formeln stützt sich interessanterweise mehrfach *ausdrücklich* auf natürlichsprachliche Paraphrasierung. Auch wenn hier die Methodik im Vordergrund steht, kann der Beitrag Anstoß dazu geben, über die (meist unausgedrückte) Temporalität von Bedeutungsexplikationen nachzudenken.

Semantische Theorien werden in der Regel so konstruiert, daß sich die Bedeutung größerer sprachlicher Einheiten aus der Bedeutung der Teilausdrücke "zusammensetzt". Im Beitrag von *B. Schröder* geht es um die Frage, wie eine modelltheoretische Semantik durch Operationen, die aus Übergang von extensionalen zu intensionalen Semantiken bekannt sind, immer auch in eine kompositionelle Semantik überführt werden kann.

U. L. Figge behandelt, wie Juchem, die »Semiosis«, aber aus einer anderen, nämlich kognitiven Sicht. Für ihn werden sprachliche Strukturen durch Gedächtnisstrukturen, diese ihrerseits durch Wahrnehmungsstrukturen bestimmt. Grundlage der *Konzeptbildung* ist die Bündelung von »Merkmalen« (Einzelinformationen) in Wahrnehmung und Gedächtnis. Die sprachliche Repräsentation (Figge: »Manifestation«) von Merkmalen und Konzepten ist wortartabhängig verschieden. Verben und Adjektive bilden »konverse Netze« von Merkmalen, die mit syntaktischen und lexikalischen Mitteln unterschiedlich topikalisiert werden können. Substantive beziehen sich auf Konzepte, das sind weniger strukturierte Mengen von Merkmalen. Die Forderung an eine »kognitive Lexikographie« ist, »konverse Netze« und »Mengen von Merkmalen« *exhaustiv* und *systematisch* darzustellen. Der Unterschied zwischen semantischen (bzw. dafür gehaltenen) und enzyklopädischen (id.) Merkmalen wird durch unterschiedlichen Bezug auf im Gedächtnis gespeicherte "kollektive" oder auch individuelle Erfahrungen erklärt.

Auch *U. Seewald* geht es um kognitiv orientierte Semantik, in diesem Falle eher mit Blick auf Computerlexika als auf traditionelle Wörterbücher. Sie kritisiert die *Container*-Metapher der Systemlinguistik, nach der lexikalische Einheiten diskrete, kompositionell zusammensetzbare Wissenspakete "enthalten", die eventuell noch nach verschiedenen "Lesarten" gegliedert sind. Am Beispiel von Wortverwendungen in Fachtexten zeigt sie, daß die referentielle Potenz eines Lexems nicht durch statische Explikation, wie ausführlich auch immer sie wäre, abschließend erfaßt werden kann. Sie schlägt stattdessen ein Lexikon mit zwei Komponenten, einer »statischen« und einer »prozeduralen« vor, das Erkenntnisse der kognitiven Psychologie und der Textlinguistik ebenso wie traditionell erfaßte lexikalische (z.B. morphologische) Informationen berücksichtigt. Die Repräsentation von Wortbedeutungen auf der Basis einer Konzepthierarchie soll durch das Referenzpotential der an dieser Repräsentation beteiligten Konzepte den »menschlichen Sprachverarbeitungsprozeß« adäquat modellieren helfen.

M. Bierwisch diskutiert Prinzipien der semantischen Konstruktion lexikalischer Einheiten im Rahmen der Universellen Grammatik (UG). Ausgangspunkt seiner Überlegungen ist die Frage: in welchem Verhältnis steht der einzelsprachlich-idiosynkratische Charakter des Lexikons zu den von UG vermuteten universellen sprachlichen Konstruktions- und Funktionsprinzipien? Seine Antwort ist: »Was die lexikalischen Einheiten festlegen, ist idiosynkratisch, wie sie es festlegen, unterliegt den generellen Prinzipien von UG«. Er skizziert ein glossematisches Modell mit Artikulation und Perzeption von Signalstrukturen als Ausdruckssubstanz, Phonetischer Form (PF) als Ausdrucksform, dem konzeptuell-»intentionalen« System als Inhaltssubstanz und der Semantischen Form (SF) als Inhaltsform sowie Operationen zur Abbildung von SF-Strukturen auf PF-Strukturen und Operationen der Komposition lexikalischer Einheiten zu beliebig komplexen Ausdrücken. Für das Lexikon, die Syntax und die Morphologie werden Beispiele und Probleme der postulierten »generellen Konstruktionsprinzipien« von UG sowie deren ebenfalls postulierte Universalität selbst vor diesem Hintergrund diskutiert. Das Ziel ist, zu zeigen, »daß lexikalisches Wissen auch und gerade als Reservoir idiosynkratischer Kontingenzen essentiell von den Bedingungen der Universalgrammatik geprägt ist«.

Die darauf folgenden drei Beiträge thematisieren schon von Figge und Seewald angesprochene "klassische" Probleme der Lexikographie, nämlich die Unterscheidung zwischen lexikalisch-semantischer und enzyklopädischer Information (Bergenholtz/Kaufmann) und die Abgrenzung zwischen Gemeinsprache und Fachsprache in Semantik und Lexikographie (Bergenholtz/Kaufmann, Schaeder).

Für *H. Bergenholtz / U. Kaufmann* ist nicht die Unterscheidung zwischen semantischen und enzyklopädischen Informationen relevant, sondern die antizipierten Fragen und Interessen der »vorgesehenen Benutzergruppen« und Benutzungssituationen. Davon hängt ab, wieviel sprachliche und fachliche Information in welchem Wörterbuch an welcher Stelle anzuführen ist und wo »man den Informationsfluß stoppt«. Zwar besteht die technische Möglichkeit zur Speicherung von Massendaten, doch kann es nicht darum gehen, möglichst viele Informationen zu sammeln, sondern sie so auszuwählen und zu strukturieren, daß Interessenten sie wiederfinden und verstehen können (*Retrieval*-Problem). Allerdings muß nicht für jede abgestufte Sprach- und Fachkompetenz ein eigenes Wörterbuch oder eine eigene lexikalische Datenbasis vorgesehen werden, sondern diese können *polyfunktional* verschiedene Bedürfnisse zusammenfassen. Die Autoren betonen die Wichtigkeit der *Benutzerperspektive* auch für die lexikographische Theorie.

B. Schaeder betrachtet *Bedeutung* als dynamische Tätigkeit und nicht als deren statisches Ergebnis, als «Bedingung der Möglichkeit des Bezeichnens«. Bezeichner in natürlicher Sprache können daher *nicht präzise* sein, auch wegen der Komplexität alltäglicher (z.B. psychologischer oder sozialer) Sachverhalte nicht. In Fachsprachen sind nicht die Termini, sondern die Begriffe, für die sie stehen, präzise, weil wissenschaftlich reduziert und normiert. Lexikographisch ist die *semasiologische* Perspektive von den Bezeichnern *(Termini)* zu den *(theoretisch modellierten)* fachlichen Inhalten den Fachexperten vorbehalten, die umgekehrte *onomasiologische* Perspektive den Fachsprachenforschern.

Streiflichter aus der lexikographischen Praxis präsentieren die folgenden Beiträge zur zweisprachigen Lexikographie (Steiner-Weber) und zur Corpuslexikographie (Hellmann). Dem schließen sich einige Grundsatzüberlegungen zu einem zweisprachigen Übersetzerwörterbuch an (J.-M. Zemb).

Über Methoden und Systematik der Explikation von Komposita in einem mittelgriechisch-deutschen Wörterbuch hat sich *A. Steiner-Weber* Gedanken gemacht. Sie unterscheidet, wie Schaeder, eine *semasiologische* und eine *onomasiologische* Perspektive, kombiniert mit der Tatsache, ob die zu explizierenden Komposita für sich genommen *(autonom)* oder *im* (sprachlichen oder sachlichen) *Kontext* interpretiert werden.

Einen sehr konkreten und persönlichen Erfahrungsbericht zeichnet *M. W. Hellmann* über die »lexikographische Erschließung« eines politisch-geographisch und zeitlich differenzierten *Textcorpus* mit insgesamt etwa 3,3 Mio. lfd. Wortformen. Er macht deutlich, daß eine »Einzelwort-Lexikographie« in einer solchen Anwendung wenig Sinn hätte, daß vielmehr Wörter und Phrasen in ihrem Verwendungszusammenhang erschlossen und ausgewertet werden müssen, was nur mit einem leistungsfähigen *Recherche*-System in den zur Debatte stehenden Zeiträumen möglich ist.

J.-M. Zemb zitiert und kommentiert zusammen mit *F. J. Hausmann* verfaßte »Erwägungen und Empfehlungen« zu einem neuen und neuartigen großen Übersetzer- *(computer-assisted translation / CAT)* Wörterbuch, das in Wirklichkeit mehrere (auch) elektronisch verfügbare und vom Benutzer erweiterbare Wörter»bücher« mit Pilotfunktion auch für andere Sprachenpaare darstellen soll.

Mit dem Stichwort »semantische Syntax« lassen sich die daran anschließenden Beiträge charakterisieren. Sie alle sind auf die Semantik von Verben perspektiviert. Bei der Verbbedeutung muß unterschieden werden zwischen inhärenten (Repräsentation der Verbbedeutung selbst) und relationalen Kategorien (Repräsentation der "Rollenbeteiligung" an vom Verb bezeichneter Handlung *(action)*, Zustand *(state)* oder Vorgang *(event)*). Die meisten Autoren behandeln relationale Kategorien, die, von Fillmore als semantische oder Tiefenkasus eingeführt, »heute als Thetarollen, semantische Relationen u.a. fast theorieneutral verwendet werden« (Engel). Bei den ersten drei Beiträgen geht es um die *Repräsentation* von intellektuellem sprachlichen (konzeptuellen und semantischen) Wissen, in einem theoretisch-linguistischen Rahmen (Engel), und in computer-linguistischen Implementierungen (Klenk, Wolting).

U. Engel skizziert vor dem Hintergrund valenzhistorischer und -theoretischer Überlegungen »ein überschaubares« Inventar von vier *semantischen Relatoren* mit insgesamt zwölf Subkategorien, das er für die Beschreibung von Verben in zweisprachigen Valenzwörterbüchern für vielseitig verwendbar hält. "Relatoren" sind symbolische Repräsentationen von "Relationen", wie sie in einer linguistischen Interpretation »zwischen dem durch das Verb ausgedrückten Geschehen« und den durch verschiedene Satzteile bezeichneten »beteiligten Größen« angenommen werden. Engel schlägt diverse Tests vor, mit denen diese Annahmen fundiert werden können.

U. Klenk stellt dar, wie im Lexikon zu einer formalisierbaren kopfgesteuerten Phrasenstrukturgrammatik *(HPSG)*, in dem Verbkomplemente nach »Obliquitätsgrad« geordnet repräsentiert werden, Satzargumente darzustellen sind, die – zum Beispiel im Spanischen – nur in der Verbmorphologie und nicht als Satzkonstituente kodiert sind. Die Verhältnisse würden sich bei Sprachen mit polypersonaler Flexion und verbmorphologisch kodierter Oblikheitshierarchie noch wesentlich verkomplizieren. Der Autorin geht es darum, die Schnittstelle zwischen Syntax, Semantik und Lexikon in einem formalen Modell zu beleuchten.

Das gilt auch für *S. Wolting*, die syntaktische und semantische Subkategorisierung als semantische Eigenschaft von *Verbklassen* (eher als einzelnen Verben) interpretiert und deren (semantisch-konzeptuelle) Repräsentation in einem multiplen nichtmonotonen Vererbungsformalismus *(DATR)* erläutert. Vererbungsmechanismen sind geeignet, Klasseninformationen als solche im Lexikon zu repräsentieren, die nur bei Bedarf in Subklassen oder einzelnen Einträgen überschrieben werden.

In den darauf folgenden Beiträgen steht die *Nutzung von Texten* als *Corpora* mit sprachlichen und linguistischen *Daten* zur Debatte. Verfahren zur Gewinnung von semantischen Informationen zielen auf *Bedeutungsexplikationen* in *Wörterbüchern*, *Bedeutungsdefinitionen* in *Fachtexten* oder *Bedeutungserklärungen* in *Alltagstexten* (mündlich oder schriftlich). Um computerunterstützte Analyse und Auswertung von semantischen Relationen in maschinenlesbaren Wörterbüchern (Mehl) und in Fachtexten (Büchel) sowie um die Überprüfung von lexikalischen Beschreibungen in Textcorpora (Heid) geht es in den nächsten drei Beiträgen.

St. Mehl diskutiert die *Extraktion* und die *Interpretation* paradigmatischer und syntagmatischer Lexemrelationen in Wörterbuchexplikationen. Er hebt hervor, daß (trotz der Rede von "Extraktion") Explikationen nicht Bedeutungen darstellen oder enthalten, sondern den »Benutzern nur Anhaltspunkte für die Bedeutungskonstitution beim Textverstehen liefern«. »Ein computerlinguistisches Semantikmodell« muß dem Rechnung tragen und diesen »Bedeutungskonstitutionsprozeß simulieren«. Das heißt unter anderem, daß »die gewonnenen Daten nicht als Ergebnis, sondern als Ausgangspunkt der Interpretation von Wörtern in Texten« anzusehen sind. Mehl deutet ein solches Semantikmodell mit Bezug auf den Begriff der semantischen »Modulation« von D. A. Cruse und eigene Konzepte zur Repräsentation von Wortbedeutungen in semantischen Netzen an.

G. Büchel beschreibt Möglichkeiten, *definitorische Phrasen* in einem Fach- (in diesem Fall: Philosophie-) Text maschinell zu erkennen und zu interpretieren. Die Erkennung setzt auf Wortart*tag*-Folgen (»Wortklassenmuster«) auf, und die Ergebnisse werden in einem *relationalen Datenbanksystem* gespeichert, das an sich schon interessante Möglichkeiten der semantischen Repräsentation bietet. »Definierende Phrasen« werden graphentheoretisch beschrieben, indem die Knoten definierte Termini und definierende Phrasen und die Kanten durch Verben bezeichnete semantische Relationen zwischen ihnen repräsentieren.

U. Heid stellt das in der computergestützten Lexikographie einsetzbare System *DELIS* vor, dessen kooperative Entwicklung durch universitäre Einrichtungen und Verlagshäuser aus mehreren Ländern von der Europäischen Gemeinschaft im Rahmen des *Linguistic Research and Engineering (LRE)* – Projekts gefördert wurde. Das System unterstützt Lexikographen bei der Überprüfung von Bedeutungsexplikationen, indem es auf eine semantische Typenklassifikation lexikalischer Einheiten und Belegsätze in Textcorpora selektiv zuzugreifen gestattet.

Die beiden letzten Beiträge illustrieren Brückenschläge zwischen semantischer Theorie und computerlinguistischer Simulation am Beispiel der automatischen Generierung von natürlichsprachlichen Paraphrasen aus formalen Repräsentationen (Küstner, Stede).

H. Küstner erläutert das Funktionieren eines Moduls zur automatischen *Generierung* von natürlichsprachlichen *Paraphrasen* (als Bedeutungsbeschreibungen) aus formallogisch und generativ-semantisch inspirierten *Formeln* innerhalb eines Projekts zur Implementation der »Theorie der Kasusrollen und der semantischen Emphase«. Durch die Formeln werden explizit Zusammenhänge zwischen der Syntax und Semantik von Lexemen erfaßt.

M. Stede lehnt sich an neuere Theorien zur lexikalischen Semantik an bei der Vorstellung eines zweistufigen Systems zur *mehrsprachigen* Generierung von Paraphrasen aus abstrakten übereinzelsprachlichen »Situationsspezifikationen« über einzelsprachlich motivierte »semantische Spezifizierungen« (Verb- und Partizipantenselektion) bis hin zu Perspektivierung und Verbalisierung. Interessant an diesem Beitrag sind auch die theoretischen Überlegungen zu Repräsentation, Paraphrasen und Bedeutungsbeziehungen.

Dank

- An alle Vor- und Beitragenden, ohne die es kein Kolloquium und keine Dokumentation dazu gegeben hätte.
- An Monika Braun, Maria Wolters, Harald Elsen, Jürgen Krämer und Jens Ostermann (IKP, Univ. Bonn), die bei der Vorbereitung und Durchführung des Kolloquiums kräftig mithalfen.
- An Harald Elsen, der mit Sachkenntnis und Engagement diesen Band druckfertig gemacht hat, unterstützt durch die Autoren, Jens Ostermann und mich.
- An die Proff. Wolfgang Hess und Winfried Lenders (IKP, Univ. Bonn), die unseren Anstrengungen Sympathie und Unterstützung entgegengebracht haben.
- An die Herausgeber der Reihe *Sprache und Information*, die den Band positiv aufgenommen haben.
- An die *GLDV* und an IKS *e.V.* (Bonn) für ihre materielle Unterstützung des Kolloquiums resp. dieses Bandes.
- An Dres. Astrid Steiner-Weber (Bonn), Graham Isaac (Oxford), Joseph Reisdoerfer (Luxembourg) und Prof. Jean-Marie Zemb (Paris), die mein Deutsch, mein Englisch und mein Französisch verbessert haben.

Literatur / References

Amsler, Robert A. 1984: *Machine-Readable Dictionaries*, Annual Review of Information Science and Technology (ARIST) 19 (161-209).

Apresjan, Ju. D. / Mel'čuk, I. A. / Žolkovskij, A. K. 1969: *Semantics and Lexicography: Towards a New Type of Unilingual Dictionary*, in: Kiefer, Ferenc (ed.): *Studies in Syntax and Semantics*. Dordrecht: Reidel (1-33).

Atkins, B. T. S. / Levin, Beth / Zampolli, A.: *Computational Approaches to the Lexicon: An Overview*, in: Atkins, B. T. S. / Zampolli, A. (eds.): *Computational Approaches to the Lexicon*. Oxford: Oxford U. P. (17-45).

Boguraev, Branimir 1994: *Machine-Readable Dictionaries and Computational Linguistics Research*, in: Zampolli/Calzolari/Palmer (119-154).

Boguraev, Branimir K. [et al.] 1990: *From Structural Analysis of Lexical Resources to Semantics in a Lexical Knowledge Base*. Research Report. IBM Research Division. Yorktown Heights, NY: T.J. Watson Research Center.

Boguraev, Branimir / Neff, Mary 1992: *Text Representation, Dictionary Structure, and Lexical Knowledge*, Literary and Linguistic Computing 7/2 (110–112).

Boguraev, Bran / Briscoe, Ted (eds.) 1989: *Computational Lexicography for Natural Language Processing*. London / New York: Longman.

Briscoe, Ted / de Paiva, Valeria / Copestake, Ann (eds.) 1993: *Inheritance, Defaults, and the lexicon*. Cambridge: Cambridge U. P.

Byrd, Roy J. 1994: *Discovering Relationships among Word Senses*, in: Zampolli / Calzolari / Palmer (177–189).

Byrd, Roy J. [et al.] 1987: *Tools and Methods for Computational Lexicology*, Computational Linguistics 13/3–4 (219–240).

Calzolari, Nicoletta 1984: *Detecting Patterns in a Lexical Data Base*, in: Association for Computational Linguistics (ed.): Proceedings of COLING 84 (170–173).

Carnap, Rudolf 1956: *Meaning and Necessity. A Study in Semantics and Modal Logic*. Chicago / London: Chicago U. P.

Chaurand, Jacques / Mazière, Francine (eds.) 1990: *La définition*. Colloque "la Définition', organisé par le CELEX (Centre d'Études du Lexique) de l'Université Paris-Nord, Paris, 18.–19. 11. 1988. Paris: Larousse.

Chodorow, Martin S. / Byrd, Roy J. / Heidorn, George E. 1985: *Extracting Semantic Hierarchies from a Large On-line Dictionary*, in: Annual Meeting of the Association for Computational Linguistics, vol. 23, Chicago (299–304).

COBUILD = *Collins COBUILD English Language Dictionary* 1987. John Sinclair (ed. in chief). London / Glasgow: Collins; Stuttgart: Klett (Reprint 1990).

Cooper, Robin 1977: [Review of] Richard H. Thomason (ed.) 1974: *Formal philosophy: selected papers of Richard Montague*. New Haven: Yale U. P., Language 53 (895–910).

Cruse, D. A. 1986: *Lexical Semantics*. Cambridge: Cambridge U. P.

DDUW = *DUDEN Deutsches Universalwörterbuch* ([2]1989). Hrsg. u. bearb. vom Wiss. Rat u. d. Mitarb. d. Dudenred. unter Leitung von G. Drosdowski. Mannheim / Wien / Zürich: Dudenverlag.

Dik, Simon C. 1987: *Functional Grammar and its Potential Computer Applications*, in: Meijs, Willem (ed.): *Corpus Linguistics and Beyond*. 7th International Conference on English Language Research on Computerized Corpora, Amsterdam, 8.–11. 6. 1986. Amsterdam / Atlanta, GA: Rodopi (253–268).

– 1989: The Theory of Functional Grammar. Part I: The Structure of the Clause. Amsterdam: Foris.

Dolezal, Fredric F. M. 1994 (ed.): *Thematic part: The Meaning of Definition*, Lexicographica 8/1992.

Evens, Martha 1989: *Computer-Readable Dictionaries*, Annual Review of Information Science and Technology (ARIST) 24 (85–117).

Fillmore, Charles J. / Atkins, B. T. S. 1992: Towards a Frame-Based Lexicon: The Semantics of RISK and its Neighbors, in: Lehrer, Adrienne / Kittay, Eva (eds.): *Frames, Fields and*

Contrasts. New Essays in Semantic and Lexical Organization. Hillsdale, NJ.: Erlbaum Associates (75–101).

- / - 1994: Starting where the Dictionaries Stop: The Challenge of Corpus Lexicography, in: Atkins, B.T.S. / Zampolli, Antonio (eds.): *Computational Approaches to the Lexicon*. Oxford: Oxford U. P (349–393).

Fodor, J. A. [et al.] 1980: *Against definitions*, Cognition 8 (263–367).

Fradin, Bernard / Marandin, Jean-Marie 1979: *Autour de la définition: de la lexicographie à la sémantique, Dictionnaire, sémantique et culture*, Langue française 43 (60–83).

Hausmann, Franz Josef / Reichmann, Oskar / Wiegand, Herbert Ernst / Zgusta, Ladislav (eds.) 1989–1991: *Wörterbücher. Dictionaries. Dictionnaires*. An International Encyclopedia of Lexicography. Vol. 1 1989; Vol. 2 1990; Vol. 3 1991. Berlin / New York: de Gruyter (HSK 5.1 - 5.3).

Herberg, D. 1974: *Semantische Merkmalanalyse und Lexikographie*, Linguistische Studien; Reihe A; Arbeitsberichte 13. Berlin.

Jensen, Karen / Binot, Jean-Louis 1987: *Disambiguating Prepositional Phrase Attachments by Using On-Line Dictionary Definitions*, Computational Linguistics 13/3–4 (251–260).

Knowles, Francis E. 1990: *The Computer in Lexicography*, in: Hausmann et al. (eds.) (1645–1672).

Konerding, Klaus-Peter 1993: *Frames und lexikalisches Bedeutungswissen*. Tübingen: Niemeyer.

Konerding, Klaus-Peter / Wiegand, Herbert Ernst 1995: *Framebasierte Wörterbuchartikel: zur Systematisierung der lexikographischen Präsentation des Bedeutungswissens zu Substantiven*, Lexicographica 10/1994 (100–170).

Lüdi, Georges 1985: *Zur Zerlegbarkeit von Wortbedeutungen*, in: Schwarze, Christoph / Wunderlich, Dieter (eds.): *Handbuch der Lexikologie*. Königstein/Ts.: Athenäum (64–102).

Marcus, Solomon 1970: *Définitions logiques et définitions lexicographiques*, Langages 19 (87–91).

Markowitz, Judith / Ahlswede, Thomas / Evens, Martha 1986: *Semantically Significant Patterns in Dictionary Definitions*, in: Association for Computational Linguistics (ed.): 24th Annual Meeting of the ACL. New York (112–119).

Matthews, P. H. [2]1991: *Morphology*. Cambridge: Cambridge U. P.

Mel'čuk, Igor [et. al.] 1984–1992: *Dictionnaire explicatif et combinatoire du français contemporain. Recherches lexico-sémantiques*. [Vol. I-III] Montréal: Presses de l'Université de Montréal.

Neubauer, Fritz 1980: *Die Struktur der Explikationen in deutschen einsprachigen Wörterbüchern*. Eine vergleichende lexiko-semantische Analyse. Hamburg: Buske.

Neubauer, Fritz / Petöfi, János S. 1981: *Word Semantics, Lexicon Systems, and Text Interpretation*, in: Eikmeyer, Hans-Jürgen / Rieser, Hannes (eds.): *Words, Worlds, and Contexts*. Berlin / New York: de Gruyter (343–377).

Quasthoff, Uta / Hartmann, Dietrich 1982: *Bedeutungserklärungen als empirischer Zugang zu Wortbedeutungen*, Deutsche Sprache 10 (97–118).

Rapoport, Anatol 1950: *Science and the Goals of Man*. New York: Harper & Brothers.

Rey-Debove, Josette 1966: *La définition lexicographique: recherches sur l'équation sémique*, Cahiers de lexicologie 8 (71–94).

- 1967: *La définition lexicographique; bases d'une typologie formelle*, Travaux de linguistique et de littérature 5/1 (141–159).

- 1970: *Le domaine du dictionnaire*, Langages 19 (3–34).

- 1971: *Étude linguistique et sémiotique des dictionnaires français contemporains*. The Hague / Paris: Mouton.

- 1978: *Le Métalangage: étude linguistique du discours sur le langage*. Paris: Dictionnaires Le Robert (Deuxième tirage 1986).

Reuther, Tilman 1978: *Plädoyer für das Wörterbuch. Materialien zu einem erklärend-kombinatorischen Wörterbuch des Russischen für Deutschsprechende*, Linguistische Berichte 57 (25–48).

Robinson, Richard 1968: *Definition*. Oxford: Oxford U. P.

Sambor, Jadwiga / Hammerl, Rolf (eds.) 1991: *Definitionsfolgen und Lexemnetze*. Band I. Lüdenscheid: Richter-Altmann Medienverlag.

Sowa, John K. 1990: *Semantic Networks*, in: Shapiro, Stuart C. (ed.): *Encyclopedia of Artificial Intelligence*. New York [etc.]: Wiley (1011–1024).

Viehweger, Dieter [et al.] 1977: *Probleme der semantischen Analyse*. Berlin: Akademie-Verlag (studia grammatica; 15).

Vossen, Piek / Copestake, Ann 1993: *Untangling Definition Structure into Knowledge Representation*, in: Briscoe/de Paiva/Copestake (246–274).

Vossen, Piek / Meijs, Willem, den Broeder, Marianne 1989: *Meaning and structure in dictionary definitions*, in: Boguraev/Briscoe (eds.) (171–192).

Weber, Nico 1991: *Onomasiologie und Semasiologie im maschinellen Lexikon*, ZPSK 44/5 (614–633).

- 1992: *Morpho-semantische Wörterbuchdefinitionen*, Sprache und Datenverarbeitung 92/2 (45–63).

- 1993: *Computergestützte Analyse von Definitionstexten in einem deutschen Wörterbuch*, in: Pütz, Horst P. / Haller, Johann (eds.): *Sprachtechnologie: Methoden, Werkzeuge und Perspektiven*. Jahrestagung 1993 der GLDV. Hildesheim / Zürich / New York: Olms (140–168).

- [to appear]: *Pattern-based Lexical Analysis: Morphology, Syntax, and Semantics.*

- / Bäuerle, Martin 1995: *Was für Sprachen sind »Programmiersprachen«? Semiotische Überlegungen*, Germanistik - Publications du Centre Universitaire de Luxembourg, fascicule VII.

Wegner, Immo 1985: *Frame-Theorie in der Lexikographie*. Untersuchungen zur theoretischen Fundierung und computergestützen Anwendung kontextueller Rahmenstrukturen für die lexikographische Repräsentation von Substantiven. Tübingen: Niemeyer.

Weinreich, Uriel 1962: *Lexicographic Definition in Descriptive Semantics*, in: Householder, Fred W. / Saporta, Sol (eds.): *Problems in Lexicography*. Bloomington (25–43).

– 1963: *On the Semantic Structure of Language*, in: Greenberg, Joseph H. (ed.): *Universals of Language*. Cambridge, MA: MIT Press (114–171).

– 1966: *Explorations in Semantic Theory*, in: Sebeok, Thomas A. (ed.): *Current Trends in Linguistics*. Vol. 3: Theoretical Foundations. The Hague / Paris: Mouton & Co. (395–477).

Wiegand, Herbert Ernst 1981: *Pragmatische Informationen in neuhochdeutschen Wörterbüchern. Ein Beitrag zur praktischen Lexikologie*, in: H. E. Wiegand (ed.): *Studien zur neuhochdeutschen Lexikographie I*, ZGL 3–4/79 (139–271).

– 1985: *Eine neue Auffassung der sog. lexikographischen Definition*, in: Karl Hyldgaard-Jensen / Arne Zettersten (eds.): *Symposium on Lexicography II*. Second International Symposium on Lexicography, Copenhagen, May 16–17 1984. Tübingen: Niemeyer (15–100).

– 1989: *Die lexikographische Definition im allgemeinen einsprachigen Wörterbuch*, in: Hausmann et al. (eds.) (530–588).

– 1994: *Elements of a Theory towards So-called Lexicographic Definition, Lexicographica 8/1992 (175–289).*

Wierzbicka, Anna 1985: *Lexicography and Conceptual Analysis*. Ann Arbor: Karoma.

Wierzbicka, Anna 1994: *Back to definitions: Cognition, semantics, and lexicography*, Lexicographica 8/1992 (146–174).

Wilks, Yorick [et al.] 1989: *A tractable machine dictionary as a resource for computational semantics*, in: in: Boguraev/Briscoe (eds.) (193–228).

Woetzel, Harold 1984: *Historisch-systematische Untersuchungen zum Komponentialismus in der linguistischen Semantik*. Hildesheim / Zürich / New York: Olms (= Germanistische Linguistik 1–2/84).

Wolski, Werner 1980: *Schlechtbestimmheit und Vagheit – Tendenzen und Perspektiven. Methodologische Untersuchungen zur Semantik*. Tübingen: Niemeyer.

Woods, William A.: *Semantics, Procedural*, in: Shapiro, Stuart C. (ed.): *Encyclopedia of Artificial Intelligence*. New York [etc.]: Wiley (1024–1031).

Zampolli, Antonio / Calzolari, Nicoletta / Palmer, Martha (eds.) 1994: *Currrent Issues in Computational Linguistics: In Honour of Don Walker*. Pisa: Giardini / Kluwer (Linguistica Computazionale; 9–10).

Zgusta, Ladislav 1971: *Manual of Lexicography*. The Hague / Paris: Mouton.

Johann G. Juchem

Zeichen, Bedeutung, Objekt aus kommunikationssemantischer Sicht

Zusammenfassung

Kommunikationsprozesse sind im Sinne von Handlungen situativ konkrete Prozesse, die nur je einmalig und subjektiv durchgeführt werden können. Zeichenprozesse sind von Kommunikationsprozessen nicht nur nicht zu trennen, sondern sie fallen mit diesen ununterscheidbar zusammen. Es wird dargelegt, daß die triadische Form der traditionellen Beschreibung der Zeichenrelation sich als eine rein sprachliche Möglichkeit der Analyse erweist, der im konkreten Zeichenprozeß nichts entspricht. Dieser stellt sich vielmehr als rekursiver Prozeß, als Aktualisierung von Verhaltensgewohnheiten im Sinne inneren Handelns dar, als ein und derselbe Ablauf, der lediglich unterschiedlich akzentuiert wird. Die Art und Weise dieses Handelns wird als Bedeutung erfaßt, das Produkt des Handelns (die Handlung) als Objekt. Daraus folgt, daß im kommunikativen Bereich semantische Phänomene grundsätzlich einmalige subjektive Konstruktionen sind, die nie eindeutig bestimmt werden können.

Abstract

Communication processes are actions or processes determined by non-recurring, subjective situations. Sign processes are not only inseparable from communication processes, but even indistinguishable from them. The traditional triadic analysis of semiotic relations is shown to be a purely linguistic approach to which nothing corresponds in real semiosis. The latter is a recursive process in which behavioural habits in the sense of mental actions are instantiated as one and the same process which may only be accentuated differently. This way of acting is grasped as meaning, the results of acting (actions) becoming objects. This implies that in the context of communication semantic phenomena are basically unique and subjective constructions which may never be clearly determined.

Vorbemerkung

Zum Verständnis des Folgenden sind zwei Voraussetzungen zu beachten:

1. Wenn im Text von 'Konstruktion' gesprochen wird, so ist damit überwiegend die begriffliche Konstruktion von Wirklichkeitsausschnitten gemeint. Ob die materielle Konstruktion unter ähnlichen Bedingungen denkbar ist, steht hier nicht zur Diskussion.
2. Im Text wird kein Unterschied zwischen 'Handeln' und 'Verhalten' gemacht. Beide Ausdrücke werden also als inhaltlich gleich verwendet.

Die Interpretation von etwas als etwas oder was etwas bedeutet hängt ab von der Art und Weise wie wir erkennen. Die Art und Weise wie wir erkennen hängt davon ab, was wir erfahren haben. Was wir erfahren haben hängt davon ab, was wir tun. Was wir tun hängt davon ab, was wir erfahren haben, indem wir dieses unbesehen oder besehen als Vor-Urteil oder Letztbegründung 'einsetzen'.

Etwas als etwas zu interpretieren heißt zunächst: etwas von etwas anderem zu unterscheiden, wodurch das andere erst das andere wird. Da solchermaßen 'etwas' und 'anderes' überhaupt erst bewußt konstituiert werden, kann man auch sagen: etwas wird als 'etwas' und anderes als 'anderes' konstruiert.

Die Grundlage für das Erkennen war gelegt, als es für ein lebendes System möglich wurde, sich als 'etwas' von 'anderem' abzuheben. Somit scheint die Möglichkeit der Unterscheidung das Fundament des Erkennens zu bilden.

"Triff eine Unterscheidung", heißt es folgerichtig bei G. Spencer Brown. Trifft man eine Unterscheidung, so liest man dort weiter, wird eine 'bestimmte Seite' von einer 'unbestimmten Seite' unterschieden. Soll die unbestimmte Seite zur bestimmten werden, so muß notwendig die Unterscheidungsgrenze überschritten werden. Dies scheint die formale Bestimmung des Zeichengebrauchs zu sein. N. Luhmann bestimmt Zeichenoperationen nach eben dieser logischen Vorschrift:

> *Die Operationen, die die Form des Zeichens verwenden, halten sich immer auf der Seite des Bezeichnenden auf. Sie benötigen aber, um diese Seite markieren zu können, eine andere Seite. Diese andere Seite ist als 'unmarked state' stets präsent. Sie garantiert so die Gleichzeitigkeit (Simultanpräsenz) der Welt. Sie bleibt unerreichbar... Sie ist zugleich ... aber auch das 'Woraus' der Selektion der nächsten, anschließenden Operation, die etwas aus dem Bereich des Möglichen bestimmen muß, um es wieder in der Form von Zeichen als Bezeichnendes verwenden zu können. Nur so läßt Sinn, ohne sich zu erschöpfen, sich laufend aktualisieren (Luhmann 1993:63f.).*

So bleibt also die andere Seite immer unbestimmt, bleibt immer 'unmarked state'. Dies mag nun für den Zeichengebrauch im Sinne logischer Sprachen zutreffen, denn diese operieren mit "unkorrigierbaren Aussagen" (Gasking 1966), d.h. ihre Geltung ist unabhängig vom Inhalt, sie ist formal. Im Bereich kommunikativer Semantik aber gibt es so wenig eine völlig bestimmte Seite wie es eine völlig unbestimmte gibt. Wenn ich sprachlich unterscheide, so unterscheide ich nicht nur einfach, sondern ich unterscheide (zumindest semantisch) von *etwas*. Ein Zeichen ist durch die Substitution eines Zeichenträgers kein bloßes Objekt, kein für sich seiendes Phänomen, das als solches lediglich formal etwas abgrenzt, sondern es ist ein Zeichen von oder für *etwas*, anderenfalls es kein Zeichen wäre.

Ich muß also im Bereich kommunikativer Konstruktion dieses 'etwas', von dem ich unterscheide, schon irgendwie erfaßt haben. Der sogenannte 'unmarked state' ist also unter semantischen Gesichtspunkten streng genommen gar kein solcher. Denn damit ich unterscheiden kann, muß ich das zu Unterscheidende miteinander vergleichen. Ohne Vergleichung keine Unterscheidung. Ohne Vergleichung wäre eine Unterscheidung gar nicht möglich, denn damit ich unterscheiden kann, muß gewährleistet sein, daß die zu unterscheidenden Phänomene zumindest im Sinne des Unterscheidungskriteriums nicht gleich sind. Unterscheidung und Vergleich sind also gleichursprüngliche, komplementäre Bedingungen einer Handlung. Ohne Vergleichung wäre weder Abstraktion noch Typisierung, weder Erklärung noch Erfahrung möglich. Indem Luhmann die notwendige Bedingung des Vergleichens als intuitiver Basis unterschlägt, kann er auch den Bereich kommunikativer semantischer Konstruktion nicht erfassen.

Die Form des Zeichens als Bezeichnendes und Bezeichnetes ist nämlich im Sinne kommunikativen Handelns durch die Unterscheidung von Bestimmtem und Unbestimmtem nicht wirklich erfaßt. Jedes Zeichen als Bezeichnendes ist in kommunikativer Hinsicht interpretierbar. Das aber heißt: gerade nicht eindeutig bestimmt. Zum bestimmten Bezeichnenden wird ein Zeichen erst durch das, was es bezeichnet, ist also als Zeichen an sich in seinem bloßen (wie auch immer gearteten) Vorhandensein erst bestimmbar durch das, was es bezeichnen soll. Wird aber die Form des Zeichens als Bezeichnendes und Bezeichnetes synonym gesetzt mit 'bestimmt/unbestimmt', so ergäbe sich das Paradox, daß etwas durch etwas Unbestimmtes bestimmt, zumindest mitbestimmt würde. Gerade dieser Zusammenhang zeigt aber, daß eindeutige Bestimmbarkeit der Zeichen im kommunikativ semantischen Bereich nicht möglich ist.

Die 'laws of form' sind im kommunikativ semantischen Raum außer Kraft gesetzt, wenn sie durch die Unterscheidung 'bestimmt/unbestimmt' ausgedrückt werden. Denn das, was hier als 'bestimmt' postuliert wird, ist in semantischer Praxis gar keine Bestimmung, sondern, im Falle wahrnehmbarer Zeichen, eine Anleitung zur Bestimmung, ein 'Anstoß' zur Konstruktion, allerdings in eine gewisse Richtung, die jedoch nie zur wirklichen Bestimmung führt, da Konstruktionen nur konkret durchgeführt werden können und daher steter Veränderung unterliegen. Der Anstoß in eine gewisse Richtung wäre in semantischer Hinsicht gar nicht möglich, wenn die Richtung nicht schon irgendwie bekannt wäre, der Anstoß also von dieser Bekannheit her 'Bestimmung' bekäme.

Andererseits ist aber die andere Seite – die Außenseite oder der 'unmarked state' – der Zeichenform als ganzer die 'Welt' als Inbegriff möglicher Erfahrung. Als solcher ist die 'Welt' prinzipiell unbestimmbar. Sie ist als Möglichkeit der Erfahrung in ihrer Gesamtheit grundsätzlich nicht bestimmbar. Aber auch dieser Zusammenhang bietet ein Paradox, wie alle entscheidenden Erkenntnisschnittpunkte unserer Wirklichkeit: die 'Welt' ist in ihrer Wirklichkeit immer schon erfaßt, d.h. immer schon interpretiert. Jeder Mensch lebt in seiner Wirklichkeit, in einer anderen kann er nicht leben.

Aber diese Wirklichkeit, die ihm 'Welt' ist, ist in ihrem Wirken vor dem Hintergrund der personellen Erfahrungstheorie immer schon irgendwie verstanden. Um es mit Heidegger zu sagen:

> *Wenn dem Dasein wesenhaft die Seinsart des In-der-Welt-seins zukommt, dann gehört zum wesenhaften Bestand seines Seinsverständnisses das Verstehen von In-der-Welt-sein. Das vorgängige Erschließen dessen, woraufhin die Freigabe des innerweltlichen Begegnenden erfolgt, ist nichts anderes als das Verstehen von Welt, zu der sich das Dasein als Seiendes schon immer verhält. (Heidegger 1986:86).*

Auf dieser Grundlage sind Sinn und Bedeutung allererst möglich. Erfahrung ist in ihrer Grundstruktur vorprädikativ. Sie bildet sich auf der Basis wiederholten, relativ ähnlichen Erlebens. Sie ist als diese Grundstruktur in ihrer möglichen Bedeutung noch nicht aktualisiert, d.h. stets offen für Bedeutung. Sie erweist sich in ihrer Grundstruktur als 'Boden' der personellen Erfahrungstheorie und damit als Bedingung der Möglichkeit von Bedeutung.

Die Tatsache, daß die 'Welt' in dieser Weise immer schon verstanden ist, bietet überhaupt erst die Möglichkeit der Vergleichung, die ihrerseits Unterscheidung gestattet. Unter kommunikativ semantischen Gesichtspunkten kann es also die Unterscheidung von 'bestimmter' und 'unbestimmter Seite' nicht geben, weder im Sinne des Bezeichneten, noch im Sinne von 'Welt', da die 'bestimmte Seite' durch die 'andere Seite' gerade erst zu bestimmten wird in der Weise, daß sie auf der Basis der immer schon irgendwie verstandenen Wirklichkeit mithilfe der 'anderen Seite' als bestimmte in dem Sinne interpretiert wird, wie sie verstanden werden soll. In der Unterscheidung von 'marked' und 'unmarked state' oder 'bestimmter und unbestimmter Seite' zeigt sich eine, im kommunikativ semantischen Bereich unzulässige, Verobjektivierung der Bedeutungskonstruktion, die durch die Verwendung logischer Systeme gefördert wird.

Obwohl Luhmann selber betont, daß das "Zeichen kein Ding (ist), sondern eine Unterscheidung" (Luhmann 1993:60), hält er an der Differenz von 'bestimmt/unbestimmt' fest. Es wurde vorher gesagt, daß ein Zeichen "Zeichen von oder für etwas" ist. Wäre es das nicht, hätte es keine Folgen. Durch das 'Klammern' an die Dichotomie 'bestimmt/unbestimmt' wird aber die logische Form entgegen Luhmanns eigener Intention verobjektiviert. Was gewöhnlich als wahrnehmbares Zeichen aufgefaßt wird, ist allenfalls ein Zeichenträger. Als solcher hat er aber keine bestimmte Seite. Er ist lediglich ein Auslöser, eine Anleitung zur Bestimmung, besser: ein Anstoß zur Konstruktion. Eine Anleitung zur Konstruktion ist zwar im Sinne einer Festlegung in *allgemeiner* Weise markiert, jedoch nicht bestimmt, denn dazu müßte sie in *besonderer* Weise markiert sein. Die besondere Weise aber ist abhängig von der jeweiligen Konstruktion. Paradoxerweise führt aber auch diese Konstruktion nicht zu einer Bestimmung, sondern zu einem Abbruch, der für Bestimmung gehalten wird. Dies wird noch zur 'Bestimmung' kommen.

Soweit sich kommunikatives Handeln in der Sphäre des immer schon irgendwie Verstandenen bewegt, wird die Frage nach der Bedeutung gar nicht relevant. Verstehen im Sinne der Verständigung "regelt sich" hier quasi automatisch. Die Frage nach der Bedeutung von etwas stellt sich erst, wenn die Fraglosigkeit durchbrochen wird. Unterschieden wird in konkreter Reflexion überhaupt erst, wenn der Vergleich sich als nicht möglich erweist, wenn also eine Einordnung in die personelle Erfahrungstheorie nach dem metaphorischen Prinzip, bzw. nach dem analogen Erfassen auf der Grundlage "partieller Gleichheit" (Wegener 1885) Schwierigkeiten bereitet.

Wird aber in solchen Situationen die Frage nach der Bedeutung relevant, so muß eine Antwort die Konstruktionsbedingungen der Bedeutung aufzeigen. Wird daher die Frage nach der Bedeutung der Bedeutung relevant, so besteht die Antwort in der Konstruktion der allgemeinen Konstruktionsbedingungen. Jede Konstruktion ist – da der Mensch ein Konstrukteur, aber kein Schöpfer ist – abhängig von der Vergangenheit. Die Vergangenheit wiederum hat ihre Basis im Erleben, dessen deutlichste Manifestation sich im unablässigen Bewußtseinsstrom zeigt. Der Bewußtseinsstrom jedoch ist als erfaßter Element der Vergangenheit. Das Erleben ist als Erleben nicht greifbar. Nur das Erlebte ist bewußt. Die Spontaneität ist spontan nicht zu packen. Was bewußt ist, ist vergangen. 'Gegenwart' ist erlebbar, aber nicht bewußt erfahrbar. Bewußte Gegenwart ist lediglich die Konstruktion, die uns gestattet, die Vergangenheit mit der Zukunft zu verbinden, bzw. das Erlebte in die werdende Vergangenheit zu projizieren. Dazu bedarf es der Bedeutung.

Bedeutung ist also eine Konstruktion auf dem Boden der Vergangenheit, deren gegenwärtiges Konstruiertwerden, das zwar erlebbar, aber nicht zugleich erfaßbar ist, sich im Kommenden beweisen soll. Um diese Konstruktion durchführen zu können, muß man sich dem Vergangenen wieder zuwenden, d.h. zum Erlebten 'zurückbeugen', also reflektieren. Durch das Zurückwenden, durch Reflexion hebe ich Erlebtes aus dem Erlebthaben heraus, als 'wohlumgrenzte Erlebnisse', wie A. Schütz sagt. Die Art und Weise des Heraushebens des Erlebten in einer konkreten Situation konstruiert die Bedeutung des Herausgehobenen. Das aber würde bedeuten: Bedeutung ist ausschließlich im Konstruieren existent. Die Interpretation von etwas als etwas oder was etwas bedeutet hängt ab von der Art und Weise wie wir erkennen.

Was besagt dies aber für die geläufige Unterscheidung von Bezeichnendem und Bezeichnetem? Offensichtlich erweist sich diese Unterscheidung als rein sprachliche Möglichkeit, ein Hülse, die als Floskel weitergereicht wird. Wenn Bedeutung sich als die Art und Weise des Konstruierens in einer konkreten Situation vor dem Hintergrund der immer schon 'irgendwie' interpretierten 'Welt' (der personellen Erfahrungstheorie) darstellt, dann erhebt sich zweifellos die Frage nach der konkreten Durchführungsmöglichkeit dieser 'Art und Weise' und der Daseinsform des 'irgendwie'.

Ch. S. Peirce, einer der Begründer der modernen Semiotik, schreibt in seiner frühen Abhandlung "Fragen hinsichtlich gewisser Vermögen, die man für den Menschen in Anspruch nimmt" (1868):

> *Daß es vor jedem Gedanken einen anderen Gedanken gegeben haben muß, hat seine Parallele in der Tatsache, daß es vor jeder vergangenen Zeit eine unendliche Reihe von Zeiten gegeben haben muß. Daß das Denken nicht in einem Zeitpunkt zustande kommen kann, sondern eine Zeit verlangt, heißt daher nur, daß jeder Gedanke in Zeichen geschieht (Peirce 1976:31).*

Dieselbe Auffassung drückt er in seiner späten Schrift "Ein Überblick über den Pragmatizismus" (1907) so aus:

> *Ich sage jedoch, daß dasselbe Element sich in allen Zeichen findet. Das Wesentliche ist, daß es in der Lage ist, repräsentiert zu werden. Alles, was in der Lage ist, repräsentiert zu werden, hat selbst eine repräsentative Natur. Die Idee der Repräsentation schließt Unendlichkeit ein, da eine Repräsentation nicht wirklich eine solche ist, wenn sie nicht in einer anderen Repräsentation interpretiert wird (Peirce 1976:551).*

Die für den Zeichenprozeß oder die Semiose notwendige Fähigkeit, die Interpretation einer Interpretation zu interpretieren etc. belegt Peirce mit dem Ausdruck 'Interpretant'. Um es mit einem paradoxen Wort zu sagen: der Interpretant ist das 'interpretierende Zeichen', das in sich den Gedanken der Unendlichkeit trägt. Dies heißt notwendig, da jeder Gedanke ein Zeichen ist, umgekehrt aber – da jedes Zeichen bewußt sein muß, um ein Zeichen zu sein – jedes Zeichen ein Gedanke ist, daß kein Zeichen wirklich bestimmt sein kann. Dies aber birgt

Schwierigkeiten für die triadische Struktur der Zeichenform in der Peirceschen Semiotik selber, d.h. für die Interpretation der Relationen, in denen das Zeichen zu seiner Bedeutung und seinem Objekt stehen soll. Offensichtlich ist nach dem Dargelegten und nach Peirce's eigenen Worten der Interpretantenbereich der Bedeutungsbereich des Zeichens. Es deutet sich aber unter dieser Prämisse das Problem an, daß die Interpretation der Zeichenform als triadische Relation lediglich formal besteht, d.h. lediglich in einer sprachlichen Möglichkeit der Analyse, der in der Konstruktion der Semiose nichts entspricht. Wenn ein Zeichen nur in einem sich perpetuierenden Prozeß bestimmbar, und das heißt eben: letztlich nicht bestimmbar, ist, dann besteht ein Zeichen nur im Konstruieren des Zeichens. Das aber würde bedeuten: ein Zeichen wird unter dem Gesichtspunkt der Semiose nicht durch seine angenommene triadische Relation konstruiert, sondern durch einen rekursiven Prozeß, in dem entgegen der traditionellen Sichtweise Zeichen, Bedeutung und Objekt zusammenfallen! Die Haltbarkeit dieses Postulates müßte durch die Konstruktion des rekursiven Prozesses aufweisbar sein.

In seinem Buch "Philosophie des Zeichens" schreibt J. Simon:

> *Den Ausgang bildet somit die Indifferenz zwischen Zeichen und Bedeutung. Erst zu einer* Zeit, *in der 'etwas' nicht (mehr) unmittelbar verstanden wird, stellt sich die* Frage *nach der Bedeutung als nach einem (jetzt) ohne Frage verständlichen* anderen *Zeichen. Daß es zu einer gegebenen Zeit ohne Frage verstanden wird, läßt es zu dieser* Zeit *als letztes Zeichen, als unüberholbare* Bedeutung *aller Zeichen verstehen, die zuvor noch, in dieser Beziehung gegeneinander austauschbar, alle 'für' es zu stehen schienen (Simon 1989:25 f.).*

Dieser schon angesprochene Zusammenhang zieht eine notwendige Weise des Konstruktionscharakters der Semiose nach sich. Es war gesagt worden: ein Zeichen steht für etwas. Dieses 'stare pro aliquo', wie es in der scholastischen Formel heißt, ist aber gerade der springende Punkt. 'Für was' steht das Zeichen und 'als was' steht es in dieser Relation? Lassen wir uns nach dem bisher Erörterten ein wenig von Simon weiterleiten:

> *Daß 'etwas' als Zeichen verwendet werde, ist eine platonistisch-metaphysische Redensart. Sie suggeriert einen absoluten Unterschied zwischen Zeichen und Sachen. Wir machen diesen Unterschied, aber wir machen ihn, indem wir etwas als Zeichen, etwas anderes als davon unterschiedene Sache* bezeichnen, *sofern wir nicht 'unmittelbar' verstehen. Wenn wir 'unmittelbar' verstehen, stellt sich nicht die Frage, als* was *wir etwas verstehen. Insofern ist der* Unterschied *zwischen Sache und Zeichen immer eine Sache der mehr oder weniger gelingenden Interpretation (Simon 1989:76).*

Also doch 'bestimmt/unbestimmt', die Simonsche Bestätigung der Luhmannschen These? Kaum! Wie Simon sagt: die Unterscheidung verdankt ihre Entstehung nur einer nicht gelingenden Interpretation, also einer nicht gelingenden Vergleichung im Sinne des metaphorischen Prinzips. Daß eine Interpretation nicht gelingt aber besagt, daß eine Handlung nicht gelingt, daß ein gewisser Prozeß nicht mit einer konkreten situativen Zufriedenheit abgebrochen werden kann. Genau dies heißt aber, daß der Prozeß als ganzer eben nicht bestimmt ist, sondern im Gegenteil: unbestimmt! Diese Unbestimmtheit als ganze des Prozesses konstituiert erst die Unterscheidung zwischen Zeichen und Sache, die als solche beide nicht bestimmt sind.

Simon führt uns im Sinne der Bedeutungsbestimmung, im Sinne der Konstruktion semantischer Phänomene einen Schritt weiter:

> *Im vollkommenen Verstehen entsteht keine Reflexion auf das Verstehen, keine Frage danach, wie etwas zu verstehen sei. Es tritt kein Zeichen und keine Frage nach 'seiner' Bedeutung ins Bewußtsein. Das Zeichen und seine Interpretation sind dann* eins*: Wir lesen einen Text ohne Interpretation.*
> *Das Nichtverstehen hält im Lesen inne. Es fragt nach der Bedeutung und damit nach einem anderen Zeichen, das für das unverstandene stehen, es erklären soll. Es fragt nach mehr Text, nach erklärenden Einschüben und Diskursen (Simon 1989:39).*

Was hier für den speziellen Fall des Lesens ausgeführt wird, gilt für alle kommunikativen Prozesse. Solange die Fraglosigkeit des Ablaufs nicht durchbrochen wird, treten Zeichen als solche im Bewußtsein nicht auf. Wir erleben das Geschehen, aber wir fassen das Geschehene nicht in Zeichen. Wo aber keine Zeichen bewußt werden, da gibt es auch keine Bedeutung und keine Objekte. Der Fluß des Erlebens genügt der Situation, besser gesagt: ist die jeweilige 'Situation'. Die Situation wird erst bewußt, wenn sie in *irgendeiner* Weise problematisch wird, d.h. sie wird mehr oder weniger bewußt. Zeichen entstehen also durch ein 'Innehalten' im Prozeß des Erlebens. Erst dadurch entstehen auch Bedeutung und Objekt.

Wie verträgt sich dies mit dem Postulat, daß ein Zeichen durch einen rekursiven Prozeß konstruiert wird? Diese Frage verlangt, einen Schritt zurückzutun zu Peirce. Peirce gibt unter anderen diese Zeichendefinition:

> *Ein* Zeichen *oder* Repräsentamen *ist alles, was in einer solchen Beziehung zu einem zweiten steht, das sein* Objekt *genannt wird, daß es fähig ist ein Drittes, das sein* Interpretant *genannt wird, dahingehend zu bestimmen, in derselben triadischen Relation zu jener Relation auf das Objekt zu stehen, in der es selbst steht. Dies bedeutet, daß der Interpretant selbst ein Zeichen ist, der ein Zeichen desselben Objekts bestimmt und so fort ohne Ende (Peirce 1983:64).*

Daß aber kann nur heißen, daß etwas erst dann als Zeichen fungiert, wenn es als Zeichen interpretiert wird und diese Interpretation ihrerseits interpretiert werden kann oder muß und "so fort ohne Ende". Das wiederum bedeutet: ohne Semiose kein Zeichen oder ein Zeichen ist eine gewisse Art und Weise zu handeln. Auch wenn diese Interpretation nicht seiner Meinung entspricht, so wird sie doch durch weitere Gedanken von Peirce gestützt:

> *Jeder übt mehr oder weniger Kontrolle über sich selber aus, indem er seine eigenen Verhaltensgewohnheiten modifiziert; und die Weise, in der er vorgeht, um in jenen Fällen diesen Effekt zuwege zu bringen, in denen die Umstände ihm nicht erlauben, Wiederholungen der erstrebten Art des Verhaltens in der Außenwelt vorzunehmen, zeigt, daß er virtuell mit dem wichtigen Prinzip wohl vertraut ist, daß* Wiederholung in der Innenwelt – eingebildete Wiederholungen –, wenn sie durch direkte Anstrengung stark intensiviert werden, Verhaltensgewohnheiten hervorbringen, *genau wie es Wiederholungen in der Außenwelt tun;* und daß diese Verhaltensgewohnheiten die

Macht haben, das tatsächliche Verhalten in der Außenwelt zu beeinflussen *(Peirce 1976:523 f.)*.

Zunächst wird hier zwischen innerem und äußerem Handeln unterschieden, die aber nach demselben Prinzip funktionieren. Unterliegt inneres und äußeres Handeln wiederholten Prozessen derselben oder relativ ähnlicher Art und Weise, dann bilden sich entsprechende Eigenschaften des Handelns heraus. Was Peirce hier als Ursache der Bildung von Verhaltensgewohnheiten aufzeigt, ist aber nichts anderes als das Prinzip der Bildung von Stabilitäten jeglicher Art. Es ist das Prinzip der Rekursivität. Jedes Ergebnis eines Prozesses (gleich welcher Art) wird wiederum Element desselben Prozesses. Alle Stabilitäten bilden sich auf diese Weise, seien es geistige oder materielle, formale oder inhaltlich konkrete. Eine Verhaltensgewohnheit, die in einem rekursiven Prozeß entstanden ist und durch ihn weiter erhalten wird, ist aber nichts anderes, als eine konkrete Situation auf der Basis eines typischen Prozesses so zu konstruieren, daß der Prozeß zu einem gewissen Zeitpunkt abgebrochen werden kann, wenn der Zeitpunkt der pragmatischen Intention des Handelnden entspricht. Diese Verhaltensgewohnheit ist das Zeichen für ein Ergebnis, das nur konstruierend erreicht werden kann, da die Verhaltensgewohnheit nur in der Durchführung (in innerer und äußerer Handlung) erfaßt werden kann. Was nicht bewußt konstruiert wird, ist nicht existent (was vorbewußte oder unbewußte Konstruktionen nicht ausschließt). Ein Prozeß steht für ein antizipiertes Ergebnis. Ob diese Relation Gültigkeit hat, muß die konkrete Konstruktion erweisen. Prozeß und Ergebnis sind unbestimmt. Ihre Bestimmung zeigt sich im Abbruch. Das aber heißt, daß beide, Prozeß und Ergebnis, weiterer Bestimmung harren. Der Auslöser eines solchen Prozesses ist eine konkrete Situation, die dadurch konkret wird, das sie problematisch wird (in welcher Weise auch immer). Situationen aber sind Konstruktionen des jeweils Handelnden, die dadurch existent werden, daß sie bewußt, d.h. interpretiert bzw. konstruiert werden. Situationen, die bewußt werden, sind immer in irgendeiner Hinsicht problematisch, sonst wären sie nicht bewußt. Was nicht in dieser Weise bewußt wird, also zum Gegenstand der Reflexion, gehört dem vorbewußten Strom des Erlebens an. In diesem Strom gibt es Situationen nur für den Beobachter zweiter Ordnung, für den Beobachter des Beobachters, für den Beobachter des Erlebenden. Mit anderen Worten: es gibt nur Situationen, die als solche dem Handelnden bewußt werden. Daher sind alle Situationen, in denen sich ein Handelnder befindet, ausschließlich Konstruktionen des Handelnden selber, oder: ein anderer Handelnder kann nicht mein Bewußtsein haben.

Die traditionelle Zeichenvorstellung kann durch die scholastische Formel 'aliquid stat pro aliquo' ausgedrückt werden, wenn man einräumt, daß es jemand geben muß, der diese Relation setzt. Diese Formel aber suggeriert ganz offensichtlich, daß ein Objekt für ein anderes steht, besser: gesetzt wird. Objekte aber können nur erfaßt werden, wenn sie in innerem Handeln als solche ausgegrenzt werden, dem äußeres Handeln folgen kann. Objekte sind also durch wiederholtes inneres Handeln stabilisierte Handlungen. Sie werden bewirkt durch rekursive Prozesse (Handeln), mit denen typische Möglichkeiten der Unterscheidung und des Vergleichs verbunden sind, die ihrerseits rekursiv konstituiert werden. Objekte sind *typische* Phänomene, daher im eigentlichen Sinne unbestimmt. Was macht dann aber den Unterschied zwischen Handlung und Objekten aus? Der Unterschied zwischen Handlung und Objekt ist lediglich der, daß man dieselben inneren Handlungen (Verhaltensgewohnheiten) einmal von ihrem Prozeßcharakter her sieht (polythetisch), ein anderes Mal von ihrem Zustand im Abbruch (monothetisch)! Anders ausgedrückt: Zeichen sind Handlungen, die in innerem Handeln aktualisiert werden müssen und an die Handlungen angeschlossen werden (können) etc. Zeichen sind Verhaltensgewohnheiten, also Handlungen, die nur handelnd erfaßt werden können. Durch Gewohnheit, d.h. aufgrund rekursiver Prozesse, weiß man, wie man in typischen Situationen in typischer Weise handelt. Man weiß, wie man unterscheidet und vergleicht, um Situationselemente, die durch eben dieses Handeln konstruiert werden, aus dem 'Hintergrund' herauszuheben und zum 'Vordergrund' zu machen. Was nicht typisch erfaßt wird, wird gar nicht erfaßt. Aber diese Typik ist subjektiv, Bestandteil eines je einmaligen Bewußtseins und situativ modifiziert. Die Vordergrundobjekte entstehen dadurch, daß man Handeln zu Handlungen macht. Man hält, wie Simon sagt, in seinem Erlebensprozeß inne und wendet sich einem begrenzten Bereich des abgelaufenen Prozesses erneut zu, man beginnt einen reflexiven Prozeß. Das Konstruktionsprodukt dieses Prozesses ist die Handlung oder das Objekt. Das Konstruieren des Objekts in innerem Handeln ist aber im Moment des Konstruierens selber nicht erfaßbar. Handeln läuft als Bewußtseinsstrom weiter. Um also ein Objekt zu erfassen, muß ich handeln. Dieses Handeln ist aber als solches nicht zu fassen. Ein Objekt ist folglich Produkt ständiger Konstruktion, die aus pragmatischen Gründen an einem Zeitpunkt abgebrochen wird. Da aber konkretes Handeln notwendig immer unterschiedlich verläuft, d.h. sich im strengen Sinne nie wiederholt, so sind auch die Objekte im eigentlichen Sinne immer unterschiedlich.

Die triadische Form der traditionellen Beschreibung der Zeichenrelationen erweist sich also als eine rein sprachliche Möglichkeit der Analyse, der in der Semiose nichts entspricht. Diese stellt sich vielmehr dar als rekursiver Prozeß, als Aktualisierung von Verhaltensgewohnheiten im Sinne inneren Handelns, als ein und derselbe Prozeß, der lediglich unterschiedlich akzentuiert wird. Die Art und Weise dieses Handelns wird als Bedeutung erfaßt, das Produkt des Handelns als Objekt. Die Tatsache, daß Handeln als augenblickliches Geschehen nicht erfaßbar ist, sondern immer nur reflexiv als Handlung konstruiert werden kann, unterstützt den scheinbaren Dingcharakter von Handlungen. Zeichen (Verhaltensgewohnheiten) können nur in innerem Handeln aktualisiert werden, das zu äußerem Handeln führen kann. Das notwendige Innehalten bei Störungen des Erlebensprozesses, welches einen reflexiven Prozeß in Gang setzt, heißt Denken. Das aber bedeutet: Der Verstand als Vermögen des Denkens ist mit Notwendigkeit ein Instrument der Fragmentierung. Fragmentierung ist gleichbedeutend mit Konstruktion von Wirklichkeit. Dagegen ist der Erlebnischarakter des unaufhörlichen Bewußtseinsstroms die Basis der Intuition.

Kommunikation bezieht sich nach dem Gesagten grundsätzlich auf Handlungen, die durch inneres Handeln aktualisiert werden und nicht auf Objekte. Deswegen kann H. Maturana von Kommunikation als gegenseitiger Verhaltensorientierung (Koordinierung von Verhaltenskoordinierung) sprechen und G. Ungeheuer von Koordinierung innerer Handlungen. Semantische Phänomene sind unter diesen Voraussetzungen prinzipiell in dem Sinne unbestimmt, als sie notwendig situativ einmalig, konkret und subjektiv von einem Bewußtsein in innerem Handeln konstruiert werden müssen, das sich in diesem Prozeß ständig verändert.

Im Rahmen lebender Systeme ist die Konstruktion semantischer Bereiche daher letztlich nicht durchschaubar.

Sicher wird man diesen Thesen begegnen können mit der Feststellung, daß es zweifellos eindeutig bestimmbare Zeichen gibt, deren Eindeutigkeit für *jedes* menschliche Individuum notwendig gilt, das sie in logischer Weise verwendet: es handelt sich um die logischen und mathematischen Zeichen (wenn wir Gödels Aussagen einmal außer acht lassen). Offensichtlich führt die Eindeutigkeit dieses Zeichenbereichs das Postulat der Nicht-Bestimmbarkeit semantischer Konstruktionen ad absurdum. Die Antwort auf diese Entgegnung lautet: Logische und mathematische 'Symbole' sind keine Zeichen, sondern Festlegungen. Sie verdanken ihre Existenz der auch bei Tieren vorhandenen Möglichkeit rein quantitativer Verallgemeinerung, d.h. Festlegungen dieser Art entbehren des Inhalts, der sie spezifizieren würde. Festlegungen sind unkorrigierbare Aussagen, die zu jedem Zeitpunkt und in jeder Situation gelten. Sie sagen daher nichts über die Situation aus, oder anders gewendet: sie sagen nichts über die 'Welt' aus. Daß sie auf der Möglichkeit rein quantitativer Allgemeinheit beruhen, heißt: etwas rein formal zu erfassen wie etwas anderes. Ich nenne aber 'quantitativ' alles, was durch Maß, Zahl und Relationen davon bestimmt ist. Festlegungen haben daher keine Bedeutung, denn Bedeutungen haben grundsätzlich qualitative Eigenschaften. Qualitative Eigenschaften aber unterliegen prinzipiell subjektiver Konstruktion in konkreten Situationen und sind daher nicht eindeutig bestimmbar, obwohl sie in jedem Situationsabschnitt eine pragmatische Bestimmung haben können. Festlegungen sind reversibel, sie sind "im Gleichgewicht", da sie rein quantitativ bestimmt sind. Bedeutungen sind irreversibel, sie sind "fern vom Gleichgewicht", da sie subjektiv, situativ, und qualitativ konstruiert werden müssen. Festlegungen haben keine Bedeutung, aber sie haben nichtsdestoweniger Sinn. Ihr Sinn liegt entweder in ihrem funktionalen Selbstzweck oder in der Funktion der Anleitung zur Bedeutungskonstruktion. Anleitung zur Bedeutungskonstruktion aber kann buchstäblich alles sein.

Literatur / References

Gasking, Douglas 1966: *Mathematics and the world*, in: Flew, A. (ed.): *Logic and Language*. Second series. Oxford (204–221).

Heidegger, Martin 1986: *Sein und Zeit*. München: Niemeyer.

Luhmann, Niklas 1993: *Zeichen als Form*, in: Baecker, D. (ed.): *Probleme der Form*. Frankfurt/M.: Suhrkamp (45–69).

Maturana, Humberto / Varela, Francisco 1987: *Der Baum der Erkenntnis*. Bern: Scherz.

Peirce, Charles Sanders 1976: *Fragen hinsichtlich gewisser Vermögen, die man für den Menschen in Anspruch nimmt* (1868), in: Apel, K.-O. (ed.): *Ch. S. Peirce - Schriften zum Pragmatismus und Pragmatizismus*. Frankfurt / M.: Suhrkamp (13-39).

Peirce, Charles Sanders 1976: *Ein Überblick über den Pragmatizismus* (1907), in: K.-O. Apel (ed.): *Ch. S. Peirce - Schriften zum Pragmatismus und Pragmatizismus*. Frankfurt/M.: Suhrkamp (498–538).

Peirce, Charles Sanders 1983: *Phänomen und Logik der Zeichen*, Pape (ed.). Frankfurt/M.: Suhrkamp.

Schütz, Alfred 1981: *Der sinnhafte Aufbau der sozialen Welt*. Frankfurt/M.: Suhrkamp.

Simon, Josef 1989: *Philosophie des Zeichens*. Berlin: de Gruyter.

Spencer Brown, George 1979: *Laws of Form*. New York: Dutton.

Ungeheuer, Gerold 1987: *Vor-Urteile über Sprechen, Mitteilen, Verstehen*, in: Juchem, J. G. (ed.): *G. Ungeheuer - Kommunikationstheoretische Schriften I*. Aachen: Rader (290–338).

Wegener, Philipp 1885: *Untersuchungen über die Grundfragen des Sprachlebens*. Halle: Niemeyer.

RAINER STUHLMANN-LAEISZ

WAS IST PHILOSOPHISCHE LOGIK DER ZEIT?

Abstract

One function of elementary propositional logic is the identification of the truth conditions of complex sentences containing logical constants; these being words such as not, and, or, and so on. Philosophical logic enters at this point in expanding the group of words designated as logical constants. In philosophical logic of time (tense logic) this extension pertains to words describing temporal relations. It deals, for example, with showing how the truth value of a complex sentence like: it has always been the case that α *relates to the truth value of the sentence* α *itself.*

This paper will discuss the truth conditions of different tense logical constants. It will further deal with showing how different tense-logical systems are attained, depending on the conditions imposed on the structure of time.

Résumé

Une des tâches de la logique propositionnelle élementaire consiste à fixer les conditions de vérité pour les phrases complexes qui contiennent des constantes logiques, c'est-à-dire des mots tels que ne...pas, et, où *etc. Ici, la logique philosophique entre en jeu en agrandissant le cercle des mots qui sont qualifiés de constantes logiques. En ce qui concerne la logique philosophique du temps, ce sont des mots qui décrivent des relations temporelles. Il s'agit de démontrer comment la valeur de vérité d'une phrase complexe telle que:* il était toujours le cas, que α *dépend de la valeur de vérité de la phrase* α *elle-même.*

L'article présentera les conditions de vérité pour différentes constantes de la logique du temps. Elle démontrera comment on obtient des systèmes différents de la logique du temps à partir de conditions différentes de la structure de l'ordre du temps.

Vorbemerkung

Der vorliegende Text ist die überarbeitete Fassung des Vortrags, den der Verfasser am Dies academicus des WS 1994/95 an der Universität Bonn gehalten hat. Auf dem Lexikographie- und Semantik-Kolloquium wurde eine gekürzte Version vorgetragen. Ohne dieses Thema in den Mittelpunkt zu stellen, sollte er hier auch zeigen, wie semantische Normierungen in die Fundamente einer Theorie – hier: der Zeit – eingehen können.

Die Frage, welche diesem Vortrag ihren Titel gegeben hat, legt eine gegliederte Antwort in drei Schritten nahe:

1. Was ist die Aufgabe der Logik?
2. Was ist philosophische Logik?

und schließlich

3. Was ist philosophische Logik der Zeit?

Ich will im folgenden Antworten auf diese Fragen skizzieren und dabei auch versuchen, die philosophische gegen die mathematische Logik inhaltlich abzugrenzen.

1 Was ist die Aufgabe der Logik?

Eine landläufige Meinung charakterisiert die Logik als die Lehre vom richtigen Schließen. Ich habe hier eine korrekte Schlußform, den *modus ponens*, notiert:

$$\frac{\begin{array}{l}\alpha \rightarrow \beta \\ \alpha\end{array}}{\beta}$$

Wenn wir fragen, warum wir dieses Gebilde als eine gültige Schlußform beschreiben dürfen, dann erhalten wir die folgende Antwort: Es ist unmöglich für die Buchstaben "α" und "β" Sätze so einzusetzen, daß die beiden Prämissen des dann resultierenden Schlusses wahr sind, die Konklusion jedoch falsch. Wenn wir nun der weiteren Frage, warum eine solche Einsetzung unmöglich ist, nachgehen, dann stoßen wir auf eine bestimmte *Vereinbarung*. Sie legt den Wahrheitswert eines komplexen Satzes, hier eines Wenn–dann–Satzes, in Abhängigkeit von den Wahrheitswerten seiner Komponenten fest. Die folgende *Wahrheitswerttabelle* drückt die Vereinbarung aus:

α	β	$\alpha \rightarrow \beta$
w	w	w w w
w	f	w f w
f	w	f w w
f	f	f w f

Wir sehen, daß es vier Möglichkeiten gibt, die beiden Buchstaben "α" und "β" mit Kombinationen aus den zwei Wahrheitswerten, das Wahre und das Falsche, zu belegen. Mit Hilfe der Wahrheitswerttabelle wird vereinbart, daß ein Satz von der Form $\alpha \rightarrow \beta$ in genau einem dieser vier Fälle falsch und in den anderen drei Fällen wahr ist. Wir erkennen dies an der Wahrheitswertkolumne unter dem Pfeil. Aus dieser Konvention resultiert die Korrektheit des *modus ponens*, denn sie impliziert – das führt uns die Wahrheitswerttabelle auch explizit vor Augen – daß beide Prämissen eines Schlusses dieser Form nur dann wahr sind, wenn sowohl für "α" als auch für "β" ein wahrer Satz eingesetzt wird. Da der für "β" eingesetzte Satz die Konklusion ist, ist es unmöglich, daß bei einer Einsetzung beide Prämissen der Schlußform wahr werden, die Konklusion aber falsch. Die Korrektheit unserer Schlußform hängt also davon ab und folgt daraus, daß die Verwendungsweise der Wortfolge "wenn-dann", in grammatischer Hinsicht einer Konjunktion, durch eine Vereinbarung *logisch–semantisch* normiert ist.

Damit haben wir eine typische und wesentliche Aufgabe der allgemeinen Logik erfaßt: Sie besteht in der Normierung der Verwendung bestimmter sprachlicher Ausdrücke, nämlich der logischen Wörter oder *logischen Konstanten*. In der Junktoren- oder Aussagenlogik handelt es sich dabei um die Konstanten: $\neg$ ("nicht"), $\rightarrow$ ("wenn-dann"), $\leftrightarrow$ ("dann und nur dann, wenn"), $\wedge$ ("und"), $\vee$ ("oder"). In der Quantoren- oder Prädikatenlogik tritt die Normierung der Konstanten $\forall$ ("für alle") und $\exists$ ("es gibt") hinzu. Daß es sich bei den in der Logik getroffenen Konventionen über die Verwendung dieser Ausdrücke tatsächlich um Normierungen handelt, die der Umgangssprache gelegentlich auch etwas Gewalt antun, zeigen zwei Beispiele: (i) Nach der Vereinbarung über die Verwendung der grammatischen Konjunktion "wenn-dann" ist der folgende Satz wahr: "Wenn der Mond aus grünem Käse besteht, dann ist 2 x 2 = 4". (ii) Zufolge der Konvention über die Verwendung des Allquantors sind allgemeine Sätze mit leerem Subjektsbegriff wahr. Da es keine fliegenden Pferde gibt, ist mithin der Satz: "Alle fliegenden Pferde leben in Australien" wahr.[1]

Die so skizzierte Junktoren- und Quantorenlogik ist nun der gemeinsame Grundstock von philosophischer und mathematischer Logik. Diese beiden Zweige unterscheiden sich dann darin, wie sie diesen Grundstock erweitern. Dabei beginnt die philosophische Logik mit einer Verbreiterung. Sie baut gewissermaßen das Parterre erst aus, bevor sie etwas darauf setzt, während die mathematische Logik sogleich in die Höhe strebt. So entstehen zwei wissenschaftliche Gebäude verschiedener Form, die aber möglicherweise doch dasselbe Volumen haben.

2 Was ist philosophische Logik?

Der Ausbau des Parterres durch die philosophische Logik besteht darin, daß sie über die schon eingeführten Junktoren hinaus weitere Ausdrücke der natürlichen Sprache zu logischen Konstanten erklärt und ihnen entsprechende Normierungen vornimmt. Sie konzentriert sich dabei auf Ausdrücke, die für fundamentale Begriffe philosophischer Theorien oder Disziplinen stehen. Damit erfüllt sie auch die Aufgabe, die logischen Grundlagen dieser Gebiete zu erhellen. Im Vordergrund stehen die Begriffe der Notwendigkeit und Möglichkeit aus der Theorie der Modalitäten, die des Sollens und der Erlaubnis aus der Theorie der Normen, die Begriffe des Wissens und Glaubens aus der Epistemologie und schließlich die von Zukunft und Vergangenheit aus der Philosophie der Zeit. Als hauptsächliche Zweige der philosophischen Logik ergeben sich so 1. die alethische Modallogik, 2. die Normen- oder deontische Logik, 3. die epistemische Logik des Glaubens und Wissens und 4. die Logik zeitlicher Aussagen. Ihnen entsprechen als fundamentale logische Konstanten die folgenden sprachlichen Ausdrücke: "es ist notwendig, daß ...", "es ist gesollt (geboten), daß ...", "es wird geglaubt (man glaubt), daß ...", und "es wird immer der Fall sein, daß ..." bzw. "es war immer der Fall, daß ...".

Die Konstanten dieser vier Gebiete der philosophischen Logik haben jedenfalls drei Züge gemeinsam: 1. In einer formalen Logik-Sprache fungieren sie als satzbildende Operatoren;

---

1. Der Konventionscharakter der Normierung zeigt sich im übrigen darin, daß dieselbe Aussage zufolge der aristotelischen Logik falsch wäre. Die aristotelische Vereinbarung über die Benutzung des Allquantors ist so, daß Allaussagen mit leerem Subjektsausdruck falsch sind.

schreibt man nämlich einen von ihnen vor einen bereits formulierten Satz, dann erhält man einen weiteren Satz. So ist beispielsweise "2 + 2 = 4" ein Satz, der durch Voranstellung des Notwendigkeitsoperators übergeht in den Satz: "es ist notwendig, daß 2 + 2 = 4". 2. Jeder der philosophisch-logischen Operatoren hat in der natürlichen Sprache einen Partnerausdruck, zu dem er in einer bestimmten formalen Beziehung steht, und diese Beziehung ist in allen vier Fällen dieselbe. Die korrelierenden Ausdrücke sind in der entsprechenden Reihenfolge die folgenden: "es ist möglich", "es ist erlaubt", "es wird nicht ausgeschlossen" ("man schließt nicht aus"), "es wird einmal der Fall sein", bzw. "es war einmal der Fall" ("es war einmal"). Die formale Beziehung bringen wir nun zum Ausdruck, indem wir den Buchstaben "Φ" als Variable für den jeweils einen Operator und das Zeichen "$\overline{\Phi}$" als Variable für den jeweils anderen Operator nehmen. Die Formulierung lautet dann:

Für alle Sätze α: es ist Φ, daß α, genau dann, wenn es nicht $\overline{\Phi}$ ist, daß nicht-α.

Beispielsweise gilt stets: "Es ist notwendig, daß α, genau dann, wenn es nicht möglich ist, daß nicht-α". Ebenfalls immer gültig ist: "Man glaubt, daß α, genau dann, wenn man nicht nicht ausschließt, daß nicht-α". 3. Die Operatoren sind *intensional* und nicht in dem folgenden Sinne *wahrheitswertfunktional*: Der aussagenlogische Junktor "nicht" transformiert einen wahren Satz stets in einen falschen und einen falschen stets in einen wahren Satz. Hier gilt also: Der Wahrheitswert eines negierten Satzes "nicht-α" hängt allein von dem Wahrheitswert von α ab. Er ist eine *Funktion* dieses Wertes. Das gilt für die Konstanten in der philosophischen Logik nicht. Wir verdeutlichen uns dies exemplarisch an dem zeitlogischen Operator "es wird immer der Fall sein, daß". Betrachten wir zunächst den wahren Satz "*2 + 2 = 4* ist ein arithmetisches Theorem". Er wird durch Voranstellung des Zukunftsoperators transformiert in den wahren Satz "es wird immer der Fall sein, daß *2 + 2 = 4* ein arithmetisches Theorem ist". Der ebenfalls wahre Satz "es regnet gerade in Bonn" geht hingegen durch die entsprechende Transformation über in den falschen Satz "es wird immer der Fall sein, daß es in Bonn gerade regnet". Für den Zukunftsoperator gilt also nicht, was für den Negationsoperator gilt, daß nämlich der Wahrheitswert eines mit ihm gebildeten komplexen Satzes allein abhängt vom Wahrheitswert des Satzes, auf den der Operator angewandt wird. In ihrem Interesse am Phänomen der Intensionalität haben wir ein weiteres allgemeines Charakteristikum der philosophischen Logik im Unterschied zur mathematischen.

3 Was ist philosophische Logik der Zeit?

Ich wende mich nun den normierenden Regeln für die Verwendung der zeitlogischen Konstanten zu, indem ich die Wahrheitsbedingungen für Aussagen formuliere, die diese Konstanten enthalten. Zuvor gebe ich noch die in der Literatur geläufigen Buchstaben an, mit denen diese Konstanten abgekürzt werden:

H: es war immer der Fall, daß
G: es wird immer der Fall sein, daß
P: es war einmal der Fall, daß
F: es wird einmal der Fall sein, daß.

P und F sind also die im Sinne der obigen Ausführungen zu H und G korrelierenden Operatoren.

Erläutert am Operator P ist unsere Aufgabe die folgende: Wenn ein Satz α und ein Zeitpunkt t vorgegeben sind, dann haben wir eine Bedingung zu formulieren, welche hinreichend und notwendig ist dafür, daß:

Pα *ist wahr* zu t.

Aus der Intensionalität des Operators P resultiert folgendes Problem: Ob "Pα" wahr ist zu t oder nicht, wird nicht allein von t (und α) abhängen, sondern auch von anderen, und zwar früheren, Zeitpunkten. Deshalb brauchen wir außer t selbst noch eine Menge T von Zeitpunkten und eine Relation R, welche diese miteinander verbindet und in natürlicher Weise als die "Früher"-Relation auf der Menge T interpretiert werden kann. Ein Gebilde, bestehend aus einer Menge T, einem ausgezeichneten Element $t \in T$ und einer zweistelligen Relation R auf T nennen wir einen *historischen Moment*. Die exakte entsprechende Definition lautet dann folgendermaßen:

Def.1: Ein historischer Moment ist ein Tripel $\langle T,t,R \rangle$, wobei
- i) T eine beliebige Menge (von "Zeitpunkten"),
- ii) $t \in T$ (der jeweilige "Jetztzeitpunkt") und
- iii) R eine zweistellige Relation auf T ("früher als") ist.

Die folgende Definition gibt uns dann die gewünschten Wahrheitsbedingungen für komplexe Sätze mit zeitlogischen Operatoren.

Def.2: Sei $m = \langle T,t,R \rangle$ ein historischer Moment. Wir setzen fest:
- i) Hα *ist wahr in* m gdw. für alle $t' \in T$ mit t'Rt: α ist wahr in $m' := \langle T,t',R \rangle$;[2]
- ii) Pα *ist wahr in* m gdw. ex $t' \in T$ mit t'Rt und: α ist wahr in $m' := \langle T,t',R \rangle$;
- iii) Gα *ist wahr in* m gdw. für alle $t' \in T$ mit tRt': α ist wahr in $m' := \langle T,t',R \rangle$;
- iv) Fα *ist wahr in* m gdw. ex $t' \in T$ mit tRt' und: α ist wahr in $m' := \langle T,t',R \rangle$.

Bei dieser Festlegung von Wahrheitsbedingungen für komplexe Sätze wie etwa "Hα" wird vorausgesetzt, daß die Wahrheitsbedingungen für die jeweils einfachere Aussage α schon erklärt sind; dies leistet eine vollständige, rekursive Definition.

Soweit haben wir das Folgende erreicht: Die Zeitoperatoren enthaltenden Sätze unserer Logiksprache werden auf historische Momente bezogen und sind, jeweils relativ auf einen solchen, wahr oder falsch.[3] Die historischen Momente sind Weltstücke, die unserer Sprache gegenüberstehen und über die wir mit ihr sprechen. Jeder historische Moment enthält als Strukturbestandteile eine Menge von Zeitpunkten, auf ihr eine Relation R und einen ausgezeichneten Zeitpunkt "jetzt". – Hier fällt nun das Folgende auf: Die Relation R ist zwar konzipiert als der Weltteil, der dem Wort "früher" als sein Denotat gegenübersteht, von den Konnotationen, die dieses Wort für viele von uns sicher enthält, und von den Eigenschaften, die

---

2. Das Wahrsein *in einem Moment* $\langle T,t,R \rangle$ fällt immer zusammen mit dem Wahrsein *zu dem Jetztzeitpunkt* t (von m).

3. Dieser Relationscharakter der Wahrheit ist ein Zug der auf Aristoteles zurückgehenden Korrespondenzdefinition.

wir mit der entsprechenden Relation verbinden, wird hier aber nur eines benutzt: "früher" steht für eine zweistellige Beziehung; dies ist eine kategoriale Voraussetzung. Von den relationentheoretischen Eigenschaften, die eine zweistellige Relation dann aber haben kann, benutzen wir in der Definition des historischen Moments und bei der Festlegung von Wahrheitsbedingungen für zeitliche Aussagen bisher nichts. Insbesondere benutzen wir nicht die naheliegende Annahme, daß die Relation R transitiv ist.[4] Die Bedingungen, die wir an den Begriff des historischen Moments und damit an die *Semantik* zu unserer zeitlogischen Sprache stellen, sind also sehr schwach. T kann irgendeine Menge sein, t irgendein Element hieraus und R irgendeine zweistellige Relation auf T. Naheliegenderweise ist die Klasse dieser ganz formal definierten historischen Momente dann ganz unüberschaubar groß und inhomogen. Es stellt sich deshalb die Frage, ob man unter so schwachen Bedingungen bereits ein logisches *System* gewinnt. Gefragt ist insbesondere, ob es angesichts der riesigen Klasse von historischen Momenten überhaupt Aussagen unserer Logiksprache gibt, die *allgemeingültig* oder *logisch wahr* in dem Sinne sind, daß sie in allen historischen Momenten gelten.[5] Ich gebe nun im folgenden einige Aussagen an, die tatsächlich für jeden historischen Moment gültig sind, unabhängig davon, welche Eigenschaften die jeweilige Relation R hat.

(1) $P\alpha \leftrightarrow \neg H \neg \alpha$

(2) $F\alpha \leftrightarrow \neg G \neg \alpha$

(3) $\alpha \rightarrow HF\alpha$

(4) $\alpha \rightarrow GP\alpha$

(5) $H(\alpha \rightarrow \beta) \rightarrow (H\alpha \rightarrow H\beta)$

(6) $G(\alpha \rightarrow \beta) \rightarrow (G\alpha \rightarrow G\beta)$

(7) $P(\alpha \wedge \beta) \rightarrow (P\alpha \wedge P\beta)$

Die Allgemeingültigkeit dieser Formeln[6] kann man zum Teil dadurch einsehen, daß man sie mit Hilfe der oben formulierten Wahrheitsbedingungen in normalsprachliche Aussagen übersetzt. Im Falle von (1) erhält man so die folgende Lesart: "Genau dann gibt es einen früheren Zeitpunkt, zu dem α wahr war, wenn nicht für alle früheren Zeitpunkte gilt, daß α zu ihnen falsch war". Die Formel (2) liest man ganz entsprechend im Hinblick auf die Zukunft. Für (6) ergibt sich folgendes: "Wenn für alle künftigen Zeitpunkte gilt, daß: wenn α, dann β, dann: wenn für alle zukünftigen Zeitpunkte gilt, daß α, dann gilt auch für alle zukünftigen Zeitpunkte, daß β". Es leuchtet ein, daß die Wahrheit dieser Sätze nicht davon abhängt, welche speziellen Eigenschaften wir mit Wörtern wie "zukünftiger Zeitpunkt" oder "früherer Zeitpunkt" verbinden. Dasselbe gilt für die Formel (3), deren normalsprachliche Übersetzung

---

4. R ist transitiv, wenn allgemein mit t_1Rt_2 und t_2Rt_3 auch t_1Rt_3 der Fall ist.

5. Trivialerweise positiv zu beantworten ist diese Frage natürlich im Hinblick auf Aussagen, für deren Allgemeingültigkeit es auf die zeitlogischen Operatoren gar nicht ankommt, wie etwa die Aussage "$H\alpha \vee \neg H\alpha$". Hier handelt es sich um eine junktorenlogische Tautologie. Daß unsere Sprache allgemeingültige Aussagen dieser Art enthält, folgt aber schon daraus, daß die Wahrheitsbedingungen für die aussagenlogischen Konstanten bei der Definition 2 vorausgesetzt werden.

6. Hier und im folgenden benutze ich die Wendungen "Formel", "Aussage" und auch "Satz" synonym für die einschlägigen Ausdrücke einer formalen Logik-Sprache.

prima facie von besonderem Interesse ist. Sie lautet: "Wenn es jetzt wahr ist, daß α, dann war es schon immer wahr, daß α einmal wahr sein wird". Man könnte meinen, daß mit dieser Formulierung eine Position des Logischen Determinismus zum Ausdruck gebracht wird. Das wäre allerdings bedenklich, denn die Allgemeingültigkeit der Aussage (3) folgt ja aus ganz schwachen Voraussetzungen. Wir hätten uns mithin aufgrund so schwacher Bedingungen bereits eine deterministische Position eingehandelt. Dagegen möchte man meinen, daß der Determinismus doch eine starke These ist, die nicht so einfach bewiesen werden kann. Tatsächlich ist (3) dann auch keine Formulierung einer Position des Logischen Determinismus, und zwar schon deshalb nicht, weil man hierfür einen Notwendigkeitsausdruck zur Verfügung haben muß. Deterministische Behauptungen sind immer von der Art, daß etwas, was tatsächlich der Fall ist, auch notwendigerweise der Fall ist, und in den Formulierungen solcher Thesen muß ein Notwendigkeitsoperator enthalten sein. Unsere formallogische Sprache enthält jedoch gar keinen derartigen Ausdruck, also kann in ihr aus ganz trivialen Gründen eine deterministische Position nicht formuliert werden. Diesbezügliche Befüchtungen sind deshalb gegenstandslos. Das logische System, welches wir aus den soweit entwickelten semantischen Wahrheitsbedingungen für Sätze mit Zeitoperatoren erhalten, bezeichnet man in der Literatur mit "K_t". Es ist das schwächste zeitlogische System.

Wir wenden uns nun möglichen Verschärfungen von K_t zu. Wir erhalten sie, indem wir an die Relation R in einem historischen Moment bestimmte relationentheoretische Forderungen stellen. Hieraus resultieren dann auch Forderungen an die Momente selbst.

(i) In jedem historischen Moment gibt es zu jedem Zeitpunkt noch eine Zukunft. Formal: Für alle $m = \langle T,t,R \rangle$: für alle $t \in T$: ex $t' \in T$ mit tRt'

(ii) In jedem historischen Moment gibt es zu jedem Zeitpunkt noch eine Vergangenheit. Formal: Für alle $m = \langle T,t,R \rangle$: für alle $t \in T$: ex $t' \in T$ mit $t'Rt$

(iii) In jedem historischen Moment ist die "Früher"-Relation transitiv. Formal: Für alle $m = \langle T,t,R \rangle$: für alle $t_1,t_2,t_3 \in T$: wenn t_1Rt_2 und t_2Rt_3, dann auch t_1Rt_3.

Wenn wir nun eine dieser Forderungen in den Begriff des historischen Moments aufnehmen, erhalten wir Aussagen, die für alle historischen Momente in diesem verschärften Sinne gültig sind, nicht jedoch für alle Momente in dem ursprünglichen, schwächeren Sinne. Mit jeder der drei Forderungen ist ein bestimmter Typ von Formeln verbunden. Dies zeigt uns die folgende Liste.
Allgemeingültige Aussagen, die den Verschärfungen (i)–(iii) entsprechen:

(8) $G\alpha \rightarrow F\alpha$

(9) $H\alpha \rightarrow P\alpha$

(10) $FF\alpha \rightarrow F\alpha$, $PP\alpha \rightarrow P\alpha$.

Die mit Hilfe der Wahrheitsbedingungen gefundenen normalsprachlichen Formulierungen für diese Formeln lauten:

(8') Wenn α immer wahr sein wird, dann wird α einmal wahr sein;

(9') Wenn α immer wahr war, dann war α auch einmal wahr;

(10') Wenn es einmal sein wird, daß α wahr sein wird, wird α einmal wahr sein. Wenn es einmal war, daß es einmal war, daß α, dann war es einmal, daß α.

Diese Formulierungen lauten so selbstverständlich, daß man sich fragen mag, ob man die ihnen korrelierenden relationentheoretischen Forderungen tatsächlich braucht, um die betreffende Allgemeingültigkeit zu erzielen. Einfache Überlegungen zeigen, daß dies tatsächlich der Fall ist. Betrachten wir die Formel (8): Ihr entspricht die Forderung, daß es in jedem historischen Moment zu jedem Zeipunkt noch spätere gibt. Ist diese Forderung nicht erfüllt, dann gibt es einen historischen Moment $m = <T,t,R>$ und einen Zeitpunkt $t_0 \in T$ derart, daß es für keinen Zeitpunkt $t' \in T$ gilt: t_0Rt'; es gibt also keine Zeitpunkte, welche später sind als t_0. Für dieses t_0 in diesem historischen Moment ist dann die Aussage "Gα" wahr. Aus unseren Wahrheitsbedingungen folgt nämlich, daß "Gα" zu t_0 überhaupt nur dann falsch sein kann, wenn es einen späteren Zeitpunkt als t_0 gibt. Ganz entsprechend ist die Aussage "Fα" falsch zu t_0, denn aus den Wahrheitsbedingungen folgt, daß "Fα" zu t_0 überhaupt nur dann wahr sein kann, wenn es einen entsprechenden späteren Zeitpunkt gibt. Wenn aber "Gα" wahr ist zu t_0 und "Fα" falsch, dann ist die Subjunktion "G$\alpha \rightarrow$ Fα" falsch zu t_0. Zu einem Zeitpunkt ohne Zukunft ist also die Aussage "G$\alpha \rightarrow$ Fα" falsch, folglich sind die Aussagen dieser Form nicht allgemeingültig, wenn die Forderung (i) nicht erfüllt ist. Eine ganz entsprechenden Überlegung korreliert die Forderung (ii) mit den Aussagen wie "H$\alpha \rightarrow$ Pα". – Für die Allgemeingültigkeit der Aussage "PP$\alpha \rightarrow$ Pα", ist hingegen die Transitivität der "Früher"-Relation notwendig. Auch dies machen wir uns an einem Gegenbeispiel deutlich. Stellen wir uns eine Zeitstruktur vor, in der der Kalendertag die kleinste Zeiteinheit ist. Unsere Menge T ist dann eine Menge von Tagen. Als Relation R wählen wir diejenige Beziehung, die einen Tag mit seinem Vortag verbindet. Es gilt also: tRt' genau dann, wenn t in bezug auf t' der gestrige Tag ist. Diese Relation ist nicht transitiv, denn beispielsweise verbindet sie vorgestern mit gestern und gestern mit heute, nicht jedoch vorgestern mit heute. Bei dieser Interpretation behauptet nun unsere Formel in bezug auf den heutigen Tag: Wenn α vorgestern wahr war, war war α auch gestern wahr. Da dies in der Regel eine falsche Behauptung ist, ist unsere Formel nicht allgemeingültig. Dies hat seinen Grund darin, daß die beschriebene Relation nicht transitiv ist. Die relationentheoretischen Eigenschaften (i)–(iii) werden also für die Allgemeingültigkeit der ihnen korrelierenden Formeln (8)–(10) tatsächlich gebraucht. Sie sind notwendige Bedingungen.[7]

Ich fasse zusammen: Die historischen Momente mit ihrer jeweiligen "Früher"-Relation sind Weltstücke, auf die wir uns mit unserer formalen Sprache beziehen, um über sie zu sprechen. In einem ersten Schritt haben wir diese Weltstücke benutzt, um Wahrheitsbedingungen für Sätze wie "Gα" ("es wird immer wahr sein, daß α") und "Pα" ("es war einmal wahr, daß α") festzulegen. Diese Festlegungen stellen Normierungen für die Verwendung sprachlicher Ausdrücke dar. Wir haben ferner gesehen, daß diese Normierungen die logische Wahrheit bzw. Allgemeingültigkeit bestimmter Formeln nach sich ziehen. Sie sind die Gesetze des logischen Systems K_t und bilden gewissermaßen den Rahmen für jede Zeittheorie innerhalb der philosophischen Logik. In einem zweiten Schritt haben wir dann die an die Weltstücke ge-

7. Eine Überlegung dahingehend, daß die Bedingungen auch hinreichend sind, spare ich aus.

stellten Bedingungen verschärft, indem wir an die "Früher"-Relation bestimmte Forderungen gestellt haben. Dabei haben uns unterschiedliche Vorstellungen geleitet, die wir implizit mit der "Früher"-Relation verbinden. Je nachdem welche von ihnen wir explizit zu einer Forderung erhoben haben, ergaben sich verschiedene weitere allgemeingültige Aussagen. Deren Wahrheit müssen wir aus Gründen der Logik akzeptieren, wenn wir die ihnen jeweils korrelierende Auffassung von der "Früher"-Relation für adäquat halten. Unsere Intuition verpflichtet uns gewissermaßen auf eine bestimmte Verwendungsweise der zeitlogischen Operatoren. - Umgekehrt erzwingt natürlich ein vorgegebenes Verständnis der zeitlogischen Konstanten die Akzeptierung gewisser Eigenschaften der "Früher"-Relation. Wer etwa die Aussage "$G\alpha \rightarrow F\alpha$" für selbstverständlich und uneingeschränkt gültig hält, ist aus Gründen der Logik zur Annahme einer Zeitstruktur verpflichtet, bei der es zu jedem Zeitpunkt noch einen späteren gibt; und wer die Formel "$FF\alpha \rightarrow F\alpha$" für allgemeingültig hält, der muß eine transitive "Früher"-Relation zugrunde legen. - Wir fahren bei unseren Normierungen gewissermaßen auf zwei Schienen: Auf der Sprachseite setzen wir gewisse Aussagen als logische Wahrheiten voraus und sind damit gezwungen, im Hinblick auf die Welt und ihre Bestandteile bestimmte Strukturen zu akzeptieren. Auf der anderen Seite zwingen uns Hypothesen über die Welt zur Anerkennung bestimmter logischer Wahrheiten.

Anhand von graphischen Darstellungen der Zeitstruktur wollen wir uns nun noch weitere Verschärfungen der Logik K_t ansehen. Wir betrachten drei Typen zeitlogischer Systeme. Die dazugehörigen Vorstellungen der Zeitordnung sind auch philosophiehistorisch relevant.

Lineare Zeitlogiken: Immanuel Kant sagt in der "Kritik der reinen Vernunft": Wir "stellen die Zeitfolge durch eine ins Unendliche fortgehende Linie vor, in welcher das Mannigfaltige eine Reihe ausmacht, die nur von einer Dimension ist" (A33/B50). Diese Zeitvorstellung ist in der folgenden Graphik exemplifiziert:

Abb. 1. Lineare Zeitlogiken

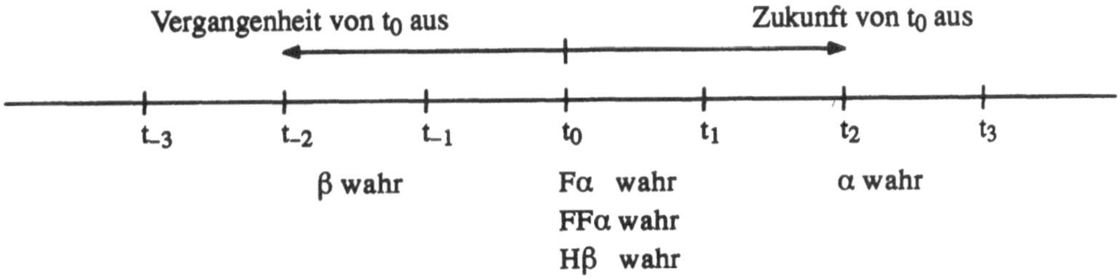

Def: tRt' genau dann, wenn t links von t'.

Es sei α eine Aussage, die wahr ist im Zeitpunkt t_2, und β eine Aussage, die wahr ist in allen Zeitpunkten t' mit $t'Rt_0$. Dann sind die Aussagen Fα, FFβ und Hβ wahr in t_0.

In einer linearen Zeitlogik ist die "Früher"-Relation transitiv und *linear.* Die Linearität zerlegen wir in die beiden Bedingungen der *Rechtslinearität* und der *Linkslinearität*, die folgendermaßen definiert sind:

Def.3: Die Relation R ist rechtslinear genau dann, wenn gilt: für alle $t_1, t_2, t_3 \in T$: wenn t_1Rt_2 und t_1Rt_3, dann: $t_2 = t_3$ oder t_2Rt_3 oder t_3Rt_2.

Def.4: Die Relation R ist linkslinear genau dann, wenn gilt: für alle $t_1,t_2,t_3 \in T$: wenn t_2Rt_1 und t_3Rt_1, dann $t_2 = t_3$ oder t_2Rt_3 oder t_3Rt_2.

Mit den beiden Linearitätsforderungen an die "Früher"-Relation ist die Allgemeingültigkeit folgender Aussagen verbunden:

(11) $F\alpha \wedge F\beta \rightarrow F(\alpha \wedge \beta) \vee F(\alpha \wedge F\beta) \vee F(F\alpha \wedge \beta)$

(12) $P\alpha \wedge P\beta \rightarrow P(\alpha \wedge \beta) \vee P(\alpha \wedge P\beta) \vee P(P\alpha \wedge \beta)$

Zwei interessante Spezialisierungen der linearen Zeitlogik hat man in a) der Vorstellung einer diskreten Zeit und b) der Vorstellung einer dichten Zeit. Bei diskreter Zeitstruktur existiert zu jedem Zeitpunkt t ein späterer Zeitpunkt t', so daß zwischen t und t' keine weiterere Zeitstelle liegt. Die dichte oder kontinuierliche Zeit enthält zwischen je zwei Zeitstellen eine dritte, die von beiden verschieden ist. - Diese beiden Zeitstrukturen schließen einander natürlich aus. Wir können ihnen in diesem Rahmen nicht weiter nachgehen.

Zyklische Zeitlogiken: Die Vorstellung einer zyklisch verlaufenden Zeit ist beispielsweise angedeutet in Platons Dialog "Phaidon". Sie wird durch die folgende Graphik exemplifiziert:

Abb. 2. Zyklische Zeitlogiken

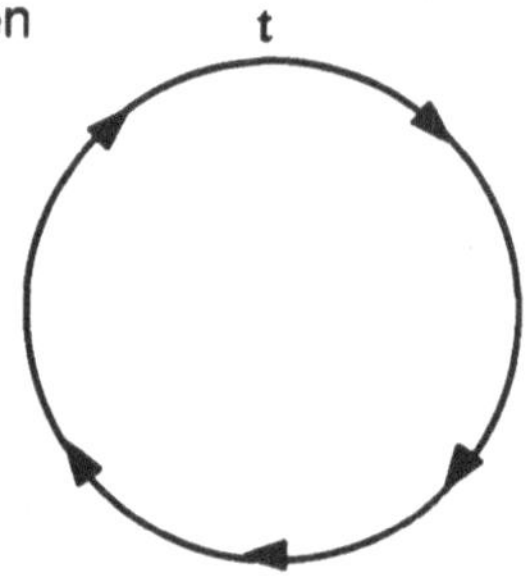

Def.: tRt' genau wenn t' von t aus bei Durchlaufung des Kreises im Uhrzeigersinn zu erreichen ist.

Die so definierte Relation R ist eine *Äquivalenzrelation*, d.h., sie ist reflexiv, symmetrisch und transitiv. Als allgemeingültige Aussagen erhalten wir die folgenden Formeln:

(13) $F\alpha \leftrightarrow P\alpha$

(14) $G\alpha \leftrightarrow H\alpha$

(15) $G\alpha \rightarrow \alpha$

(16) $H\alpha \rightarrow \alpha$

(17) $\alpha \rightarrow GF\alpha$

(18) $\alpha \rightarrow HP\alpha$

Hier entsprechen (13) und (14) der Symmetrie: Was vergangen ist, wird auch zukünftig wieder sein, und was zukünftig sein wird, ist auch schon gewesen.[8] (15) und (16) korrelieren der Reflexivität: Was immer der Fall sein wird, ist auch jetzt schon der Fall, was immer der Fall war, ist auch jetzt noch der Fall. Auch die Formeln (17) und (18) korrelieren mit der Symmetrie der "Früher"-Relation. Sie besagen, normalsprachlich gelesen, das Folgende: Wenn α jetzt wahr ist, dann wird α immer wieder wahr sein, und (18) wenn α jetzt wahr ist, dann gilt für jeden vergangenen Zeitpunkt, daß α davor schon einmal wahr war.

Linkslineare und rechtsverzweigte Zeit: In seinem Buch "Aufbau der Physik" spricht C.F. von Weizsäcker[9] von der "Faktizität der Vergangenheit" und der "Offenheit der Zukunft" (S. 31). Diese Vorstellung einer Zeitordnung können wir durch die folgende Graphik interpretieren:

Abb. 3. Linkslineare und rechtsverzweigte Zeit

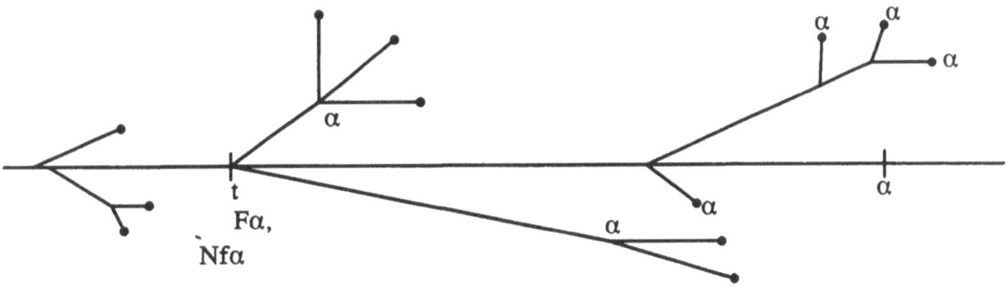

Def.: tRt' genau dann, wenn t ≠ t' und: t' liegt auf einem Weg, der von t aus nach rechts (in die Zukunft) führt.[10]

Ein solches Bild bezeichnet man als einen *liegenden Baum*. Die dazugehörige "Früher"-Relation ist linkslinear und transitiv, und diese Eigenschaften ziehen die entsprechenden gültigen Aussagen nach sich (s.o.). Die Offenheit der Zukunft besteht darin, daß von jedem Punkt nach rechts verschiedene Wege weiterführen, während die Faktizität der Vergangenheit darin besteht, daß es von jedem Punkt nur einen Weg zurück nach links gibt.

Ich schließe mit einer Bemerkung über den Zusammenhang zwischen Zeit, Modalität und Determinismus: Wie bereits gesagt, haben wir in unserer zeitlogischen Sprache bisher keine

8. Die Allgemeinheit dieser Formulierungen, mit denen ja indirekt auf die Klasse aller Sätze bezug genommen wird, ist deshalb gerechtfertigt, weil die Allgemeingültigkeit unserer Formeln erhalten bleibt, wenn wir in ihnen α (β) durch beliebige andere Sätze ersetzen.

9. C.F. von Weizsäcker: Aufbau der Physik. München/Wien 1985.

10. Ein *Weg, der von t aus nach rechts (in die Zukunft) führt* ist eine Teilmenge $T_1 \subseteq T$ mit den beiden Eigenschaften:
a) für alle $t' \in T_1$: tRt',
b) die Einschränkung von R auf T_1 ($R|T_1$) ist rechtslinear.

Modalausdrücke, deshalb können wir keine Notwendigkeitsaussagen formulieren. Der Determinismus macht Aussagen über die Notwendigkeit von Ereignissen. Um eine solche Position ausdrücken zu können, wollen wir unsere Sprache erweitern und den Begriff des *notwendigen zukünftigen Ereignisses* definieren. Formal geschieht dies durch die Einführung eines Operators *Nf*, gelesen "es ist notwendig, daß es einmal der Fall sein wird, daß". Die Wahrheitsbedingungen für einen Satz wie "Nfα" werden folgendermaßen festgelegt:

Def.5: Sei m = <T,t,R> ein historischer Moment mit linkslinearer "Früher"-Relation R. Nfα ist wahr in m genau dann, wenn auf jedem Weg, der von t aus nach rechts (in die Zukunft) führt, ein Zeitpunkt t' liegt mit den Eigenschaften: t' ≠ t und α ist wahr in m' = <T,t',m>.

Die folgende These formuliert dann eine mögliche deterministische Position:

(DET) Für alle Aussagen α: "Fα → Nfα" ist allgemeingültig.

Man beweist dann leicht den folgenden SATZ: DET gilt für die lineare Zeitlogik.

Skizze eines Beweises:

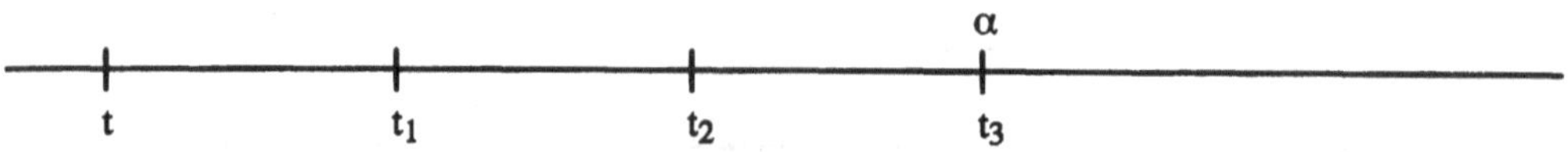

Fα
Nfα
Fα → Nfα

Wenn Fα wahr ist zu t, dann ist α wahr zu einem späteren t_3; t_3 liegt auf dem einzigen Weg, der von t aus nach rechts führt, also liegt t_3 auf allen solchen Wegen, damit ist Nfα wahr zu t, somit auch: Fα → Nfα.

Wir ersehen aus diesem Beweis, daß die Vorstellung einer eindimensionalen Zeitstruktur fatalistische Konsequenzen hat.

Literatur / References

McArthur, R. P. 1976: *Tense Logic*. Dordrecht / Boston: Synthese Library.

BERNHARD SCHRÖDER

ZUM KOMPOSITIONALITÄTSPRINZIP IN DER SEMANTIK

Eine typentheoretische Version eines Theorems von W. Zadrozny

Zusammenfassung

In diesem Beitrag wurde ein Theorem vorgestellt, das eine gewisse Entsprechung des angeführten Theorems Wlodek Zadroznys für eine kategoriale Interpretation durch ein typentheoretisches Mengensystem darstellt: Jede beliebige kategoriale Interpretation einer durch eine Kategorialgrammatik beschriebenen Sprache, in der die Denotate nur Einschränkungen bezüglich ihrer Typzugehörigkeit unterliegen, kann in eine kompositionelle durch eine Typanhebungsoperation, die hier als Kontextualisierung bezeichnet wurde, umgewandelt werden derart, daß die durch die ursprüngliche Interpretation zugewiesene Bedeutung in der kontextualisierten Interpretation "enthalten" ist.

1 Kompositionalität als Prinzip in der Semantik

Eine Motivation bei der Einbeziehung von Beschreibungsmitteln aus der Logik und der Theorie formaler Sprachen in die Linguistik spricht Chomsky in Chomsky 1965:8 an: Die traditionelle Grammatiktheorie nahm kaum zu den "kreativen" Aspekten der menschlichen Sprachfähigkeit Stellung, wie Chomsky es fordert:

> *In fact, a real understanding of how a language can (in Humboldt's words) "make infinite use of finite means" has developed only within the last thirty years, in the course of studies in the foundations of mathematics. Now that these insights are readily available it is possible to return to the problems that were raised, but not solved, in traditional linguistic theory, and to attempt an explicit formulation of the "creative" process of language. (ibid.)*

Die Syntaxtheorie fand in der Theorie formaler Sprachen Mittel zur rekursiven Definition sprachlicher Strukturen, die es erlauben, unendlich viele Sätze oder andere sprachliche Ausdrücke aus einem endlichen Inventar zu "erzeugen" und gab somit eine mögliche Antwort darauf, wie wir es schaffen können, mit einem endlichen erworbenen Wissen potentiell unendlich viele verschiedene Ausdrücke zu bilden, aber umgekehrt auch zu erkennen und die Elemente des erzeugten Ausdrucks und die Art ihrer Zusammensetzung zu ermitteln *(Parsing)*.

Von Haus aus geben formale Syntaxtheorien jedoch nur eine Antwort darauf, wie sich aus einem endlichen Zeichen- und Regelinventar möglicherweise unendlich viele Zeichenkombinationen bilden, erkennen und hinsichtlich ihrer Erzeugungsgeschichte analysieren lassen, sie sagen jedoch nicht schon *per se* etwas darüber, wie wir diese unendlich vielen Ausdrücke "verstehen" können, wie wir ihnen Bedeutungen zuordnen können.

Es liegt nahe, die semantische Antwort parallel zur syntaktischen anzulegen: In Variationen steht in den meisten syntaktischen Theorien der Gedanke im Vordergrund, daß komplexere Ausdrücke in irgendeiner Form aus einfacheren Ausdrücken syntaktisch *zusammengesetzt* sind. Die Bedeutung dieser komplexen Ausdrücke kann man sich nun in paralleler Weise als aus den Bedeutungen der einfachen Ausdrücke zusammengesetzt denken.

Eine derartige semantische Theorie wird also ähnlich, wie ein komplexerer Ausdruck als Funktion der einfacheren Ausdrücke, aus denen er zusammengesetzt ist, und der syntaktischen Regeln, nach denen diese Zusammensetzung erfolgte, verstanden wird, die Bedeutung als Funktion der Bedeutungen der Teilausdrücke und der Regeln ihrer Zusammensetzung verstehen. Als Kompositionalitätsprinzip in der Semantik wird dies als Anforderung an semantische Theorien wie folgt oder ähnlich formuliert:

Kompositionalitätsprinzip: Die Bedeutung eines Ausdrucks ist eine Funktion der Bedeutungen seiner Teile und der Art ihrer syntaktischen Zusammensetzung.[1]

2 Varianten des Kompositionalitätsprinzips

In der oben genannten Formulierung bleibt unbestimmt, was mit *Bedeutung* gemeint ist. Semantische Theorien kennen in der Regel verschiedene Bedeutungskomponenten oder Bedeutungsebenen, wie Extension oder Intension, oder verschiedene Arten von Intensionen. Es wäre also dahingehend zu präzisieren, welche der Bedeutungskomponenten oder -ebenen das Kompositionalitätsprinzip erfüllen sollen. Die Fregeschen Sinne und Bedeutungen können (mit der in Fn. 1 genannten Einschränkung) so konstruiert werden, daß sie das Kompositionalitätsprinzip gleichermaßen erfüllen; Carnap richtete seine Bedeutungskomponenten Intension und Extension für seine Formalsprache in Carnap 1947 ebenfalls so ein, daß sie gleichermaßen kompositionell sind.

Jedoch kann man auch Bedeutungstheorien mit mehreren Bedeutungskomponenten bilden, die für eine Bedeutungskomponente kompositionell sind, für eine andere aber nicht. Die Nicht-Kompositionalität einzelner Bedeutungskomponenten kann in trivialen Fällen auch einfach daran liegen, daß die betreffende Bedeutungskomponente nicht für alle Teilausdrücke komplexerer Ausdrücke definiert ist. So scheint der Sinn *(sense)* in Lyons 1977 durchaus kompositionell konstruierbar, nicht jedoch seine Bedeutungskomponente *Denotation*, da er denjenigen Ausdrücken, die er referierend nennt, wie Namen, Personal- und Demonstrativpronomen nicht oder nur bedingt, Denotationen zuspricht.

1. Obgleich eine Formulierung dieses Prinzips bei Gottlob Frege nicht vorkommt, wird es oft auch als *Fregesches Prinzip* bezeichnet, da die Fregesche Semantik sicherlich einer der entscheidenden Wegbereiter heutiger kompositionell-semantischer Ansätze ist und die Fregesche Semantik ganz im Sinne dieses Prinzips formuliert werden kann, läßt man einmal Freges Lehre von den Funktionsnamen als ungesättigten Zeichen mit ebenfalls ungesättigter Sinn- und Bedeutungskomponente außer acht; denn nach dieser Lehre wäre es unzulässig, von den Bedeutungen aller Teilausdrücke eines komplexen Ausdrucks zu sprechen, da auch ungesättigte Funktionsausdrücke (wie beispielsweise Begriffswörter) dazu gehörten, die keinen Gegenstand als ihre Bedeutung hätten. Aber selbst unter Berücksichtigung dieser Einschränkung unternimmt Frege nicht den Versuch einer durchgehend kompositionell-semantischen Analyse der natürlichen Sprache, da für ihn die Divergenz zwischen der Syntax der *natürlichen* Sprache und der "logischen Form" auf der Sinn- und der Bedeutungsebene feststeht und eine wichtige Motivation bei der Entwicklung seines prädikatenlogischen Formalismus, der Begriffsschrift, ist.

Jedoch selbst dann, wenn man eine genau bestimmte Bedeutungskomponente zugrunde legt, wird man auf verschiedene Varianten des Kompositionalitätsprinzips stoßen, die in der Regel Verschärfungen des oben angeführten Prinzips sind.[2]

Solche Verschärfungen gewinnt man insbesondere

- durch Eingrenzung zugelassener Arten syntaktischer Zusammensetzungen und
- durch Eingrenzung des Bereichs der zugelassenen Funktionen, die die Bedeutungen der Teilausdrücke und der Arten ihrer Zusammensetzung auf die Bedeutungen der komplexeren Ausdrücke abbilden.

Als *Art syntaktischer Zusammensetzung* oder *syntaktische Regel* kann formal betrachtet zunächst einmal jeder funktionale Zusammenhang zwischen Folgen von Ausdrücken und anderen Ausdrücken betrachtet werden, also auch solche Abbildungen von Folgen von Ausdrükken auf resultierende Ausdrücke, wo zwischen ersteren und letzteren keinerlei Ähnlichkeit besteht. In einem solchen allgemeinen Sinne könnte man das Präteritum *war* von *sein* als "zusammengesetzt" aus einem Stamm *sei-* und einem Präteritummorphem (z.B. *-te*) analysieren.

Von der bloßen Verkettung von Teilausdrücken (wie in regulären oder Phrasenstrukturgrammatiken, bi- oder unidirektionalen Kategorialgrammatiken) zu zusammengesetzten Ausdrücken bis hin zu beliebigen funktionalen Zusammenhängen zwischen Folgen von Ausdrücken und aus ihnen zusammengesetzten Ausdrücken (wie in Montagues Universalgrammatik) ordnen sich die verschiedenen Grammatiktheorien in ein ganzes Spektrum an möglichen funktionalen Zusammenhängen ein. Theorien über die gegenseitige Beeinflussung aneinandergrenzender sprachlicher Segmente, wie die Morphonologie oder Theorien über koartikulatorische Phänomene, modifizieren die Ergebnisse von Verkettungsoperationen. Sie können ebenfalls in diesen Zusammenhang gestellt werden und als Theorien über funktionale Zusammenhänge zwischen Folgen von Ausdrücken und zusammengesetzten Ausdrükken angesehen werden.

Werden die zugelassenen funktionalen Zusammenhänge jedoch auf die Verkettung von Ausdrücken und ihr ähnliche Operationen, die höchstens noch morphonologische und koartikulatorische Phänomene berücksichtigen, begrenzt, so können sich verschiedene Theorien immerhin noch darin substantiell unterscheiden, welche linguistischen Einheiten als Grundlage für eine kompositionelle Semantik gewählt werden: Morpheme/Morphe oder Wörter oder gar kleinere oder größere linguistische Einheiten. Ist also beispielsweise *sagte* nicht nur morphologisch in einen Stamm und ein Präteritalmorph teilbar, sondern ist auch seine Bedeutung aus der Bedeutung des Stammes und einem Präteritumsoperator "zusammenzusetzen"?

Bei der Beschränkung auf die Verkettung von Ausdrücken ist jedoch auch eine weitere Frage von Belang: Wird auch die Verkettung eines Ausdrucks mit einem leeren Ausdruck zugelassen, die den Ausdruck als solchen unverändert läßt, aber seine Bedeutung ändern kann? So wird man sich wohl im allgemeinen der Ansicht anschließen, daß eine Nominalphrase, die aus einem Nomen durch Voranstellung eines Artikels entsteht, wie *ein Buch* aus *Buch* durch Voranstellung des unbestimmten Artikels, eine andere Bedeutung hat als das Nomen allein

---

2. Hierzu vgl. auch Hall-Partee 1984.

(schließlich muß eine Bedeutungstheorie u.a. das "quantifikatorische Bedeutungselement" berücksichtigen, das durch den Artikel hinzukommt), andererseits taucht im Deutschen bei Nominalphrasen im Plural kein unbestimmter Artikel auf. Postuliert man also, daß sich die Nominalphrasen *ein Buch* und *Bücher* in

1. Peter benutzt ein Buch als Sitzgelegenheit.
2. Peter benutzt Bücher als Sitzgelegenheit.

in Bedeutungshinsicht ähnlich zu den isolierten Nomina *Buch* und *Bücher* verhalten, die *als ein Teil* von Nominalphrasen, z.B. mit dem bestimmten Artikel auftreten können, wie in

3. Peter benutzt das neue Buch als Sitzgelegenheit.
4. Peter benutzt die neuen Bücher als Sitzgelegenheit.

so könnte eine linguistische Erklärung von einem leeren Ausdruck ausgehen, der im Plural als unbestimmter Artikel zum Nomen tritt.

Zwar wird ein Ausschluß leerer Ausdrücke der jeweiligen Grammatikkonstruktion und der Konstruktion einer kompositionellen Semantik Einschränkungen auferlegen, jedoch ändert dies nichts an der prinzipiellen Möglichkeit einer kompositionellen Semantik, da die beiden Bedeutungen von *Bücher*, einmal als Nomen und einmal als Nominalphrase, auch einfach als Mehrdeutigkeit dieser nominalen Flexionsform eingeführt werden können.

3 Beispiele für kompositionelle extensionale Interpretationen

Betrachten wir im folgenden *Extensionen* sprachlicher Ausdrücke als die fraglichen Bedeutungskomponenten. Die Überlegungen sind jedoch leicht auch auf andere Bedeutungskomponenten übertragbar.
Wählen wir als Beispiel den Satz

1. Platon kennt Sokrates.

Sei **Ext** eine extensionale Interpretation von **L** über dem Diskursuniversum U, also der Menge aller Gegenstände, über die in der fraglichen Sprache **L** – einem Fragment des Deutschen – gesprochen wird. Eine extensionale Interpretation ist dabei formal als eine Funktion zu verstehen, die sprachliche Ausdrücke auf ihre Extensionen abbildet. Als Extensionen von Namen wählt man dabei Elemente aus dem Diskursuniversum U, als Extensionen von Prädikaten Mengen von Elementen des Diskursuniversums (eben die Gegenstände, die unter das Prädikat fallen) bzw. Elementpaaren, Tripeln usw. des Diskursuniversums je nach Stelligkeit des Prädikats. Seien in unserem Beispieldiskursuniversum U mindestens zwei Personen p_{Platon} und p_{Sokrates} enthalten ($p_{\text{Platon}}, p_{\text{Sokrates}} \in U$), eben die Personen, die durch die Namen *Platon* und *Sokrates* bezeichnet werden. Der Ausdruck *kennt* als ein zweistelliges Prädikat hat als seine Extension eine Paarmenge $R_k \subseteq U \times U$, nämlich die Menge der Paare von Personen, von denen jeweils die erste die zweite kennt. Da Platon Sokrates kennt, soll eines dieser Paare das Paar bestehend aus p_{Platon} und p_{Sokrates} sein. Dies kann in folgender Weise etwas formaler notiert werden:

$$\mathbf{Ext}(\text{Platon}) = p_{\text{Platon}} \quad (1)$$
$$\mathbf{Ext}(\text{Sokrates}) = p_{\text{Sokrates}} \quad (2)$$
$$\mathbf{Ext}(\text{kennt}) = R_k \text{ mit } \langle p_{\text{Platon}}, p_{\text{Sokrates}} \rangle \subseteq R_k \quad (3)$$

Sätzen wird als ihre Extension ihr Wahrheitswert zugeordnet, also einer der beiden Werte w oder f je nachdem, ob der Satz wahr oder falsch unter der gewählten extensionalen Interpretation ist. Unter unserer Interpretation soll der Wahrheitswert aufgrund der bestehenden Tatsachen w sein.

$$\mathbf{Ext}(\text{Platon kennt Sokrates}) = w \quad (4)$$

Es ist offensichtlich, daß die Art der syntaktischen Zusammensetzung der sprachlichen Elemente *Platon*, *kennt* und *Sokrates* deren Verkettung in dieser Reihenfolge ist.

Was bedeutet es nun für die Interpretationsfunktion **Ext** eine Bedeutungsfunktion zu sein, die dem Kompositionalitätsprinzip gehorcht? Das Kompositionalitätsprinzip fordert für unseren Beispielfall nichts anderes, als daß es eine n-stellige Funktion f geben müsse, die, bei der Verkettung von n Teilausdrücken angewandt auf deren n Extensionen, die Extension des resultierenden Ausdrucks als Funktionswert hat. Hier ist n=3. Es soll also insbesondere gelten:

$$\mathbf{Ext}(\text{Platon kennt Sokrates}) = f(\mathbf{Ext}(\text{Platon}), \mathbf{Ext}(\text{kennt}), \mathbf{Ext}(\text{Sokrates})) \quad (5)$$

Es ist leicht zu sehen, daß für diesen speziellen Satz und ähnlich aufgebaute Sätze die folgende Funktion das Gewünschte leistet:

$$f(x, R, y) := \begin{cases} w, & \textit{falls } \langle x, y \rangle \in R, \\ f, & \textit{andernfalls} \end{cases} \quad (6)$$

Dabei seien x und y Elemente des Diskursuniversums ($x, y \in U$) und R eine Menge von Paaren von Elementen aus dem Diskursuniversum ($R \subseteq U \times U$).

Was sind nun "ähnlich aufgebaute" Sätze in diesem Sinne? Darunter sollen hier ganz einfach Sätze verstanden werden, die ebenfalls aus sprachlichen Ausdrücken derselben syntaktischen Kategorie und semantischen Kategorie in derselben Reihenfolge bestehen. Ausdrücke derselben syntaktischen Kategorie sollen solche sein, die in allen Kontexten grammatisch wohlgeformter Sätze durcheinander ersetzt werden können und nach deren Austausch die Sätze dennoch wohlgeformt bleiben. Ausdrücke derselben semantischen Kategorie sind Ausdrücke desselben mengentheoretischen Typs, wie z.B. Elemente des Diskursuniversums, Relationen auf dem Diskursuniversum usw. Zwei Ausdrücke mögen zu derselben syntaktosemantischen Kategorie gehören, wenn sie sowohl zu derselben syntaktischen als auch zu derselben semantischen Kategorie gehören. Benennen wir die Kategorie, zu der die Namen *Platon* und *Sokrates* gehören, mit pn, die Kategorie, zu der die transitive Verb *kennt* gehört, mit v_{trans}. Sei $\mathbf{L}_c$ die Menge der Ausdrücke der Kategorie c, dann gilt also

$$\text{Platon, Sokrates} \in \mathbf{L}_{pn} \quad (7)$$
$$\text{kennt} \in \mathbf{L}_{v_{\text{trans}}} \quad (8)$$

Aussagesätze sollen zur Kategorie s gehören, es gilt also insbesondere

$$\text{Platon kennt Sokrates} \in \mathbf{L}_s \tag{9}$$

und allgemein für alle s_{pn}, $s'_{pn} \in \mathbf{L}_{pn}$ und $s_{v_{trans}} \in \mathbf{L}_{v_{trans}}$

$$s_{pn}, \; s_v \tag{10}$$

Allgemein gilt für die Extensionen von Ausdrücken der genannten Kategorien

$$\mathbf{Ext}(s_{pn} \quad) \in U \tag{11}$$

$$\mathbf{Ext}(s_{v_{trans}} \quad) \subseteq U \times U \tag{12}$$

$$\mathbf{Ext}(s_s \quad) \in \{w, f\} \tag{13}$$

für alle $s_c \in$ 1.

Neben der durch die Interpretation **Ext** zugeordneten Extension kann man dem Prädikat *kennt* auch eine andere, *prima facie* nicht minder plausible Extension **Ext'** zuordnen, die sich hinsichtlich der Ausdrücke aus den Kategorien *pn* und *s* nicht von **Ext** unterscheidet, doch aber beispielsweise hinsichtlich der Ausdrücke der Kategorie v_{trans}. Einem n-stelligen Prädikat soll nämlich durch **Ext'** nicht die Menge der n-Tupel von Gegenständen aus U zugeordnet werden, die unter dieses Prädikat fallen, sondern die charakteristische Funktion dieser Menge, also diejenige Funktion, die jedem n-Tupel, das unter das Prädikat fällt, den Wahrheitswert w zuordnet, allen übrigen n-Tupeln jedoch den Wahrheitswert f.

Bei einstelligen Prädikaten ist die als Extension zugehörige charakteristische Funktion, also diejenige Funktion mit dem Diskursuniversum U als Definitionsbereich und den beiden Wahrheitswerten als Wertebereich, diejenige Funktion, die genau den unter das Prädikat fallenden Gegenständen den Wahrheitswert w zuordnet. Bei zweistelligen Prädikaten, also Ausdrücken der Kategorie v_{trans}, ist die als Extension zugehörige charakteristische Funktion also diejenige Funktion mit dem kartesischen Produkt des Diskursuniversums mit sich selbst $U \times U$,[3] also der Menge der Paare, die sich im Diskursuniversum bilden lassen, als Definitionsbereich und den beiden Wahrheitswerten als Wertebereich, die genau den unter das Prädikat fallenden Paaren von Gegenständen den Wahrheitswert w zuordnet.

Ext' sei also eine extensionale Interpretation von **L** über dem Diskursuniversum U ($p,s \in U$), für die insbesondere gilt:

$$\mathbf{Ext'}(\text{Platon}) = p_{\text{Platon}}, \tag{14}$$

$$\mathbf{Ext'}(\text{Sokrates}) = p_{\text{Sokrates}}, \tag{15}$$

$$\mathbf{Ext'}(\text{kennt}) = K \text{ mit } K : U \times U \mapsto \{w,f\} \text{ und } K(p_{\text{Platon}}, p_{\text{Sokrates}}) = t, \tag{16}$$

$$\mathbf{Ext'}(\text{Platon kennt Sokrates}) = t \tag{17}$$

---

3. $U \times U := \{\langle x,y\rangle | x,y \in U\}$

und allgemeiner

$$\mathbf{Ext'}(s_{pn}) \in U \tag{18}$$

$$\mathbf{Ext'}(s_{v_{trans}}) \subseteq U \times U \mapsto \{w,f\} \tag{19}$$

$$\mathbf{Ext'}(s_s) \in \{w,f\} \tag{20}$$

für alle $s_c \in \mathbf{L}_c$ mit $c \in \{pn, v_{trans}, s\}$.

Die Art der syntaktischen Zusammensetzung bleibt die bloße Verkettung der Elemente. Es vereinfacht sich aber die Bestimmung einer Funktion f', die die Bedeutungen der Teile auf die Bedeutung des Satzes (für diese spezielle Satzform) abbildet:

$$f'(x,R,y) = R(x,y) \tag{21}$$

für $x, y \in U$ und $R : U \times U \mapsto \{w,f\}$. Die Anwendung von f' auf die Extension x des ersten im Satz vorkommenden Ausdrucks der Kategorie pn, die Extension R des Ausdrucks der Kategorie v_{trans} und die Extension y des zweiten im Satz vorkommenden Ausdrucks der Kategorie pn besteht schlicht in der Anwendung von R selbst auf x und y. Bei dieser Variante der extensionalen Interpretation ist also das Ergebnis der Funktion, die die Extensionen der Teilausdrücke auf die Extension des Gesamtausdrucks abbildet, die Anwendung einer der Extensionen der Teilausdrücke auf die übrigen.

Eine Interpretation dieser letzteren Art gibt es immer dann, wenn es überhaupt eine kompositionelle Interpretation gibt; also immer, wenn für eine Interpretation $\mathcal{I}$ gilt (sei auch hier die Komposition von Ausdrücken wieder auf deren Verkettung beschränkt), daß für eine Funktion f gilt:

$$\mathcal{I}(s_1 s_2 \ldots s_n) = f(\mathcal{I}(s_1), \mathcal{I}(s_2), \ldots, \mathcal{I}(s_n)) \tag{22}$$

dann gibt es auch eine Interpretation $\mathcal{I}'$ mit

$$\mathcal{I}'(s_1 s_2 \ldots s_n) = \mathcal{I}'(s_i)(\mathcal{I}'(s_1), \mathcal{I}'(s_2), \ldots, \mathcal{I}'(s_{i-1}), \mathcal{I}'(s_{i+1}), \ldots, \mathcal{I}'(s_n)) \tag{23}$$

für ein beliebiges i mit $1 \leq i \leq n$, die sich nur hinsichtlich von s_i von $\mathcal{I}$ unterscheidet, also

$$\mathcal{I}(s_j) = \mathcal{I}'(s_j) \tag{24}$$

für alle $j \neq i$ mit $1 \leq j \leq n$ und

$$\mathcal{I}(s_1 s_2 \ldots s_n) = \mathcal{I}'(s_1 s_2 \ldots s_n) \tag{25}$$

denn dazu ist $\mathcal{I}'(s_i)$ so zu wählen, daß für alle geeigneten $s_1, s_2, \ldots, s_{i-1}, s_{i+1}, \ldots, s_n$ gilt:

$$\mathcal{I}'(s_i)(\mathcal{I}'(s_1), \mathcal{I}'(s_2), \ldots, \mathcal{I}'(s_{i-1}), \mathcal{I}'(s_{i+1}), \ldots, \mathcal{I}'(s_n)) := f(\mathcal{I}(s_1), \mathcal{I}(s_2), \ldots, \mathcal{I}(s_n)) \tag{26}$$

4 Bidirektionale Kategorialgrammatiken

Der formalen Einfachheit halber werden häufig nur binäre Verkettungen von Ausdrücken betrachtet, also ausschließlich Verkettungen von *zwei* Teilausdrücken zu einem neuen Ausdruck. Jede Grammatik, in der neue Ausdrücke durch Verkettung von beliebig vielen Ausdrücken entstehen, läßt sich in eine Grammatik umwandeln, in der nur binäre Verkettungen vorkommen, in der aber alle Ausdrücke ihre Kategoriezugehörigkeiten behalten und nur neue Kategorien für neue Teilausdrücke eingeführt werden. So kann man beispielsweise einem Ausdruck, der aus der Verkettung eines Ausdrucks der Kategorie v_{trans} mit einem Ausdruck der Kategorie *pn* entsteht, eine eigene Kategorie, heiße sie v_{intrans}, zuweisen. Ein Ausdruck der Kategorie *pn* nun, verkettet mit v_{intrans}, ergibt dann einen Ausdruck der Kategorie *s*. Die zwei binären Verkettungen ergeben also dieselben Resultate wie zuvor eine Verkettung dreier Ausdrücke.

Eine kompositionelle Semantik für eine derartige binäre Grammatik soll wiederum so gestaltet werden, daß bei der Verkettung zweier Teilausdrücke sich die Bedeutung des Gesamtausdrucks als funktionale Anwendung der Bedeutung eines Teilausdrucks auf die Bedeutung des anderen ergibt, also analog zu **Ext'**. Im Gegensatz zu **Ext'** gibt es hier nur die Anwendung *einstelliger* Funktionen auf Argumente. Bei jeder Verkettung zweier Teilausdrücke zu einem neuen Ausdruck hat einer der beiden Teilausdrücke in einer derartigen Semantik eine Funktion als seine Bedeutung, die auf die Bedeutung des anderen Teilausdrucks angewandt wird.

Die mengentheoretischen Typen, denen die Bedeutung jeweils angehört, werden oft auch durch folgende Nomenklatur bezeichnet: Man geht von einer Anzahl von Basistypen aus, in unserem Fall e und t, für Elemente aus $U_e := U$ bzw. Elemente aus $U_t := \{w, f\}$. Eine Funktion, die ein Argument des Typs σ auf einen Wert des Typs τ abbildet, wird als Element des Typs $\langle\sigma, \tau\rangle$ bezeichnet. Die charakteristische Funktion einer Teilmenge von U, also z.B. der Extension eines einstelligen Prädikatausdrucks, die Elementen von U, also Gegenständen des Typs e, einen Wahrheitswert, als Gegenstand des Typs t zuordnet, hat den Typ $\langle e, t\rangle$. Eine Funktion, die Gegenständen aus dem Diskursuniversum U eine Funktion des obigen Typs $\langle e, t\rangle$ zuordnet, hat also ihrerseits den Typ $\langle e,\langle e, t\rangle\rangle$.
Ein ganzes System solcher Typen ist wie folgt definiert:

Definition 1 (Typensystem) $\langle B, T\rangle$ *ist ein* Typensystem *genau dann, wenn gilt:*

1. *B ist eine nichtleere Menge (von Basistypen),*
2. *T ist die kleinste Menge, für die gilt:*
   (a) $B \subseteq T$,
   (b) *für alle* $\sigma_1, \sigma_2 \in T$ *ist auch* $\langle\sigma_1, \sigma_2\rangle \in T$.

Für unsere syntakto-semantischen Kategorien war ja oben festgesetzt worden, daß ihre Elemente jeweils zu derselben syntaktischen und semantischen Kategorie gehören sollten. Das kann hier nun dahingehend präzisiert werden, daß die Ausdrücke einer syntakto-semantischen Kategorie sämtlich durch eine Interpretationsfunktion auf Gegenstände desselben Typs abgebildet werden.

Es ist aufgrund dieser Festlegung sinnvoll, die Benennung der syntakto-semantischen Kategorien so zu wählen, daß die Abhängigkeit der semantischen Typen unmittelbar ersichtlich wird. Sei **Ext''** eine extensionale Interpretationsfunktion, die Ausdrücken der Kategorie *s* Gegenstände des Typs t zuordnet, Ausdrücken der Kategorie *pn* Gegenstände des Typs e, dann wird **Ext''** Ausdrücken der Kategorie $v_{intrans}$, also Ausdrücken, die links mit einem Ausdruck des Typs *pn* verkettet, einen Ausdruck des Typs *s* ergeben, Gegenstände des Typs $\langle e, t\rangle$ zuordnen. Wenn in bidirektionalen Kategorialgrammatiken statt v_{intrans} das komplexe Kategoriensymbol $pn\backslash s$ zu finden ist, soll damit ausgedrückt werden, daß ein Ausdruck $a_{pn\backslash s}$ dieser Kategorie, links verkettet mit einem Ausdruck a_{pn} der Kategorie pn, einen Ausdruck a_s der Kategorie s ergibt und daß die Bedeutung von a_s sich aus der funktionalen Anwendung der Bedeutung von $a_{pn\backslash s}$ auf die Bedeutung von a_{pn} ergibt, also **Ext**''(a_s) = **Ext**''$(a_{pn\backslash s})$ (**Ext**''(a_{pn})) oder allgemein:

$$\mathbf{Ext}''\left(a_{c_2}a_{c_2\backslash c_1}\right) = \mathbf{Ext}''\left(a_{c_2\backslash c_1}\right)\left(\mathbf{Ext}''\left(a_{c_2}\right)\right) \tag{28}$$

für beliebige Kategorien c_1, c_2 und Ausdrücke $a_{c_2} \in \mathbf{L}_{c_2}$ und $a_{c_2\backslash c_1} \in \mathbf{L}_{c_2\backslash c_1}$. Dabei stehe für beliebige Kategorien c $\mathbf{L}_c$ für die Menge der Ausdrücke der Kategorie c.

Steht der auf der Bedeutungsebene als Funktion zu verstehende Ausdruck allerdings *links* von dem als seinem Argument zu verstehenden Ausdruck, so ist die Kategorie des funktionalen Ausdrucks c_2/c_1, wenn der Argumentausdruck die Kategorie c_2 und der aus der Verkettung resultierende Ausdruck die Kategorie c_2 hat. Hier gilt dann analog

$$\mathbf{Ext}''\left(a_{c_2/c_1}a_{c_2}\right) = \mathbf{Ext}''\left(a_{c_2/c_1}\right)\left(\mathbf{Ext}''\left(a_{c_2}\right)\right) \tag{29}$$

für beliebige Kategorien c_1, c_2 und Ausdrücke $a_{c_2} \in \mathbf{L}_{c_2}$ und $a_{c_2/c_1} \in \mathbf{L}_{c_2/c_1}$.

Analog zum Typensystem sei also der Begriff des bidirektionalen[4] Kategoriensystems wie folgt festgesetzt:

Definition 2 *⟨B, C⟩ ist ein bidirektionales Kategoriensystem genau dann, wenn*

1. *B eine nichtleere Menge (von Basiskategorien) ist,*
2. *C die kleinste Menge ist derart, daß*
   (a) $B \subseteq C$,
   (b) *für alle* $c_1, c_2 \in C$ *auch* $(c_1/c_2) \in C$ *und* $(c_1\backslash c_2) \in C$.

Für die Kategorienzugehörigkeit sprachlicher Ausdrücke soll gelten: Wenn ⟨B, C⟩ ein bidirektionales Kategoriensystem ist, soll für alle $c_1, c_2 \in C$ und $a_{c_1} \in \mathbf{L}_{c_1}$ und $a_{c_1/c_2} \in \mathbf{L}_{c_1/c_2}$ und $a_{c_1\backslash c_2} \in \mathbf{L}_{c_1\backslash c_2}$ sind auch $a_{c_1/c_2}a_{c_1} \in \mathbf{L}_{c_2}$ und $a_{c_1}a_{c_1\backslash c_2} \in \mathbf{L}_{c_2}$.

Zu jeder Grammatik, die auf binärer Verkettung beruht und die über eine kompositionelle Semantik verfügt, gibt es eine bidirektionale Kategorialgrammatik mit einer kompositionellen Interpretation gemäß (27) und (28) derart, daß jeder Kategorie der Kategorialgrammatik genau eine Kategorie der ursprünglichen Grammatik entspricht (wenn auch nicht unbedingt umgekehrt).

Für unser kleines Sprachfragment leistet bereits die Umbenennung von v_{trans} in $n/(n\backslash s)$ und die Interpretation von Ausdrücken dieser Kategorie als Gegenstände des Typs ⟨e, ⟨e, t⟩⟩ den Übergang zu einer Kategorialgrammatik. Die bisherigen zweistelligen Funktionen

4. *Bidirektional* wird ein solches Kategoriensystem deshalb genannt, weil es rechts- und linksseitige binäre Verkettungen des jeweils funktionalen Ausdrucks mit dem Argumentausdruck berücksichtigt.

Ext$'(a_{v_{trans}}) = g$ für $a_{v_{trans}} \in \mathbf{L}_{v_{trans}}$ werden in **Ext"** durch Funktionen **Ext**$''(a_{pn/(pn\backslash s)}) = g'$ für $a_{pn/(pn\backslash s)} \in \mathbf{L}_{pn/(pn\backslash s)}$ ersetzt mit

$$g'(y)(x) = g(x,y) \tag{29}$$

für alle $x,y \in U_e$. Die oben eingeführte Funktion K als Extension von *kennt* ist also zu ersetzen durch eine Funktion K' mit $K'(p_{\text{Sokrates}})(p_{\text{Platon}}) = w$.

Ext" ist eine extensionale Interpretation von **L** über dem Diskursuniversum U_e (p_{Platon}, $p_{\text{Sokrates}} \in U_e$), für die insbesondere gilt:

$$\mathbf{Ext''}(\text{Platon}) = p_{\text{Platon}}, \tag{30}$$

$$\mathbf{Ext''}(\text{Sokrates}) = p_{\text{Sokrates}}, \tag{31}$$

$$\mathbf{Ext''}(\text{kennt}) = K' \text{ mit } K'(p_{\text{Platon}})(p_{\text{Sokrates}}) = w, \tag{32}$$

$$\mathbf{Ext''}(\text{Platon kennt Sokrates}) = w \tag{33}$$

Nach den voranstehenden Festlegungen hat der Ausdruck *kennt Sokrates*, der aus der Verkettung von *kennt*, einem Ausdruck der Kategorie $pn/(pn\backslash s)$, und *Sokrates*, einem Ausdruck der Kategorie pn entsteht, die Kategorie $pn\backslash s$ und es ist

$$\mathbf{Ext''}(\text{kennt Sokrates}) = K'(p_{\text{Sokrates}}) \tag{34}$$

Neuere Entwicklungen in der formalen Semantik haben für eine Reihe von sprachlichen Erscheinungen, die bis dahin durch nicht-kompositionelle Semantiken beschrieben wurden, gezeigt, daß für diese Erscheinungen kompositionelle Semantiken existieren.

5 Die kompositionelle Interpretation der Quantoren

Wählen wir zur Veranschaulichung das vergleichsweise einfache Beispiel der Quantoren. Der Satz

1. Ein Dorf widersteht der römischen Eroberung Galliens.

würde nach der üblichen syntaktischen Analyse in eine Nominalphrase *ein Dorf* und eine Verbalphrase *widersteht der römischen Eroberung Galliens* zerlegt, die Nominalphrase in den Artikel *ein* und das Nomen *Dorf*. Die weitere Zerlegung braucht uns hier nicht zu interessieren. Die Verbalphrase kann analog zu *kennt Sokrates* als ein Ausdruck der Kategorie $pn\backslash s$ betrachtet werden, deren Extension im Sinne von **Ext"** die charakteristische Funktion einer Teilmenge von U_e ist, also ein Gegenstand vom Typ $\langle e,t\rangle$; nennen wir diesen Gegenstand W, also

$$\mathbf{Ext''}(\text{widersteht...}) = W \tag{35}$$

Ausdrücken der Kategorie Nomen wird üblicherweise als Extension auch eine Teilmenge des Diskursuniversums oder ihre charakteristische Funktion zugeordnet, wählen wir hier also ebenfalls einen Gegenstand vom Typ $\langle e,t\rangle$ und nennen wir ihn D.
Die Wahrheitsbedingung für den ganzen Satz 1 lautet dann

$$\mathbf{Ext''}(\mathbf{1}) = w \text{ falls für ein } x \in U_e : D(x) = w \text{ und } W(x) = w \tag{36}$$

Die Wahrheitsbedingung selbst zeigt noch nicht unmittelbar, wie hier eine kompositionelle Semantik aufgebaut werden sollte, die auf einer auf bloßer Verkettung basierenden Grammatik beruht; denn es kommen in der Wahrheitsbedingung (36) zwar die Extensionen von *Dorf* und *widersteht* ... vor, nicht aber ein Gegenstand, der dem Artikel *ein* als Extension entspräche. Eine Grammatik, die auch quantifizierte Sätze mit einer kompositionellen Semantik versieht, kann auf zweierlei Weise entwickelt werden:

- Man betrachtet den Satz 1 als zusammengesetzt ausschließlich aus dem Nomen *Dorf* und der Verbalphrase *widersteht* ... durch eine Verkettungsoperation, die den Artikel vor dem Nomen hinzufügt. Der Artikel *ein* taucht also nicht mehr als ein Teilausdruck bei dieser speziellen Kompositionsoperation, nennen wir sie einmal Existenzkomposition, auf, bedarf also auch in einer kompositionellen Semantik nicht der Zuweisung einer eigenen Bedeutung. Diejenige Funktion f, die die Bedeutung der Teilausdrücke der Existenzkomposition auf die Bedeutung des Gesamtausdrucks abbildet, ist die folgende Funktion für alle charakteristischen Funktionen X,Y von Teilmengen von U_e mit X als der Extension des Nomens im Sinne von **Ext''** und Y als der Extension der Verbalphrase im Sinne von **Ext''**:

$$f(X,Y) = \begin{cases} w & \text{falls für ein } x \in U_e : X(x) = w \text{ und } Y(x) = w; \\ f & \text{anderenfalls} \end{cases} \tag{37}$$

  Zwar entspricht eine derartige Semantik dem Kompositionalitätsprinzip, dennoch kann man davon sprechen, daß der Artikel selbst nicht–kompositionell interpretiert werde, da dem Artikel selbst durch **Ext''** kein Gegenstand als seine Bedeutung zugeordnet wird. Auf der syntaktischen Seite entspricht diesem Befund die Tatsache, daß der Artikel nicht als ein Teilausdruck in die Kompositionsoperation eingeht, sondern als ein nicht–selbständiger oder *synkategorematischer* Ausdruck durch die Kompositionsoperation selbst in den resultierenden Ausdruck eingeführt wird.

  Es sei darauf hingewiesen, daß sich die Definition der Funktion f in (37) sehr eng an die prädikatenlogische Entsprechung des Satzes anlehnt. Die Tatsache, daß der Nominalphrase *ein Dorf* keine eigene Bedeutung zugeordnet wird, mag mancher dadurch motiviert sehen, daß die Nominalphrase hier - im Gegensatz zu einem Namen - nur "unbestimmt referiere". Und der syntaktischen Analyse, die von der scheinbar naheliegenden, die davon ausgeht, daß Artikel und Nomen zusammen einen Ausdruck der Kategorie Nominalphrase bilden, der dann mit der Verbalphrase zu einem Satz verkettet wird, abweicht, mag man vielleicht gerade diese Abweichung zugute halten, da sie gemäß der Fregeschen Diagnose die Diskrepanz zwischen natürlichsprachlicher und logischer Form offenbare.

- Jedoch ist es durchaus auch möglich, dem unbestimmten Artikel im Rahmen einer kompositionellen Semantik, die Nomen und Verbalphrase wie oben interpretiert, eine eigene Bedeutung zuzuweisen, darüber hinaus noch gemäß der erwähnten naheliegenden Analyse Artikel und Nomen als Teilausdrücke einer Nominalphrase aufzufassen und den Satz schließlich aus Nominalphrase und Verbalphrase zusammenzusetzen. Dies alles kann in Form einer bidirektionalen Kategorialgrammatik beschrieben werden.

Habe das Nomen *Dorf* die Kategorie *n*, also

$$\text{Dorf} \in \mathbf{L}_n \tag{38}$$

die Verbalphrase, wie oben auch schon *kennt Sokrates*, die Kategorie *pn\s*, also

$$\text{wiedersteht} \ldots \in \mathbf{L}_{pn\backslash s} \tag{39}$$

dann erhielte der Artikel mit *n/((pn\s)/s)* eine Kategorie, die die gewünschte Analyse ermöglichte.

Wenn man Ausdrücken der Kategorie *n* semantisch Gegenstände vom Typ $\langle e,t\rangle$ zuordnet, ergibt sich, daß dem Artikel ein Gegenstand vom Typ $\langle\langle e,t\rangle,\langle\langle e,t\rangle,t\rangle\rangle$ zuzuordnen ist. Für die Nominalphrase *ein Dorf* ergibt sich die Kategorie *(pn\s)/s*, ihre Extension hat den Typ $\langle\langle e,t\rangle,t\rangle$, also die charakteristische Funktion einer Menge von charakteristischen Funktionen von Teilmengen von U_e oder, setzt man einmal statt der charakteristischen Funktionen die Mengen selbst: eine Menge von Teilmengen von U_e bzw. eine Teilmenge der Potenzmenge von U_e. Ein Gegenstand dieses Typs wird in der Theorie der verallgemeinerten Quantoren ein *Quantor* genannt.

Um welchen Quantor Q_D handelt es sich hier? Q_D soll gerade diejenigen Mengen beinhalten – wenn wir wieder statt von charakteristischen Funktionen von Mengen von den Mengen selbst sprechen –, die mindestens ein Dorf beinhalten; denn nur wenn unter den der römischen Eroberung Galliens widerstrebenden Gegenständen (die die Extension der Verbalphrase bilden) mindestens ein Dorf ist, ist der Satz 1 wahr.

$$\widehat{Q}_D = \{M \subseteq U \mid \text{es gibt ein } x \in M : D(x) = w\} \tag{40}$$

Die charakteristische Funktion von $\widehat{Q}_D$ ist der gesuchte Quantor Q_D, der die Extension von *ein Dorf* darstellt.

Worin besteht nun die Extension des Artikels *ein* selbst? Die Extension des Artikels ist eine Funktion, die beliebigen Extensionen von Nomina, also Gegenständen vom Typ $\langle e,t\rangle$, als Argument X charakteristische Funktionen von Mengen zuordnet, die analog zu $\widehat{Q}_D$ bis auf die Ersetzung von D durch X definiert sind. Sei $\widehat{Q}_X$ für alle X vom Typ $\langle e,t\rangle$ wie folgt definiert:

$$\widehat{Q}_X = \{M \subseteq U \mid \text{es gibt ein } x \in M : X(x) = w\} \tag{41}$$

dann ist die Extension des Artikels *ein* als diejenige Funktion A aufzufassen, die Gegenständen X vom Typ $\langle e,t\rangle$ die jeweilige charakteristische Funktion Q_X von $\widehat{Q}_X$ zuordnet.

Die Q_X entsprechende Funktion für den "Artikel" *alle* könnte in analoger Weise folgendermaßen bestimmt werden:

$$\widehat{Q}'_X = \{M \subseteq U \mid \text{für alle } x \in U : \text{wenn } X(x) = w \text{ dann } x \in M\} \tag{42}$$

Andere Beispiele kompositioneller Interpretation zunächst nicht-kompositionell interpretierter Ausdrücke können aus dem Bereich logischer Operatoren und modaler oder temporaler Ausdrücke gebracht werden; auch für Ausdrücke in natürlichen Sprachen, die der Möglichkeit einer kompositionellen Interpretation am offensichtlichsten zu widersprechen scheinen, wie anaphorische Pronomina (z.B. *er, sie, es*), wurden im Rahmen einer kompositionellen Interpretation der Kampschen Diskursrepräsentationstheorie (s. Zeevat 1989) und durch die Entwicklung einer Erweiterung der Prädikatenlogik mit "anaphorischen Variablen", der dynamischen Prädikatenlogik (vgl. Groenendijk/Stockhof 1991), Möglichkeiten kompositioneller Interpretation aufgezeigt.

6 Die kompositionelle Interpretation intensionaler Kontexte

Die kompositionelle Interpretation vieler sprachlicher Ausdrücke kann jedoch erfordern, daß auch für die übrigen sprachlichen Ausdrücke, komplexere Typen als deren Bedeutung eingeführt werden, als es ohne die kompositionelle Interpretation der fraglichen Ausdrücke nötig wäre. Dies kann mit der Einführung neuer Basistypen einhergehen, z.B. Basistypen für mögliche Welten/Situationen bei modalen Operatoren und für Zeitpunkte/-intervalle bei temporalen Operatoren.

Seien beispielsweise die beiden folgenden Sätze wahr:

1. Petra sieht Georg.
2. Karl sieht Georg.

Sei aber nur der erste der folgenden beiden Sätze wahr:

3. Petra sieht Georg täglich.
4. Karl sieht Georg täglich.

Betrachtet man 3 und 4 als zusammengesetzt aus 1 bzw. 2 und *täglich*, so gibt es keine Möglichkeit, *täglich* kompositionell derart zu interpretieren, daß 3 unter dieser Interpretation den Wahrheitswert *w* erhält, 4 den Wahrheitswert *f* und die Sätze 1 und 2 beide den Wahrheitswert *w*, da *täglich* als Gegenstand des Typs $\langle t,t\rangle$ interpretiert werden müßte und es keine Funktion geben kann, die demselben Argument verschiedene Werte zuordnet.

Führt man jedoch eine Menge U_s von Zeitpunkten in die Interpretation ein, wobei s der Typ der Elemente von U_s sei, und interpretiert man die Sätze 1 und 2 als Gegenstände des Typs $\langle s,t\rangle$, also als die jeweilige charakteristische Funktion von Mengen von Zeitpunkten, nämlich die Menge derjenigen Zeitpunkte, zu denen Petra Georg sieht bzw. Karl Georg sieht, dann kann eine Funktion des Typs $\langle\langle s,t\rangle,t\rangle$ als Interpretation von *täglich* gefunden werden, die Sätzen wie 3 und 4 die gewünschten Wahrheitswerte zuordnet, nämlich die charakteristische Funktion der Menge derjenigen charakteristischen Funktionen von Mengen von Zeitpunkten, die für jeden Tag mindestens einen Zeitpunkt enthalten. (Dabei sei eine Einteilung von U_s in einzelnen Tagen entsprechende Äquivalenzklassen vorausgesetzt.)

Diese *temporale Interpretation* hat auch Folgen für die Interpretation von Ausdrücken auch anderer Kategorien; so wird man die semantischen Typen für die Interpretation der Namen wohl beibehalten wollen, bei transitiven Verben jedoch, den Typ $\langle e,\langle e,t\rangle\rangle$ durch den Typ $\langle e,\langle e,\langle s,t\rangle\rangle\rangle$ ersetzen müssen.

Jedoch lohnt es sich, noch einen Blick auf die Typzuweisung an Sätze zu werfen: die oben skizzierte temporale Interpretation ging davon aus, daß der ursprüngliche Typ der extensionalen Interpretation vollständiger Sätze sich nicht ändern solle, also t bleiben solle. Dies führt jedoch dazu, daß die Interpretationen der Sätze 1 und 2 und ihren Vorkommen in 3 und 4 verschiedenen Typen, nämlich t und $\langle s,t\rangle$ angehören müßten und damit auch die Ausdrücke selbst verschiedenen syntakto-semantischen Kategorien angehören müßten. Analoges würde auch gelten, wenn man die Sätze 3 und 4 um weitere temporale Modifikatoren, wie *morgens* o.ä. erweiterte.

Diese Vervielfältigung der Kategorien, die ja nicht nur bei Sätzen, sondern auch bei den übrigen temporal erweiterten Kategorien, wie im obigen Fall den transitiven Verben, stattfindet, läßt sich vermeiden, wenn Interpretationen von Sätzen, gleichgültig ob im Kontext eines temporalen Modifikators oder außerhalb eines derartigen Kontextes, einheitlich vom Typ $\langle s,t\rangle$ wären. Sprachliche Ausdrücke einer Basiskategorie, deren Extension sich in der Zeit ändern kann, wären so einheitlich temporal interpretiert, nämlich als Funktionen des Typs $\langle s,\sigma\rangle$ für einen extensionalen Typ σ. Dabei können die temporalen Interpretationen $\mathcal{I}_t$ für Sätze so eingerichtet werden, daß sie für einen ausgezeichneten Zeitpunkt $t_0 \in T$ (den "Jetztzeitpunkt") als Argument die ursprüngliche Interpretation $\mathcal{I}$ ergeben, also für alle a $\in \mathbf{L}_s$ gilt:

$$\mathcal{I}_t(a)(t_0) = \mathcal{I}(a) \qquad (43)$$

Man beachte, daß Sätze hier zur einzigen Kategorie der Beispiele gehören, bei deren Interpretation der Typ von σ zu $\langle s,\sigma\rangle$ für einen Typ σ angehoben wurde.

Für Kategorien, deren Typ in $\mathcal{I}$ und $\mathcal{I}_t$ derselbe ist, kann der Zusammenhang zwischen $\mathcal{I}$ und $\mathcal{I}_t$ trivial gestaltet werden, wie bei Ausdrücken der Kategorie *pn*, wo für alle a $\in \mathbf{L}_{pn}$ gelte:

$$\mathcal{I}_t(a) = \mathcal{I}(a) \qquad (44)$$

Allgemein aber ist der Zusammenhang wegen des rekursiven Typaufbaus komplexer, er kann jedoch so eingerichtet werden, daß für Ausdrücke a mit Bedeutungen des Typs $\langle \sigma_1,\sigma_2\rangle$ gilt:

$$\mathcal{I}_t(a)(\mathbf{raise}_{\sigma_1}^{t_0}(x)) = \mathbf{raise}_{\sigma_2}^{t_0}(y) \text{ gdw } \mathcal{I}(a)(x) = y \qquad (45)$$

dabei ist die wesentliche Leistung der Funktion **raise**, den Typ der Bedeutungsentitäten x, y mit $\langle x,y\rangle \in \mathcal{I}(a)$ auf den entsprechenden temporalen Typ "anzuheben":

Definition 3 *Sei* $\langle B, T, <U_\sigma>_{\sigma\in B}, D\rangle$ *eine typentheoretische Mengenstruktur. Dann ist für alle Typen* σ, σ_i *und alle* $x \in D_\sigma$ *und* $x_0 \in D_{\sigma_i}$*:*

$$\mathbf{raise}_{\sigma}^{x_0}(x) := \begin{cases} \{\langle x_0, x\rangle\} & \textit{falls } \sigma \in B; \\ \left\{\left\langle \mathbf{raise}_{\sigma_1}^{x_0}(x_1)), \mathbf{raise}_{\sigma_2}^{x_0}(x_2) \right\rangle \mid \langle x_1, x_2\rangle \in x\right\} & \textit{falls } \sigma = \langle \sigma_1, \sigma_2\rangle \end{cases} \qquad (46)$$

(Diese Definition von **raise** geht davon aus, daß alle Basiskategorien angehoben werden, nicht nur einzelne, wie in $\mathcal{I}_t$. Jedoch kann dies auf einleuchtende Weise immer dadurch erreicht werden, daß man zu einer konstanten Funktion als Bedeutung übergeht.)

Der Begriff der typentheoretischen Mengenstruktur ist dabei folgendermaßen definiert:

Definition 4 (Typentheoretische Mengenstruktur) $\langle B, T, <U_\sigma>_{\sigma\in B}, D\rangle$ *ist eine* typentheoretische Mengenstruktur *genau dann, wenn*

1. *$\langle B,T\rangle$ ein Typensystem ist,*
2. *für alle $\sigma \in B$ gilt, daß U_σ eine nicht-leere Menge (von Gegenständen des Basistyps σ) ist,*
3. *D eine Familie von Mengen ist, für die gilt:*
   (a) *für alle $\sigma \in T$ ist $D_\sigma \in D$,*
   (b) *für alle $\sigma \in B$ ist $D_\sigma = U_\sigma$,*

für alle $\sigma_1, \sigma_2 \in T$ ist $D_{\langle\sigma_1,\sigma_2\rangle} = D_{\sigma_2}^{D_{\sigma_1}}$.

Dabei bezeichne M^N für Mengen M,N hier die Menge der *partiellen* Abbildungen von M nach N, also aller rechtseindeutigen Relationen $f \subseteq M \times N$, die nicht unbedingt auch linksvollständig sein müssen. Dies kann auch notiert werden: $M^N := \{f / f : \subseteq M \mapsto N\}$.[5]

7 Ein Theorem von Wlodek Zadrozny

Wlodek Zadrozny bewies in Zadrozny 1994 das folgende Theorem:

Satz 1 (Zadroznys Theorem) *Sei M eine beliebige Menge und A ein Alphabet. Sei $\circ$ eine zweistellige Operation, und S der Abschluß von A unter $\circ$. Sei $m : S \mapsto M$ eine beliebige (Bedeutungs-)Funktion. Dann gibt es eine Menge von Funktionen M^* und eine eineindeutige Abbildung $\mu : S \mapsto M^*$, so daß für alle $s,t \in S$:*

$$\mu(s \circ t) = \mu(s)(\mu(t)) \tag{47}$$

und

$$\mu(s)(s) = m(s) \tag{48}$$

Intuitiv besagt das Theorem, daß es zu jeder auf binärer Verkettung basierenden Sprache und beliebigen Interpretationen m dieser Sprache, immer auch eine kompositionelle Interpretation μ dieser Sprache gibt derart, daß sich unter μ die Bedeutung eines komplexen Ausdrucks immer als funktionale Anwendung der Bedeutung des ersten Ausdrucks auf die Bedeutung des zweiten Ausdrucks ergibt und daß die Bedeutung eines Ausdrucks unter μ in einem in (48) näher spezifizierten Sinne die Bedeutung dieses Ausdrucks unter m "enthält".

Der Beweis macht wesentlichen Gebrauch von einer Axiomatisierung der Mengenlehre (ZFA), die sich selbst enthaltende Mengen und auf sich selbst anzuwendende Funktionen zu-

5. Eine Relation $R \subseteq M \times N$ ist rechtseindeutig genau dann, wenn für alle $x \in M$ und $v,w \in N$ gilt, daß, falls $\langle x,v\rangle \in R$ und $\langle x,w\rangle \in R$, dann auch $v = w$. Eine Relation $R \subseteq M \times N$ ist linksvollständig genau dann, wenn es für jedes $x \in M$ ein $y \in N$ gibt, so daß $\langle x,y\rangle \in R$.

läßt; Gegenstände dieser Art können in einem typentheoretischen Mengensystem jedoch nicht konstruiert werden.

Allerdings macht Zadroznys Konstruktion von μ aufgrund von m Gebrauch von einer Typanhebung, die dem oben beschriebenen Übergang von extensionalen zu temporalen Interpretationen nicht unähnlich ist. Dies legt die Frage nahe, ob auch unter den eingeschränkteren Bedingungen einer typentheoretischen Semantik ein ähnliches Theorem durch eine Verallgemeinerung des beim Übergang von der extensionalen zur temporalen Interpretation angewandten Verfahrens, das hier als *Kontextualisierung* bezeichnet werden soll, zu beweisen ist.

Sollen zur Formulierung des Satzes und zur Vorbereitung seines Beweises zunächst noch einige der schon eingeführten Begriffe näher präzisiert werden:

Definition 5 *Sei A eine Mengevon Ausdrücken, dann ist A^* die kleinste Menge, so daß*

1. $A \subseteq A^*$,
2. *für alle $a,b \in A^*$ ist auch $ab \in A^*$.*

Definition 6 (Bidirektionale Kategorialgrammatik)

1. *A eine nicht-leere Menge (das Alphabet) ist,*
2. *$\langle B,C\rangle$ ein bidirektionales Kategoriensystem ist,*
3. *$\Sigma \in B$ (die ausgezeichnete Kategorie),*
4. *$\mathcal{A} : A \mapsto \mathcal{P}(C)$ (die Kategorienzuweisung für die Ausdrücke des Alphabets),*
5. *$\mathcal{L} : C \mapsto \mathcal{P}(A^*)$, wobei für alle $c \in C$ gilt: $\mathcal{L}^c$ (die Menge der Ausdrücke der Kategorie c) ist die kleinste Menge, so daß*
   (a) *für alle $a \in A$, wenn $c \in \mathcal{A}(a)$, dann auch $a \in \mathcal{L}^c$ und*
   (b) *für alle $d \in C$, und alle $a^d \in \mathcal{L}^d$ gilt:*
      i. *für alle $a^{d/c} \in \mathcal{L}^{d/c}$ ist auch $a^{d/c}a^d \in \mathcal{L}^c$, und*
      ii. *für alle $a^{d\backslash c} \in \mathcal{L}^{d\backslash c}$ ist auch $a^d a^{d\backslash c} \in \mathcal{L}^c$.*

Definition 7 (Typzuweisung) *τ ist eine* Typzuweisung *für das Kategoriensystem $\langle B_C,C\rangle$ und das Typensystem $\langle B_T,T\rangle$ genau dann, wenn*

1. *$\tau : C \mapsto T$ und*
2. *für alle $c_1,c_2 \in C$ gilt:*

$$\tau(c_1/c_2) = \tau(c_1\backslash c_2) = \langle \tau(c_1), \tau(c_2)\rangle$$

Definition 8 (Kategoriale Interpretation) $\left\langle B_T, T, \langle U_\sigma\rangle_{\sigma\in B_T}, \mathfrak{I}, \tau, \mathrm{D}\right\rangle$ *ist eine* **kategoriale Interpretation** *einer durch eine bidirektionale Kategorialgrammatik $\langle A,\mathcal{L},B_C,C,\Sigma,\mathcal{A}\rangle$ beschriebenen Sprache (kurz: eine kategoriale Interpretation für $\langle A,\mathcal{L},B_C,C,\Sigma,\mathcal{A}\rangle$) genau dann, wenn*

1. $\left\langle B_T, T, \langle U_\sigma\rangle_{\sigma\in B_T}, \mathrm{D}\right\rangle$ *ein typentheoretisches Mengensystem ist,*
2. *τ eine Typzuweisung für $\langle B_C,C\rangle$ und $\langle B_T,T\rangle$ und*

3. *$\mathcal{I}$ eine Familie von Funktionen ist derart, daß*
   (a) *für alle $c \in C : \mathcal{I}^c \in \mathcal{I}$ und*
   (b) *für alle $c \in C$ ist $\mathcal{I}^c : \mathcal{L}^c \mapsto D_{\tau(c)}$.*

Man beachte, daß eine kategoriale Interpretation *jedem* Ausdruck irgendeiner Kategorie einen Gegenstand des entsprechenden Typs zuordnet; Ausdrücken, die mehreren Kategorien angehören, werden entsprechend auch mehrere Gegenstände zugeordnet. Jedoch wird jedem Ausdruck in jeder Kategorie nur ein Gegenstand zugeordnet. Innerhalb einer Kategorie gibt es also unter einer kategorialen Interpretation keine Mehrdeutigkeiten, auch dann nicht, wenn derselbe komplexe Ausdruck in einer Kategorie auf verschiedene Weisen aus Ausdrücken anderer Kategorien zusammengesetzt werden kann.
Seien beispielsweise

$$\text{Platon} \in \mathcal{L}_{pn} \tag{49}$$
$$\text{Sokrates} \in \mathcal{L}_{pn} \tag{50}$$
$$\text{kennt} \in \mathcal{L}_{pn/(pn\backslash s)} \tag{51}$$
$$\text{kennt} \in \mathcal{L}_{pn\backslash(pn/s)} \tag{52}$$

Die beiden Kategorienzugehörigkeiten von *kennt* entsprechen dem Auftreten dieses transitiven Verbs in den Kontexten *Subjekt-Verb-Objekt* und *Objekt-Verb-Subjekt* und man wird die kategoriale Interpretation vielleicht gerade so einrichten, daß für alle $x,y \in D_{\tau(pn)}$ gilt:

$$\mathcal{I}^{pn/(pn\backslash s)}(\text{kennt})(x)(y) = \mathcal{I}^{pn\backslash(pn/s)}(\text{kennt})(x)(y) \tag{53}$$

Dennoch kann die gewählte Interpretation die syntaktischen Analysealternativen von *Platon kennt Sokrates* nicht reflektieren, $\mathcal{I}^s$ bildet diesen Ausdruck auf nur *einen* Gegenstand des Typs $\tau(s)$ ab.

Intrakategoriale Mehrdeutigkeiten können in diesem Rahmen behandelt werden, indem man von der Betrachtung einzelner kategorialer Interpretationen zu Mengen von kategorialen Interpretationen übergeht, die die möglichen Interpretationsalternativen berücksichtigen.

Als Verallgemeinerung des Übergangs von der extensionalen zur temporalen Interpretation, der oben skizziert wurde, ist der folgende Begriff der Kontextualisierung zu verstehen:

Definition 9 (Kontextualisierung) *Sei* $x^m = \left\langle B_T^m, T^m, \langle U_\sigma\rangle_{\sigma\in B_T^m}, m, \tau^m, D^m \right\rangle$ *eine kategoriale Interpretation für* $\langle A,\mathcal{L},B_C,C,\sigma,\mathcal{A}\rangle$*. Dann ist* $x^\mu = \left\langle B_T^\mu, T^\mu, \langle U_\sigma\rangle_{\sigma\in B_T^\mu}, \mu, \tau^\mu, D^\mu \right\rangle$ *eine Kontextualisierung von x^m des Typs s genau dann, wenn*

1. *x^μ eine kategoriale Interpretation ist,*
2. *$s \notin T^m$,*
3. *U_s eine nichtleere Menge ist,*
4. *$B^\mu = B^m \cup \{s\}$,*
5. *für alle $c \in B_C : \tau_\mu(c) = \langle s,\tau_m(c)\rangle$ und*
6. *für ein $\varepsilon \in U_s$ und*

(a) *alle* $b \in B_C$, *alle* $a_b \in \mathcal{L}^b$:

$$\mu^b(a_b)(\varepsilon) = m^b(a_b)$$

(b) *alle* $c \in C \setminus B_C$, *alle* $a \in \mathcal{L}^c$ *und alle* $\langle x,y\rangle \in U_{\tau(c)}$:

$$\mu^c(a)\left(\mathbf{raise}^{\varepsilon}_{\tau(c)}(x)\right) = \mathbf{raise}^{\varepsilon}_{\tau(c)}(y) \text{ gdw } m^c(a)(x) = y$$

Definition 10 (Kompositionelle Interpretation) $x = \left\langle B_T, T, \langle U_\sigma\rangle_{\sigma\in B_T}, \mathcal{I}, \tau, \mathrm{D}\right\rangle$ *ist eine* **kompositionelle Interpretation** *einer durch eine bidirektionale Kategorialgrammatik* $\langle A,\mathcal{L},B_C,C,\Sigma,\mathcal{A}\rangle$ *beschriebene Sprache (kurz: eine kompositionelle Interpretation für* $\langle A,\mathcal{L},B,C,\Sigma,\mathcal{A}\rangle$*), genau dann, wenn*

1. x *eine kategoriale Interpretation für* $\langle A,\mathcal{L},B,C,\Sigma,\mathcal{A}\rangle$ *ist und*
2. *für alle* $c_1, c_2 \in C$ *und* $a_{c_1} \in \mathcal{L}_{c_1}$, $a_{c_1/c_2} \in \mathcal{L}_{c_1/c_2}$ *und* $a_{c_1\backslash c_2} \in \mathcal{L}_{c_1\backslash c_2}$ *gilt:*

   (a) $\mathcal{I}^{c_2}(a_{c_1/c_2}a_{c_1}) = \mathcal{I}^{c_1/c_2}(a_{c_1/c_2})(\mathcal{I}^{c_1}(a_{c_1}))$ *und*

   (b) $\mathcal{I}^{c_2}(a_{c_1\backslash c_2}a_{c_1}) = \mathcal{I}^{c_1\backslash c_2}(a_{c_1\backslash c_2})(\mathcal{I}^{c_1}(a_{c_1}))$.

Satz 2 *Sei* $x^m = \left\langle B^m_T, T^m, \langle U_\sigma\rangle_{\sigma\in B^m_T}, m, \tau^m, \mathrm{D}^m\right\rangle$ *eine beliebige kategoriale Interpretation für* $\langle A,\mathcal{L},B_C,C,\Sigma,\mathcal{A}\rangle$, *dann gibt es eine Kontextualisierung* $x^\mu = \left\langle B^\mu_T, T^\mu, \langle U_\sigma\rangle_{\sigma\in B^\mu_T}, \mu, \tau^\mu, \mathrm{D}^\mu\right\rangle$ *von* x^m *bezüglich eines Typs* s*, die eine kompositionelle Interpretation für* $\langle A,\mathcal{L},B_C,C,\Sigma,\mathcal{A}\rangle$ *ist.*

Als Hinweis auf die Beweisidee des Satzes soll hier angegeben werden, in welcher Weise eine Menge U_s und eine kategoriale Interpretation $x^\mu = \left\langle B^\mu_T, T^\mu, \langle U_\sigma\rangle_{\sigma\in B^\mu_T}, \mu, \tau^\mu, \mathrm{D}^\mu\right\rangle$ für eine durch $\langle A,\mathcal{L},B_C,C,\Sigma,\mathcal{A}\rangle$ beschriebene Sprache aufgrund einer beliebigen kategorialen Interpretation $x^m = \left\langle B^m_T, T^m, \langle U_\sigma\rangle_{\sigma\in B^m_T}, m, \tau^m, \mathrm{D}^m\right\rangle$ derart konstruiert werden kann, daß

- x^μ eine Kontextualisierung von x^m bezüglich s ist und
- x^μ eine kompositionelle Interpretation für $\langle A,\mathcal{L},B_C,C,\Sigma,\mathcal{A}\rangle$ ist.

Sei $\mathcal{L}^{B_C} := \bigcup_{c \in B_C} \mathcal{L}^c$. Wähle x^μ derart, daß

1. $B^\mu_T = B^m_T \bigcup \{s\}$,

2. $U_s \approx \mathcal{L}_{B_C}/\!=$, wobei $\mathcal{L}_{B_C}/\!=$ die Quotientenmenge von $\mathcal{L}^{B_C}$ nach der Äquivalenzrelation = (der Gleichheit der Ausdrücke in $\mathcal{L}^{B_C}$) ist. Die Quotientenmenge einer Menge M nach einer Äquivalenzrelation Ä ist die Menge alle Äquivalenzklassen von Elementen aus M bezüglich der Äquivalenzrelation Ä, oder

$$M/\text{Ä} \approx \{[\![x]\!]_{\text{Ä}} \mid x \in M\}$$

mit

$$[\![x]\!]_{\text{Ä}} \approx \{y \mid x\text{Ä}y\}$$

3. Wähle $E : \mathcal{L}^{B_C} \mapsto U_s$, so daß für alle $a \in \mathcal{L}^{B_C}$ gilt:

$$E(a) \approx [\![a]\!]_=$$

4. T^μ kann folgendermaßen konstruiert werden:

$$T^\mu_0 := B^\mu_T \qquad (54)$$

$$T^\mu_{n+1} := T^\mu_n \bigcup \left\{\langle\sigma_1, \sigma_2\rangle \mid \sigma_1 \in T^\mu_n \text{ und } \sigma_2 \in T^\mu_n\right\} \qquad (55)$$

für alle $n \geq 0$. Und schließlich:

$$T^\mu = \bigcup_{i \geq 0} T^\mu_i \qquad (56)$$

5. D^μ kann wie folgt konstruiert werden: Wähle für alle $\sigma \in B_C$ und $n \geq 0$:

$$D^\mu_\sigma := U^\mu_\sigma \qquad (57)$$

$$D^\mu_\sigma := \left\{D^\mu_\sigma \mid \sigma \in B_C\right\} \qquad (58)$$

$$D^\mu_{n+1} := D^\mu_n \bigcup \left\{\left(D^\mu_{\sigma_1}\right)^{D^\mu_{\sigma_2}} \mid D^\mu_{\sigma_1}, D^\mu_{\sigma_2} \in D^\mu_n\right\} \qquad (59)$$

$$D^\mu := \bigcup_{i \geq 0} D^\mu_i \qquad (60)$$

6. τ^{μ} soll wie folgt rekursiv definiert werden: Für Basiskategorien $b \in B_C$ gelte:

$$\tau^{\mu}(b) := \langle s, \tau^{m}(b) \rangle \tag{61}$$

Für komplexe Kategorien c_1/c_2, $c_1\backslash c_2 \in C$ gelte:

$$\tau^{\mu}(c_1/c_2) := \tau^{\mu}(c_1\backslash c_2) := \langle \tau^{\mu}(c_1), \tau^{\mu}(c_2) \rangle \tag{62}$$

7. für alle Basiskategorien $b \in B_C$ und alle $a \in \mathcal{L}_b$ $\mu^b(a) : \subseteq U_s \mapsto U_{\tau_m(b)}$ diejenige partielle[6] Funktion ist, bei der für alle $x \in U_s$ gilt:

$$\mu^b(a)(x) := \begin{cases} m^b(a) & \text{falls } x = E(\varepsilon) \text{ oder } x = E(a) \\ \text{undefiniert} & \text{sonst} \end{cases}$$

8. (a) Wähle für alle Kategorien $c,d \in C$ und alle $a^{c/d} \in \mathcal{L}_{c/d}$:

$$\mu^{c/d}(a^{c/d}) := \left\{ \left\langle \mu(a^c),\ \mu(a^{c/d}a^c) \right\rangle \mid \text{es gibt ein } a^c \in \mathcal{L}_c \right\} \cup \text{raise}^{\varepsilon}_{\tau^m(c/d)}(a^{c/d})$$

(b) Wähle für alle Kategorien $c,d \in C$ und alle $a^{c\backslash d} \in \mathcal{L}_{c\backslash d}$:

$$\mu(a^{c\backslash d}) := \left\{ \left\langle \mu(a^c),\ \mu(a^c a^{c\backslash d}) \right\rangle \mid \text{es gibt ein } a^c \in \mathcal{L}_c \right\} \cup \text{raise}^{\varepsilon}_{\tau^m(c\backslash d)}(a^{c\backslash d})$$

Zum Beweis kann nun gezeigt werden, daß x^{τ} tatsächlich

1. eine kategoriale Interpretation für $\langle A, \mathcal{L}, B_C, C, \Sigma, \mathcal{A} \rangle$ ist,
2. eine Kontextualisierung von x^m bezüglich s und
3. eine kompositionelle Interpretation für $\langle A, \mathcal{L}, B_C, C, \Sigma, \mathcal{A} \rangle$ ist.

Um die Einzelheiten des Beweises soll es an anderer Stelle gehen.

Literatur / References

Carnap, Rudolf 1988: *Meaning and Necessity. A Study in Semantics and Modal Logic*. University of Chicago Press, Chicago and London, 2. Auflage, 1947. Enlarged edition 1956. Reprinted 1988.

Chomsky, Noam 1965: *Aspects of the Theory of Syntax*. M.I.T. Press, Cambridge, Mass.

Groenendijk, J. / Stockhof, M. 1991: *Dynamic predicate logic*. Linguistics and Philosophy, 14:39–100.

Hall-Partee, Barbara 1984: *Compositionality*. In: Landman, F. / Veltman, F. (ed.), *Varieties of Formal Semantics*, Groningen-Amsterdam Studies in Semantics, 281–311. Foris Publications, Dordrecht, Holland; Cinnaminson, USA.

6. Man kann einen ähnlichen Satz ohne die Verwendung *partieller* Funktionen beweisen, jedoch werden dann komplexere Typen erforderlich.

Lyons, John 1977: *Semantics*, Volume 1. Cambridge University Press, Cambridge. London, New York, Melbourne.

Zadrozny, Wlodek 1994: *From compositional to systematic semantics.* Linguistics and Philosophy, 17(4):329–342.

Zeevat, Henk 1989: *A compositional approach to discourse representation theory.* Linguistics and Philosophy, 95–131.

Udo L. Figge

Kognitiv orientierte Lexikographie

Zusammenfassung

Die Struktur des Gedächtnisses wird wesentlich durch die der Wahrnehmung bestimmt. Das Gedächtnis besteht aus Konzepten, die durch Bündelung von sensorischen Einzelinformationen entstehen, die dadurch Merkmale dieser Konzepte werden. Zwischen Merkmalen bestehen (etwa temporale, kausale, konverse) Beziehungen. Die Struktur der Sprache wird wesentlich von der des Gedächtnisses und damit indirekt von der der Wahrnehmung bestimmt. Texte sind Manifestationen von Konzept-Merkmal-Strukturen. Verben und Adjektive manifestieren Merkmale, jedoch nicht isolierte Merkmale, sondern konverse Netze von Merkmalen. So kann das Verb stellen *als dreiwertiges Verb ein konverses Netz aus den drei Merkmalen 'stellen', 'gestellt werden' und 'Zielort von Stellen sein' manifestieren, die jeweils zu einem anderen Konzept gehören. Für ein konverses Netz gibt es normalerweise neben einer Standardmanifestation (z.B.* stellen*) weitere Manifestationsmöglichkeiten (z.B.* gestellt werden *oder* kommen*:* etwas kommt irgendwohin*). Solchen weiteren Manifestationen muß lexikographisch systematisch Rechnung getragen werden. Substantiven liegen Mengen von Merkmalen zugrunde. Solche Mengen lassen sich nicht in "semantische" und "enzyklopädische" Teilmengen gliedern. "Semantisch" und "enzyklopädisch" sind keine inhärenten Eigenschaften von Merkmalen; vielmehr handelt es sich um einen Unterschied, der mit einem Unterschied in der Aktivation von Konzepten einhergeht: Aktivation durch Analyse des Gedächtnisses vs. Aktivation durch Verwendung des Gedächtnisses in Situationen oder Kontexten. Bei der Analyse treten stets einige wenige Merkmale eines Konzepts in den Vordergrund, während bei der Textproduktion und -rezeption jedes Merkmal eines Konzepts relevant werden kann. Die Lexikographie muß daher bei der Beschreibung eines Substantivs im Prinzip alle Merkmale berücksichtigen, aus denen das zugrunde liegende Konzept besteht.*

Abstract

The structure of memory is essentially determined by the structure of perception. A memory consists of concepts resulting from a bundling of isolated pieces of sensory information which thus become features of these concepts. Furthermore, there are relations between features (e.g. temporal, causal, converse relations). The structure of language is essentially determined by the structure of memory and, thus, indirectly by the structure of perception. A text is a manifestion of a structure consisting of concepts and features. Verbs and adjectives manifest features. However, they do not manifest single features, but converse networks of features. Thus, the quadrivalent verb rob *in*

In London gangsters robbed a bank of one million pounds.

manifests a converse network of four features: 'rob', 'be robbed', 'object of the robbing', 'place of the robbing', which belong to four different concepts. Normally, there is a standard manifesta-

tion for a given converse network (e.g. to rob). However, converse networks mostly can be manifested in different ways:

The bank was robbed of one million pounds.

The bank lost one million pounds in a robbery.

One million pounds were lost in a robbery.

London was the scene of a bank robbery.

Lexicography must systematically take into account such differences in the manifestation of converse networks (e.g. to lose in a robbery and to be the scene of a robbery besides to rob). Nouns correspond to sets of features. Such sets cannot be divided into "semantic" and "encyclopedic" features. "Semantic" and "encyclopedic" are no inherent properties of features, rather this difference has to do with a difference in the activation of concepts: activation with a view to analysing concepts vs. activation with a view to using concepts in situations and contexts. Whenever a given concept is analysed, it is always the same small subset of its features which seems to be relevant, whereas during text production and reception each feature of a concept can become salient. Therefore, in principle, while analysing a noun, lexicography must take into account all of the features of the underlying concept.

Résumé

La structure de la mémoire est déterminée de façon essentielle par celle de la perception. La mémoire est constituée par des concepts naissant d'un liage de différentes informations sensorielles isolées qui, de ce fait, se transforment en traits de ces concepts. En outre, il y a des relations entre traits mnésiques (p. ex. relations temporelles, causales, converses). La structure du langage est déterminée de façon essentielle par celle de la mémoire et, de ce fait, de façon indirecte, par celle de la perception. Un texte est la manifestation d'une structure constituée par des concepts et des traits conceptuels. Les verbes et les adjectifs manifestent des traits. Ils ne manifestent, cependant, pas des traits isolés, mais des réseaux converses de traits. Ainsi le verbe trivalent dire manifeste un réseau converse comprenant trois traits: 'dire', 'être dit', 'destinataire du dire', qui font partie de trois concepts différents. Normalement, il y a une manifestation standard pour un réseau donné (p.ex. dire). Mais très souvent ces réseaux peuvent être manifestés de plusieurs façons. Au passif, dire peut être remplacé par tomber:

Tel mot n'est pas tombé.

La mise au sujet du destinataire exige une tournure telle que entendre dire:

J'ai entendu dire à Pierre que ...

La lexicographie doit rendre compte systématiquement des différentes possibilités de manifestation d'un seul et même réseau converse (p.ex. tomber et entendre dire à côté de dire). Les substantifs correspondent à des ensembles de traits. Ces ensembles ne peuvent pas être divisés en traits "sémantiques" et traits "encyclopédiques". "Sémantique" et "encyclopédique" ne sont pas de propriétés inhérentes des traits conceptuels. Il s'agit plutôt d'une différence accompagnée d'une différence entre deux modes d'activation de concepts: activation en vue d'une analyse de la *mémoire vs. activation en vue d'un emploi de la mémoire dans des situations ou des contextes. A chaque fois qu'un concept donné est analysé c'est toujours le même petit sous-ensemble de traits qui est mis au premier plan, tandis que au cours de la production ou de la réception de textes n'importe quel trait d'un concept donné peut être mis en avant. En décrivant un substantif, la lexicographie doit donc, en principe, tenir compte de tous les traits du concept sous-jacent.*

Eine kognitiv orientierte Linguistik sieht Sprache in einem Zusammenhang mit Denken und Wahrnehmung. Diese Sichtweise teile ich. Ich präzisiere sie aber insofern, als ich annehme, daß die Strukturen des Denkens - des Gedächtnisses, wie ich zu sagen vorziehe - durch die Strukturen der Wahrnehmung und die Strukturen der Sprache durch die des Gedächtnisses und damit letztlich ebenfalls durch die der Wahrnehmung geprägt werden. In einer solchen Perspektive ist auch der Gegenstandsbereich der Lexikographie, der Wortschatz zu betrachten.

Ich beginne mit einer diesem Ansatz entsprechenden semiotischen Charakterisierung von Sprache (1). Ich gehe sodann auf die Strukturen des Gedächtnisses ein (2). Anschließend komme ich auf die Manifestation des Gedächtnisses im Wortschatz zu sprechen (3). Einen besonderen Augenmerk richte ich auf die Dichotomie "semantisch" vs. "enzyklopädisch". Schließlich ziehe ich die Konsequenzen für die Lexikographie (5).

1 Sprache als semiotisches System

Die menschliche Sprache ist ein semiotisches System (vgl. Figge 1994). Das bedeutet, daß sie zwei Bereiche algorithmisch miteinander in Verbindung bringt, die ohne sie wenig miteinander zu tun hätten, nämlich das Gedächtnis und den Mund-Rachen-Raum bzw. die oberen Extremitäten des Menschen. Sie tut das so, daß einerseits durch bestimmte Bewegungen im Mund-Rachen-Raum bzw. in den oberen Extremitäten Zeichen hervorgebracht werden, die Manifestationen von Gedächtnisausschnitten sind, und daß andererseits entsprechende akustische bzw. visuelle Wahrnehmungen als Zeichen mit der Folge verarbeitet werden, daß sich Modifikationen im Gedächtnis vollziehen können. Die Sprache bringt Bereiche miteinander in Verbindung; diese Bereiche sind jedoch kein Teil von ihr: Die Organe im Mund-Rachen-Raum sind Stoffwechselorgane, die oberen Extremitäten dienen der Manipulation von Gegenständen, das Gedächtnis verwaltet das Welt- und Selbstbild eines Individuums (vgl. Abb. 1).

2 Gedächtnis

Die Struktur des Gedächtnisses wird wesentlich durch die Struktur der Wahrnehmung bestimmt. Wie auch andere Organismen verfügt der Mensch über eine ganze Reihe von Sinnen, die ihm fragmentarische Einzelinformationen liefern: Farbinformationen, Gestaltinformationen, Bewegungsinformationen, Schallfrequenzinformationen, Schallintensitätsinformationen, Geruchsinformationen, Temperaturinformationen, verschiedene Arten von Informationen über sein Körperinneres usw. Ebensowenig wie andere Organismen verfügt der

Abb. 1.

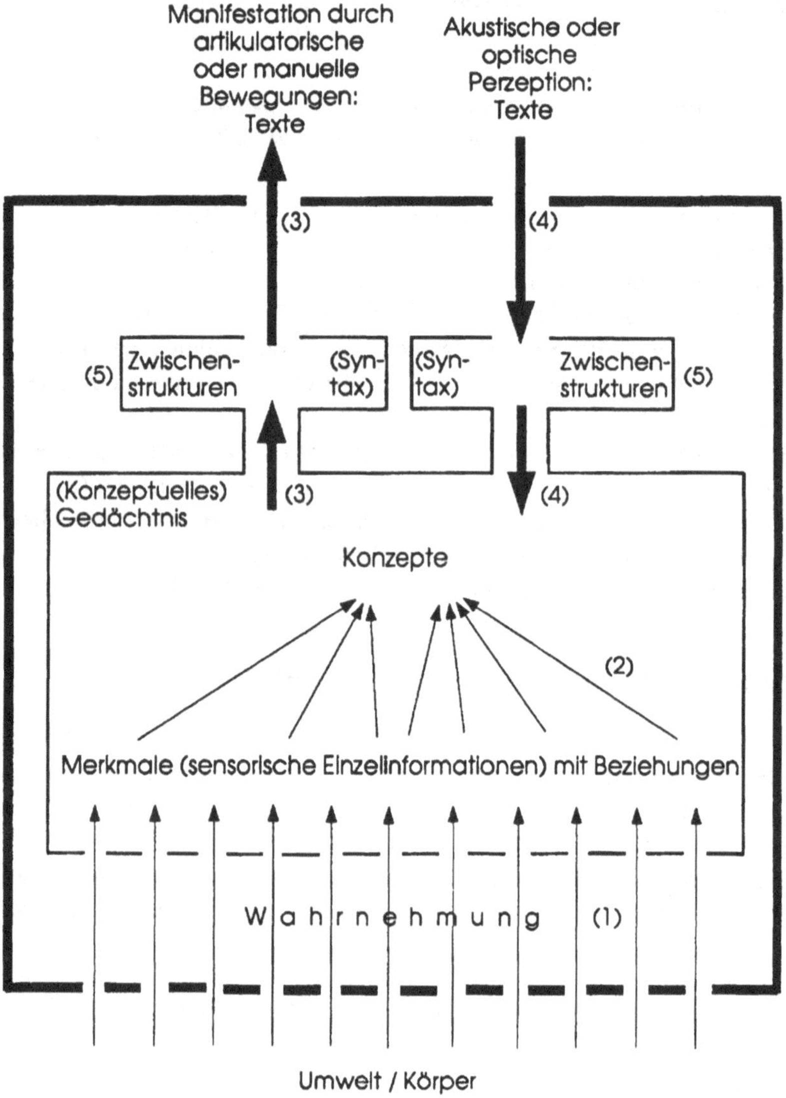

Mensch über einen globalen Gegenstandssinn, der ihm eine kompakte Gesamtinformation über einen Gegenstand oder eine Person lieferte. Nichtsdestoweniger bildet sich der Mensch Konzepte von Gegenständen und Personen. Die Gedächtnispsychologie hat Modelle entwikkelt, nach denen solche Konzepte darauf beruhen, daß Einzelinformationen – die dann Merkmale heißen – miteinander in Zusammenhang gebracht werden (Arbinger 1984:82–86). Diese Modelle sind von der Neuropsychologie im allgemeinen bestätigt und im einzelnen präzisiert worden. Es ergibt sich derzeit folgendes Bild: Werden aufgrund verschiedener, aber zeitlich und räumlich zusammenhängender Wahrnehmungen unterschiedliche Einzelinformationen gebildet, dann oszillieren Neuronenkomplexe in unterschiedlichen sensorischen Rindenbezirken in einem charakteristischen gemeinsamen Rhythmus. Supramodale Konvergenzzonen in Assoziationsfeldern des Isocortex, in denen Nervenfasern aus vielen anderen, zum Teil abliegenden Gehirnregionen zusammenlaufen (Assoziationsbahnen), führen gewissermaßen Protokoll über solche gemeinsamen Oszillationen. Erinnerung bedeutet, daß das Protokoll gelesen und dann die betroffenen sensorischen Regionen zu einem erneuten gemeinsamen Oszillieren angeregt werden (vgl. etwa Damasio / Damasio 1989: insbes. 55–75, Damasio 1990, Damasio / Damasio 1992, von der Malsburg/Schneider 1986; das Problem des Zusammenhangs zwischen Aktivationen in unterschiedlichen modalen Feldern heißt in der Neuropsychologie "Bindungs"-Problem). Das bedeutet, daß Merkmale da gespeichert werden, wo sie zuerst erarbeitet wurden, daß sie also nicht an irgendeiner Stelle zusammengefaßt aufbewahrt werden. Das bedeutet auch, daß Konzepte immer nur dann existieren, wenn ihre Merkmale aktiviert werden. Es ist überdies anzunehmen, daß von Mal zu Mal unterschiedliche Merkmale ein und desselben Konzepts aktiviert werden. Außerdem können neue Merkmale zu einem Konzept hinzugefügt und alte wieder vergessen werden.

3 Manifestation von Merkmalen und Konzepten

Die Zeichen, die sprachlich produziert und rezipiert werden, sind häufig von einer beträchtlichen Länge. Die sprachlichen Algorithmen unterlegen ihnen jedoch eine syntaktische Struktur (vgl. Abb. 1). Wie jede andere ist auch diese Struktur eine Menge von Elementen zusammen mit einer Menge von Beziehungen zwischen diesen Elementen. In Lexikologie und Lexikographie kommt es vorwiegend auf die Elemente an. Mit aller gebührenden Vorsicht, die deshalb am Platze ist, weil die Abgrenzung dieser Elemente bekanntermaßen ein heikles Unterfangen ist, läßt sich doch sagen, daß sowohl die Konzepte als auch die Merkmale in solchen Elementen sprachlich zur Manifestation kommen. Genauer: Merkmale manifestieren sich in Verben und Adjektiven (und auch in Ableitungen von Verben und Adjektiven, prekärerweise auch in substantivischen Ableitungen), Konzepte in Substantiven (soweit die Substantive nicht von Verben oder Adjektiven abgeleitet sind oder sonstwie verbalen oder adjektivischen Charakter haben). Daß Merkmale, die einfache Gedächtniselemente sind, sich in Verben oder Adjektiven manifestieren, scheint, weil Verben und Adjektive ebenfalls einfache Elemente sind, unproblematisch. Offensichtlich problematisch ist dagegen die Beziehung zwischen Konzepten, die Mengen von Elementen sind, und den Substantiven, die einfache Elemente sind.

3.1 Verben und Adjektive

Es wird jedoch auch die Beziehungen zwischen den Merkmalen und vor allem den Verben, aber unter bestimmten Bedingungen auch den Adjektiven in dem Augenblick problematisch, wo man sie tatsächlich als syntaktische Einheiten, d.h. als Elemente von Sätzen, betrachtet. Es läßt sich nicht von der Hand weisen, daß das Verb *stellt* in dem Satz

(1) Peter stellt den Stock in die Ecke.

in Bezug auf jedes der substantivischen Satzglieder dieses Satzes eine andere Bedeutung hat. Nur in Bezug auf das Subjekt bedeutet es auch tatsächlich 'stellen'. In Bezug auf das direkte

Objekt bedeutet es dagegen 'gestellt werden' und in Bezug auf die lokale Ergänzung 'Zielort von Stellen sein'. Das Verb *stellt* hat drei verschiedene Valenzen, und in Bezug auf jede dieser Valenzen manifestiert es ein anderes Merkmal, insgesamt also drei. Verschiedene Merkmale, die sich in demselben Verb manifestieren, stehen in einer besonderen Beziehung zueinander. Traditionellerweise wird eine Beziehung, wie sie zwischen 'stellen' und 'gestellt werden' besteht, als konvers bezeichnet. Ich verwende den Beziehungsbegriff "konvers" in einem sehr weiten Sinne und nenne auch eine Beziehung wie die zwischen 'gestellt werden' und 'Zielort von Stellen sein' konvers. Eine konverse Struktur wie die aus den Merkmalen 'stellen', 'gestellt werden', 'Zielort von Stellen sein' nenne ich auch ein konverses Netz. Ein konverses Netz wird also stets durch ein einziges Satzelement, nämlich das Verb des Satzes manifestiert (vgl. Abb. 2). Der Begriff des konversen Netzes läßt sich so verallgemeinern, daß er auch auf ein einzelnes Merkmal zutrifft, das sich in einem einstelligen Verb manifestiert. Das ist ein trivialer Fall, und Adjektive bilden meist solche trivialen Fälle. Aber auch Adjektive können mehrwertig sein, etwa:

(2) Peter ist auf seine Söhne stolz.

(3) ein auf seine Söhne stolzer Vater.

Solche Adjektive manifestieren ebenfalls echte konverse Netze.

Das Konzept des konversen Netzes ist lexikologisch und lexikographisch keineswegs irrelevant, und zwar aus zwei Gründen. Auf den einen gehe ich sogleich ein, auf den anderen komme ich im Zusammenhang mit den Substantiven wieder zurück (3.2). Der Satz

(1) Peter stellt den Stock in die Ecke.

scheint eine natürliche Manifestation des konversen Netzes zu sein, das ihm zugrunde liegt. Das hängt damit zusammen, daß im Subjekt dasjenige Konzept erscheint, dem das dynamischste Merkmal des konversen Netzes zugehört ('stellen' vs. 'gestellt werden' und 'Zielort von Stellen sein'). Im Subjekt kann aber auch ein Konzept auftauchen, das mit einem weniger dynamischen oder gar undynamischen Merkmal ausgestattet ist:

(4) Der Stock wird in die Ecke gestellt.

Gleichzeitig tritt eine passive Verbform auf. Im Deutschen mag die Passivbildung so regelmäßig sein, daß ihr lexikographisch nicht unbedingt Rechnung getragen werden muß. In anderen Sprachen ist das anders, etwa weil morphologisch nicht zwischen Vorgangs- und Zustandspassiv unterschieden werden kann (wie im Französischen) oder weil es konkurrierende Hilfsverben gibt (*essere* und *venire* im Italienischen) oder weil Konstruktionen miteinander konkurrieren (*ser*-Passiv und reflexives Passiv im Spanischen).

Von mehr lexikographischem Belang ist jedoch der Sachverhalt, daß konverse Netze auch in Verbformen in Erscheinung treten können, die von geringer syntaktischer Regelmäßigkeit sind und daher im Wörterbuch systematisch berücksichtigt werden müssen (vgl. Figge 1993, 1995). Einige Beispiele:

(5) Oh! mon Dieu, je fais encore du bruit, je vais *me faire conspuer*. (Proust) - 'Oh! mein Gott, ich mache schon wieder Lärm. Ich werde ausgebuht werden.'

(6) Fedótov *ha sido blanco* últimamente *de las críticas* por parte de los actuales dirigentes demócratas de numerosos medios de difusión (*El País*) - 'Fedotow war in letzter Zeit Ziel-

Abb. 2.

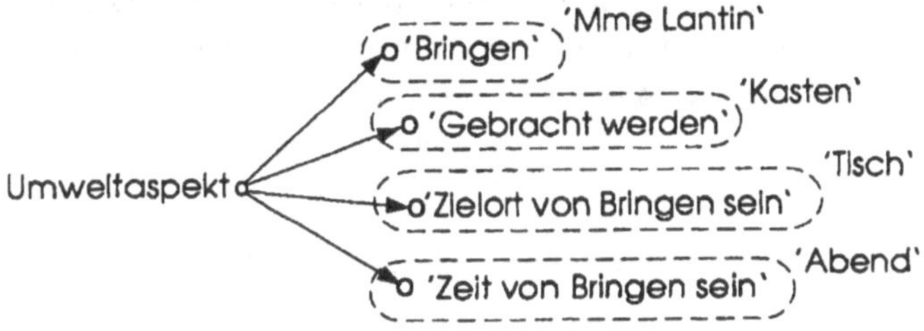

Wahrnehmung: Verarbeitung ein und desselben Umweltaspekts zu verschiedenen Merkmalen von Konzepten

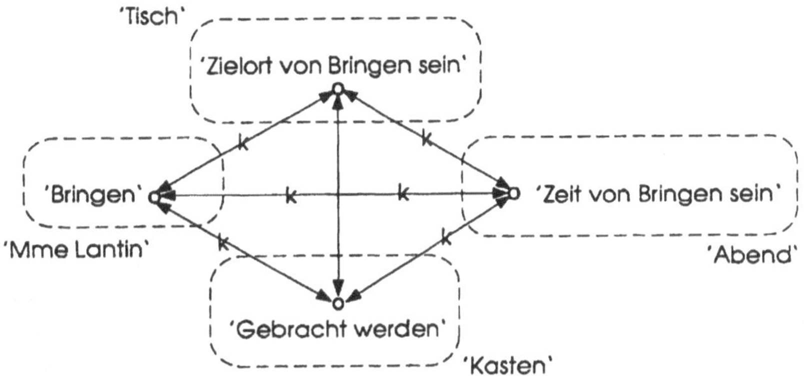

Gedächtnis: Konverses Netz aus vier Merkmalen von Konzepten

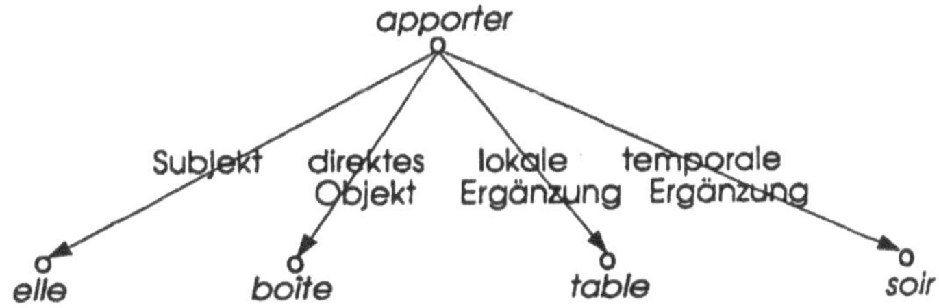

Syntax: Verbform mit vier Valenzen

scheibe der Kritik seitens der gegenwärtigen demokratischen Leiter zahlreicher öffentlicher Medien'

(7) Je *me suis vu*, madame, *enseigner* ce chemin, / et par plus d'un héros, et par plus d'un Romain (Racine) – 'Ich habe, Madame, diesen Weg gewiesen bekommen, / und zwar von mehr als einem Helden und von mehr als einem Römer'

Daß *conspuer* und *se faire conspuer*, *criticar* und *ser blanco de críticas*, *enseigner* und *se voir enseigner* jeweils verschiedene Manifestationsformen desselben konversen Netzes sind, muß aus Wörterbucheinträgen deutlich hervorgehen. Das gilt auch für Fälle, in denen zwei einfache aktive Verben verschiedene Manifestationsformen desselben konversen Netzes sind, beispielsweise *kommen* neben *stellen* in (8) oder neben *senken* in (9):

(8) Der Stock *kommt* in die Ecke.

(9) Doch ich [...] vergesse die vier Tannenbretter, welche jedesmal mit in die Erde *kommen* (Keller)

Ähnliche Phänomene lassen sich auch im adjektivischen Bereich beobachten, beispielsweise bei *Stolz sein* neben *stolz sein*:

(10) Seine Söhne *sind sein Stolz.*

Insgesamt ergibt sich das Postulat, daß für die lexikographische Beschreibung von Verben und Adjektiven nicht von einzelnen Merkmalen, sondern von konversen Netzen von Merkmalen auszugehen ist und daß dabei jeweils alle Möglichkeiten der Manifestation ein und desselben Netzes systematisch zu verzeichnen sind.

3.2 Substantive

Echte Substantive beziehen sich auf Konzepte, also auf Mengen von Merkmalen. Von einem Klavier wissen wir, daß es nicht nur zur Erzeugung von Musik dient, sondern daß es von erheblichem Gewicht ist, daß es eine bestimmte Farbe hat (typischerweise Schwarz oder Braun, aber etwa auch Weiß), daß es aus einem bestimmten Material besteht (typischerweise Holz), daß es verschiedenartige Bestandteile hat (Tasten, Saiten usw.), daß es normalerweise an einer Wand steht (im Gegensatz zu Flügeln, die eher in der Zimmermitte stehen), daß es von Zeit zu Zeit gestimmt und immer wieder staubgewischt werden muß und anderes mehr. Solches Wissen können wir in Texten ausdrücken. Eine geeignete Textanalyse gestattet umgekehrt, solches Wissen zu erschließen. Es handelt sich dabei um eine Textanalyse, bei der darauf geachtet wird, welche Merkmalausdrücke zusammen mit einem Substantiv vorkommen und in welcher syntaktischen Beziehung sie zu dem Substantiv stehen (vgl. Figge/Job 1987A). Das ist weiter nicht kompliziert, wenn ein Merkmalausdruck einfaches Attribut eines Substantivs ist, wie etwa *imités* in *bijoux imités* 'nachgemachte Juwelen' (vgl. Anhang). Wir erfahren hier, daß Juwelen falsch sein können. Auch komplexe Attribute sind zu berücksichtigen, etwa *boîte de maroquin* 'Kasten aus Saffian': Kästen bestehen aus bestimmten Materialien. Hängt jedoch ein Substantiv von einem Verb (oder auch Adjektiv) ab, dann spielt die Art der Abhängigkeit eine entscheidende Rolle. In Bezug auf das Substantiv *Ecke* in Satz (1) hat das Verb *stellt* nämlich die Bedeutung 'Zielort von Stellen sein'. Wir erfahren hier, daß Ecken Lokalitäten sind, in die etwas gestellt wird, vgl. auch

(11) El señor Carmichael puso el paraguas en el rincón. (García Márquez) – 'Herr Carmichael stellte den Regenschirm in die Ecke.'

Offenbar haben Ecken typischerweise eine solche Eigenschaft. Hier kommt noch einmal – wie oben angekündigt – zur Geltung, daß Verben konverse Netze aus unterschiedlichen Merkmalen manifestieren.

Daß echten Substantiven Mengen von Merkmalen zugrunde liegen, ist also ein lexikographisch hochrelevantes Faktum.

4 Semantisch und enzyklopädisch

Eine semantische Analyse, die sich auf Substantive in ihrem syntaktisch geregelten Kontext richtet, stößt – einen entsprechenden Umfang des herangezogenen Korpus vorausgesetzt – notwendigerweise für jedes Substantiv auf einen beträchtlichen Satz an Bedeutungselementen, alias Merkmalen. Aus einem solchen Satz lassen sich möglicherweise Merkmale ausschließen, die sich einer partikulären Sicht auf die Welt verdanken. Daß Frauen von Männern schwanger werden, ist wohl nicht als solches partikuläres Wissen einzuschätzen, anders jedoch die Ansicht, daß Frauen von überirdischen Wesen schwanger werden können, so daß der Satz

(12) [...] daß sie schwanger war von dem heiligen Geist. (Matthäus 1, 18)

eine diskutable Grundlage für eine Analyse des Wortes *schwanger* ist. Nichtsdestoweniger bleibt für jedes Substantiv eine beträchtliche Menge an nicht-partikulären Merkmalen übrig.

Solche Mengen hat man zu unterteilen versucht, indem man semantische und nicht-semantische Merkmale annahm. In die psychologische Semantikforschung, an deren Beginn ein vom Gedächtnis schlechthin nicht grundverschiedenes "semantisches Gedächtnis" stand (Quillian 1967, 1968, vgl. Figge/Job 1987A: 17 f.), wurde von Smith, Shoben und Rips (1974) eine (allerdings skalierte) Unterscheidung zwischen definierenden und charakteristischen Merkmalen eingeführt. So ist nach ihnen das Merkmal 'zweibeinig' für das Konzept vom amerikanischen Rotkehlchen ('robin') definierend, das Merkmal 'nicht domestiziert' dagegen charakteristisch. Gängiger ist die Unterscheidung in Begriffen von semantischem und enzyklopädischem Wissen. So hebt Wotjak "Bedeutung", die er als "kognitive Entität sui generis" betrachtet, und "enzyklopädische Sachwissensrepräsentation", bei der es "um sozialisiertes, usualisiertes Wissen, also bspw. um geteiltes Alltagswissen oder auch geteiltes definiertes Fachwissen" geht, gegeneinander ab (1993: 126; ohne Hervorhebungen zitiert). In der Sprachverwendung scheint ein solcher Unterschied wenig relevant zu sein. Horstkotte hat gezeigt, "daß Disambiguationen in der Regel aufgelöst werden, indem sowohl 'semantischer Kern' als auch 'enzyklopädische Peripherie' von Lesarten und Kontext aktiviert und elaboriert werden" und daß aufgrund allein semantischer Merkmale keine in Experimenten überprüfte Disambiguierung und deren Zeitbedarf erklärt werden können (1982:90). Andererseits wird ein Wörterbuchbenutzer, der für das Wort *Klavier* die Definition

> Tasteninstrument, bei dem die senkrecht stehenden Saiten durch Filzhämmerchen angeschlagen werden (Wahrig 1980)

findet, sich kaum darüber beklagen, daß sie dürftig sei, obwohl etwa von der Farbe, dem Gewicht oder der üblichen Plazierung von Klavieren nicht die Rede ist.

Der Unterschied, auf den es hier tatsächlich ankommt, scheint mir zu sein, ob das Gedächtnis befragt oder benutzt wird. Wird es zu einem Konzept befragt, dann drängen sich ihm normalerweise ein oder zwei Merkmale auf, die dann als wesentlich gelten. Nicht nur der Lexikograph, auch der normale Mensch definiert ein Klavier durchweg als ein Musikinstrument mit Tasten. Wird das Gedächtnis in Situationen oder Kontexten benutzt, dann geht es flexibler mit seinen Merkmalen um. Bei einem Umzug oder bei der Verarbeitung des Satzes

(13) The man lifted the piano.

kommt vor allem das Merkmal der Schwere zutage, das ebenfalls zum Klavierkonzept gehört (Barclay [et alii] 1974; vgl. Figge/Job 1987B:362–364). Es handelt sich also nicht um zwei grundlegend verschiedene Arten von Merkmalen, sondern um zwei verschiedene Arten der Aktivation von Merkmalen. Weshalb bei Befragungen von Gedächtnissen zu einem bestimmten Konzept immer wieder dieselben Merkmale zum Vorschein kommen, ist eine Frage, die Eco sich gestellt hat. Er findet die plausible Antwort, daß hier kulturell tradierte Denktraditionen im Spiel sind, die durchaus nicht unveränderlich sind (1985:132). Jedenfalls steht die Auffassung, daß ein Wörterbuch "can be said to distil off that part of human knowledge which concerns the language, whereas the encyclopedia deals with the rest" (Svensén 1993:2), auf schwankenden Füßen. Vielmehr ist es so, daß Wörterbuchdefinitionen einen großen Teil des Wissens, der bei der Sprachverwendung eine Rolle spielt, vernachlässigen. Das kann sicherlich gerechtfertigt werden, und zwar damit, daß eine Nennung aller Merkmale, die bei der Verwendung eines Substantivs eine Rolle spielen, zu einem beträchtlichen Anschwellen von Wörterbüchern führen würde, aber auch damit, daß nicht mehr semantische Informationen gegeben zu werden brauchen, als nötig sind, um Substantive, insbesondere 4 homonyme Substantive, und verschiedene Lesarten desselben Substantivs semantisch gegeneinander abzuheben. Es sei allerdings hinzugefügt, daß es zu einer solchen Differenzierung nicht unbedingt der Standarddefinitionen bedarf. Das Wort *Flügel* hebt sich auch dann eindeutig ab, wenn ihm die Bedeutungsbeschreibung 'sehr schweres, längliches, geschwungenes, meist schwarzes Möbelstück mit drei Beinen' zugeordnet wird.

5 Kognitiv orientierte Lexikographie

Wie es die Lexikographie mit der Semantik halten soll, gilt als eine pragmatische Frage: "das Wörterbuch ist ein pragmatisches Mittel" (Eco 1985:131), oder, gehässiger formuliert:

> *the lexicographical argument for the boundary [between semantic and encyclopedic knowledge] can be dispensed with because, from the semantic point of view, lexicography is anecdotal, circular, and devoid of any scholarly value: [...] it has ignored semantics, and linguistics in general, for centuries (Raskin 1985:99).*

Soll ein Wörterbuch jedoch ein Sprachbeschreibungswerkzeug sein, das sich den lexikologischen Grundlagen von Textproduktion und -rezeption zuwendet, dann wird es nicht umhin können, alle lexikologisch relevanten Fakten zu verzeichnen, die sich aus einem geeigneten Textkorpus einer Sprache gewinnen lassen. Das bedeutet für die drei Hauptwortarten der Verben, Adjektive und Substantive nach meinem Verständnis folgendes: Verben und Adjektive manifestieren konverse Netze von Merkmalen, wobei die Zahl der Merkmale der Zahl der Valenzen (nicht nur der obligatorischen) entspricht, die einem Verb oder einem Adjektiv jeweils zugeordnet sind. Ein Wörterbuch muß alle diese Merkmale und alle Möglichkeiten der Manifestation des konversen Netzes verzeichnen. Substantiven liegen Mengen von Merkmalen zugrunde, die sich jeweils durch eine Analyse ihrer Kontexte ermitteln lassen. Ein Wörterbuch muß zu jedem Substantiv eine exhaustive Menge von Merkmalen angeben. Dies sind Konsequenzen der kognitiven Orientierung, wie ich sie hier verfolge.

Eine weitere derartige Konsequenz ergibt sich daraus, daß Merkmale in kategoriale (begriffliche) Hierarchien eingeordnet sind (vgl. Figge/Job 1987B:369–371, Figge 1992). Ein Wörterbuch sollte angeben, zu welcher Hierarchie ein gegebenes Merkmal gehört (Hierarchie der Farben, der Ortsveränderung, der Manipulierbarkeit, um drei Beispiele zu nennen). Konzepte ordnen sich als solche nicht in Hierarchien ein: Es gibt keine eindeutigen *is-a*-Hierarchien. Konzepte partizipieren aber an den Hierarchien ihrer Merkmale ('Funktion', 'Gewicht', 'Farbe' usw. für das Konzept 'Klavier'). Es scheint, daß in vielen Fällen Konzepte schon dadurch ausreichend beschrieben werden können, daß hierarchisch höherrangige Kategorien angegeben werden, unter die jeweils mehrere ihrer Merkmale fallen.

Ein Wörterbuch im engeren Sinne wird durch solche Ansprüche sicherlich überfordert. Es müßte aber möglich sein, auf Rechenanlagen Lexika zu entwickeln, die ihnen genügen.

Im Anhang gebe ich ein lexikologisches Analysebeispiel, das die Ausführungen dieses Unterkapitels illustriert.

Literatur / References

Arbinger, Roland 1984: *Gedächtnis*. Darmstadt: Wissenschaftliche Buchgesellschaft.

Barclay, J. R. [et al.] 1974: *Comprehension and Semantic Flexibility*, Journal of Verbal Learning and Verbal Behavior 13 (471–481).

Damasio, Antonio R. 1990: *Synchronous Activation in Multiple Cortical Regions: a Mechanism for Recall*, Seminars in the Neurosciences 2 (287–296).

Damasio, Hanna / Damasio, Antonio R. 1989: *Lesion Analysis in Neuropsychology*. New York: Oxford University Press.

- / - 1992: *Sprache und Gehirn*, Spektrum der Wissenschaft 1992/11 (80–92).

Eco, Umberto 1985: *Semiotik und Philosophie der Sprache*. München: Fink.

Figge, Udo L. 1992: *Zwei Grundprinzipien der Wortschatzklassifikation*, in: Goebl, H. / Schader, M. (eds.): *Datenanalyse, Klassifikation und Informationsverarbeitung. Methoden und Anwendungen in verschiedenen Fachgebieten*. Heidelberg: Physica-Verlag (31-35).

- 1993: *Konzeptsystem als Grundlage für die Lexikographie*, in: Beckmann, Frank / Heyer, Gerhard (eds.): *Theorie und Praxis des Lexikons*. Berlin / New York: de Gruyter (123–137).

- 1994: *Semiotic Principles and Systems: Biological Foundations of Semiotics*, in: Nöth, Winfried (ed.): *Origins of Semiosis. Sign Evolution in Nature and Culture*. Berlin / New York: Mouton de Gruyter (25–36).

- 1995: *Valenzen und Diathesen*, in: Schmitt, Christian / Schweickard, Wolfgang (eds.): *Die romanischen Sprachen im Vergleich*. Akten der gleichnamigen Sektion des Potsdamer Romanistentages (27. - 30. 9. 1993). Bonn: Romanistischer Verlag (85–110).

Figge, Udo L. / Job, Ulrike 1987A: *Das Gedächtnis in sprachwissenschaftlicher Perspektive*, Romanistisches Jahrbuch 38 , 1987 (16–34).

– / – 1987B: *Mémoire, champ lexical et système notionnel*, Lingvisticæ Investigationes 11, 1987 (357–378).

Horstkotte, Gudrun 1982: *Sprachliches Wissen: Lexikon oder Enzyklopädie?* Bern / Stuttgart / Wien: Huber.

Karttunen, Lauri 1971: *Implicative Verbs*, Language 47 (340–358).

Malsburg, Christoph von der / Schneider, Werner 1986: *A Neural Cocktail-Party Processor*, Biological Cybernetics 54 (29–40).

Quillian, M. Ross 1967: *Word Concepts. A Theory and Simulation of Some Basic Semantic Capabilities*, Behavioral Science 12 (410–430).

– 1968: *Semantic Memory*, in: Minsky, Marvin (ed.): *Semantic Information Processing*. Cambridge, MA / London: MIT Press (227–270).

Raskin, Victor 1985: *Linguistic and Encyclopedic Knowledge in Text Processing*, Quaderni di semantica 6 (92–102).

Smith, Edward E. / Shoben, Edward J. / Rips, Lance J. 1974: *Structure and Process in Semantic Memory. A Featural Model for Semantic Decisions*, Psychological Review 81 (214–241).

Svensén, Bo 1993: *Practical Lexikography. Principles and Methods of Dictionary-Making*. Oxford / New York: Oxford University Press.

Wahrig, Gerhard 1980: *Deutsches Wörterbuch*. Mosaik-Verlag.

Wotjak, Gerd 1993: *Semantische Makrostrukturbeschreibung (lexikalisch-semantische Felder) und (enzyklopädische) Wissensrepräsentationen*, in: Lutzeier, Peter Rolf (ed.): *Studien zur Wortfeldtheorie. Studies in Lexical Field Theory*. Tübingen: Niemeyer (121–136).

Anhang

Lexikologisch analysierter Textauszug mit Übersetzung

Quelquefois, le soir, quand ils demeuraient en tête à tête au coin du feu, elle apportait sur la table où ils prenaient le thé la boîte de maroquin où elle enfermait la «pacotille», selon le mot de M. Lantin; et elle se mettait à examiner ces bijoux imités avec une attention passionnée, comme si elle eût savouré quelque jouissance secrète et profonde; et elle s'obstinait à passer un collier au cou de son mari pour rire ensuite de tout son coeur en s'écriant: «Comme tu es drôle!» Puis elle se jetait dans ses bras et l'embrassait éperdument. (Guy de Maupassant: 'Les bijoux', in Guy de Maupassant: *Contes et nouvelles* (Bibliothèque de la Pléiade). Bd. 1. Paris: Gallimard 1974, S. 765)

Des Abends, wenn sie gemeinsam am Kamin verweilten, brachte sie zuweilen den Kasten aus Saffian, in dem sie den "Schund" nach den Worten von M. Lantin einschloß, auf den Tisch, an dem sie Tee tranken; und sie fing an, diese Schmuckstücke mit einer leidenschaftlichen Aufmerksamkeit zu untersuchen, als ob sie irgendeine geheime und tiefe Freude empfunden hätte; und sie versteifte sich darauf, ein Halsband um den Hals ihres Mannes zu legen, um dann von ganzem Herzen zu lachen und auszurufen: "Wie komisch du bist!" Dann warf sie sich in seine Arme und küßte ihn heftig.

Verben, Adjektive und äquivalente Einheiten

Angegeben ist jeweils ein Stück Text, eine Umschreibung des manifestierten Merkmals und eine Umschreibung einer relativ hochrangigen Kategorie, unter die sich das Merkmal subsumieren läßt (in Majuskeln). Dazu kommen gelegentlich Kommentare.

(1) demeuraient
ils (M. et Mme Lantin) demeuraient – 'Verweilen': 'LOKALE EIGENSCHAFTEN' demeuraient au coin du feu – 'Bereich von Verweilen sein': 'LOKALE EIGENSCHAFTEN'

(2) en tête à tête
adverbiale Wendung, die sich auf das Subjekt bezieht und insofern einem Adjektiv äquivalent
ist
ils (M. et Mme Lantin) en tête à tête – 'Gemeinsam': 'LOKALE EIGENSCHAFTEN'

(3) apportait
elle (Mme Lantin) apportait – 'Bringen': 'VERURSACHUNG VON ORTSVERÄNDERUNG' apportait la boîte – 'Gebracht werden': 'ORTSVERÄNDERUNG'
apportait sur la table – 'an der Oberfläche Zielort von Bringen sein': 'LOKALE EIGENSCHAFTEN'
apportait le soir – 'Zeit von Bringen sein': 'TEMPORALE EIGENSCHAFTEN'

(4) prenaient le thé
einheitliches Verb–Objekt–Gefüge
ils (M. et Mme Lantin) prenaient le thé – 'Teetrinken': 'VERHALTEN'
où (à la table) prenaient le thé – 'Bereich von Teetrinken sein': 'LOKALE EIGENSCHAFTEN'

(5) boîte de maroquin
de-Attribut mit einem Substantiv, das ebenfalls analysiert wird
boîte de – 'aus Material bestehen': 'AUFBAU'
de maroquin – 'Material sein': 'FUNKTION'

(6) enfermait
elle (Mme Lantin) enfermait – 'Einschließen': 'VERURSACHUNG VON LOKALEN EIGENSCHAFTEN'
enfermait la pacotille – 'Eingeschlossen sein': 'LOKALE EIGENSCHAFTEN'
où (dans la boîte) – 'Ort von Eingeschlossensein sein': 'LOKALE EIGENSCHAFTEN'

(7) mot de M. Lantin
vgl. zu (5)
mot de – 'Benutzt werden': 'MANIPULIERBARKEIT'
de M. Lantin – 'Benutzen': 'VERHALTEN'

(8) se mettait à examiner
se mettre wird als aspektuelles Verb aufgefaßt
elle (Mme Lantin) se mettait à examiner – 'Untersuchen':'VERHALTEN'
se mettait à examiner ces bijoux – 'Untersucht werden': 'MANIPULIERBARKEIT'

(9) attention
vgl. zu (1)
Adjektiv–Substantivierung
elle (Mme Lantin) avec une attention – 'Aufmerksam': 'MENTALE EIGENSCHAFTEN'

(10) passionnée
adjektivischer Bestandteil einer adverbialen Wendung, der sich auf das Subjekt bezieht
elle (Mme Lantin) (avec une attention) passionnée – 'Leidenschaftlich': 'PSYCHISCHE EIGENSCHAFTEN'

(11) imités
bijoux imités – 'Nachgemacht': 'ECHTHEIT'

(12) eût savouré quelque jouissance secrète et profonde
Funktionsverbgefüge
elle (Mme Lantin) eût savouré quelque jouissance secrète et profonde – 'Sich freuen': 'PSYCHISCHE EIGENSCHAFTEN'

(13) s'obstinait à passer
s'obstiner ist ein implikatives Verb (vgl. Karttunen 1971)
elle (Mme Lantin) s'obstinait à passer – 'Umlegen': 'VERURSACHUNG VON ORTSVERÄNDERUNG'
s'obstinait à passer un collier – 'Umgelegt werden': 'ORTSVERÄNDERUNG'
s'obstinait à passer au cou – 'Zielort von Umlegen sein': 'LOKALE EIGENSCHAFTEN'

(14) cou de son mari
vgl. zu (5)
cou de – 'Teil sein': 'ZUGEHÖRIGKEIT'
de mari – 'Ganzes sein': 'ZUGEHÖRIGKEIT'

(15) son mari (de Mme Lantin)
vgl. zu (5)
mari de – 'Gatte sein': 'SOZIALE EIGENSCHAFTEN'
de Mme Lantin – 'Gattin sein': 'SOZIALE EIGENSCHAFTEN'

(16) rire de tout son coeur
Erschließung eines Null-Subjekts (*{{Oslash}}*) zu einer infiniten Verbform
{{Oslash}} (Mme Lantin) rire de tout son coeur – 'Lachen': 'ÄUSSERUNG'

(17) en s'écriant
vgl. zu (16)
en {{Oslash}} (Mme Lantin) s'écriant – 'Ausrufen': 'ÄUSSERUNG'

(18) es drôle
tu (M. Lantin) es drôle – 'Komisch sein': 'VERHALTEN'

(19) se jetait
elle (Mme Lantin) se jetait – 'Sich Werfen': 'ORTSVERÄNDERUNG'
se jetait dans ses bras – 'Zielort von sich Werfen sein': 'LOKALE EIGENSCHAFTEN'

(20) ses bras (de M. Lantin)
vgl. zu (5)
bras de – 'Teil sein': 'ZUGEHÖRIGKEIT'
de M. Lantin – 'Ganzes': 'ZUGEHÖRIGKEIT'

(21) embrassait éperdument
Erschließung eines Null-Subjekts (*{{Oslash}}*) nach \fIet\fR
{{Oslash}} (Mme Lantin) embrassait éperdument – 'Küssen': 'VERHALTEN'
l'embrassait éperdument (M. Lantin) – 'Geküßt werden': 'MANIPULIERBARKEIT'

Substantive

Die Zahlen in Klammern beziehen sich auf die voraufgehenden Analysen. Die Merkmalangaben zu den einzelnen Konzepten sind gegebenenfalls jeweils nach kategorialen Kriterien geordnet.

<Person>
Erschließung eines Personen-Konzepts aus Eigennamen und Pronomina
cou de – 'Ganzes sein': 'ZUGEHÖRIGKEIT' (14)
bras de – 'Ganzes sein': 'ZUGEHÖRIGKEIT' (20)
embrasser + dir.Obj. – 'Geküßt werden': 'MANIPULIERBARKEIT' (21)
Subj. + demeurer – 'Verweilen': 'LOKALE EIGENSCHAFTEN' (1)
Subj. + en tête à tête – 'Gemeinsam': 'LOKALE EIGENSCHAFTEN' (2)
Subj. + se jeter – 'Sich Werfen': 'ORTSVERÄNDERUNG' (19)
Subj. + apporter – 'Bringen': 'VERURSACHUNG VON ORTSVERÄNDERUNG' (3)
Subj. + passer – 'Umlegen': 'VERURSACHUNG VON ORTSVERÄNDERUNG' (13)
Subj. + enfermer – 'Einschließen': 'VERURSACHUNG VON LOKALEN EIGENSCHAFTEN' (6)
Subj. + (avec une attention) passionnée – 'Leidenschaftlich': 'PSYCHISCHE EIGENSCHAFTEN' (10)
Subj. + savourer une jouissance – 'Sich freuen': 'PSYCHISCHE EIGENSCHAFTEN' (12)
Subj. + avec attention – 'Aufmerksam': 'MENTALE EIGENSCHAFTEN' (9)
Subj. + rire – 'Lachen': 'ÄUSSERUNG' (16)
Subj. + s'écrier – 'Ausrufen': 'ÄUSSERUNG' (17)
Subj. + prendre le thé – 'Teetrinken': 'VERHALTEN' (4)
Subst. + de – 'Benutzen': 'VERHALTEN' (7)
Subj. + examiner – 'Untersuchen':'VERHALTEN' (8)
Subj. + être drôle – 'Komisch sein: 'VERHALTEN' (18)
Subj. + embrasser – 'Küssen': 'VERHALTEN' (21)

<Mann>
vgl. zu <Person>
mari de – 'Gatte sein': 'SOZIALE EIGENSCHAFTEN' (15)

<Frau>

vgl. zu <Person>
+ de <Person>. – 'Gattin sein': 'SOZIALE EIGENSCHAFTEN' (15)

coin du feu

demeurer + lok. Erg. (*à*) – 'Bereich von Verweilen sein': 'LOKALE EIGENSCHAFTEN' (1)

boîte

+ de maroquin – 'aus Material bestehen': 'AUFBAU' (5)
enfermer + lok. Erg. (*dans*) – 'Ort von Eingeschlossensein sein': 'LOKALE EIGENSCHAFTEN' (6)
apporter + dir. Obj. – 'Gebracht werden': 'ORTSVERÄNDERUNG' (3)

table

apporter + lok. Erg. (*sur*) – 'an der Oberfläche Zielort von Bringen sein': 'LOKALE EIGENSCHAFTEN' (3)
prendre le thé + lok. Erg. (*à*) – 'Bereich von Teetrinken': 'LOKALE EIGENSCHAFTEN' (4)

soir

apporter + temp. Erg. – 'Zeit von Bringen sein': 'TEMPORALE EIGENSCHAFTEN' (3)

maroquin

boîte de – 'Material sein': 'FUNKTION' (5)

mot

+ de <Person> – 'Benutzt werden': 'MANIPULIERBARKEIT' (7)

bijoux

einschließlich pacotille, das sich pejorativ auf dasselbe Konzept bezieht wie bijoux
+ imités – 'Nachgemacht': 'ECHTHEIT' (11)
examiner + dir. Obj. – 'Untersucht werden': 'MANIPULIERBARKEIT' (8)
enfermer + dir. Obj. – 'Eingeschlossen sein': 'LOKALE EIGENSCHAFTEN' (6)

collier

passer + dir. Obj. – 'Umgelegt werden': 'ORTSVERÄNDERUNG' (13)

cou

+ de <Person> – 'Teil sein': 'ZUGEHÖRIGKEIT' (14)
passer + lok. Erg. (*à*) – 'Zielort von Umlegen sein': 'LOKALE EIGENSCHAFTEN' (13)

bras

+ de <Person> – 'Teil sein': 'ZUGEHÖRIGKEIT' (20)
se jeter + lok. Erg. (*dans*) – 'Zielort von sich Werfen sein': 'LOKALE EIGENSCHAFTEN' (19)

Uta Seewald

Wortbedeutungen in Wörterbüchern, Wortbedeutungen in Texten

Zusammenfassung

Den Ausgangspunkt der vorliegenden Arbeit bildet die Feststellung, daß Wortbedeutungen nicht systemlinguistisch gegeben sind, sondern untrennbar mit außersprachlichen Phänomenen zusammenhängen, so der Wahrnehmung und Klassifizierung von Gegenständen sowie der Verfügbarkeit von Weltwissen, die bei der Determinierung der Wortbedeutung im Text zusammenwirken. Aus diesem Grunde argumentieren wir, daß die Lexikonkomponente eines sprachverstehenden Systems neben dem statischen Teil, der die Lexikonwörter enthält, um eine prozedurale Komponente erweitert werden muß, um dem Verstehensprozeß des Menschen bei der Erfassung von Wortbedeutungen näher zu kommen. Durch die Erweiterung des Lexikons um eine prozedurale Komponente, die sich in der vorgestellten Konzeption in drei Teilkomponenten (eine Wortbildungskomponente, eine schemabasierte Filterkomponente und eine Inferenzkomponente) gliedert, ermöglichen wir zum einen, daß bei der Interpretation von Wortbedeutungen der Kontext und die durch den Kontext gesteuerten Bedeutungsvarianten Eingang finden, zum anderen berücksichtigen wir mit einer derartigen Lexikonkonzeption Erkenntnisse aus der kognitiven Psychologie, wodurch wir ein höheres Maß an kognitiver Adäquatheit im Vergleich zu herkömmlichen Systemen erreichen.

Abstract

The starting point of the article is the insight that the meaning of a word cannot be described sufficiently by means of structural linguistic terms. Instead, one has to consider the perception and classification of objects in the extralinguistic world as well as encyclopaedic knowledge; all of these aspects interact in determining the meaning of a word given in a concrete text. As a consequence we postulate that the lexicon of a natural language comprehension system has to be extended to include a procedural component which is better adapted to the comprehension process by which a language user works out the meaning of words in a text. On the one hand, the procedural component of the lexicon, itself subdivided into three modules (a word formation module, a schema based filter module and an inference module), allows the consideration of semantic variants of a word determined by the context; on the other hand, from a cognitive point of view, such a lexical component is more adequate than components devised in a structuralist framework.

1 Die Lexikonkomponente in natürlichsprachlichen Systemen

Bei der Ausstattung von Systemen zur maschinellen Verarbeitung natürlicher Sprache mit einer Lexikonkomponente wird das Lexikon im allgemeinen als Wissensbasis betrachtet, in der — bezogen auf das sprachliche Wissen — dem Lexikoneintrag neben syntaktischen Angaben jeweils die Angabe(n) der Bedeutung als statische Größe fest zugeordnet sind, eine Verfahrensweise, die eine genaue Abgrenzbarkeit von Wortbedeutungen impliziert. Entsprechend muß etwa zur Ermittlung der Textbedeutung beim Auffinden eines Wortes in einem konkreten Text das entsprechende Lexem im Lexikon "nachgeschlagen" werden, um seine Bedeutungsangabe, die kompositionell in die Textbedeutung einfließt, verfügbar zu haben.[1] Bei homonymen oder polysemen Wörtern besteht die Bedeutungsermittlung darüber hinaus schließlich noch in der korrekten Auswahl der dem Lexem zugeordneten "Lesart".

Die geschilderte Konzeption ist in zweierlei Hinsicht problematisch: zum einen unter dem Gesichtspunkt der Abdeckung der verschiedenen Bedeutungen bzw. Bedeutungsvarianten, die ein Wort im Text annehmen kann, zum anderen hinsichtlich der kognitiven Adäquatheit, die bei in erster Linie ergebnisorientierten Systemen allerdings vielfach erst gar nicht in Betracht gezogen wird.

Zunächst zum Gesichtspunkt der Abdeckung der verschiedenen Bedeutungsphänomene im Text.

2 Wortbedeutungen im Text und Defizite ihrer Darstellung im Wörterbuch

Gegenüber der Fülle verschiedener Kontexte, in denen ein Wort potentiell erscheint, stellen Bedeutungsangaben in einem Lexikonartikel, selbst dann, wenn sie durch Beispiele, die vom Lexikographen in Texten vorgefunden bzw. als typisch erachtet werden, immer nur eine Abstraktion des uns verfügbaren sprachlichen Wissens dar. Begreift man Texte[2], in denen Wörter ja nun einmal auftreten, hingegen als Ausdruck einer bestimmten Form der Interaktion verschiedener Kommunikationspartner in bestimmten, unter Umständen fachlich determinierten Situationen,[3] so greift eine systemlinguistisch orientierte und damit eine auf unterschiedlichen Abstraktionsstufen angelegte Beschreibung von Sprache, die den realen Verwendungskontext nicht betrachtet, jedoch zu kurz. Bei der Lexikonerstellung können bei der Angabe der Bedeutungen eines Wortes nie alle Kontexte berücksichtigt werden, in denen das betreffende Wort potentiell auftritt. Aus diesem Grunde kann bzw. muß sich auch ein noch so umfangreich angelegtes Lexikon bei der Bestimmung der im konkreten Fall realisierten Bedeutung als lückenhaft erweisen (siehe Abb. 1).

Wird außerdem mit einem natürlichsprachlichen System das Ziel verfolgt, den menschlichen Sprachverarbeitungsprozeß zu modellieren, so greift ein System mit einem derart konzipierten Lexikon auch im Hinblick auf die Verarbeitung von Wortbedeutungen beim Menschen (vgl. Johnson-Laird 1983) zu kurz.

---

1. Hierbei handelt es sich praktisch um die Anwendung des Fregeschen Kompositionalitätsprinzips in der Ausgestaltung der semantischen Theorie von Katz und Fodor 1963.
2. Als "Texte" werden hier — entsprechend dem in der Textlinguistik üblichen Gebrauch — sprachliche Einheiten betrachtet, die im Extremfall auf ein Wort reduziert sein können, sofern sie das Kriterium der "Textualität" erfüllen (vgl. z.B. Vater 1990:16–42).
3. Vgl. Schröder 1993:XI.

Abb. 1. Lexikonkomponente natürlichsprachlicher Systeme (Standardfall): t_1 bis t_n stellen die Quelltexte dar, auf deren Basis die Angaben zu den Lemmata l_1 bis l_i im (gedruckten) Wörterbuch strukturiert werden. Diese Daten gehen dann in ein maschinenlesbares Lexikon ein, in der jedem Eintrag l_i eine oder mehrere Bedeutungen $<b_i>$ zugeordnet sind, die es bei der Erschließung der Bedeutung der betreffenden Wörter in konkreten, maschinell zu analysierenden Texten T_j zu ermitteln gilt.

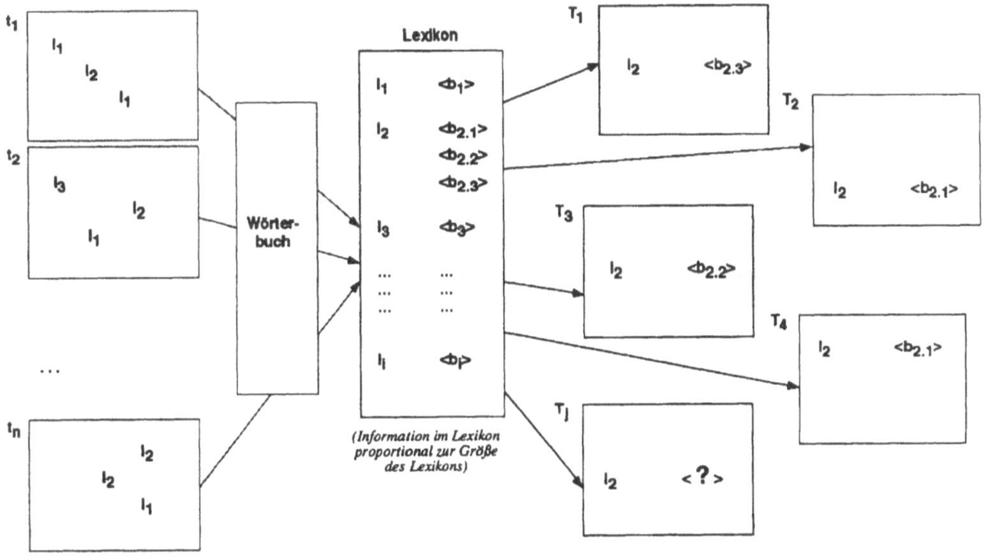

Anhand eines konkreten Beispiels sollen zunächst die Schwierigkeiten, die sich aus der angedeuteten Lexikonkonzeption ergeben, veranschaulicht werden, um dann im zweiten Schritt aus den Defiziten Leitlinien für die Konzeption eines Lexikons abzuleiten, das Erkenntnisse aus der kognitiven Psychologie einbezieht, um so der Verstehensproblemtik von Wörtern in Texten näher zu kommen.

In einem Produktkatalog der Firma Apple aus dem Jahr 1990, der mit "Apple et les communications" betitelt ist, findet sich eine mit "Services Publics" bezeichnete Rubrik, die den mit "Services Publics: Vidéotex" überschriebenen Text enthält, aus dessen erster Seite (der Text umfaßt insgesamt 2 1/2 Seiten) hier einige Passagen herausgegriffen werden sollen, um die Realisierung der Bedeutung bestimmter Wörter zu betrachten (Abb. 2).

Die Problematik soll anhand der Einträge aus dem NOUVEAU PETIT ROBERT 1 1993 (NPR) dargestellt werden (das Wörterbuch umfaßt ca. 60.000 Einträge).

(1) Bereits in den beiden einleitenden Zeilen des Textes stößt man auf Wörter, deren korrekte semantische Interpretation gewisser Entscheidungen bedarf.

So führt der NPR fünf verschiedene Bedeutungen für das Substantiv *serveur* auf (Abb. 3). Die im vorliegenden Text zutreffende Bedeutung ist mit dem Domänenkürzel INFORM. (*informatique*) gekennzeichnet (*organisme privé ou public exploitant un système informati-*

Abb. 2. Textausschnitt aus einem Produktkatalog der Firma Apple aus dem Jahre 1990. (Die zu betrachtenden Wörter wurden grau hinterlegt.)

Services Publics : Vidéotex

Environnement

Les Services Publics: Vidéotex

Du serveur à l'émulateur, du composeur de page au récupérateur d'adresses, Macintosh offre un service complet: la chaîne d'édition Vidéotex.

Le marché du Vidéotex en France

Un service essentiel dans l'entreprise

De nombreuses entreprises font de plus en plus appel aux serveurs Vidéotex, aussi bien pour leurs besoins internes (serveur d'entreprise, base de données, messagerie, etc.) que pour leur besoins externes (visibilité par les clients extérieurs, gestion de commandes et de rendez-vous pour les commerciaux, accès rapide à une information centralisée à moindre coût, etc.) Ces serveurs doivent être gérés directement par l'entreprise dans des configurations modulaires évoluant avec les besoins.

Un réel besoin d'autonomie

On assiste à l'heure actuelle à une véritable fuite des services Vidéotex, des gros systèmes (de 500 à 1000 voies et plus) vers des serveurs aux configurations plus réduites (64 à 128 voies).
Cela tient à plusieurs facteurs:

— Une entreprise préfère créer son propre serveur Vidéotex par souci d'indépendance, d'adaptation à ses besoins réels (8 à 64 voies suffisent souvent), et de maîtrise des coûts.

— La machine hébergeant l'application Vidéotex est souvent lourde à gérer aussi bien au niveau de son fonctionnement, que dans son évolutivité.

— L'hébergement, s'il peut paraître une manière simple de mettre en place, et de tester un futur service Vidéotex, reste un moyen cher, qui ne peut rester rentable que si l'application hébergée est vouée à une utilisation commerciale intense.

que (⇒ réseau) permettant à un utilisateur la consultation directe de banques de données).[4]

Abb. 3. Eintrag *serveur* aus dem NPR.[5]

serveur, euse n.
1. Personne chargée de servir les clients (dans un restaurant, un café). ⇒ **barmaid, garçon**. ◊ Domestique qu'on prend en extra pour servir la table.
2. TECHN. Ouvrier chargé d'alimenter une machine.
3. Au tennis, au ping-pong, joueur qui met la balle en jeu (opposé à *relanceur*). — Joueur qui donne, qui sert les cartes.
4. N.m. INFORM. *Serveur* (*de données*): organisme privé ou public exploitant un système informatique (⇒ réseau) permettant à un utilisateur la consultation directe de banques de données. — APPOS. *Centre serveur*.
5. N.m. *Serveur vocal* : appareil permettant de tester la qualité d'un enregistrement avant de l'acquérir.

Diese Interpretation wird dem Leser des Textes, der diesen beispielsweise mit der Intention zur Hand nimmt, sich über die Möglichkeiten der Datenkommunikation mit einem Computer der Firma Apple zu informieren, unmittelbar nahegelegt. Durch die Erwartungshaltung des Lesers wird also von vorne herein die im Text realisierte Bedeutung als "Server" erkannt (vorausgesetzt es handelt sich nicht um einen Novizen auf diesem Gebiet)[6], die Interpretation als "Bedienung in einem Restaurant" wird somit gar nicht erst erwogen.[7] Eine korrekte Erschließung der im Text zutreffenden Bedeutung des Wortes erfolgt selbst dann, wenn die Bedeutung des betreffenden Wortes in einem "neutralen" Kontext von einem Sprecher zunächst mit "Bedienung in einem Restaurant" angegeben wird.[8] Dieser Tatbestand spricht dafür, daß die Bedeutungen ambiger Wörter unterschiedlich gewichtet sind, wobei eine als bevorzugt, d.h. mit hohem Gewicht angelegte Bedeutung abhängig vom konkreten Kontext von einer Bedeutung geringeren Gewichts 'überschrieben' wird.

---

4. Übers.: *Private oder öffentliche Einrichtung, die ein informatisches System (⇒ Netz) nutzt und einem Benutzer die direkte Befragung von Datenbanken ermöglicht.* Von den Schwierigkeiten, die eine Interpretation des in der Bedeutungsbeschreibung als *genus proximum* aufgeführten Substantivs *organisme* (dt. *Organismus; Einrichtung*) unter Umständen mit sich bringt, soll hier abgesehen werden, da an dieser Stelle die Lesartenselektion im Vordergrund steht.

5. Zugunsten der Übersichtlichkeit wurden die einzelnen Bedeutungsangaben durch eine listenartige Schreibweise stärker kenntlich gemacht. Bei Bedeutungsangaben, die in unserem Textzusammenhang nicht relevant sind, wurde in den zitierten Einträgen aus dem NPR zum Teil auf die dort angegebenen Beispielkontexte verzichtet.

6. Vgl. auch Kintsch/van Dijk 1983 und Heinemann/Viehweger 1991:264–273.

7. Vgl. Cairns/Kamerman 1975. Ob alternative Interpretationen wirklich nicht aktiviert werden, darüber besteht in der Literatur der kognitiven Psychologie eine geteilte Auffassung. Das sogenannte "Interaktionsmodell" beschreibt die Interpretation von Wörtern als von Anfang an vom Kontext gesteuert, während das sogenannte "Autonomiemodell" den Vorgang der Bedeutungsspezifizierung als zunächst vom Kontext unabhängig beschreibt. Dem Kontext wird hier erst die Selektion einer der mit einem Wort verbundenen Lesarten zugeschrieben (vgl. Rickheit/Strohner 1993:223).

8. Vgl. Zimmer 1985, Cairns/Kamerman 1975.

(2) Ein Problem anderer Art tritt bei dem im selben Satz auftretenden Wort *composeur [de page]* (dt. *Layoutprogramm*) auf. Dient der NPR abermals als Datenbasis für das maschinelle Lexikon, so muß die Bedeutungsermittlung an dieser Stelle versagen, da *composeur* nicht aufgeführt wird. Der Einwand, es handle sich hier ja auch um einen fachsprachlichen Text, es müsse berücksichtigt werden, daß eine Fachsprache bekanntermaßen über ihre eigene Terminologie verfügt, legt nun nahe, das Lexikon um eben diese fachsprachliche Komponente zu erweitern. Greift man in diesem Fall entweder auf das "Dictionnaire de l'informatique" von Larousse, 1988 (über 1.000 Einträge), oder "Le dictionnaire de l'informatique" von Dunod, 1992 (über 4.000 Einträge) als Grundlage zurück, so bleibt auch hier die Suche erfolglos. Das erstgenannte enthält nur einen Eintrag *composeuse*, das zuletzt genannte weist hingegen weder *composeur* noch *composeuse* auf.

(3) Direkt gefolgt vom zuvor genannten Substantiv wird in der Aufzählung das Substantiv *récupérateur* genannt, das hier als Teil eines Nominalkompositums (*récupérateur d'adresses*) erscheint. Der Rückgriff auf den NPR, der zwar eine mit TECHN. (*technique*) markierte Bedeutungsangabe enthält (*Récupérateur de chaleur : appareil destiné à récupérer une partie de la chaleur contenue dans des gaz résiduels pour élever la température d'un fluide*)[9], schlägt vor dem Hintergrund des vorliegenden Kontextes jedoch fehl. Auch die Konsultation der Fachwörterbücher führt hier nicht weiter, da "Le dictionnaire de l'informatique" von Dunod keinen Eintrag zu diesem Stichwort enthält, sondern lediglich *récupération de fichier* (dt. *Dateirückgewinnung*) einen Eintrag widmet; das "Dictionnaire de l'informatique" von Larousse weist hingegen weder *récupérateur* noch einen wortbildungsmäßig verwandten Eintrag aus.

Im Gegensatz zu der in den Wörterbüchern vorgefundenen Situation ist der menschliche Leser jedoch sehr wohl in der Lage, das vorliegende Wort auf der Basis seiner Kenntnisse über die Wortbildungsregeln vom Verb *récupérer* abzuleiten und ihm eine Bedeutung zuzusprechen, die im gegebenen Kontext plausibel erscheint. Im vorliegenden Fall besteht allerdings die Möglichkeit, daß die Bedeutungszuweisung nur vorläufig erfolgt und durch den weiteren Textverlauf korrigiert wird, oder aber, daß mehrere Interpretationsmöglichkeiten aktiviert werden, bis der Kontext eindeutige Hinweise zur Interpretation liefert. Diese Möglichkeit ist beim Auftreten von *récupérateur* (*d'adresses*) dadurch gegeben, daß das darin enthaltene Verb *récupérer* sowohl im Sinne von "[Daten aus einer anderen System- oder Programmumgebung] gewinnen, d.h. importieren" als auch im Sinne von "[Daten, die auf einem Datenträger (aufgrund von Beschädigung) nicht mehr lokalisiert werden können,] *zurück*gewinnen" interpretiert werden kann. Das zweite Glied des Kompositums, *adresses* (dt. *Adressen*) kann diese Ambiguität nicht aufheben, da es selbst sowohl als "postalische Adresse" als auch als "Speicherplatzposition" interpretiert werden kann. Lediglich der übergeordnete Zusammenhang "Services publics: Vidéotex" mag hier der Interpretation von *récupérer* als "gewinnen / importieren [von Postadressen (aus dem

9. Übers.: *Wärmerekuperator: Apparat zur Rückgewinnung eines Teils der in Gasrückständen enthaltenen Wärme zur Erhöhung der Temperatur einer Flüssigkeit.*

Minitel-System)]" den Vorzug geben, obschon die zweite Interpretationsmöglichkeit an dieser Stelle des Textes noch nicht ausgeschlossen ist.

Die im französischen Wortbildungssystem angelegte Ambiguität bei der Ableitung von Verben mit dem Suffix *-eur*, die die Interpretation des Substativs als Nomen agentis oder als Nomen instrumenti (in diesem fachlichen Zusammenhang ist neben der Interpretation "Instrument" auch "Gerät" oder "Programm" möglich)[10] betrifft, kann allerdings bereits an dieser Stelle — bedingt durch den phrasalen und den größeren kontextuellen Zusammenhang — zutreffend als "Programm" interpretiert werden.

Zwei weitere Wortbeispiele sollen aus der vorliegenden Textpassage herausgegriffen werden, um weitere Gesichtspunkte des Problemfelds zu skizzieren:

(4) Im ersten Absatz, der mit "Le marché du Vidéotex en France. Un service essentiel dans l'entreprise" überschrieben ist, tritt das Substantiv *commande* auf. Würde man auf die am Textbeginn im Falle von *serveur* geführte Argumentation zurückgreifen, hieße das an dieser Stelle, daß der übergeordnete fachsprachliche Kontext der Datenverarbeitung, im speziellen der Datenkommunikation, hier die Bedeutung "Kommando, Instruktion" nahelegt, eine Lesart, die im NPR mit der Markierung TECHN. (*technique*) vorgesehen ist und mit "Déclenchement, réglage d'un mécanisme"[11] bzw. "Action d'un opérateur humain sur une machine"[12] angegeben wird (Abb. 4). De facto liegt hier jedoch durch das bereits in der Zwischenüberschrift genannte *entreprise*[13] (hier: dt. *Unternehmen*) eine andere Zuordnungsdomäne vor, die aus der thematischen Entwicklung des Textes ableitbar ist. Vermittels des Wissens über Wirtschaftsunternehmen kann die Bedeutung von *commande* hier zutreffend mit "Auftrag", also der ersten im NPR aufgeführten Bedeutungsangabe (*Ordre par lequel un client, consommateur ou commerçant, demande une marchandise ou un service à fournir dans un délai déterminé*)[14], identifiziert werden.

(5) Im vorletzten Absatz des betrachteten Textausschnitts wird das Wort *machine* (dt. *Maschine*) verwendet.

Von den zahlreichen Bedeutungsangaben des NPR (Abb. 5) ist die Bedeutungsangabe un-

10. Siehe Seewald 1994:44–47.
11. Übers.: *Auslösen, Steuern eines Mechanismus.*
12. Übers.: *Eingreifen eines menschlichen Bedieners in [den Betrieb] einer Maschine.*
13. Das Substantiv *entreprise* unterliegt natürlich seinerseits zunächst einer Operation, mittels der die im Textzusammenhang korrekte Bedeutung des Wortes erschlossen wird. Vgl. die fünf im NPR unterschiedenen Lesarten.
14. Übers.: *Auftrag, mit dem ein Kunde, Verbraucher oder Händler eine Ware oder Dienstleistung zu einem bestimmten Termin bestellt.*

Abb. 4. Eintrag *commande* aus dem NPR.

commande n.f.
1. Ordre par lequel un client, consommateur ou commerçant, demande une marchandise ou un service à fournir dans un délai déterminé (⇒ achat, ordre).
2. LOC. ADJ. DE COMMANDE.
3. (fin XVe «câble») Cordage, câble d'amarrage. [...] — FIG. Tenir les commandes ; [...] — TECHN Commande automatique, numérique.
4. TECHN. Déclenchement, réglage d'un mécanisme. *La commande et la réponse.* ◊ Action d'un opérateur humain sur une machine. ⇒ **instruction**.

ter II., B., 2. (*Dispositif de saisie, de traitement ou d'exploitation de l'information)*[15], die der Bezeichnung *machines de bureau* (dt. *Büromaschinen*) untergeordnet ist, diejenige, die der im Text vorliegenden Bedeutung am nächsten kommt. Im Unterschied zum Wörterbucheintrag, der die zitierte Bedeutungsangabe der Bezeichnung *machines de bureau* unterordnet, weist der Text diese inhaltliche Einschränkung nicht auf. Die Verwendung von *machine* im Text läßt offen, ob es sich um einen Großrechner, eine Workstation oder einen (kleinen) Bürorechner handelt.

Abb. 5. Eintrag *machine* aus dem NPR.

machine n.f.
I. Ruse, machination.
II. Objet fabriqué, généralement complexe (⇒ **mécanisme**), destiné à transformer l'énergie (⇒ **moteur**), et à utiliser cette transformation.
A. (Emplois généraux)
B. SPÉCIALT
1. MÉCAN. Système de corps transformant un travail en un autre.
2. *Machines de bureau.* ◊ MACHINE À ÉCRIRE. ◊ Dispositif de saisie, de traitement ou d'exploitation de l'information. ⇒ 2. **calculateur**, 2. **ordinateur** ; **informatique**.
3. (Appareils domestiques) *Machine à laver* [...].◊ *Machine à café* [...]. — *Machine à billets.* ⇒ **distributeur**.
4. (Dans l'industr., les métiers).
5. Dispositif assurant la propulsion d'un navire.
6. Véhicule comportant un mécanisme. *Cette moto est une belle machine.*
7. ANCIENNT *Machines de guerres.*
8. théâTRE Décors installés au moyen de machines.
9. Le machinisme, la mécanisation.
III. fig. 1. Être vivant considéré comme une combinaison d'organes fonctionnant de façon mécanique. — Personne qui agit comme un automate. ⇒ **robot**.
2. Ensemble complexe dont la marche a la régularité d'une machine.
3. Grand ouvrage de génie.
4. (pour désigner une femme, une enfant) ⇒ **machin**.

---

15. Übers.: *Vorrichtung zur Erfassung, Verarbeitung oder Auswertung von Information.*

Es ließen sich zahlreiche weitere Beispiele aus dem betrachteten Textausschnitt heranziehen (*gestion*, dt. *Verwaltung*; *information*, dt. *Information*; *configuration*, dt. *Konfiguration*, *Konfigurierung* etc.), bei deren inhaltlicher Erschließung sich aufgrund zum Teil unterschiedlicher Gegebenheiten Fragen der Bedeutungszuordnung stellen.

3 Konsequenzen für die Lexikonkonzeption

Für die Konzeption eines Lexikons als Komponente eines sprachverstehenden Systems ergeben sich aus den betrachteten Phänomenen nun u.a. folgende Konsequenzen:

Zunächst einmal muß festgestellt werden, daß die ausschließliche Orientierung eines Lexikons an einem gedruckten Wörterbuch, das — bedingt durch sein Medium — notwendigerweise immer eine endliche Liste von Lemmata enthalten muß, deren Bedeutungen ebenfalls durch eine endliche Liste von Bereichskürzeln, Definitionen und Verwendungskontexten dargestellt werden, unter dem Aspekt des kontextabhängigen, differenzierten Sprachverstehens nicht zureichend ist. Dies gilt sowohl hinsichtlich der sprachlichen Kreativität (vgl. *composeur*, *récupérateur*) als auch hinsichtlich der Strategien, die ein Leser oder allgemein Sprachverwender beim Verstehensprozeß anwendet, wobei die sprachliche Kreativität bzw. das analytische Pendant zu dieser Fähigkeit als Teil der Verstehensstrategien betrachtet werden kann. Darüber hinaus zeigen die Beispiele, daß auch ein mit mehreren Bedeutungen im Wörterbuch bzw. Lexikon aufgeführter Eintrag im konkreten Kontext eine weitere Bedeutung erhält, die sich entweder nur zum Teil mit einer der Bedeutungsangaben deckt, oder — wie im Fall von *récupérateur* — inkompatibel mit der aufgeführten Bedeutung ist.

Da die im Einzelfall vorliegende Bedeutung eines Wortes maßgeblich gesteuert wird von dem Text bzw. Kontext, in dem es auftritt,[16] liegt die Auffassung nahe, Wortbedeutungen alleine auf der Grundlage von Texten zu bestimmen, die Einträge im Lexikon also lediglich nach syntaktischen Gesichtspunkten zu klassifizieren und zu subkategorisieren. Gegen diese Auffassung spricht, daß die im konkreten Kontext erscheinenden Wörter (sehen wir einmal von Pronomina ab) für die Sprecher einer Sprache jedoch auch ohne Kontext und damit ohne aktuellen Referenzbezug nicht inhaltsleer sind. Anhand des ersten Beispiels wurde bereits auf die vermutete Existenz von Praeferenzbedeutungen hingewiesen, die — das sei an dieser Stelle hinzugefügt — unter Umständen sprecherspezifisch variieren können.

Auf der Grundlage der genannten Gesichtspunkte soll nun eine kognitiv und zugleich textlinguistisch orientierte Konzeption des Lexikons und damit zugleich der Bedeutungserschließung von Wörtern vorgestellt werden, bei der erst der Text die konkrete Kontextbedeutung der im Lexikon in bestimmter Weise verfügbaren und dort repräsentierten Lexeme steuert, so daß in der Konsequenz eine gegenseitige Rückwirkung von Text und Lexikon anzunehmen ist, bei der das Lexem im Lexikon das Verstehen des Wortes im Text auf der einen Seite ermöglicht, die konkrete, durch den Text gegebene referenzielle Beziehung auf der anderen Seite wiederum Auswirkungen auf die Bedeutungsrepräsentation des Lexems im Lexikon hat.

---

16. Besonders deutlich wird dieses Phänomen, wenn man ein und dasselbe Lexikonwort in unterschiedlichen Kontexten betrachtet. Hier können auch in ähnlichen Zusammenhängen unterschiedliche Aspekte der Bedeutung eines Wortes fokussiert werden. Vgl. etwa die Bsp. in Mehl 1993.

3.1 Erweiterung des Lexikons um eine prozedurale Komponente

Als Folgerung aus dem bisher Gesagten muß ein Lexikon neben der Auflistung von Lemmata, gleichsam der statischen Seite des Lexikons, um eine prozedurale Komponente erweitert werden. Nach unserer Konzeption setzt sich diese prozedurale Komponente aus mehreren Teilkomponenten zusammen, die jeweils für verschiedene Fähigkeiten des Verstehens von Wörtern in Texten verantwortlich sind. Da wir — im Einklang mit Erkenntnissen aus der kognitiven Psychologie[17] — davon ausgehen, daß die Verarbeitung der Bedeutung von Wörtern auf Konzepten basiert, bilden diese in allen Komponenten des Lexikons einen integralen Bestandteil bei der Repräsentation von Wortbedeutungen. Die Verwendung von Konzepten zur Beschreibung von Wortbedeutungen ist ferner eine Konsequenz aus der Feststellung, daß zahlreiche Eigenschaften sprachlicher Objekte nicht alleine durch sprachliches Wissen, sondern nur unter Rückgriff auf Weltwissen beschreibbar sind.[18] Die Konzepte, auf die bei der Verarbeitung von Wortbedeutungen zugegriffen wird, sind in einer Konzepthierarchie angeordnet. In dieser Hierarchie sind verschiedene Konzepttypen enthalten. Neben Konzepten mit Objektstatus, nominalen Konzepten (CLIENT, MACHINE etc.), existieren Konzepte, die den Status von Relationen haben, hier als prädikative Konzepte bezeichnet (INSTRUIRE, PRODUIRE etc.). Relationskonzepte können Objekte verschiedener Pfade der Hierarchie miteinander verbinden, was im Ergebnis zu einer netzartigen Struktur führt (Abb. 6).

Obschon die Bezeichnung der Konzepte der Hierarchie vielfach mit Einträgen des Lexikons bzw. Wörtern in Texten übereinstimmt, handelt es sich bei diesen nicht um dieselben Entitäten wie in der Konzepthierarchie. Die in der Hierarchie aufgeführten Konzepte können in vielen Fällen mit unterschiedlichen Wörtern versprachlicht werden. Dort, wo die Hierarchie der nominalen Konzepte stark verzweigt und somit sehr spezialisierte Konzeptknoten aufweist, stimmen Konzeptbezeichnung und sprachliche Bezeichnung allerdings häufig überein.

17. Vgl. Klix [et al.] 1982.

18. Dieses Phänomen wird beispielsweise deutlich bei der Gegenüberstellung der Sätze (a) *Flying planes can be dangerous* und (b) *Flying bees can be dangerous*. Während (a) hinsichtlich *flying* sowohl die Gerundiumlesart als auch die Partizipiallesart zuläßt, ist in (b) lediglich die Partizipiallesart sinnvoll. Diesem Phänomen kann nur dadurch Rechnung getragen werden, daß für das Subjekt und das Objekt von "fliegen" Zulässigkeitsbedingungen formuliert werden, in die dann allerdings außersprachliches Wissen über die "Fliegbarkeit von Objekten" einfließt (vgl. Habel 1986:23).

Abb. 6. Ausschnitt aus der Konzepthierarchie. Nominale Konzepte, die durch eine nicht etikettierte Linie miteinander verbunden sind, stehen in einer Hyponymie- bzw. Hyperonymierelation zueinander, die ebenso wie die etikettierten Verbindungslinien prädikative Konzepte darstellen. (Zu den unterstrichenen Konzeptknoten vgl. Abschnitt 3.3).[19]

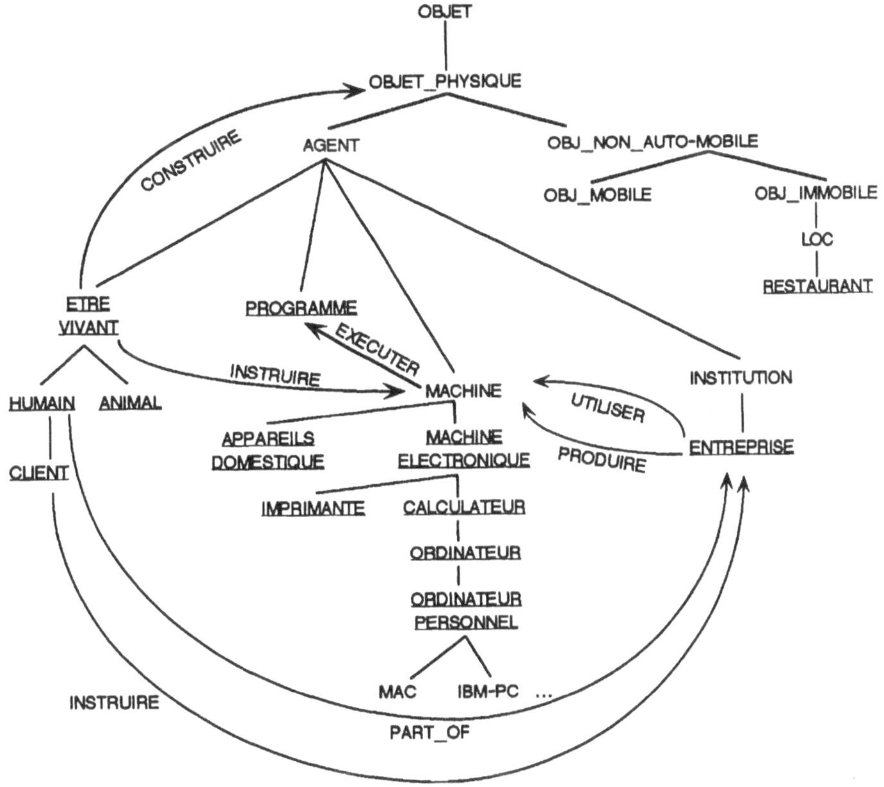

3.2 Statische Komponente

Die Annahme einer prozeduralen Komponente des Lexikons hat nun allerdings auch Rückwirkungen auf die Gestalt der statischen Komponente, und zwar auf die Bedeutungsexplizierung der dort aufgeführten Lexikoneinheiten. Eine Einheit des Lexikons, die wir hier als Lexem oder "Lexikonwort" bezeichnen wollen, um sie vom "Textwort", d.h. dem Wort bzw. der

19. Es sei darauf hingeweisen, daß "AGENT" in der vorliegenden Hierarchie ein Konzept bezeichnet, das durch eigene Aktions-, d.h. Handlungs- oder Bewegungsfähigkeit, gekennzeichnet ist und durch die gleichzeitige Existenz eines Konzepts "OBJ_NON_AUTO-MOBILE" (dt. *sich nicht selbst bewegendes Objekt*) motiviert ist, welches sich gerade durch die Abwesenheit dieser Fähigkeit auszeichnet. Daher erklärt sich, daß "AGENT" sowohl dem Konzept "ETRE HUMAIN" (dt. *menschliches Wesen*) als auch den Konzepten "MACHINE" (dt. *Maschine*) und "PROGRAMME" (dt. *Programm*) übergeordnet ist.

Wortform im konkreten Textzusammenhang zu differenzieren,[20] fassen wir als ein Bündel von Konzepten auf.

Es hat sich gezeigt, daß im Vergleich zu den zum Teil sehr differenzierten Konzepten der Hierarchie für die Repräsentation der Wortbedeutungen im Lexikon häufig recht grobe Konzepte ausreichen. In der Regel handelt es sich um Konzepte, die relativ weit oben in der Hierarchie angesiedelt sind. Der Eintrag des Verbs *composer* (Abb. 7) mag dieses veranschaulichen:[21]

Abb. 7. Eintrag *composer* in der statischen Lexikonkomponente.

```
composer
     cat:          V-er
     concept:      a $CONSTRUIRE
     arg:          b $AGENT
                   c$OBJET_PHYSIQUE
     subcat:       { (syn:           NP
                      concept:       b $AGENT
                      sem_rel:       [acteur (b,a)])

                     (syn:           NP
                      concept:       c$OBJET_PHYSIQUE
                      sem_rel:       [resultat (c,a)])

                     (syn:           PP
                      concept:       d $OBJET_PHYSIQUE
                      sem_rel:       [instrument (d,a)])

                     (syn:           PP
                      concept:       e $OBJET_PHYSIQUE
                      sem_rel:       [obj_aff (e,a)]) }
```

An erster Stelle nach der Lemmanennung folgt die syntaktische Kategorie ("cat:") des Lexikonwortes, die im vorliegenden Fall mit "V-er" angegeben wird, d.h. daß *composer* der Wortklasse der Verben und hier dem er-Konjugationsparadigma angehört. Durch das Attribut "concept:" wird das Lemma einem Konzept der Konzepthierarchie zugeordnet, das hier mit "CONSTRUIRE" angegeben ist. Als Wert des Attributs "arg:" (Argumente) finden sich im Fall von Verben obligatorische syntaktische Argumente. Als einfach transitives Verb verfügt *composer* über zwei Argumente, von denen das erste als "AGENT" und das zweite als "OBJET_PHYSIQUE" konzeptualisiert ist. Das Attribut "subcat:" (Subkategorisierung) schließlich gibt an, wie die Argumente des Verbs syntaktisch realisiert sind und welche semantische Relation sie bezogen auf das Lemmakonzept beschreiben. Außer den obligatorischen Argumenten kann der Wert von "subcat:" auch zusätzliche Argumente enthalten, die syntaktisch und

20. Vgl. Rickheit 1993.

21. Bei der Strukturierung der Lexikoneinträge haben wir uns an der im LILOG-Projekt der Firma IBM-Deutschland ausgearbeiteten Notation orientiert (vgl. Gust 1991, Rickheit 1991 und Rickheit 1993). Im Unterschied zu dem im LILOG-Projekt angewandten Verfahren unterscheiden wir hier jedoch nicht zwischen Konzepten und Sorten. Auch in der Mikrostruktur der Lexikoneinträge sind wir der LILOG-Konvention nicht vollständig gefolgt.

semantisch mit den jeweils angegebenen Werten in einem konkreten Text realisiert sein können. Als Elemente des dem Attribut "subcat:" zugeordneten Wert sind sie gewissermaßen als "syntaktisches Realisierungsangebot konzeptueller Argumente aufzufassen" (Rickheit 1993:175). Im Lemmaeintrag gibt "subcat:" somit die konzeptuelle Disposition des Lemmas an, die im syntaktischen Zusammenhang spezifiziert wird.

Im nachfolgenden Satz (a) tritt das Verb *composer* beispielsweise mit seinen zwei obligatorischen Argumenten auf. Diese sind syntaktisch als Nominalphrasen (NP) realisiert und können semantisch als "acteur" bzw. "resultat" interpretiert werden:

(a)	*Le metteur en pages compose une page.*[22]		
	NP	NP	
	"acteur"	"resultat"	

Darüber hinaus kann *composer* syntaktisch auch mit einer Präpositionalphrase (PP) kombiniert werden, die semantisch als "instrument" realisiert wird:

(b)	*Le metteur en pages compose une page à l'aide d'un logiciel PAO.*[23]		
	NP	NP	PP
	"acteur"	"resultat"	"instrument"

Schließlich kann *composer* auch mit einer PP auftreten, die nicht das Instrument, sondern die von der Handlung affizierten Elemente ("obj_aff") bezeichnet:

(c)	*Le metteur en pages compose une page à partir de texte et de graphiques.*[24]		
	NP	NP	PP
	"acteur"	"resultat"	"obj_aff"

Das Lexikonwort ist im Unterschied zum Textwort dadurch charakterisiert, daß es über keinerlei Referenzbezüge verfügt. Diese Tatsache macht das Konzeptbündel, d.h. die an der Repräsentation des Wortes im Lexikon beteiligten Konzepte, zu einem Potential, das in dem Augenblick, in dem das betreffende Wort in einen referenziellen Bezug eintritt (wie z.B. in den Sätzen (a) bis (c)), kontextabhängig konfiguriert wird, und dessen inhaltliche Bestimmung unter Zugriff auf die prozedurale Komponente des Lexikons erfolgt.

3.3 Prozedurale Komponente

Die prozedurale Lexikonkomponente, die die kontextabhängige Verarbeitung der Wortbedeutungen ermöglicht, gliedert sich in folgende Teilkomponenten:

(i) eine Wortbildungskomponente
(ii) eine schemabasierte Filterkomponente
(iii) eine Inferenzkomponente.

(i) Wortbildungskomponente:
Diese Teilkomponente des prozeduralen Lexikons übernimmt die Beschreibung der Mechanismen der Wortbildung, um die Erkennung und die Bedeutungserschließung von

---

22. Übers.: *Der Layouter setzt eine Seite / stellt eine Seite zusammen.*
23. Übers.: *Der Layouter setzt eine Seite mit Hilfe einer DTP-Software.*
24. Übers.: *Der Layouter stellt eine Seite aus Text und Graphiken zusammen.*

Wortbildungen, die selbst nicht in der statischen Komponente des Lexikons enthalten sind, zu ermöglichen. Hiermit wird das Defizit der Begrenzung des Lexikons zu einem guten Teil aufgehoben.[25]

Die unter (2) und (3) aufgeführten Beispiele, *composeur* und *récupérateur*, können so als durch Suffigierung mit dem Suffix *-eur* gebildete Nominalisierungen der Basisverben *composer* und *récupérer* erkannt werden. Voraussetzung dafür ist der Eintrag des Suffixes *-eur* im Lexikon (Abb. 8).

Abb. 8. Eintrag *–eur* in der statischen Lexikonkomponente.

-eur		
	cat:	V\N
	concept:	a $AGENT
	sem_rel:	[[AGENT V] [x]]

Suffixe erhalten als Angabe der syntaktischen Kategorie im Lexikon — in Anlehnung an Schreibweisen im Rahmen der Kategorialgrammatik — eine zusammengesetzte Kategorie, die sowohl die Kategorie der Basis, hier "V", als auch die aus der Suffigierung resultierende Kategorie, im vorliegenden Fall "N", angibt. Das Suffix ist als "AGENT" konzeptualisiert, wodurch sowohl eine Interpretation des mit *-eur* gebildeten Wortbildungsproduktes als "Mensch" als auch als "Gerät", "Instrument" oder "Programm" möglich wird (vgl. die Hierarchie in Abb. 6).

Mittels der Wortbildungskomponente kann nun das im Text auftretende Substantiv *composeur* als Nominalisierung vom Verb *composer* erkannt werden, wobei die Nominalisierung durch die Wortbildungskomponente folgende Lexikonspezifizierung erhält (Abb. 9).

Composeur wird entsprechend der Spezifizierung des Suffixes –eur als Substantiv (N) kategorisiert. Als Ableitung von der Verbbasis composer übernimmt es dessen konzeptuelle Klasse ("CONSTRUIRE"). Da das Suffix –eur als "AGENT" konzeptualisiert ist, erhält composeur als semantischen Marker ("sem:") die Angabe "AGENT". Entsprechend weist composeur gegenüber der Verbbasis nun nur noch ein Argument ("OBJ_PHY") auf, da die Nominalisierung das Agensargument selbst enthält, und dieses somit syntaktisch nicht mehr realisiert werden kann. Die Bezeichnung der semantischen Relation ("sem_rel:"), in der das Derivat zu seiner Basis steht, ergibt sich aus der Instanziierung der Variablen "V" in der Angabe der semantischen Relation ("sem_rel:") des Suffixeintrags durch die Verbbasis composer. Der Wert des Attributs "subcat:" wird vom Verb composer übernommen. Da die

25. Die Integration einer Wortbildungskomponente bringt keine vollständige Aufhebung dieses Defizits mit sich, weil fremdsprachige Entlehnungen beispielsweise nicht durch die Wortbildungskomponente beschrieben werden können. Wie folgendes Beispiel aus dem schon oben zitierten Produktkatalog (S. 264) zeigt (*Ce* "package" *dispose de l'ensemble des fonctions permettant de réaliser des* mailings *à partir de l'annuaire électronique*. Übers.: *Dieses "Package" verfügt über die Gesamtheit der Funktionen, die es ermöglichen, ausgehend vom elektronischen Adreßverzeichnis Mails zu verschicken.*), empfiehlt sich bei der inhaltlichen Erschließung von Texten aus dem Bereich der Datenverarbeitung, das Lexikon zusätzlich um eine angloamerikanische Komponente der entsprechenden Fachlexik zu erweitern.

Abb. 9. Eintrag *composeur* im erweiterten Lexikon.

```
composeur
      cat:        N
      concept:    a $CONSTRUIRE
      sem:        AGENT
      sem_rel:    [[AGENT composer] [x]]
      arg:        b $OBJET_PHYSIQUE
      subcat:     { (syn:          NP
                     concept:      b $OBJET_PHYSIQUE
                     sem_rel:      [resultat (b,a)])

                    (syn:          PP
                    concept:       c$OBJET_PHYCIQUE
                    sem_rel:       [instrument (d,a)])

                    (syn:          PP
                    concept:       d $OBJET_PHYSIQUE
                    sem_rel:       [obj_aff (d,a)]) }
```

Nominalisierung jedoch das Agensargument des Verbs realisiert, entfällt die Angabe dieses Arguments auch an dieser Stelle.

(ii) Filterkomponente:
Die Filterkomponente trägt der schon von Bartlett Anfang der dreißiger Jahre gemachten Beobachtung Rechnung, daß Hörer oder Leser bei dem Versuch, Textkohärenz herzustellen, auf stereotypes Ereigniswissen zurückgreifen. Entsprechend gewährleistet die Filterkomponente mittels sogenannter thematischer Schemata, die Gemeinsamkeiten mit den davon abgeleiteten "Frames" (Minsky 1975) und "Scripts" (Schank/Abelson 1977) oder den "Scenarios" (Sanford/Garrod 1981) aufweisen, die Instanziierung durch den Kontext gesteuerter Bedeutungen oder Bedeutungsvarianten. Damit kann in Ansätzen die Erwartungshaltung des Lesers bei der Bedeutungserschließung modelliert werden. Solche Schemata können ferner dazu eingesetzt werden, bei einer Mehrzahl verfügbarer Interpretationen, die man sich ihrerseits — bezogen auf die Darstellung im Lexikon — als gewichtet vorstellen muß, Präferenzen neu zu setzen und damit in gewisser Hinsicht als Filter für die unterschiedlichen Bedeutungsmöglichkeiten zu fungieren.[26]

26. Mit einer solchen Komponente wird auch reflektiert, daß Menschen intuitiv über eine Klassifikation von Textsorten verfügen. Eine solche Textsortenklassifikation liefert eine Strukturierung für den kognitiven Prozeß und ermöglicht dadurch überhaupt erst die Verarbeitung von Information in ihrer Komplexität. Entsprechend heißt es bei Adam (1985:39): " [...] la reconnaissance des types et la maîtrise de certains schémas globaux facilitent le traitement cognitif."

Abb. 10. Thematische Schemata. In ihnen sind sowohl Angaben über die im jeweils durch das Schema genannten Bereich zu erwartenden Entitäten enthalten als auch über Relationen, die zwischen diesen Entitäten bestehen.

Schema "ORDINATEUR"

A $SELF
B $DONNEES
C $SERVEUR

[TRAITER (A,B)]
[ETRE (C,A)]
[DONNER (C,B,A)]
[TRANSFERER (A,B)]

↓

SELF sub:
COMMUNICATION (A,B,C)

Schema "COMMUNICATION"

D $ORDINATEUR
E $UTILISATEUR
F $PROTOCOLE

[COMMUNIQUER_AVEC (E,D)]
[COMMUNIQUER_AVEC (D,A)]
[COMMUNIQUER_AVEC (A,D)]
[TRANSFERER (A,B,D)]
[UTILISER (E,B)]
[LOCALISE_SUR (B,C)]

Schema "ENTREPRISE"

A $SELF
B $BUDGET
C $EMPLOYES
D $DIRECTEUR
E $OBJETS
F $ACHTER
G $VENDRE
H $ CLIENTS

[AVOIR (A,B)]
[AVOIR (A, H)]
[INSTRUIRE (H,A)]

Im Fall des unter (1) aufgeführten Beispiels *serveur* wird — vorausgesetzt es handelt sich um interessengeprägtes Textverstehen[27] — durch den Titel und die Leserhaltung bereits bei Textbeginn ein thematisches Schema "COMMUNICATION [entre ordinateurs]" (dt. *Kommunikation* [*zwischen Computern*]) aktiviert, das in unserer Darstellung (vgl. Abb. 10) als Unterschema von "ORDINATEUR" angelegt ist.[28] Als Unterschema von "ORDINATEUR" verfügt das Schema "COMMUNICATION" auch über das im übergeordneten Schema dargestellte Wissen. Somit enthält "COMMUNICATION" die Entität "serveur", die im übergeordneten Schema durch "[ETRE (C,A)]"[29] als "ordinateur" spezifiziert wird, wodurch die zutreffende Interpretation von *serveur* im betrachteten Text als "Server", d.h. als zentraler Rechner eines Netzwerkes, auf dem Daten bereitgehalten werden, sichergestellt ist. Entsprechend kann auch das unter (4) aufgeführte *commande* durch die von der Zwischenüberschrift ausgelöste Aktivierung eines thematischen Schemas "ENTREPRISE" zutreffend als "Auftrag"

27. Vgl. Heinemann/Viehweger 1991:266.

28. Die Unterordnung des Schemas "COMMUNICATION" unter das Schema "ORDINATEUR" wird hier durch die Funktion "sub:" markiert, die das unterzuordnende Schema als Argument mit sich führt und auf "SELF", d.h. die durch das Schema selbst bezeichnete Entität (hier: "ordinateur"), angewendet wird. Im vorliegenden Fall werden auch einzelne Einheiten aus dem übergeordneten Schema in das Unterschema weitergereicht. Diese werden der Bezeichnung des Unterschemas in Klammern nachgestellt. Um die Lesbarkeit zu erhöhen, haben wir im Schema "COMMUNICATION" bei der Variablendeklaration darum erst mit der Variablen "D" begonnen. Bei der programmiertechnischen Umsetzung werden die Variablen automatisch identifiziert, so daß es bei identischen Variablennamen verschiedener Schemata de facto nicht zu Konflikten kommt.

29. Dt.: "[SEIN (C,A)]". Es handelt sich hier um eine innerhalb eines Schemas ausgedrückte Hyponymierelation, häufig auch als "IS_A-Relation" bezeichnet.

interpretiert werden. In diesem Fall wird *commande*, das als "INSTRUIRE" konzeptualisiert ist, durch die im Schema enthaltene Angabe "[INSTRUIRE (H,A)]" identifiziert, da H darin als "CLIENTS" (dt. *Kunden*) und A als "ENTREPRISE" (dt. *Unternehmen*) instanziiert sind. Die informatische Lesart "Kommando, Befehl" wird somit nicht in Betracht gezogen bzw. unmittelbar ausgefiltert.

(iii) Inferenzkomponente:
Die Inferenzkomponente schließlich hat die Aufgabe, Inferenzen über Konzepte des verfügbaren enzyklopädischen oder Weltwissens zu bilden. Sie ermöglicht, sowohl bei einer thematischen Verzweigung des Textes zu zutreffenden Interpretationen zu gelangen, als auch die verschiedenen im Text realisierten Bedeutungen einem thematischen Zusammenhang zuzuordnen. Sie ist damit in entscheidendem Maße notwendig für die Herstellung der Textkohärenz.

Die Inferenzkomponente stellt beispielsweise sicher, daß das unter (5) aufgeführte Substantiv *machine* als "Computer" interpretiert werden kann und sich im Text somit auf dasselbe Referenzobjet wie *ordinateur* bzw. *serveur* bezieht. Dies ist möglich, da *machine* in der Konzepthierarchie in einer sich über mehrere Stufen erstreckenden Hyperonymierelation (*machine - machine électronique - calculateur - ordinateur*) zu *ordinateur* steht (siehe Abb. 6), welches seinerseits mit einem Schema verbunden ist (in Abb. 6 durch Unterstreichung des Konzeptknotens markiert), das *serveur* als eine besondere Form von *ordinateur* ausweist (vgl. Abb. 10).

Die Komponenten des prozeduralen Lexikons ermöglichen also, ausgehend von einem Eintrag im Lexikon ein Textwort zu erzeugen, daß dadurch gekennzeichnet ist, daß es eine bestimmte Untermenge der im Lexikon aufgeführten virtuellen Konzepte realisiert, die im konkreten Kontext in bestimmter Weise zueinander in Beziehung stehen und durch schemagelenkte Interpretation und Inferenzen die konkrete Textwortbedeutung realisieren.

Wie unter Punkt 3.2 bereits skizziert, ist die Erschließung der aktuell vorliegenden Textwortbedeutung auf der Basis der im Text realisierten Konzeptkonfiguration des Wortes möglich, da jedes durch das Textwort aktivierte Konzept seinerseits in eine Hierarchie bzw. ein Netz von Konzepten eingebunden ist, die gewissermaßen indirekt an der Konstitution der Textwortbedeutung beteiligt sind. Einzelne Konzepte der Konzepthierarchie sind darüber hinaus mit thematischen Schemata verbunden, die die durch den Kontext vorgegebene situations- bzw. kontextabhängige Wortinterpretation steuern.

4 Status und Ziel der vorgestellten Lexikonkonzeption

Die hier vorgestellten Komponenten, die eine prozedurale Erweiterung des Lexikons darstellen, bilden Ansätze zu einem Verfahren, mit dem die Konstitution der Bedeutung von Wörtern in Texten modelliert werden soll. Ausgangspunkt und Motivation zu diesem Projekt waren die Ergebnisse der morphosemantischen Analyse des Französischen mit dem System MORSE (Seewald 1994), das Wörter alleine aufgrund ihrer morphologischen Struktur und der Zugehörigkeit zu einer bestimmten fachlichen Domäne, d.h. ohne Hinzuziehung des Kontextes, semantisch analysiert. Die Realisierung eines dynamisch erweiterbaren Lexikons, das ermöglicht, auch im Lexikon nicht verzeichnete Einträge zu erkennen, liegt bereits mit diesem System vor. Im Wortbildungssystem angelegte Ambiguitäten, wie sie in Abschnitt 3 anhand des Suffixes *-eur* aufgezeigt wurden, spiegeln sich im Rahmen der "kontextfreien" Analyse von MORSE durch Interpretationsalternativen, die von einer unterspezifizierten Wortbildungsbedeutung domänenspezifisch abgeleitet werden, wider. Um welche der Interpretationsangebote es sich in einem gegebenen Text handelt, mit welchen zusätzlichen, durch den Kontext gesteuerten Bedeutungsvarianten, diese Fragen können nur mit Hilfe eines Verfahrens, das kognitive Prozesse beim Verstehen von Texten einbezieht, beantwortet werden. Ansätze hierzu skizziert die vorliegende Arbeit, in der die Rolle des Lexikons für die Bedeutungserschließung von Textwörtern im Mittelpunkt steht.

Literatur / References

Adam, Jean-Michel 1985: *Quels types de textes?*, Le français dans le monde 192 (39–43).

Agricola, Erhard 1976: *Vom Text zum Thema*, in: Danes, Frantisek/Viehweger, Dieter (eds.): *Probleme der Textgrammatik*. Bd. 1. Berlin: Akademie-Vlg. (studia grammatica; XI) (13–27).

Bartlett, F. C. 1932: *Remembering: A Study in Experimental and Social Psychology*. Cambridge: Cambridge Univ. Press.

Cairns, Helen / Kamerman, Joan 1975: *Lexical information processing during sentence comprehension*, Journal of Verbal Learning and Verbal Behaviour 14 (170–179).

Dahlgren, Kathleen 1988: *Naive Semantics for Natural Language Understanding*. Boston [etc.]: Kluwer Academic Publishers.

Dictionnaire de l'Informatique 1988. Morvan, Pierre [et al.]. Paris: Larousse.

Gust, Helmar 1991: *Representing Word Meanings*, in: Herzog, Otthein / Rollinger, Claus-Rainer: *Text Understanding in LILOG*. Berlin [etc.]: Springer (127–142).

Habel, Christopher 1986: *Prinzipien der Referenzialität*. Berlin [etc.]: Springer.

Heinemann, Wolfgang / Viehweger, Dieter 1991: *Textlinguistik*. Tübingen: Niemeyer.

Johnson-Laird, Philipp N. 1983: *Mental Models*. Cambridge [etc.]: Cambridge Univ. Press.

Kintsch, W. / van Dijk, T .A. 1983: *Strategies of Discourse Comprehension*. New York: Academic Press.

Klix, F. [et al.] (eds.) 1982: *Cognitive Research in Psychology*. Amsterdam: North-Holland.

Le Dictionnaire de l'Informatique 1992. Brandeis, Pierre / Leroy, François (adapt. frç.). Paris: Dunod.

NPR = *Le Nouveau Petit Robert* 1993: Rey-Debove, Josette / Rey, Alain (eds. in chief). Paris: Dictionnaires le Robert.

Mehl, Stephan 1993: *Dynamische semantische Netze*. Zur Kontextabhängigkeit von Wortbedeutungen. Sankt Augustin: Infix-Vlg.

Minsky, Marvin 1975: *A Framework for Representing Knowledge*, in: Winston, P. H. (ed.): *The Psychology of Computer Vision*. New York: McGraw-Hill (211–280).

Rickheit, Mechthild 1991: *Sortal Information in Lexical Concepts*, in: Herzog, Otthein / Rollinger, Claus-Rainer: *Text Understanding in LILOG*. Berlin [etc.]: Springer (143-152).

- 1993: *Wortbildung. Grundlagen einer kognitiven Wortsemantik*. Opladen: Westdeutscher Vlg.

Rickheit, Gert / Strohner, Hans 1993: *Grundlagen der kognitiven Sprachverarbeitung*. Tübingen [etc.]: Francke.

Schank, Roger C. / Abelson, R. P. 1977: *Scripts, plans, goals, and understanding*. Hillsdale, N. J.: Erlbaum.

Schröder, Hartmut 1993: *Semiotische Aspekte multimedialer Texte*, in: ders. (ed.): *Fachtextpragmatik*. Tübingen: Narr (189-213).

Seewald, Uta 1994: *Maschinelle morpho-semantische Analyse des Französischen - »MORSE«*. Tübingen: Niemeyer.

Vater, Heinz 1990: *Einführung in die Textlinguistik*. Kölner Linguistische Arbeiten Germanistik.

Zimmer, Hubert D. 1985: *Die Verarbeitung von Bedeutung: Verstehen und Benennen*, in: Schwarze, Christoph / Wunderlich, Dieter (eds.): *Handbuch der Lexikologie*. Königstein: Athenäum (314-332).

Manfred Bierwisch

Lexikon und Universalgrammatik

Summary

Universal Grammar and Lexical Knowledge are, in a way, complementary aspects of linguistic structure: Whereas Universal Grammar (UG) characterizes the general schema underlying the structure of natural languages, the Lexicon of each particular language comprises all and only the idiosyncratic properties that make up the individual lexical items of the language in question. Although the idiosyncratic nature of lexical information is, in fact, crucial, as demonstrated in section 1, theispaper argues that UG and the Lexicon are nevertheless interdependent in essential respects.

First, lexical entries are claimed to be complex data structures whose general organization and basic components are provided by principles of UG (section 2). Assuming, more specifically, that UG determines a computational mapping between the domain A–P of articulatory/perceptual patterns und the domain C–I of conceptual/ intentional organization of experience, linguistic expressions must provide a systematic correspondence between two interface levels PF (Phonetic Form) and SF (Semantic Form). In order to define the correspondence between PF and SF over a potentially infinite range of expressions, UG must furthermore provide the combinatorial properties on the basis of which basic expressions are combined into more complex ones. This combinatorial capacity crucially depends on the Grammatical Form GF (syntactic and morphological categories, as well as semantic and categorial selection) of linguistic expressions. Hence lexical items, representing the basic units in terms of which the correspondence between PF and SF is to be computed, consist of information about their specific contribution to PF, SF, and GF.

Second, while UG on the one hand organizes the indiosyncratic information of individual lexical items, these items on the other hand determine the operation of the combinatorial principles of UG, in terms of which complex expressions are to be computed. In this sense, lexical items can be considered as rules or programs that determine local conditions of the combinatorial process (section 3).

In section 4, the way in which particular aspects of lexical information are controlled by Principles of UG is illustrated by means of more specific examples.

Finally, in section 5 the question is raised whether linguistic knowledge can be reduced to general conditions of UG interacting with lexical information, or whether, in addition, language-particular rules must be recognized. Three types of problems are discussed in line with recent developments in linguistic theory: first, the parameterization of UG–Principles on the basis of lexical information, second, the role of Functional Categories for the specification of syntactic properties, notably sequential ordering of constituents, and third, the status of morphological operations involved in derivation and inflection.

By way of conclusion, it is suggested that language acquisition consists essentially in learning the lexical items of a language, once the principles of UG have been made available.

1 Einleitung

Die beiden Begriffe, deren Verhältnis zueinander hier erörtert werden soll, beziehen sich auf Aspekte der natürlichen Sprache, genauer der impliziten Kenntnisstruktur, auf der das Sprachverhalten beruht. Dabei soll unter dem Titel Universalgrammatik - kurz UG - das System von Bedingungen oder Prinzipien gefaßt werden, das den Strukturplan, die generelle Organisationsform natürlicher Sprachen ausmacht. UG kennzeichnet mithin das generelle Systempotential, das Sprachkenntnis und damit Sprachverhalten ermöglicht. Mit dem Titel Lexikon ist, gewissermaßen komplementär dazu, die Gesamtheit der Einzelkenntnisse, der Besonderheiten und Idiosynkrasien gemeint, die den Bestand der lexikalischen Einheiten jeweils einzelner Sprachen ausmachen. Das Verhältnis dieser beiden Aspekte der Sprachkenntnis ist unter verschiedenen Gesichtspunkten zu betrachten, die bedeutsame Konsequenzen für das theoretische Verständnis sowohl der Sprachfähigkeit generell wie des Charakters einzelsprachlichen Wissens haben.

Zum ersten ist zu konstatieren, daß das Lexikon zwar grundsätzlich zu der durch UG bestimmten Kenntnisstruktur gehört, jedoch als Gesamtheit der kontingenten Besonderheiten mit UG offenbar nicht mehr zu tun hat als den Umstand, daß die lexikalischen Zufälligkeiten einer Sprache eben in diesem Rahmen liegen müssen. Das Lexikon erscheint, so gesehen, als der Aspekt der Sprachkenntnis, für den UG nichts festlegt außer der generellen Bedingung, daß Idiosynkrasien möglich, ja unerläßlich sind. Lexikon und UG hätten unter diesem Gesichtspunkt über scheinbar triviale Bedingungen hinaus nichts Interessantes miteinander zu tun. Man macht sich leicht klar - und es ist das generelle Ziel dieses Beitrags, dies im Einzelnen zu verdeutlichen -, daß diese Auffassung zwar insofern zutreffend ist, als Zufälligkeit in der Tat ein wesentliches Charakteristikum des Lexikons ist, daß sie aber zu kurz greift, weil Lexikon und Universalgrammatik in Wahrheit essentiell zusammenhängen.

Diese Feststellung führt zum zweiten Gesichtspunkt. Lexikalisches Wissen ist, auch wenn es zufälliger Natur ist, durch die Organisationsform bedingt, die UG vorgibt; nur auf dieser Basis kommt überhaupt die Struktur lexikalischer Einheiten zustande Und es wird zu zeigen sein, daß auch die idiosynkratischen Eigenschaften lexikalischer Einheiten Datenstrukturen mit hochgradig systematischem Charakter bilden. Anders ausgedrückt, nicht jede arbiträre Kombination idiosynkratischer Eigenschaften ist eine mögliche Einheit des Lexikons, sondern nur solche Konfigurationen, die die keineswegs trivialen Rahmenbedingungen von UG erfüllen.

Daran schließt sich ein dritter Gesichtspunkt an. Die UG-Prinzipien, die nicht nur die Grundelemente für den Aufbau lexikalischer Einheiten, sondern insbesondere auch die Bedingungen für die Kombination lexikalischer Einheiten zu komplexen Ausdrücken umfassen, können nur wirksam werden, insofern sie mit lexikalischem Wissen gefüllt werden und auf diesem operieren können. Das bedeutet aber, daß nicht nur lexikalische Einheiten den Bedingungen von UG genügen müssen, sondern daß umgekehrt der Aufbau und Inhalt lexikalischer Einheiten direkt Konsequenzen für die Wirkung der kombinatorischen Prinzipien von UG hat. Man könnte in Kantischer Weise sagen UG ohne das Lexikon ist leer, das Lexikon ohne UG ist blind (oder bloßes Chaos).

Auf diesem Hintergrund wird ein vierter Gesichtspunkt interessant, der den Charakter von Regeln betrifft, die nicht zu den Zufälligkeiten einzelner Lexikoneinheiten gehören, aber dennoch spezifisch für jeweils verschiedene Sprachen sind, die also offenbar weder im Strukturschema von UG generell vorgegeben sein können, noch Eigenschaften einzelner Wörter sind. Als Beispiele wären etwa die unterschiedlichen Bedingungen der Wortstellung im Englischen, Japanischen, Deutschen und anderen Sprachen oder die ganz verschiedenartigen Flexionssysteme unterschiedlicher Sprachtypen zu nennen. Dieser Gesichtspunkt führt zu der Frage, ob wir mit drei Aspekten der Sprachkenntnis zu rechnen haben: Idiosynkratisches im Lexikon, Regelhaftes in der Grammatik, und die prinzipielle Basis für beides in UG? Dieser offenbar plausiblen Dreiteilung wäre die radikalere und eben deshalb auch interessantere Annahme gegenüberzustellen, daß es einen 'Zwischenbereich' zwischen UG und Lexikon nicht gibt, daß mit anderen Worten die Kenntnis einer Sprache nichts anderes ist als die Ausgestaltung des Organisationsschemas UG durch Lexikalisches Wissen. Dieses Problem ist ein wichtiges Leitmotiv der theoretischen Überlegungen der letzten fünfzehn Jahre, die wesentlich von der Tendenz geprägt waren, durch vertiefte Analysen einerseits einzelsprachliche oder konstruktions-spezifische Regeln auf Prinzipien der Universalgrammatik zurückzuführen, und andererseits die einzelsprachlichen Besonderheiten in einem systematischen Verständnis lexikalischer Information zu erfassen. Es liegt auf der Hand, daß den damit verbundenen Fragen eine besondere Bedeutung für das Verhältnis von Lexikon und UG zukommt.

Mit diesem Gesichtspunkt verbunden, jedoch nicht mit ihm identisch sind schließlich generelle Überlegungen zum Verhältnis zwischen UG und allgemeinen Bedingungen kognitiver Strukturbildung. Diese Überlegungen zielen darauf, die Prinzipien von UG aus Bedingungen der Ökonomie des Berechnungssystems abzuleiten, das die Korrespondenz zwischen konzeptuellen Strukturen einerseits und den Mustern der Artikulationskontrolle andererseits, kurz zwischen Laut und Bedeutung, ermöglicht und determiniert. Kognitive Ökonomie ist dabei als ein allgemeines Strukturprinzip zu verstehen, das empirisch in Bezug auf unterschiedliche Domänen zu bestimmen ist. Chomsky (1993) hat verschiedene Ansätze eines solchen Konzepts zu einem Erkundungsprogramm zusammengefaßt, an dem ich mich im Folgenden in wesentlichen Zügen orientieren werde.

In Abschnitt 1 werde ich, dem ersten der genannten Gesichtspunkte folgend, zunächst die Tatsache bekräftigen, daß lexikalische Information unbezweifelbar idiosynkratischen Charakter hat. In den Abschnitten 2, 3 und 4 werde ich den Gesichtspunkten nachgehen, die die Abhängigkeiten zwischen UG und lexikalischer Information betreffen. Abschnitt 5 schließlich geht der Frage nach, wie weit und auf welche Weise einzelsprachliche Regeln in das lexikalische System einer Sprache einzubetten sind.

2 Lexikalische Einheiten als idiosynkratische Information

Offensichtlich idiosynkratischer Natur sind zunächst Irregularitäten wie die in (1) und (2) illustrierten Erscheinungen:

(1)	(a)	hören	anhören	abhören	aufhören
	(b)	*Hörung	Anhörung	?Abhörung	*Aufhörung
(2)	(a)	fangen	anfangen	abfangen	auffangen
	(b)	Fang	Anfang	*Abfang	*Auffang

Die Verben in (1a) und (2a) zeigen, daß die Verbindung eines Stamms mit einem Präfix in vielen Fällen ein komplexes Verb ergibt, dessen syntaktische und semantische Eigenschaften aus denen der Bestandteile nicht ableitbar sind, sich also nicht aus regulärer Komposition ergeben, sondern im Lexikon aufgelistet sein müssen. Irregulär ist auch die Möglichkeit, zu diesen Verben Nominalisierungen der in (1b) und (2b) illustrierten Form zu bilden. Es kommt an dieser Stelle nicht darauf an, die verschiedenen Subregularitäten und Ausnahmetypen im Detail zu analysieren und die Art ihrer lexikalischen Repräsentation zu bestimmen; es soll zunächst nur der Spielraum der Phänomene an einigen Beispielen belegt werden.

Die Beispiele in (1) und (2) illustrieren Idiosynkrasien bei der Komposition und Derivation lexikalischer Einheiten. Etwas andere Probleme treten im Bereich der Flexionsmorphologie auf, wo Unregelmäßigkeiten sich auf die Anwendbarkeit der Flexionsregeln beziehen, wie (3a) mit dem Kontrast von "starker" und "schwacher" Flexion andeutet. (3b) zeigt, daß diese Idiosynkrasie sich (normalerweise) vom Grundwort auf die Präfixkomposita überträgt:

(3)	(a)	fangen	fing	gefangen	*fangte	*gefangt
	(b)	anfangen	anfing	angefangen	*anfangte	*angefangt
(4)	(a)	hängen	hing	gehangen	hängte	gehängt
	(b)	abhängen	abhing	abgehängt	abhängte	abgehängt

Das Beispiel (4) belegt eine weitere Idiosynkrasie in diesem Bereich: Anders als für *fangen* sind für *hängen* sowohl starke wie schwache Flexion möglich, nun aber mit der zusätzlichen Bedingung, daß sie mit den syntaktischen und semantischen Eigenschaften des intransitiven bzw. transitiven Verbs verbunden sind, was sich, wie (4b) zeigt, wiederum auf die ihrerseits irregulären Präfixkomposita überträgt.

Ohne auf die Einzelheiten dieser beliebig vermehrbaren Beispiele einzugehen, ist zunächst Folgendes festzuhalten: Die betrachteten Beispiele zeigen, daß lexikalische Einheiten Ausnahmen in Bezug auf Regeln oder Bedingungen für die Struktur komplexer Einheiten sein können und daß dieser Ausnahmecharakter sowie sein genauer Inhalt als Eigenschaft dieser Einheiten fixiert sein muß. Das setzt einerseits die Existenz entsprechender Regeln oder Prinzipien voraus, und andererseits die Möglichkeit, deren Geltung durch idiosynkratische Informationen außer Kraft zu setzen, sie zu suspendieren.

Nun kann aber Lexikoninformation nicht nur in der Markierung von Ausnahmen in Bezug auf Derivations- oder Flexionsregeln bestehen. Vielmehr muß eine Lexikoneinheit zunächst die für diese Einheit spezifischen Eigenschaften der Lautform, der Bedeutung und der grammatischen Klassifizierung angeben, also etwa die Tatsache, daß *an* eine Präposition ist, den Akkusativ oder den Dativ regiert, mit einem offenen, hinteren, kurzen Vokal bekinnt und eine Kontaktbeziehung bezeichnet. Es müssen, mit anderen Worten, die Unterschiede zwischen Lautformen wie denen in (5) angegebenen registriert werden:

(5) (a) an : in : un

(b) leiden : leiten :: leider : leiter

Was (5) für die Lautstruktur illustriert, gilt entsprechend auch für alle anderen Struktureigenschaften, etwa die parallelen und asymmetrischen semantischen Kontraste in (6a) bzw. (6b),oder die in (7a) angedeuteten Unterschiede der Kasusrektion, die nicht – wie (7b) zeigt – auf die verschiedenen Präfixe zurückzuführen sind:

(6) (a) Vater : Mutter :: Sohn : Tochter

(b) alt : neu / jung

(c) auf / über : unter

(7) (a) jemandem zuhören, jemanden anhören

(b) jemandem zuführen, jemanden anführen

Die Gemeinsamkeit der betrachteten Erscheinungen besteht bei aller Unterschiedlichkeit in der Tatsache, daß sie nicht aus allgemeinen Regeln oder Prinzipien ableitbar sind und als Eigenschaften der einzelnen lexikalischen Einheiten spezifiziert sein müssen. Eine plausible, aber keineswegs selbstverständliche oder gar triviale Folgerung aus diesen Betrachtungen ist die folgende Maxime:

(8) Die idiosynkratischen Eigenschaften einer Sprache sind in den lexikalischen Einheiten verankert.

Mit anderen Worten: Wenn etwas idiosynkratisch ist, steht ist es im Lexikon vermerkt. Was diese These genau besagt, hängt von zusätzlichen Annahmen ab, um die es im Weiteren gehen soll. Zunächst schließt vor allem (8) aus, daß Regeln oder allgemeine Prinzipien idiosynkratische Bedingungen enthalten, die sich auf einzelne Lexikoneinheiten beziehen. Ehe ich diesen Punkt weiter verfolge, will ich die folgende Umkehrung von (8) betrachten: Wenn etwas im Lexikon vermerkt ist, ist es idiosynkratisch. Mit anderen Worten:

(9) Lexikalische Einheiten enthalten keine prädiktable Information.

Während (8) ausschließt, daß allgemeine Prinzipien oder Regeln idiosynkratische Information enthalten, schließt (9) alle regel- oder prinzipienbedingte Information aus den Lexikoneinheiten aus. Auch hier hängt es von weiteren Annahmen ab, was die These genau besagt. Ich will das am Beispiel der Markiertheitstheorie verdeutlichen, die Chomsky & Halle (1968) für die Lautstruktur formuliert haben und die in verschiedener Weise weiterentwickelt worden ist. Die Prinzipien dieser Theorie tragen der Tatsache Rechnung, daß z.B. die ungerundeten vorderen Vokale *e* und *i* normaler oder unmarkiert sind, bezogen auf die gerundeten Gegenstücke *ö* und *ü*. Ebenso sind die stimmlosen Obstruenten *p*, *t*, *k* unmarkiert gegenüber den stimmhaften *b*, *d*, *g*. Unter Voraussetzung der Markiertheitsprinzipien ist nun der Normalwert einer Eigenschaft der Regelfall, der keiner besonderen Angabe bedarf, sodaß eine lexikalische Einheit nur Informationen über Abweichungen vom unmarkierten Wert enthalten muß. Da der Vokal *a* in diesem Sinn der gegenüber allen anderen Vokalen unmarkierte Fall ist, ist die Präposition *an* für das erste Segment nur mit dem Merkmal [vokalisch] gekennzeichnet, die Präposition *in* dagegen mit den Merkmalen [vokalisch, hoch], etc. Die Logik dieser Überlegung gilt sinngemäß auch für syntaktische und semantische Eigenschaften. So verlangt im Normalfall ein transitives Verb im Deutschen ein Objekt im Akkusativ, sodaß die Kasusanforderung nur für davon abweichende Fälle (d.h. z.B. für *zuhören*, aber nicht für *hören*) registriert werden muß.

Es ist leicht zu sehen, daß Existenz und Inhalt von Prinzipien der eben erörterten Art nicht nur die Folgen aus (9) betreffen, insofern neutrale oder unmarkierte Eigenschaften prädiktabel sind und also nicht zur Lexikoninformation gehören, sodern auch den Inhalt der Maxime (8) präzisieren, weil nun alles, was nicht neutraler oder "default"-Wert einer möglichen Spezifizierung ist, als lexikalische Information fixiert werden muß.

Ich fasse die Thesen (8) und (9) in der Formulierung (10) zusammen und nehme an, daß sie der weiteren Erörterung zugrundegelegt werden kann.

(10) Die lexikalischen Einheiten enthalten alle und nur die idiosynkratischen Spezifikationen einer Sprache.

Dabei ist anzumerken, daß die in (10) enthaltene Bedingung (9), die die strikte Redundanzfreiheit der Lexikoneinheiten garantiert, zugleich besagt, daß es um die Struktur sprachlichen Wissens, nicht um die Charakterisierung des lexikalischen Langzeitgedächtnisinhalts, des sogenannten "mentalen Lexikons", geht. Denn für das mentale Lexikon kann Redundanz nicht nur nicht ausgeschlossen werden, redundante Information ist, abhängig von Gebrauchsbedingungen, vielmehr als wahrscheinlich anzunehmen.

Wichtig für die Beziehung von Lexikon und Universalgrammatik ist jedoch vor allem ein Problem, das mit der Interpretation der These (8) zusammenhängt. In einer engeren Auslegung, die durch die bisher angeführten Beispiele nahegelegt wird, bezieht sich (8) – und damit auch (10) – auf Idiosynkrasien innerhalb einer Einzelsprache, also auf alles, was nicht aus allgemeinen Regeln dieser Sprache folgt. In einer stärkeren oder extensiveren Interpretation bezieht sich (8) auch auf das, was idiosynkratisch im Vergleich zu anderen Sprachen ist, also nicht aus UG folgt. Ich will diese weitergehende These zum Zweck der Verdeutlichung folgendermaßen formulieren:

(11) Das Lexikon spezifiziert alle (und nur) die kontingenten Eigenschaften einer gegebenen Einzelsprache.

Ich werde auf die Probleme dieser stärkeren These in Abschnitt 5 zurückkommen.

3 Die Struktur von Lexikoneinheiten

Lexikalische Einheiten enthalten zwar, wenn (10) zutreffend ist, ausschließlich idiosynkratische Informationen, die aber systematisch organisiert sein müssen. Lexikalisches Wissen wäre sonst nicht lernbar. Vor allem aber müssen lexikalische Einheiten disponiert sein für die kombinatorischen Prozesse, die die Struktur komplexer sprachlicher Ausdrücke determinieren. Ich will zunächst zwei Aspekte dieser Organisation skizzieren, die wesentlich für die Beziehung zwischen UG und Lexikon sind.

3.1 Die formale Organisation lexikalischer Einheiten

Lexikalische Einheiten sind Datenstrukturen, die drei Arten von Informationen verbinden:

(12) (a) Die Phonetische Form PF(E) der Einheit E

(b) Die Semantische Form SF(E) der Einheit E

(c) Die Grammatische Form GF(E) der Einheit E

Jeder Teilkomplex besteht aus Grundelementen - phonetischen, semantischen, grammatischen Merkmalen oder Einheiten - die spezifische, durch UG determinierte Strukturen bilden: PF(E) ist eine in linear verknüpften Segmenten organisierte Auswahl phonetischer Merkmale, SF(E) ist eine aus Konstanten und Variablen bestehende Funktor-Argument-Struktur, die die begriffliche Interpretation sprachlicher Ausdrücke steuert, und GF(E) determiniert durch syntaktische und morphologische Merkmale die grammatische Struktur komplexer Ausdrücke.

Es ist hier nicht der Platz, die formalen Bedingungen, die sich aus den durch UG ermöglichten kombinatorischen Strukturen für die Organisation lexikalischer Einheiten ergeben, im Einzelnen zu erörtern. Als provisorische Illustration gebe ich die Datenstruktur der Präposition *bei* an:

(13)	/bay/	[-V, -N, - Dir] ^x ^y	[y LOC [PROX x]]
	PF	GF	SF

/bay/ kürzt die redundanzfreie Struktrur phonetischer Merkmale ab, die Semantische Form besagt, daß der Wert der Variablen y in der Relation LOC zum Funktionswert PROX der Variablen x steht - einfacher gesagt: daß y in der proximalen Umgebung von x lokalisiert ist. Die Grammatische Form GF hat zwei Teilkomplexe: Die Kategorisierung [-V, -N, -Dir] klassifiziert *bei* als nichtdirektionale Präposition; die beiden Argumentstellen ^x und ^y definieren die Komplemente, mit denen *bei* sich syntaktisch verbindet, um den Wert der Variablen x und y in SF zu bestimmen. Dabei ist für das Objekt der Präposition, das die Argumentstelle ^x besetzt, die morphologische Bedingungen [Dativ] erforderlich, die in (13) nicht spezifiziert ist, da sie den Normalfall des Objektskasus bei Präpositionen darstellt und daher - im oben erwähnten Sinn prädiktabel ist. Was diese sehr vereinfachte Illustration zeigen soll, ist zweierlei: Erstens, die Information einer Lexikoneinheit und ihre Teile weisen spezifische, durch generelle Prinzipien der Universalgrammatik bedingte Strukturen auf. Zweitens: diese Struktur ist direkt auf die Prinzipien der Kombinatorik bezogen, in die die Lexikoneinheiten einbezogen werden. So ergibt sich, stark vereinfacht, für die Präpositionalphrase *bei ihm* aufgrund von (13) die Struktur (15), wenn (14) die lexikalische Information von *ihm* repräsentiert, wobei die Semantische Form X eine (deiktische oder anaphorische) Referenzstelle andeutet:

(14) /i:m/ [+N, -V, -Plur, +Dat] [X]

(15) /bay i:m/ [-V, -N, -Dir] ^y [y LOC [PROX [X]]]

Die Struktur (15) deutet zugleich an, daß Lexikoneinheiten grundsätzlich auf die gleiche Art strukturiert sind wie komplexe Ausdrücke, ein Befund, der direkt der eben erwähnten Bedingung entspricht, daß Lexikoneinheiten vom Format her auf die grammatische Kombinatorik disponiert sein müssen. Und das heißt zugleich, daß die Präpositionalphrase *bei ihm* aufgrund der noch offenen Argumentstelle ^y in der gleichen Weise wie ein lexikalisches Ortsadverbial – etwa *dort* oder *oben* – fungieren kann, z.B. als Prädikativ – etwa in *Sie war bei ihm, sie war dort* – oder als Modifikator – in *ein Besuch bei ihm, der Stuhl dort* oder *bei ihm zu übernachten, dort zu übernachten.* Auf die Einzelheiten dieser Strukturen ist hier nicht einzugehen, man findet sie bei Bierwisch (1988) und Wunderlich (1991).

Ich hebe den damit erläuterten formalen Zusammenhang zwischen Lexikon und UG noch einmal ausdrücklich hervor: Die Organisationsform, die UG für den Aufbau lexikalischer Einheiten vorgibt, folgt direkt aus der Struktur komplexer sprachlicher Ausdrücke, deren Aufbauprinzipien UG determiniert, und umgekehrt bestimmt die Information lexikalischer Einheiten die Struktur komplexer Ausdrücke, die nach den Prinzipien von UG aus ihnen gebildet werden.

Die in diesem Sinn gleichartige Struktur lexikalischer Einheiten und komplexer Ausdrücke ist nun ihrerseits wesentlich bedingt durch den Charakter der menschlichen Sprachfähigkeit, als deren formale Organisation UG aufzufassen ist. Eine natürliche Sprache ist eine Kenntnisstruktur, die die Korrespondenz zwischen zwei (potentiell unendlichen) Systemen mentaler Repräsentationen definiert, nämlich dem System A–P, das die Artikulation und Perzeption von Signalstrukturen kontrolliert, also vornehmlich der Lautstruktur sprachlicher Zeichen, und dem System C–I, das den konzeptuell-begrifflichen und intentionalen Bezug zur Umwelt herstellt, also die Bedeutung sprachlicher Zeichen. Da die Zuordnung zwischen A–P und C–I für eine nicht abgeschlossene Menge komplexer Strukturen gilt, muß sie kombinatorisch berechenbar sein. Damit ergeben sich für UG drei notwendige Randbedingungen:

(16) (a) Systematischer Zugriff auf die Repräsentationen in A–P, repräsentiert in der Ebene der Phonetischen Form PF;

(b) Systematischer Zugriff auf die Repräsentationen in C–I, repräsentiert in der Ebene der Semantischen Form SF;

(c) Kombinatorische Abbildung der Strukturen von PF auf SF, gesteuert durch die Grammatische Form GF.

Es ist leicht zu sehen, daß diese drei Bedingungen genau den in (12) genannten Komponenten lexikalischer Einheiten entsprechen: PF(E) determiniert die Interpretation von E im artikulatorisch-perzeptiven System, SF(E) determiniert die Interpretation von E im begrifflich-intentionalen System, GF(E) definiert die kombinatorischen Eigenschaften von E, die zwei Aspekte aufweisen: die Klassifizierung von E (im Beispiel (13) als nichtdirektionale Präposition), und die Argumentstruktur von E, die seine "Fügungspotenz" ausmachen. Die in (16) zusammengefaßten Überlegungen hat Chomsky (1993) "virtuelle begriffliche Notwendigkeiten" genannt. Damit ist gemeint, daß die beiden "Schnittstellen" PF und SF und die Korrespondenz zwischen ihnen zwar nicht logische Notwendigkeiten, wohl aber Mindestbedingungen für die begriffliche Erfassung der Sprachfähigkeit darstellen. Ich werde diese als Minimalistisches Programm der linguistischen Theorie bezeichnete Auffassung den weiteren Überlegungen zugrundelegen.

Die durch GF gesteuerten kombinatorischen Prinzipien müssen offensichtlich der Tatsache Rechnung tragen, daß sprachliche Ausdrücke zwei ganz unterschiedlich organisierte Systeme – lineare Signalstrukturen und abstrakt-hierarchische Konzeptstrukturen – aufeinander beziehen müssen. Von der direkten Zuordnung, die PF(E) und SF(E) im Lexikon aufweisen, können dabei verschiedene Arten von Abweichungen auftreten. (17) illustriert ein charakteristisches Phänomen des Deutschen:

(17) (a) Peter stellte ihm einen Kollegen vor.

(b) Peter wollte ihm einen Kollegen vorstellen.

Das als lexikalische Einheit fixierte Verb *vorstellen*, das in (17b) eine Einheit der Lautstruktur darstellt, ist in (17a) aufgrund einer Operation, die den finiten Teil des Verbs im Deutschen nach vorne versetzt, in die beiden getrennten Teile *stellte* und *vor* aufgespalten, ohne daß dem eine entsprechende Aufteilung der Semantischen Form und der Argumentstruktur entspricht. Tatsächlich enthält die Semantische Form sowohl von (17a) wie von (17b) Teilstrukturen, die den Ausdrücken *einen Kollegen vorstellen* und *ihm einen Kollegen vorstellen* entspricht. Der lexikalische Eintrag für *vorstellen* muß demnach so etwas wie eine "Sollbruchstelle" enthalten, auf die sich die in (17a) auftretende Umstellung des Verbstamms *stell* beziehen kann. (18) deutet die dafür notwendige Umorganisation der lexikalischen Information an:

```
(18)    [+V [+P ] [ +V ] ]    ^x ^y ^z [ z CAUSE [ y KENNT x ]]
             |      |
          /fo:r/  /stel/
```

Der Kategorisierungsteil von GF(E) ist hier in die Verschachtelung von zwei Kategorienangaben für die Präposition *vor* und den Verbstamm *stell* aufgeteilt, denen die entsprechenden Teile von PF(E) zugeordnet sind. Die Argumentstruktur und die Semantische Form, die etwas vereinfacht die Bedingung wiedergibt, daß z das Bekanntwerden von y mit x verursacht, nehmen an dieser Aufteilung nicht teil.

Auf die Frage, wie die kombinatorischen Prinzipien die damit angedeutete Information lexikalischer Einträge nutzen, um die unterschiedlichen Strukturen in (17)(a) und (b) zu erzeugen, kann ich hier nicht eingehen. Es sollte an dieser Stelle lediglich deutlich gemacht werden, daß in der Struktur lexikalischer Einheiten auch kompliziertere syntaktische Prozesse wie die Spezifik der Position des finiten Verbs ihren Niederschlag finden. Ich komme auf einen Aspekt dieses Problems im letzten Abschnitt zurück.

3.2 Die Substanz lexikalischer Einheiten

Bisher habe ich die Bedingungen diskutiert, die sich aus UG für das Format lexikalischer Einheiten ergeben. Zu jeder der drei Komponenten gehören spezifische Grundeinheiten, für die UG ebenfalls Bedingungen vorgibt, deren Mindestbestimmungen sich aus empirischen Grundannahmen ergeben. Dabei sind die Grundelemente von PF und SF durch die Tatsache bedingt, daß sie die Schnittstelle zur jeweiligen Bezugsdomäne, also A-P bzw. C-I, darstellen, während die Elemente von GF formale Bedingungen der Korrespondenz zwischen PF und SF spezifizieren.

Die minimale Annahme bezüglich der Elemente von PF und SF ist zunächst, daß UG die Form determiniert, in der sprachliche Ausdrücke strukturelle Distinktionen der jeweiligen Bezugsdomäne rekrutieren und in Repräsentationen der jeweiligen Schnittstellenebene integrieren können. Für PF sind binäre Merkmale wie [stimmhaft], [rund], [hoch], etc. empirisch motivierte Grundelemente, die solche Distinktionen repräsentieren. Für die Art, in der UG diese artikulatorisch-auditiven Distinktionen determiniert, sind zwei Annahmen möglich:

(19) UG spezifiziert ein festes, im Hinblick auf A–P strukturiertes Repertoire möglicher Distinktionen, aus denen eine gegebene Sprache eine systematische Auswahl trifft.

(20) UG enthält Bedingungen, aufgrund derer Distinktionen auf Repräsentationen in A–P projiziert und für ein Repertoire von Grundelementen von PF rekrutiert werden.

Im Sinn von (19) enthält UG ein festes Reperoire, aus dem in systematischer, durch die Struktur des Repertoires bedingter Weise auszuwählen ist, im Sinn von (20) definiert UG ein Verfahren, dessen Ergebnis ein strukturiertes Repertoire ist. Der Unterschied ist konzeptuell deutlich, aber empirisch schwer zu entscheiden, umso mehr, als sowohl für (19) wie für (20) anzunehmen ist, daß die Distinktionen eine systematische, durch A–P bedingte und in den oben erwähnten Prinzipien der Markiertheitstheorie formal gefaßte Struktur aufweist. Was allerdings bei dem relativ begrenzten Repertoire von PF – die in Betracht gezogenen Distinktionen oder Merkmale überschreiten die Größenordnung von zwei Dutzend nicht – ein beinahe spekulatives Problem ist, nimmt in Bezug auf SF und den Bezug zu C–I einen ganz anderen Charakter an. Es scheint unausweichlich, für SF das anzunehmen, was der in (20) formulierten konstruktiven Auffassung entspricht. Ich lasse die Frage für PF hier offen, nehme aber an, daß das PF–Repertoire einer Sprache in jedem Fall durch die Präferenzen der Markiertheits–Asymmetrien strukturiert ist, und daß diese Präferenzen aus den Prinzipien von UG folgen.

UG determiniert aber nicht nur das Repertoire von Merkmalen und seine Struktur, sondern auch die Form der Konfigurationen, die diese Merkmale innerhalb von PF eingehen können. Die Rahmenbedingungen können folgendermaßen formuliert werden:

(21) (a) PF–Repräsentationen beruhen grundsätzlich auf einem linearen Skelett von Positionen oder Segmenten, denen die Elemente des PF–Repertoires zugeordnet werden.

(b) Die Zuordnung unterliegt Bedingungen, die systematische suprasegmentale Gruppierungen (Silben, Füße, phonologische Wörter und Phrasen) definieren.

Die beiden Bedingungen (21)(a) und (b) betreffen offensichtlich das Format der PF–Repräsentationen. Sie legen die sequentielle Verknüpfung von Segmenten und deren Gruppierung in Silben, Füßen, Wörtern und Phrasen als formale Kombinatorik von PF fest.Sie gehören aber insofern zum substantiellen Aspekt von UG, als sie unmittelbar mit den Bedingungen des artikulatorisch–perzeptiven Systems, der Erzeugung und Verarbeitung von Signalen zusammenhängen.

Für die Beziehung von UG und lexikalischer Information ist nun anzumerken, daß mit (19) bzw. (20) sowie (21) in Bezug auf PF(E) die Prinzipien gegeben sind, auf die sich die die Redundanzfreiheit bezieht, die mit der These (9) gemeint ist. In PF(E) erscheinen nur solche Informationen der vollständigen Phonetischen Form PF, die nicht aus den mit (19) oder (20) und (21) gegebenen Prinzipien folgen. Insoweit legt demnach UG nicht nur den formalen

Aufbau lexikalischer Information fest, sondern beschränkt oder reduziert auch deren substantiellen Inhalt.

Wie bereits angedeutet, gelten diese Überlegungen mit entsprechender Modifizierung auch für SF. Das Repertoire der Grundeinheiten und seine Struktur ist hier, wie erwähnt, vermutlich nur durch ein konstruktives Verfahren im Sinn von (20) determiniert. Diese Annahme beruht auf der im Vergleich zu A–P um Größenordnungen höhere Komplexität der Struktur von C–I, d.h. des begrifflich-intentionalen Systems. Die im Sinn dieses Verfahrens durch UG zugänglich gemachten Grundelemente fallen in zwei Klassen: Konstante wie LOC, PROX, CAUSE, KENNT, etc., um Beispiele aus den provisorischen Illustrationen in (13), (15) und (18) zu nennen, und Variable x, y, z, usw. Konstante beziehen sich auf Einheiten und Distinktionen begrifflich-klassifikatorischer Kenntnisstrukturen in ähnlichem Sinn wie sich PF-Merkmale auf artikulatorisch-perzeptive Muster beziehen. Die Einzelheiten sind kontrovers und weithin klärungsbedürftig. Ansätze bieten sich in Bereichen, deren begriffliche Struktur wir zumindest in Grundzügen verstehen, etwa im Bereich der Raumstruktur. Variable spielen eine davon grundsätzlich verschiedene Rolle. Sie werden entweder im Rahmen der kombinatorischen Erzeugung komplexer Ausdrücke gebunden oder substituiert, oder sie sind Ankerpunkte für die im situativen oder kontextuellen Zusammenhang intendierte Referenz.

Für Konstante und Variable gleichermaßen gilt die folgende Bedingung, die für SF die Kombinatorik der Grundelemente definiert und damit das Analogon zu (21) darstellt:

(22) (a) Die Grundelemente von SF sind Typen zugeordnet, die der begrifflichen Struktur ihrer Interpretation entspricht.

(b) Die Typenzugehörigkeit der Grundelemente definiert für SF eine hierarchisch organisierte Funktor-Argument-Struktur.

Wie (21) für PF ergibt sich auch (22) für SF aus den Bedingungen des Bezugssystems, hier also C–I, und legt aufgrund dieses Bezugs das Repräsentationsformat von SF fest. Im Beispiel (13) etwa ist LOC eine Relation zwischen einer Einheit y und dem Wert der auf x angewendeten Funktion PROX, die die proximale Umgebung von x determiniert. Wie (21) gehört (22) zu den Prinzipien von UG, die die Mindestbedingungen für die Struktur sprachlicher Ausdrücke definieren.

Während sich die mit (19) bis (22) umschriebenen Bedingungen auf die Form beziehen, in der UG die Schnittstellen mit externen Systemen organisiert, sind die Grundelemente von GF und ihre Verknüpfung rein formaler Art, sie beziehen sich auf die Kombinatorik sprachlicher Ausdrücke und die durch sie vermittelte Korrespondenz zwischen SF und PF. Bei den folgenden Erläuterungen halte ich mich an die oben bereits eingeführte Unterscheidung von Kategorisierung und Argumentstruktur als Teilen von GF, die ganz verschiedene Aspekte des Kombinatorischen festlegen.

Die Kategorisierung beruht auf formalen Merkmalen, die syntaktische und morphologische Kategorien unterscheiden. Diese Merkmale bestimmen vornehmlich oder ausschließlich die Eigenschaften eines Ausdrucks beim Aufbau komplexer Ausdrücke. Ihr Inhalt kann sich also nicht (oder nur indirekt) auf externe Interpretation beziehen. Merkmale wie [+ V], [+N], [+Dativ] oder [- Dir] determinieren vielmehr unterschiedliche Aspekte des kombinatorischen Verhaltens der kategorisierten Ausdrücke. Am Beispiel *vorstellen* – und generell der Verben mit trennbarem Präfix – war überdies festzustellen, daß diese Merkmale nicht nur zu Merkmalssätzen zusammengefaßt werden, sondern auch Verschachtelungen bilden, die syntaktischen Teilstrukturen entsprechen. Daraus folgt unmittelbar, daß die Prinzipien, die UG für die Differenzierung und Kombinatorik syntaktischer und morphologischer Merkmale vorgibt, direkt mit der Organisation von Syntax und Morphologie zusammenhängen, deren Details hier nicht zu erörtern sind.

Hinsichtlich der Argumentstruktur muß zunächst der besondere Charakter der Operatoren ^x, ^y, usw. erläutert werden, die eine Art Brückenfunktion zwischen dem syntaktischen und dem semantischen Aspekt eines sprachlichen Ausdrucks haben. Wie an den Beispielen (13), (15) und (18) erkennbar ist, bezieht sich ein Operator ^x auf eine Variable x in der Semantischen Form, er bindet diese Variable an eine syntaktisch zu besetzende Argumentstelle. In diesem Sinn hat ein transitives Verb wie *zuhören* zwei, ein di-transitives Verb wie *vorstellen* drei Argumenpositionen, die durch Subjekt und Objekt bzw. durch Subjekt, indirektes und direktes Objekt zu besetzen sind. Die Argumentstruktur enthält aber nicht nur die Information über die Zahl und den semantischen Bezug der syntaktischen Argumentstellen, sondern legt auch die morpho-syntaktischen Bedingungen für die Besetzung dieser Stellen fest. So muß, wie oben bereits erwähnt, das Objekt von *zuhören* im Dativ stehen, das Objekt von *anhören* dagegen im Akkusativ. Bei genauerem Hinsehen enthält eine Argumentstelle demnach zwei Arten von Information: einen Operator der Form ^x und eine Festlegung morphologisch-syntaktischer Bedingungen für die Besetzung von ^x. Diese Festlegung geschieht in Form der zuvor erwähnten syntaktischen Merkmale, die gerade diese Information ausdrücken: *jemanden* ist ein (Pro)Nomen im Akkusativ und kann daher als Objekt die Argumentstelle von *anhören* (aber nicht die von *zuhören*) besetzen. Mit anderen Worten, die Argumentstruktur verbindet, ihrer Brückenfunktion entsprechend, zwei Arten von Grundelementen: Operatoren der Form ^x, ^y, etc., die sich auf Variable in SF – also eine spezielle Art semantischer Elemente – beziehen, und Merkmale der Form [+Akkusativ] etc., die zum morphologisch-syntaktischen Inventar gehören. Ich komme auf Prinzipien, die die scheinbar verwickelten, hybriden Informationen in diesem Teil lexikalischer Einheiten auf der Basis von UG ordnen, in Abschnitt 4.1. zurück.

Vorerst ist festzuhalten, daß lexikalische Einheiten, wie alle sprachlichen Ausdrücke, Strukturen aus drei Arten von Grundeinheiten sind: Phonetische Merkmale, die im System A-P artikulatorisch und perzeptiv interpretiert werden, semantische Elemente, die im System C-I konzeptuell und intentional interpretiert werden, und morphologisch-syntaktische Merkmale, die die grammatikinterne Kombinatorik steuern. Eine besondere Rolle kommt dabei den Variablen der Semantischen Form zu, die keine fixierte Interpretation in C-I haben, dafür aber gebunden werden können durch Operatoren, die syntaktische Argumentstellen begründen.

4 Lexikalische Einheiten als Regeln

Die generellen Bedingungen, die das Format lexikalischer Einheiten und den Charakter ihrer Bausteine bestimmen, sind die Voraussetzung für den Aufbau lexikalischen Wissens. Diese generelle Grundlage hebt aber keineswegs den in Abschnitt 1 diskutierten idiosynkratischen Charakter lexikalischer Information auf.

Was die lexikalischen Einheiten festlegen, ist idiosynkratisch, wie sie es festlegen, unterliegt den generellen Prinzipien von UG.

Die Tatsache, daß lexikalische Einheiten zwar systematisch organisierte, aber in ihrem Inhalt idiosynkratische Datenstrukturen sind, schließt keineswegs aus, daß sie selbst als Regeln funktionieren. So ist in den frühesten Formen der generativen Grammatik, etwa in Chomsky (1957), das Lexikon als eine Liste spezieller, vielfach kontextabhängiger, syntaktischer Regeln betrachtet worden. In jüngster Zeit hat Jackendoff (1994) diesen Aspekt in veränderter Form aufgegriffen und zur Organisation sprachlichen Wissens in Beziehung gesetzt. Ausgehend von der Tatsache, daß die Grammatik einer Sprache die Korrespondenz zwischen Lautmustern und Bedeutungen definiert, sind lexikalische Einheiten als lokale Korrespondenzregeln zu bestimmen, die die Zuordnung zwischen Lautform, Bedeutung und kombinatorischen Eigenschaften für sprachliche Ausdrücke festlegen, soweit sie nicht aus anderen Regeln oder Prinzipien ableitbar sind. In diesem Sinn sind die Informationen etwa der Einheiten *bei* oder *vorstellen* Regeln, aufgrund deren einer Lautform mit bestimmten syntaktischen Eigenschaften eine semantische Interpretation zugeordnet wird.

Es gehört zu den charakteristischen, von UG ermöglichten, aber auch kontrollierten Eigenschaften natürlicher Sprachen, daß die Korrespondenz zwischen Lautform und Bedeutung vom einfachen Fall der direkten Zuordnung, die die lexikalischen Einheiten festhalten, abweichen und durch intervenierende Operationen überlagert werden kann. Das Verhalten von Präfixverben, das zu den in (17) illustrierten Erscheinungen führt, illustriert einen Typ solcher Überlagerung, bei der die lexikalisch definierte Entsprechung zusätzlichen Operationen oder Bedingungen unterworfen ist. Dabei werden syntaktisch definierte Teile der Lexikoneinheit verselbständigt, denen keine entsprechende Information der Semantischen Form und der Argumentstruktur zuzuordnen ist. Das hebt jedoch nicht die Feststellung auf, daß z. B. der Lexikoneintrag (18) für das Verb *vorstellen* die Regel angibt, die die Entsprechung zwischen Lautform, syntaktischer Kategorisierung und Bedeutung insgesamt und damit auch für die in der Konstruktion (17a) getrennten Teile des Verbs bestimmt.

In diesem Zusammenhang ist ein Problem zu erwähnen, das für Struktur und Funktion von Lexikoneinheiten eine charakteristische Rolle spielt und das im Kern bereits anhand der Präfixverben belegbar ist. Die Tatsache, daß Verben wie *vorstellen, anfangen,* usw. komplexe Einheiten in dem Sinne sind, daß sie aus syntaktisch eigenständigen Teilen bestehen, denen jedoch keine jeweils eigenständige Bedeutung entspricht, macht sie zu einem Spezialfall des verbreiteten Phänomens idiomatischer Verbindungen wie *jemandem die Leviten lesen, jemanden zugrunde richten,* oder auch *wie er/sie leibt und lebt, mit Kind und Kegel, vor Tau und Tag,* usw. Das Auftreten idiosynkratischer Eigenschaften verschiedener Art ist unschwer zu erkennen. Ohne auf die Probleme im Einzelnen einzugehen, will ich an einem Beispiel andeuten, wie sich Idiome in den durch UG vergegebenen Rahmen einordnen:

```
(23)      [+V [+D [+D ] [+N ] ] [+V ] ]    ^x ^y  [ y TADELT x ]
                 |      |       |
              /di:/ /le:viten/ /le:z/
```

Der Aufbau von (23) ist dem von (18) analog, *die Leviten lesen* ist gewissermaßen ein komplexes Verb, so wie etwa *vorlesen*, nur steht anstelle der Partikel *vor* die Gruppe *die Leviten*, die aus dem als [+D] markierten Artikel *die* und dem Nomen *Leviten* besteht. Die Semantische Form [x TADELT y] ist eine provisorische Abkürzung für die Interpretationsbedingung des Idioms als Ganzem. Die Argumentstellen ^x und ^y sind dem (indirekten) Objekt und dem Subjekt zuzuordnen. Wie bei Verben mit trennbarem Präfix unterliegt der Verbstamm den Bedingungen der Verbzweitstellung:

(24) (a) Wieder einmal liest sie ihm die Leviten

(b) Wieder einmal hat sie ihm die Leviten gelesen

Was dieses leicht durch kompliziertere Fälle zu ergänzende Beispiel zeigen soll, ist zweierlei: Zum einen sind Format und Substanz lexikalischer Einheiten für einfache und komplexe Einträge grundsätzlich von gleicher Art; zum anderen können lexikalische Einheiten die Korrespondenz zwischen phonetischer, syntaktischer und semantischer Information für prinzipiell beliebig komplexe Ausdrücke definieren. Mit anderen Worten, lexikalische Information kann im Rahmen des Grundformats alles werden, was nicht durch andere Regeln und Prinzipien ableitbar ist.

Ich übergehe an dieser Stelle einige Probleme, die mit dem Grad der "Durchsichtigkeit" komplexer Lexikoneinheiten zusammenhängen. So kann in einem Idiom wie *jemandem die Leviten lesen* die formal als Objekt des Verbs fungierende Nominalgruppe *die Leviten* zwar zum Beispiel in (25a) die Spitzenposition eines Satzes einnehmen, aber nicht, wie in (25b), Bezugspunkt eines Relativsatzes sein:

(25) (a) Die Leviten hat er ihm nicht gelesen, aber freundlich war das Gespräch nicht

(b) *Die Leviten, die er ihm gelesen hat, sind überraschend

Die unterschiedliche Transparenz komplexer Einheiten weist subtile Nuancen auf, deren Konsequenzen im Einzelnen erklärt werden müssen. Das Grundmuster der durch lexikalische Einheiten definierten Korrespondenz zwischen Lautform und Bedeutung ändert sich dadurch jedoch nicht. Mit anderen Worten, Jackendoffs Vorschlag, lexikalische Einheiten als Korrespondenzregeln aufzufassen, gilt gleichermaßen für einfache Einheiten wie *bei* und für komplexe Einheiten wie *die Leviten lesen* und wird damit der im Prinzip einheitlichen Funktionsweise unterschiedlich komplexer lexikalischer Einträge auf einleuchtende Weise gerecht. Allerdings ist die Funktion lexikalischer Korrespondenzregeln gewissermaßen statischer Natur: Ein Eintrag wie (23) oder auch (13) und (18) besagt in diesem Sinn, daß eine bestimmte PF-Struktur einer festgelegten SF-Konfiguration entspricht und zugleich bestimmte syntaktische Eigenschaften hat. Der Regelcharakter lexikalischer Einheiten kann aber auf eine etwas weitergehende, in gewissem Sinn dynamische Weise verstanden werden. Die in GF enthaltenen Informationen, d. h., die morphologischen und syntaktischen Merkmale sowie die Argumentstruktur, können durch die generellen Prinzipien der Universalgrammatik UG direkt als Operationsanweisungen interpretiert werden. Damit ist Folgendes gemeint: Eine Lexikoneinheit A kann sich mit einem passenden Ausdruck B zu einem komplexen Ausdruck A' verbinden, dessen Eigenschaften aufgrund der Informationen in A und B zu berechnen sind. Für einen einfachen Fall habe ich das oben anhand der Verbindung von *bei* und *ihm* zu der Präpositionalphrase *bei ihm* bereits illustriert. Bei dieser Verknüpfung eines Kopfs A mit einem Komplement B sind die folgenden Teiloperationen und Bedingungen im Spiel:

(26) (a) B ist ein passendes Komplement für den Kopf A, wenn die Argumentstruktur AS(A) von A mit einer Argumentstelle ^x beginnt, deren Merkmalsbedingungen durch die Kategorisierungsmerkmale K(B) des Ausdrucks B erfüllt werden und wenn ferner die Semantische Form SF(B) des Komplements B dem Typ der Argumentstelle ^x von A entspricht.

(b) Wenn B ein passendes Komplement für A ist, dann kann A' mit folgenden Eigenschaften gebildet werden:

(i) A' enthält alle Informationen von A und B als Teilkomplexe

(ii) Die Kategorisierungsmerkmale K(A) des Kopfes A sind zugleich die Kategorisierung K(A') des Gesamtausdrucks A'

(iii) SF(B) substituiert bzw. bindet die Variable x in SF(A) bei gleichzeitiger Tilgung der Argumentstelle ^x in AS(A)

(iv) Die verbleibende Argumentstruktur AS(A) des Kopfes A fungiert als Argumentstruktur AS(A') des Gesamtausdrucks.

Durch (26a) werden die kategorialen und semantischen Selektionsbedingungen geprüft, die ein Ausdruck erfüllen muß, wenn er Komplement – also regierte Ergänzung – eines Kopfes sein kann. Die Operationen in (26b) bestimmen den Aufbau des resultierenden komplexen Ausdrucks: Kopf und Komplement bilden einen gemeinsamen Ausdruck (i), der die Kategorisierung des Kopfes übernimmt (ii) und auch dessen Argumentstruktur mit Ausnahme der nun durch das Komplement gesättigten Argumentstelle (iv). Der Wert der Variable, die mit der nun gesättigten Argumentstelle gekoppelt ist, wird dabei durch die Semantik des Komplements bestimmt. Die beiden rein syntaktischen Operationen (26)(b)(i) und (ii) entsprechen im Wesentlichen dem Aufbau von Phrasenstrukturen durch die von Chomsky (1994) diskutierte Operation der Verknüpfung 'Merge', die beiden Operationen (iii) und (iv) definieren den semantischen Effekt dieser Verknüpfung. Eine einfache (und nicht ganz vollständige) Illustration dieser Verknüpfungsoperation bietet die oben in (13), (14) und (15) angegebene Kombination der Präposition *bei* mit dem Komplement *ihm* zur Präpositionalphrase *bei ihm*.

Obwohl die Festlegungen in (26) einigermaßen komplex erscheinen, ist doch leicht zu zeigen, daß sie zahlreicher Präzisierungen und Ergänzungen bedürfen (von denen einige noch zu erwähnen sein werden). Wichtig ist aber zweierlei: Erstens beziehen sich die Vorschriften in (26) nur auf die Organisationsform lexikalischer Einheiten, nicht auf ihren jeweils speziellen Inhalt. Sie sind also ein allgemeines Operationsschema, das durch den idiosynkratischen Inhalt lexikalischer Einheiten zwar gespeist bzw. gesteuert wird, selbst aber keinerlei lexikalische Besonderheiten enthält. Und zweitens ist das Resultat der Operation ein Ausdruck, der wiederum genau die gleiche Organisationsform aufweist wie die ursprünglichen Einheiten, also erneut als Kopf oder Komplement in einen Verknüpfungsprozeß der gleichen Art einbezogen werden kann. Mit anderen Worten, (26) ist eine rekursive Operation, die die Verknüpfung lexikalischer Einheiten zu beliebig komplexen Ausdrücken determiniert. Dies im Einzelnen zu illustrieren, ist hier nicht möglich. Ich beschränke mich deshalb auf zwei grundsätzliche Bemerkungen.

Erstens: (26) legt fest, wie allgemeine Operationsschritte aufgrund lexikalischer Informationen die Form beliebig komplexer Ausdrücke ergeben. Allerdings betrifft (26) dabei zunächst nur die Verbindung von Köpfen mit Komplementen. Ein wirklich allgemeines Schema muß darüber hinaus die Verbindung von Köpfen mit freien Ergänzungen, also Adjunkten, definieren. Und außerdem müssen die mehrfach erwähnten Operationen definiert werden, die die sprachspezifischen Umformungen bewirken, die etwa in (27) auftreten:

(27) (a) Ich denke, daß er ihn den Kollegen vorstellt

(b) Ich denke, er stellt ihn den Kollegen vor

Zweitens: Stellt man sich (26) in der damit angedeuteten Richtung vervollständigt vor, so ergibt sich ein weiterer grundlegender Aspekt der Beziehung zwischen Universalgrammatik und Lexikon. Sofern nämlich dieses Schema einheitlich für beliebige Sprachen gültig ist, also dem vorgegebenen Inhalt von UG angehört, teilt sich das sprachliche Wissen, das einer Einzelsprache zugrundeliegt, in den universellen Rahmen UG und die im Lexikon registrierten Idiosynkrasien auf. UG definiert dabei nicht nur, wie lexikalische Einheiten organisiert sind, sondern auch die Kombinatorik, die den entscheidenden Kern natürlicher Sprachen ausmacht. Mit anderen Worten, die Unterscheidung von Lexikon und UG würde nicht nur der zwischen Idiosynkratischem und Generellem, zwischen lernabhängiger Kenntnis und universeller Grundlage entsprechen, sondern auch die kombinatorische Funktion im sprachlichen Wissen als vorgegebene Bedingung zusammenfassen. Ich werde auf diesen Punkt in Abschnitt 5 zurückkommen und halte hier zunächst fest, daß lexikalische Einheiten gewissermaßen als Programmpakete für kombinatorische Operationen fungieren, wenn ein Operationsschema wie das in (26) angedeutete die Realisierung der Operationsschritte determiniert.

5 Prinzipien im Lexikon

In Abschnitt 2 habe ich die Bedingungen erörtert, die UG für Aufbau und Inhalt lexikalischer Einheiten vorgibt, die also den Erwerb lexikalischen Wissens ermöglichen und steuern. In diesem Abschnitt will ich die Konsequenzen aus diesem Zusammenhang an zwei unterschiedlichen Beispielen etwas detaillierter illustrieren.

5.1 Argumenthierarchie und Kasuszuweisung

Das erste Beispiel betrifft ein Problem, das ich mehrfach erwähnt, aber bisher nicht behandelt habe: die Rangfolge der Argumentpositionen sowie die mit ihnen verbundenen morphologisch–syntaktischen Bedingungen. Die folgenden Beispiele illustrieren am Verb *anziehen*, worum es geht:

(28) (a) Eva hat ihren Sohn angezogen

(b) Eva hat den Mantel angezogen

(c) Eva hat ihrem Sohn den Mantel angezogen

(29) (a) Die Preise haben wieder angezogen

(b) Der Magnet hat die Kugel angezogen

(c) Er hat eine weitere Belegstelle angezogen

Zunächst ist zu vermerken, daß die hier keineswegs vollständig erfaßten Varianten von *anziehen* auf unterschiedliche Art lexikalisch zu fixieren sind: Die Varianten in (29) differieren in ihrer Semantischen Form, was u.a. die unterschiedlichen Antonyme belegen (*nachgeben* für (29a), *abstoßen* für (29b), während (29c) mit keinem Antonym gepaart ist), die Varianten in (29) dagegen haben das gleiche Antonym *ausziehen* und sind durch die gleiche SF zu charakterisieren, die sehr vereinfacht in (30a) mit dem Antonym (30b) angegeben ist:

(30) (a) anziehen: [x CAUSE [y BEKLEIDET_MIT z]]

(b) ausziehen: [x CAUSE [NEG [y BEKLEIDET_MIT z]]]

Im Weiteren betrachte ich nur die Varianten in (28), für die nebenbei die Idiosynkrasie anzumerken ist, daß BEKLEIDET_MIT zwar Schuhe und Handschuhe, aber nicht Mützen, Hüte oder Schals einschließt während etwa das Englische mit *put on* einen solchen Unterschied nicht macht. Für die Fälle in (28) ist nun dreierlei festzustellen.

Erstens ist in allen drei die Variable für den Handelnden – d.h. x in (30a) – durch das syntaktische Subjekt *Eva* gebunden. Ferner muß mindestens eine weitere Ergänzung des Verbs auftreten (der Satz **Eva hat angezogen* ist unvollständig); in (28a) ist das das Objekt *ihren Sohn*, das die Variable y für den Bekleideten bindet, in (28b) das Objekt *den Mantel*, das die Variable z für die Bekleidung bindet. In (28c) schließlich sind sowohl y wie z syntaktisch gebunden.

Zweitens muß das Objekt in (28a) und (28b) – unabhängig davon, welche Variable in SF es bindet, im Akkusativ stehen, während in (28c) die Argumentstelle für den Bekleideten *ihrem Sohn* den Dativ verlangt. Da das stets erforderliche Subjekt den Nominativ verlangt, ergeben sich für die Varianten in (28) drei Argumentstrukturen, die wie folgt repräsentiert werden können:

(31) (a)	^y	^x	(b)	^z	^x	(c)	^z	^y	^x
	|	|		|	|		|	|	|
	[Akk]	[Nom]		[Akk]	[Nom]		[Akk]	[Dat]	[Nom]
	(Sohn)	(Eva)		(Mantel)	(Eva)		(Mantel)	(Sohn)	(Eva)

Die Kasusanforderungen sind als morphologische Merkmale den Argumentstellen zugeordnet, sie vervollständigen damit im oben bereits erwähnten Sinn die Information der Argumentstruktur. In Klammern habe ich zur Verdeutlichung angedeutet, welche Einheiten in (28) jeweils die entsprechende Argumentstelle besetzen.

Drittens unterliegt die jeweils ungebundene Variable z bzw. y in den Fällen (a) und (b) speziellen Bedingungen: In (28a) ist die Variable z für die Bekleidung zu interpretieren als die Gesamtbekleidung (in kontextuell bedingten Grenzen), nicht ein einzelnes Kleidungsstück; in (28b) ist die Variable y für den Bekleideten auf die gleiche Weise zu binden wie die für den Handelnden – die Bekleidete ist Eva, niemand anderes. Tatsächlich ist (28) gleichbedeutend mit (32a), wobei zu beachten ist, daß das Reflexivpronomen im Dativ erscheint, wie die Form *mir* in (32b) zeigt, so wie es die Argumentstruktur (31c) verlangt.

(32) (a) Eva hat sich den Mantel angezogen

(b) Ich habe mir den Mantel angezogen

Die damit erläuterten Fakten lassen sich nun zurückführen auf das Zusammenspiel allgemeiner Prinzipien, die den Rahmen für lexikalische Idiosynkrasien systematisch einschränken. Das erste Prinzip aus UG, das hier ins Spiel kommt, regelt generell die Hierarchie oder Rangordnung der Argumentstellen. Es besagt informell Folgendes:

(33) Argumentstellen–Hierarchie:
Eine Argumentstelle ^x ist ranghöher (d.h. steht in der Argumentstruktur weiter recht) als ^y, wenn die Variable y in SF tiefer engebettet ist als x.

Daraus folgt z.B daß der Handelnde x in allen drei Varianten in (31) den höchsten Rang hat, aber auch, daß der Bekleidete y ranghöher ist als die Bekleidung in (31c). Die notwendigen formalen Festlegungen für den relativen Rang einer Variable in SF muß ich hier beiseite lassen. Ich merke nur an, daß das Prinzip (33) auch die früher erwähnten Beispiele, etwa die Argumente von *bei*, erfaßt.

Das zweite Prinzip, das hier von Belang ist, betrifft den abstrakten oder strukturellen Aspekt der Kasusinformation. Es lautet etwas vereinfacht folgendermaßen:

(34) Struktureller Kasus: Wenn nicht anders markiert, hat bei einem Verb

(a) die ranghöchste Argumentstelle das Merkmal [+ HR], alle anderen haben das Merkmal [- HR];

(b) die rangniedrigste Argumentstelle das Merkmale [+ NR], alle anderen haben das Merkmal [- NR].

Es ist leicht zu sehen, daß die Merkmale [Höchster Rang] und [Niedrigster Rang] nichts anderes tun als die Ränge der Argumentstellen, die wiederum durch das Prinzip (33) bestimmt sind, in Merkmalen festzuhalten. Kiparsky (1992) hat nun gezeigt, daß diese Merkmale in systematischer Weise den Rahmen für die morphologische Realisierung in verschiedenen Kasussystemen fixieren. So wird im Deutschen [+ HR] als Nominativ, [+NR] als Akkusativ, [-HR, -NR] als Dativ realisiert. Auf diesen Realisierungsaspekt komme ich in Abschnitt 5 kurz zurück. Hier ist zunächst festzuhalten, daß strukturelle Kasusinformation, wie ich sie in (31) angegeben habe, damit auf die gleiche Weise prädiktabel wird und aus der idiosynkratischen Information ausscheidet wie prädiktable Merkmale der Lautstruktur.

Sofern Prinzipien der Universalgrammatik lexikalische Information nicht nur ordnen und strukturieren, sondern auch auf das jeweils Idiosynkratische reduzieren, ergibt sich aus den Bedingungen (33) und (34) zugleich eine automatische Zusammenfassung der drei Varianten von *anziehen* in (28) zu einer Lexikoneinheit, in der die unterschiedlichen Optionen der Argumentstruktur, die in (31) aufgelistet sind, als Auswahlmöglichkeiten enthalten sind:

(35) [$_{+V}$ [+P] [+V]] { ^z ^y } ^x [x CAUSE [y BEKLEIDET_MIT z]]
| |
/an/ /ci:/

(36) Bedingung: Wenn ^y = 0, dann ist y = x ;
wenn ^z = 0, dann ist z = NORM z.

Als Notationsverabredung soll dabei gelten, daß mindestens eine der in geschweiften Klammern stehenden Argumentstellen auftreten muß. Damit ergeben sich die drei Fälle in (28), die automatisch die in (31) angegebenen Kasusmarkierungen erhalten. Die Bedingungen in (36) sorgen für die oben erwähnten semantischen Effekte, wenn y bzw. z nicht syntaktisch gebunden werden. Dabei kürzt 'NORM z' den Bezug auf die 'normale Bekleidung' ab. Ich komme auf diesen Punkt in 4.2. zurück.

Am Beispiel von *anhören* vs. *zuhören* in (7) hatte ich auf die Möglichkeit hingewiesen, daß abweichend von den generellen Bedingungen aufgrund der in (34) festgelegten strukturellen Kasuszuweisung ein idiosynkratischer Dativ auftreten kann. Das heißt nun, daß bei Verben wie *zuhören, helfen, folgen* usw. die Kasusbedingung [-HR,-NR] für den Dativ als lexikalische Information mit der Argumentposition für das Objekt verbunden sein muß.

Was ich damit für die Argumentpositionen und ihre morphologische Markierung anhand der Kasusbedingungen bei Verben skizziert habe, ist auf andere syntaktische und morphologische Kategorien entsprechend zu übertragen. Ich werde die Details hier nicht weiter verfolgen und halte nur fest, daß Prinzipien wie (33) und (34) sehr genereller Natur sind und in gewissem Sinn die kognitive Ökonomie definieren, die sich aus UG für die Struktur möglicher Sprachen und möglicher Lexikoneinheiten ergibt. Dabei legen die Prinzipien nicht nur fest, was generell geregelt ist, sondern auch, welcher Spielraum für Idiosynkrasien besteht, was also, mit anderen Worten, lernabhängig spezifiziert werden kann.

5.2 Bedingungen für semantische Variable

Variable in SF, die für die Funktionsweise lexikalischer Einheiten eine entscheidende Rolle spielen, können, wie wir gesehen haben, auf zwei Wegen interpretiert werden: entweder ist eine Variable an eine syntaktische Argumentstelle gebunden und wird durch die in (26)(b)(iii) erwähnte Operation interpretiert, oder sie ist ungebunden und unterliegt bestimmten semantischen Bedingungen, die ihre Interpretation regeln. Ein einfacher Fall sind fakultative Objekte transitiver Verben wie in

(37) (a) Peter liest. (b) Peter liest den Zauberberg.

Die in (37b) durch das Objekt *den Zauberberg* gebundene Variable ist in (37a) ein Parameter, der im jeweiligen Kontext fixiert wird durch irgendetwas Lesbares. Etwas speziellere Bedingungen haben wir in (28) beobachtet, dort wirken die in (36) angegebenen Bedingungen für die jeweils ungebundene Variable. Diese Bedingungen sind nicht so zufällig wie es scheinen mag, wenn man nur den Fall *anziehen* und *ausziehen* betrachtet. Sie gehören vielmehr zu einem (noch wenig geklärten) Netz von Grundbezügen, die UG für die Interpretationsspielräume der Semantischen Form festlegt. Ich komme darauf gleich zurück.

Ich will zunächst darauf hinweisen, daß es neben Variablen, die wie in *lesen* oder *anziehen* frei oder aber syntaktisch gebunden sein können, auch verdeckte Variable gibt, die in SF vorhanden sind, aber nie durch eine syntaktische Argumentstelle gebunden werden. Ein Beispiel dieser Art zeigt (38):

(38) (a) Hans hat seine Freundin zu Hause besucht

(b) Hans hat seine Freundin zu Hause empfangen

(c) Hans ist mit seiner Freundin nach Hause gegangen

Im Fall (a) war Hans bei seiner Freundin, im Fall (b) die Freundin bei Hans, im Fall (c) können beide entweder zu Hans oder seiner Freundin gegangen sein. Diese Variationen resultieren aus einer in der Ortsangabe *zu Hause* enthaltenen Variable, die nicht syntaktisch in Erscheinung treten kann, sondern rein semantisch an eine zugängliche Bezugsgröße gebunden wird. Der entsprechende Lexikoneintrag sieht sehr vereinfacht folgendermaßen aus:

(39) [$_{+P}$ [+P] [+N]] ^x [x LOC [WOHNUNG_VON y]]
| |
/cu/ /hauze/

Die in (38) illustrierten Möglichkeiten ergeben sich aus der semantischen Bindung der Variablen y in (39). Ähnliche Erscheinungen finden sich bei zahlreichen lexikalischen Einheiten, etwa in Lokaladverbialen wie *unten*, *oben*, *hinten*, *hier*, *dort*, Zeitadverbialen wie *später*, *dann*, *vorhin*, aber auch Verben wie *kommen*, und vielen anderen.

Ich erwähne als letztes einen Fall, der eine verdeckte Variable mit besonderen Interpretationsbedingungen betrifft. Er wird durch die Beispiele in (40) illustriert.

(40) (a)	Der Artikel ist lang	(40') (a)	also ist der Artikel nicht kurz
(b)	Der Artikel ist fünf Seiten lang	(b)	?also ist der Artikel nicht kurz
(c)	Der Artikel ist kurz	(c)	also ist der Artikel nicht lang
(d)	*Der Artikel ist fünf Seiten kurz	(d)	also ist der Artikel nicht lang
(e)	Der zweite Artikel ist dreimal so lang wie der erste		
(f)	?Der zweite Artikel ist dreimal so kurz wie der erste		

Die Sätze in (40') sind Folgerungen aus denen in (40), mit Ausnahme von (b), da ein fünf Seiten langer Artikel sehr wohl als kurz gelten kann; dafür ist umgekehrt (40d) abweichend, und ebenso (40f). Diese und eine ganze Reihe weiterer Phänomene hängen mit der Asymmetrie antonymer Dimensionsadjektive zusammen: Die 'positiven' Ajektive *lang*, *hoch*, *alt*, *schnell*, usw. können sowohl zur Benennung der jeweiligen Skala in Verbindung mit numerischen Werten wie auch kontrastiv zur Angabe überdurchschnittlicher Ausprägung verwendet werden, die 'negativen' Gegenstücke *kurz*, *niedrig*, *jung*, *langsam* dagegen lassen nur kontrastiv die Bezeichnung unterdurchschnittlicher Werte zu. Diese Eigenschaften ergeben sich aus dem Zusammenwirken einer latenten Variablen in der Semantik dieser Einheiten mit zwei allgemeinen Bedingungen, denen diese Variable unterliegt. (41) zeigt die Lexikoneinträge für *lang* und *kurz*, wobei [MAX x] die maximale Dimension des Objekts x an, deren Wert durch die Summe oder Differenz der beiden Variablen v und z bestimmt wird:

(41) (a) [+ A] (^z) ^x [[MAX x] = [v + z]]
/lang/

(b) [+ A] (^z) ^x [[MAX x] = [v -- z]]
/kurc/

(c) Bedingung: v = NORM x , wenn möglich; sonst v = 0 .

Die Argumentstelle ^z ist fakultativ, sie kann durch eine Maßangabe wie *fünf Seiten, drei Meter, zehn Minuten* usw. besetzt werden. Wenn sie nicht besetzt wird, wie in (40) (a) und (c), dann ist z ein Parameter, der einen kontextuell zu bestimmenden Dimensionsabschnitt angibt. Die hier besonders interessierende Variable ist v, für die zwei Werte zur Verfügung stehen, nämlich der Dimensionsnullpunkt 0 oder der Dimensionsdurchschnittswert für x, den ich mit NORM x angegeben habe. Von diesen Werten ist NORM x der speziellere und hat Vorrang. Er steht aber nicht immer zur Verfügung, weil zwei generelle Bedingungen für Dimensionswerte gelten:

(42) (a) Der Wert für [v { + } z] ist immer ein positiver Dimensionsabschnitt

(b) NORM x läßt keine numerischen Werten für z zu.

(42a) sichert, daß Dimensionsbemessungen echte Abschnitte sind – in (40a) oberhalb, in (40c) unterhalb des Normalwerts. (42b) hat zur Folge, daß nur von 0 aus gezählt werden kann. Das führt in (42)(d) und (f) zu einem Konflikt, der die beiden Sätze semantisch defekt macht. Eine vollständigere Darstellung und Erklärung der Fakten muß eine ganze Reihe weiterer Erscheinungen einbeziehen, so insbesondere den Komparativ, der die Variable v auf sekundäre Weise syntaktisch zugänglich macht und dann auch metrische Werte für Maßangaben bei negativen Adjektiven zuläßt:

(43) Der Artikel ist zwei Seiten kürzer als geplant

Ich gehe auf diese Probleme hier nicht ein – für eine detaillierte Analyse vgl. Bierwisch (1987) – und halte nur fest, daß auch in der semantischen Struktur viele Erscheinungen, die auf den ersten Blick idiosynkratisch erscheinen, durch Prinzipien sehr genereller Natur geregelt sind.

Ich schließe diese Erläuterung von Prinzipien, die den Aufbau lexiklischer Information organisieren, mit der offenkundigen Bemerkung ab, daß es hier nur um charakteristische Illustrationen, nicht um einen wirklichen Überblick gehen konnte. Die Vervollstständigung und Systematisierung der für UG anzunehmenden Prinzipien kann allerdings nicht in der bloßen Hinzufügung weiterer Bedingungen bestehen. Die mit dem Minimalistischen Programm verbundene Orientierung, der ich hier folge, besteht vielmehr in der Annahme, daß das Systempotential, das die Sprachfähigkeit ausmacht, sich aus der domänenspezifischen Nutzung sehr genereller Faktoren der kognitiven Organisation ergibt. Die UG-Prinzipien sind damit zu verstehen als das Zusammenwirken von Randbedingungen, die durch die Interpretationsbereiche des konzeptuellen und des artikulatorisch-auditiven Systems gegeben sind, mit Ökonomieprinzipien der Berechnungskapazität, die die Korrespondenz zwischen diesen Domänen herstellt. Die notwendige Systematisierung der hier illustrierten Prinzipien besteht also vor allem darin, die Mannigfaltigkeit konkreter Erscheinungen in diesen allgemeinen Rahmen einzuordnen und dadurch dessen Struktur zu ermitteln, die die Organisation des Lexikons als integralen Aspekt einschließt.

6 Grammatik und Lexikon

Diese Orientierung führt zu der in der Einleitung gestellten Frage zurück, wieweit die kontingenten, in den durch UG gegebenen Variationsbereich fallenden Eigenschaften unterschiedlicher Sprachen auf lexikalische Idiosynkrasien zurückgeführt werden können. Anders ausgedrückt, der Frage, ob verschiedene Sprachen sich letztlich nur durch lexikalische Information unterscheiden. Gegen eine solche Annahme spricht nicht nur der oberflächliche Augenschein massiver typologischer und einzelsprachlicher Besonderheiten, sondern auch fast die gesamte Tradition grammatischer Analyse und Theoriebildung, in der Regeln der Syntax, Morphologie und Phonologie zusammen mit dem Lexikon als Grundlage für jede Einzelsprache angenommen werden. Ich werde in zwei Abschnitten Überlegungen und Entwicklungen skizzieren, die diese Annahme über das Verhältnis von UG und Einzelsprache relativieren. Es versteht sich von selbst, daß das nur in Form von Beispielen und durch die dadurch aufzuweisende Grundorientierung geschehen kann.

6.1 Parameterfixierung und Lexikoninformation

Zunächst soll kurz der Charakter des Problems verdeutlicht werden, um dessen angestrebte Lösung es hier geht. Die Sätze in (44) und (45) zeigen an einer beliebig herausgegriffenen Erscheinung die Tatsache, daß es einzelsprachliche Besonderheiten gibt, die offenbar nicht einzelnen Lexikoneinheiten zugeschrieben werden können:

(44) (a) Alle Besucher haben über dieses Bild gesprochen

(b) Ob alle Besucher über dieses Bild gesprochen haben

(c) Haben alle Besucher über dieses Bild gesprochen?

(d) Worüber haben alle Besucher gesprochen?

(45) (a) All visitors talked about this picture

(b) Whether all visitors talked about this picture

(c) Did all visitors talk about this picture?

(d) What did all visitors talk about?

Auch wenn man die zwar keineswegs selbstverständliche, aber doch vertretbare Annahme macht, daß allgemeine Kombinationsprinzipien der in (26) angegebenen Art die Verknüpfung der Lexikoneinheiten zu den Sätzen in (44) garantieren, so scheint doch offensichtlich, daß die unterschiedliche Position des finiten Verbs nicht aus den lexikalischen Informationen ableitbar ist, die in (a) und (c) überdies identisch sind. Der Vergleich mit den analogen englischen Konstruktionen in (45) zeigt überdies, daß für diese Unterschiede nicht UG verantwortlich sein kann – zumindest nicht direkt –, da sonst die einzelsprachlichen Unterschiede nicht auftreten könnten. Die naheliegende Folgerung aus dieser Feststellung führt zur Annahme spezieller Regeln, für die UG zwar den allgemeinen Rahmen, aber nicht den jeweils einzelsprachlichen Inhalt bestimmt. Dabei ist zunächst gleichgültig, in welchen Zusammenhang die illustrierten Konstruktionen stehen, wesentlich ist, daß die Grammatik einer Einzelsprache konstruktionsspezifische Regeln enthält.

Ein entscheidender Schritt gegenüber dieser Auffassung war die Einsicht, daß die komplexen Regeln, die der Bildung von Entscheidungs- und Ergänzungsfragen, Relativsätzen, finiten und infiniten Subjekt- und Objektsätzen usw. zugrundeliegen, weitgehend auf das systematische Ineinandergreifen genereller Operationen und einschränkender Bedingungen zurückgeführt werden können. Diese Operationen und Bedingungen gehören insofern direkt zu den Prinzipien von UG, als sie für alle Sprachen und Konstruktionen gleichermaßen gelten und Variationen nur im Rahmen bestimmter Parameter zulassen. Zwei Beispiele sollen diese Auffassung, das sogenannte sogenannte Prinzipien- und Parameter-Modell von Chomsky (1981), illustrieren.

Das erste Beispiel macht das Konzept an einem sprachspezifisch variierenden Aspekt des Wortakzents deutlich. Halle und Vergnaud (1987) haben gezeigt, daß sich die relativ komplexen Eigenschaften unterschiedlicher Akzentmuster weitgehend aus verschiedenen Parameterwerten für generelle Prinzipien der prosodischen Organisation der Phonetischen Form ergeben. Dabei werden die Silben eines phonologischen Wortes schrittweise zu größeren Gruppen zusammengefaßt und relativ zueinander gewichtet. Diese generellen Operationen führen zur Bildung eines Metrischen Rasters, und die Parameter, in denen sich diese Operationen unterscheiden können, sind insbesondere die folgenden binären Entscheidungen:

(46) (a) [{+} Links-Rechts] , d.h. die Gruppierung beginnt am linken bzw. rechten Rand der phonologischen Einheit

(b) [{+} EK] , d.h. der metrische Kopf ist das End- bzw. Anfangselement.

Durch unterschiedliche Werte für diese – und einige weitere – Parameter ergeben sich etwa die Anfangsbetonung der Wörter im Ungarischen oder Tschechischen, die Endbetonung im Französischen, die Betonung der Pänultima im Polnischen, usw.

Anhand dieses unvollständigen und vereinfachten Ausschnitts ist dreierlei zu erläutern: Erstens erweisen sich einzelsprachliche Akzentregeln als Epiphänomene, die sich auf Prinzipien von UG zurückführen lassen, wenn diese in der in (46) angedeuteten Weise parametrisiert sind. Daß die auf diese Weise prädiktablen Akzenteigenschaften nicht als lexikalische Information zu registrieren sind, liegt auf der Hand. Zweitens ist aber der Wert der Parameter anhand der Eigenschaften zu bestimmen, die an den konkreten lexikalischen Einheiten im Sprachangebot auftreten. Das heißt mit anderen Worten, daß im Erwerb die Eigenschaften lexikalischer Einheiten die sprachspezifischen Werte der Parameter in UG fixieren, und daß andererseits die so spezifizierten Prinzipien die Lexikoninformation reduzieren, da die damit bestimmten Eigenschaften zwar einzelsprachlich, aber nicht idiosynkratisch für die einzelnen Einheiten sind. Drittens schließt dieses Zusammenspiel von Lexikon und UG keineswegs aus, daß es idiosynkratische, also lexikalisch bedingte Akzenteigenschaften gibt. Dies kann auf wenigstens zweierlei Weise der Fall sein. Zum einen können Sprachen wie z.B. das Russische lexikalische Akzenteigenschaften vorgeben. So folgt die Anfangsbetonung von *kníga* (Buch) gegenüber der Endbetonung von *ruká* (Hand) nicht aus Regeln oder Prinzipien, sondern ist Eigenschaft der jeweiligen Wörter. Zum anderen kann Unbetonbarkeit eine Eigenschaft bestimmter syntaktischer Formative sein, die sich auf den Effekt der metrischen Prinzipien auswirkt, wie dies etwa im Deutschen im Unterschied der unbetonten Präfixe *be*, *ent*, *ver*, usw. gegenüber den betonten Partikeln *an*, *auf*, *vor*, usw. der Fall ist und zu dem Kontrast von *ánfangen* vs. *begínnen* führt.

Das zweite Beispiel knüpft an die Operation an, die die Kombination lexikalischer Einheiten steuert. In (26)(b)(i) war dafür lediglich festgelegt, daß ein Ausdruck A mit einem Ausdruck B zu einem Komplex A' verbunden wird. Dieser Operation kann nun die folgende parametrisierte Bedingung hinzugefügt werden:

(47) Der Kopf A steht am {Anfang/ Ende} von A'.

Während in (26) die Bedingungen für die Zusammenfassung von A und B zu einem komplexen Ausdruck A' unter Aussparung der resultierenden Reihenfolge von A und B festgelegt sind, fixiert (47) die Position des Kopfes entweder am linken oder am rechten Rand des resultierenden Komplexes. Dabei ist {Anfang/Ende} der zu entscheidende Parameter, 'Anfang' und 'Ende' sind die beiden möglichen Werte. Nehmen wir nun an, daß für Englisch der Parameter den Wert 'Anfang', für Deutsch aber den Wert 'Ende' hat, dann ergeben sich die folgenden Kombinationen:

(48) (a) $[_{VP} [_{VP} [_{V}$ give] [the book]] [to the girl]]

(b) $[_{VP}$ [dem Mädchen] $[_{VP}$ [das Buch] $[_{V}$ geben]]]

Im Englischen steht das Verb vor seinen Komplementen, im Deutschen folgt es ihm. Obwohl dies eine durchaus angemessene Annäherung an die betrachteten Reihenfolgeeigenschaften ist, muß das Prinzip (47) in Wahrheit abstrakter gefaßt werden, um den tatsächlichen Erscheinungen gerecht zu werden. Insbesondere ist die Tatsache, daß es sich bei dem Parameter in (47) ebenso wie bei denen in (46) offenbar um Variationsbedingungen in der linearen Ordnung handelt, zwar kein Zufall, dennoch darf sie nicht zu direkt interpretiert werden. In (47) geht es de facto um die Rektionsrichtung des Kopfes, nicht um die bloße Anordnung der Konstituenten. Eine entsprechende Diskussion, die weitere Folgerungen berücksichtigt, findet sich bei Haider (1992). Es sollte hier lediglich deutlich gemacht werden, wie parametrisierte Prinzipien einzelsprachliche Unterschiede der Syntax bedingen können.

Für das Verhältnis von Lexikon und UG sind auf diesem Hintergrund noch drei generelle Bemerkungen zu machen.

Erstens ergeben sich sowohl für das Verhältnis von Lexikon und UG wie auch für das Verständnis des Spracherwerbs bedeutsame Konsequenzen aus der Annahme, daß die Parameterwerte einer gegebenen Sprache stets an Eigenschaften lexikalischer Einheiten gebunden sind. Für die Akzentprinzipien habe ich diesen Punkt kurz erläutert, er scheint grundsätzlich auch auf die in (47) formulierte Rektionsrichtung übertragbar zu sein: die lokale Umgebung eines Kopfs erlaubt den Parameterwert zu fixieren, wenn die Optionen in der angegebenen

Weise beschränkt sind. Es bedarf erheblicher empirischer wie theoretischer Klärung, um diese These wirklich abzusichern, aber als immerhin aussichtsreiche und nicht triviale Annahme ist sie hinreichend motiviert. Wenn sie sich als korrekt erweist, bringt sie ein zusätzliches Moment in das Verhältnis von Lexikon und UG: Die Prinzipien von UG organisieren dann nicht nur den Aufbau lexikalischer Datenstrukturen; sie werden auch durch lexikalische Information – genauer: durch deren Entlastung – einzelsprachlich spezifiziert.

Zweitens, soweit parametrisierte Prinzipien den Effekt einzelsprachlicher Regeln erfüllen, reduziert sich die Sprachkenntnis tatsächlich auf UG und die im Lexikon festzuhaltenden Idiosynkrasien bzw. die in den Parameterwerten fixierten Optionen.

Auf mögliche Grenzen dieser Annahme komme ich sogleich zu sprechen.

Drittens läßt sich schließlich auch die Struktur der Grundrepertoires und die Auswahl aus ihnen grundsätzlich in dieses Konzept einordnen. Ob z.B. ein PF-Merkmal wie die Rundung vorderer Vokale oder die Palatalisierung von Verschlußlauten in einer Sprache ausgenutzt wird, ist ein Parameterwert in der Architektur des phonetischen Merkmalssystems, der aufgrund lexikalischer Information entschieden wird, dann allerdings die Möglichkeit lexikalischer Idiosynkrasien schafft, etwa den Kontrast von *Lüge* vs. *Liege*, *für* vs. *vier*, oder *Hölle* vs. *Helle*.

6.2 Funktionale Köpfe

Die in (44) und (45) illustrierten Konstruktionseigenschaften des Deutschen und die davon verschiedenen des Englischen sind durch die Parameterwerte in (47) allerdings keineswegs abgedeckt. Die verschiedene Stellung des finiten Verbs, die Spitzenstellung des Fragepronomens folgen nicht aus der Rektionsrichtung des Verbs, die ja in allen Konstruktionen die gleiche sein muß. Daß die Verbstellung des Deutschen in einem systematischen Zusammenhang mit dem Satztyp, genauer mit dem Satzeinleitenden Element, das den Satztyp bestimmt, zusammenhängt, ist eine lange bekannte, z.B. in Bierwisch (1963) explizit dargestellte Tatsache. Wilder (1995) hat diesen Befund in dem von Chomsky (1994) formulierten Rahmen auf eine generelle Basis gestellt, die sowohl die konstruktions- wie die sprachspezifischen Variationen auf das Zusammenwirken eines generellen Prinzips mit rein lexikalischen Informationen zurückführt. Der entscheidende Punkt in diesem Ansatz ist die in mehreren Schritten der Theorieentwicklung entstandene Auffassung über die Rolle funktionaler Köpfe, die ich zunächst sehr abgekürzt skizzieren will, wobei ich die nicht abschließend geklärten Annahmen in einer Form zusammenfassen werde, die sich auf die hier wesentlichen Momente beschränkt.

Funktionale Köpfe sind ein besonderer Typ lexikalischer Einheiten, die eine Art grammatischer Scharnierfunktion wahrnehmen und im Grenzfall auf die dafür erforderliche rein grammatische Information GF reduziert sein können. Formal heißt das, daß ein funktionaler Kopf Kategorienmerkmale und eine für den jeweiligen Kopf charakteristische Argumentstruktur mit mindestens einer und höchstens drei Argumentstelle aufweist. Seine Phonetische Form kann – muß aber nicht – leer sein; wenn sie leer ist, ist er nur an seinen grammatischen Effekten erkennbar, vergleichbar einem unsichtbaren Planeten, der nur durch seine

Gravitationswirkung zu bemerken ist. Ebenso kann seine Semantische Form ohne eigentlichen Gehalt sein und, formal gesehen, lediglich aus einer Variablen bestehen.

Die Scharnierfunktion eines funktionalen Kopfes besteht darin, daß er durch die Anforderungen an die Besetzung seiner Argumentstellen die normalen lexikalischen Einheiten zwingt, bestimmte Funktionen einzugehen bzw. Positionen einzunehmen. Ich illustriere das am Beispiel des Elements, das die grammatischen

Eigenschaften des Satztyps bestimmt. Im Deutschen ist dieses Element sichtbar als Konjunktion *daß* für Nebensätze, in allen anderen Fällen - direkte und indirekte Fragesätze, deklarative oder imperativische Hauptsätze - ist es phonetisch leer, hat aber unterschiedliche syntaktische Effekte. Es gibt, mit anderen Worten, mehrere Satztyp-Köpfe, die sich durch ihre grammatischen Eigenschaften und die dadurch bedingten Effekte unterscheiden. Die möglichen Effekte, um die es hier geht, bestehen darin, daß ein funktionaler Kopf FK aus dem Komplement, das er verlangt, ganz bestimmte Einheiten herauszieht und sie entweder (i) direkt an sich bindet oder (ii) in eine vorgeschaltete sogenannte Spezifikator-Position plaziert. Im Fall (i) muß das betroffene Element ein lexikalischer Kopf sein, im Fall (ii) eine vollständige Konstituente. Geht man von einem Funktionalen Kopf FK mit dem Komplement A, also einer Struktur der Form (49)(a) aus, dann ergeben sich vier Möglichkeiten mit der allgemeinen Struktur (49)(a) - (d):

(49) (a) $[_{FP}\ [\,FK\,]\ [_{A}\ \text{-------}\ ]\ ]$

(b) $[_{FP}\ [_{FK}\ [\,LK\,]_{i}\ [\,FK\,]\ ]\ [_{A}\ \text{---}\ t_{i}\ \text{---}\ ]\ ]$ (= (i))

(c) $[_{FP}\ [\,XP\,]_{k}\ [\ [\,FK\,]\ [_{A}\ \text{---}\ t_{k}\ \text{---}\ ]\ ]$ (= (ii))

(d) $[_{FP}\ [\,XP\,]_{k}\ [_{FK}\ [\,LK]_{i}\ [\,FK\,]\ ]\ [_{A}\ \text{---}\ t_{k}\ \text{---}\ t_{i}\ \text{---}\ ]\ ]$ (= (i) + (ii))

wobei $[\,LK\,]_{i}$ ein Lexikalischer Kopf und $[\,XP\,]_{k}$ eine Konstituente und t_{i} bzw. t_{k} der 'eigentliche' Platz von $[\,LK]_{i}$ bzw. $[\,XP\,]_{k}$ in $[_{A}\ \text{-------}\ ]$ ist.

In (49b) ist [FK] mit $[LK]_{i}$ zu einem komplexen Kopf verbunden, in (49c) ist die Phrase [XP] in die Spezifikatorposition gezogen worden, und in (49d) ist beides der Fall. Die vier Strukturen in (49) geben die syntaktischen Effekte wieder, die ein Funktionaler Kopf FK aufgrund allgemeiner, in UG fixierter Bedingungen haben kann. Welche der vier Möglichkeiten ein gegebener funktionaler Kopf realisiert und was für Einheiten er an sich zieht, gehört zu den idiosynkratischen Eigenschaften, die seine lexikalische Information ausmachen. Ich will der Einfachheit halber im Folgenden Bedingungen, die den Fall (i) auslösen, in der Form < M > schreiben, Bedingungen, die zu (ii) gehören, in der Form [[N]], wobei M und N grammatische Merkmale sind, die entsprechenden Argumentstellen zugeordnet sind.

Der Effekt der damit skizzierten Eigenschaften funktionaler Köpfe ist nun offensichtlich der, Hierarchie- und Reihenfolgevariationen herbeizuführen, die über die in (47) angegebene Parametervariation hinausgeht, indem sowohl Köpfe als auch komplexe Konstitutenten gegenüber ihrer 'eigentlichen' Position versetzt werden. Dabei ist zweierlei festzuhalten: Erstens sind die auf diese Weise entstehenden Reihenfolgevariationen direkt an lexikalische Einheiten gebunden, wenn auch an eine sehr spezielle Art von Einheiten, deren Funktion vor allem (wenngleich nicht ausschließlich) darin besteht, Änderungen der 'Grundanordnung' zu bewirken. Und zweitens sind diese Variationen, die sich aus einer ganz generellen Operation ergeben - nämlich der Bindung einer Einheit an die durch den kunktionalen Kopf bestimmte Position – genau dadurch in sehr strikter Weise eingeschränkt und kontrolliert: sie finden nur da und dann statt, wo und wenn ein funktionaler Kopf sie erfordert. Das heißt umgekehrt, daß ein funktionaler Kopf, der nichts anderes bewirkt als diese Strukturvariation, auch nur an diesem Effekt erkennbar ist. Daraus folgt übrigens, daß ein funktionaler Kopf in der Struktur (49a), in der ein solcher Struktureffekt nicht auftritt, nicht gleichzeitig phonetisch und semantisch leer sein kann, da er dann für den Lernenden nicht erkennbar wäre.

Ich illustriere diese Anmerkungen nun am Beispiel des Elements, das den Satztyp bestimmt und im Deutschen (und vielen anderen Sprachen) dabei zugleich charakteristische Effekte der Wortstellung bewirkt. Phonetisch manifestiert ist dieses Element C (für 'Complementizer') in der Konjunktion *daß* für Nebensätze; in anderen Fällen, den direkten und indirekten Fragesätzen, Relativsätzen, deklarativen und imperativischen Hauptsätzen, ist es phonetisch leer. Es gibt, mit anderen Worten, verschiedene Satztyp-Köpfe, die sich durch ihre grammatischen Eigenschaften unterscheiden und an den durch sie bedingten Effekten erkennbar sind. Die wichtigsten Fälle sind in (50) mit Entsprechung zu (49) illustriert, wobei (50a) das Komplement IP zu C in seiner Grundform enthält:

(50) (a) [$_{CP}$ [$_{C}$ daß] [$_{IP}$ Sie uns den Gast vorstellen]]

(b) [$_{CP}$ [$_{C}$ [$_{V}$ stellen]$_{i}$ [$_{C}$ --]] [Sie uns den Gast vor t$_{i}$]]

(c) [$_{CP}$ [$_{DP}$ den]$_{k}$ [[$_{C}$ --] [$_{IP}$ Sie uns t$_{k}$ vorstellen]]
[$_{CP}$ [$_{DP}$ wer]$_{k}$ [[$_{C}$ --] [$_{IP}$ t$_{k}$ uns den Gast vorstellt]]

(d) [$_{CP}$ [$_{DP}$ Sie]$_{k}$ [[$_{C}$ [$_{V}$ stellen]$_{i}$ [$_{C}$ --]] [$_{IP}$ t$_{k}$ uns den Gast vor t$_{i}$]]]
[$_{CP}$ [$_{DP}$ den Gast]$_{k}$ [[$_{C}$ [$_{V}$ stellen]$_{i}$ [$_{C}$ --]] [$_{IP}$ Sie uns t$_{k}$ vor t$_{i}$]]]
[$_{CP}$ [$_{DP}$ wer]$_{k}$ [[$_{C}$ [$_{V}$ stellt]$_{i}$ [$_{C}$ --]] [$_{IP}$ t$_{k}$ uns den Gast vor t$_{i}$]]]

(50)(a) und (c) sind Nebensatzformen mit Verbendstellung, (b) und (d) sind Hauptsatztypen verschiedener Art, in denen die finite Verbform an den (leeren) funktionalen Kopf C gebunden ist. Wie man sieht, gilt das nur für den finiten Stamm, d.h. den kleinsten lexikalischen Kopf, der die Bedingungen der Finitheit erfüllt. Der Lexikoneintrag (18) wird dabei auseinandergerissen: Die Partikel *vor* steht wie im Nebensatz am Satzende, der Stamm *stell* mit der finiten Verbendung, auf die ich unten kurz zurückkomme, rückt in die C-Position. Gekreuzt mit dieser Einteilung haben wir in (50)(c) und (d) Sätze mit, in (a) und (b) ohne Spezifikatorposition; dabei ist das *den* in (c) Relativpronomen, das *wer* in (c) ist indirektes, das in (d) direktes Fragepronomen, *Sie* und *den Gast* schließlich sind Konstituenten in sogenannter Topikposition, die nur im deklarativen Hauptsatz existiert, dort aber besetzt sein muß. Die funktionalen Köpfe, die diese keineswegs vollständige Palette von Satztypen erzeugen, sind – wiederum unvollständig – in (51) angegeben:

(51) (a) /das/ [+C, +Finit]

(b) / -- / [+C, +Finit] [[$_{XP}$ + W]]

(c) / -- / [+C, +Finit] [[$_{XP}$ {+W, +Top}]] < +Finit >

Die Elemente (a) und (b) sind für verschiedene Nebensatztypen (deklarative, relative, interrogative) zuständig, (c) leitet Hauptsätze ein, und zwar entweder Ergänzungsfragen oder Sätze mit normalem Topik. Entscheidend ist dabei das Merkmal <+ Finit>, das das finite Verb an die C-Position bindet, also die Hauptsatz-verbstellung erzeugt.

Die Einträge in (51) bedürfen verschiedener Ergänzungen, die hier nicht verfolgt werden können, so die Spezifizierung der C-Elemente für Entscheidungsfragen und Imperative mit entsprechenden semantischen Komponenten. Über diese Details hinaus ist aber insbesondere klärungsbedürftig, wie das Inventar 'unsichtbarer' Lexikoneinheiten beschränkt ist. Ein unkontrolliertes Schattenreich funktionaler Köpfe, die beliebig spezielle Einheiten an sich binden, würde nicht nur Strukturen ermöglichen, die in natürlichen Sprachen nicht zugelassen sind, sondern auch den Erwerb dieser Einheiten unmöglich machen. Wenn diese Probleme aber befriedigend gelöst werden können, dann ist auf dem hier am Beispiel der Satztyp-Köpfe illustrierten Weg ein entscheidender Teil der jeweils einzelsprachlichen Syntax auf spezielle lexikalische Informationen und die Wirkung universeller Prinzipien zurückgeführt. Insoweit wäre die Frage, ob einzelsprachliches Wissen auf das Lexikon, basiert auf den Prinzipien von UG, beschränkt werden kann, zu bejahen. Allerdings ist diese Vermutung eher eine Suchstrategie als ein bereits erreichtes Ergebnis.

6.3 Morphologie

Was unbeschadet der noch offenen Frage für die Syntax zumindest als mögliche Antwort erscheint, stößt für die Morphologie offenbar auf grundsätzliche Schwierigkeiten, die dann wiederum die Lösung für die Syntax in Frage stellen, denn die eben illustrierte Strategie hat nur Sinn, wenn die zur Flexionsmorphologie gehörenden Kategorien wie Finitheit, Kasus, Numerus usw. verfügbar sind. Hier aber ergeben sich Probleme, die ich kurz verdeutlichen will.

Erstens ist offensichtlich, daß die Informationen, die mit den Flexionsformen lexikalischer Einheiten verbunden sind, im allgemeinen nicht als idiosynkratische Eigenschaften der flektierten Wurzeln oder Stämme im Lexikon zu fixieren sind, da sie weitgehend regelmäßig, also prädiktabel sind. Die Systematisierung von Flexionsparadigmen macht das unmittelbar deutlich. In diesem Sinn geben die Illustrationen in (18) oder (23) unflektierte Stämme statt finiter oder infiniter Verbformen an.

Zweitens ist ebenso offensichtlich, daß morphologische Kategorien nicht durch universelle Prinzipien bestimmt sein können, da nicht nur die phonetische Realisierung von Kasus, Numerus, Person, Tempus usw. einzelsprachlich geregelt ist, sondern auch die Kategorien selbst von Sprache zu Sprache variieren, wie der Vergleich selbst nahe verwandter Sprachen sofort zeigt. Auch wenn die Merkmale z.B. der strukturellen Kasus durch generelle Prinzipien wie (34) determiniert sind, ist doch ihre Realisierung durch morphologische Kasus wie Nominativ, Akkusativ oder Ergativ und Absolutiv usw. sprachspezifisch. In diesem Sinn also kann UG keine universelle Morphologie enthalten.

Es scheint, daß diese Feststellung dem Konzept, die Grammatik in Lexikon und UG aufzulösen eine grundsätzliche Schranke entgegensetzt: Die Morphologie verlangt Regeln, die essentiell einzelsprachlich sind. An dieser Stelle sind zwei verschiedene Überlegungen anzustellen, die einander jedoch nicht ausschließen.

Die erste besteht darin, die im vorigen Abschnitt skizzierte Strategie in entsprechend veränderter Form auf die Morphologie anzuwenden, d.h. Flexion und Derivation als kombinatorischen Effekt lexikalischer Einheiten zu erklären. Flexive und Derivationsaffixe sind dabei als lexikalische Einheiten eines besonderen Typs – ähnlich den funktionalen Köpfen – zu verstehen, deren Spezifik darin besteht, daß sie obligatorisch mit einer lexikalischen Einheit ein Wort bilden müssen. Die Kombinatorik unterliegt dann wiederum universellen Bedingungen, die denen in (26) entsprechen oder in ihnen sogar enthalten sind. Dabei verbindet sich z.B. der Stamm *stell* mit dem Flexiv *st* zum Verb *stellst*. (52) deutet an, wie Flexive in diesem Sinn als Lexikoneinheiten aufzufassen sind:

(52) (a) [+Finit +2.Pers] <+Temp>
|
/st/

(b) [+Temp +Prät] < +V >
|
/te/

(c) [+Temp - Prät] < + V >
|
/-- /

Die Personalendung *-st* verbindet sich mit einem zunächst durch das leere Präsens-Suffix oder das Präteristalsuffix *-te* zum Tempusstamm ergänzten Verb und ergibt damit Formen wie *stell--st* oder *stell-te-st*. Da in dieser Verbindung das jeweilige Suffix der Kopf ist, erhalten die Formen automatisch die morphologischen Merkmale, die sie als finite Verbformen ausweisen, sodaß sich z.B. die Bedingungen der funktionalen Köpfe in (51) auf sie beziehen können.

Was den Flexionseinheiten in (52) fehlt, ist die Spezifizierung ihrer Semantischen Form, die z.B. bei den Tempusaffixen (b) und (c) in einer Bedingung besteht, die den im Verb thematisierten Zustand oder Vorgang zeitlich vor oder nicht vor dem Sprechzeitpunkt einordnet. Ich komme auf Probleme, die mit diesem Punkt verbunden sind, später zurück und halte zunächst fest, daß auf die damit angedeutete Weise an die Stelle von Flexionsregeln ein spezieller Typ lexikalischer Einheiten tritt, nämlich Affixe, die genau die Eigenschaften spezifizieren, die den Wortformen als Ergebnis der Flexion zukommen. Unter dem in Abschnitt 3 erörterten Gesichtspunkt sind aber umgekehrt diese Affixe nichts anderes als der lexikalisch gefaßte Inhalt morphologischer Regeln. Konzeptionen der Flexionsmorphologie, die diesen Ansatz im Detail verfolgen, sind von Wunderlich und Fabri (1993) sowie – in etwas anderer Weise – Halle und Marantz (1993) entwickelt worden.

Das für die Flexion Gesagte gilt im Grundsatz ebenso für die Wortbildung: Derivationen wie *vorstell-bar* oder *Vorstell-ung* ergeben sich als Kombinationen aus dem Verbstamm mit den lexikalischen Einheiten *-bar* bzw. *-ung*, die die syntaktischen und morphologischen Merkmale für Adjektiv bzw. Nomen tragen. Verschiedene Zusatzerscheinungen, die bei Wortbildungen dieser Art auftreten, werden in Bierwisch (1990) erörtert und können hier vernachlässigt werden. Das Gleiche gilt für die Besonderheiten von Präfix- und Partikelkomposita wie *be-gießen* und *aus-gießen*, die z.B. von Stiebels und Wunderlich (1994) behandelt werden (soweit sie nicht wie die mehrfach erwähnten Beispiele vom Typ *aufhören*, *gehören* oder *vorstellen* wegen ihrer idiosynkratischen Eigenschaften eigene lexikalische Einheiten bilden).

Lexikoneinträge für Affixe entsprechen den Erscheinungen von Flexion und Wortbildung am deutlichsten in Formen, in denen jeweils ein Affix eine morphologisch oder syntaktische Kategorie repräsentiert, wie etwa in

(53) (a) [$_{Fin}$ [$_{Temp}$[$_{V}$ [$_{Präf}$ ver] [$_{A}$ [$_{A}$ breit] [$_{Komp}$ er]]] [$_{Prät}$ te]] [$_{Plur, 2.Pers}$ t]]

(b) [$_{Plur}$ [$_{N}$ [$_{A}$ [$_{Präf}$ un] [$_{A}$ [$_{V}$ rett] [bar]]] [$_{Fem}$ keit]] [$_{Num}$ en]] .

Ungeachtet verschiedener Vereinfachungen und der nicht angegebenen Semantik machen diese Beispiele deutlich, wie komplexe Wörter aus morphologischen Wortteilen aufzubauen sind.

In diesen Rahmen der lexikalischen Morphologie ordnen sich zwanglos auch Irregularitäten und Suppletivformen ein wie sie z.B. bei der Flexion der Copula auftreten: Das Präteritum *war* ist eine fixierte lexikalische Einheit, die die morphologischen Merkmale aus (52)(b) bereits enthält und damit für das Präteritalsuffix gesperrt ist. Gerade dadurch aber ist *war* Basis für die Personalaffixe *-st*, *-t* und *-en*. Für das Präsens der Copula sind auch die Personalformen bereits lexikalisch fixiert in den Einheiten *bin*, *ist*, *bist*, *sind* und *seid*.

Kompositional transparente Wortformen wie (53) und idiosynkratisch abgepackte Einheiten wie *bin*, *war* schöpfen die morphologischen Erscheinungen jedoch nicht aus. Zwischen beiden gibt es das, was traditionell starke Flexion heißt und faktisch reguläre und idiosynkratische Momente verbindet. Der Vergleich von (54)(a) und (b) verdeutlicht das Gemeinte:

(54) (a) sprech–e sprich–st sprich–t sprach spräch–e ge–sproch–en

(b) sag – e sag – st sag – t sag – te sag – te ge – sag – t

Zusätzlich zu den Affixen oder auch statt ihrer treten in den Formen unter (a) Änderungen im Verbstamm auf, die weder vollkommen idiosynkratisch sind – die Stammveränderungen betreffen jeweils Gruppen von Einheiten – noch unabhängig von den einzelnen Lexikoneinheiten rein phonologisch bedingt sind. Dieses Problem führt zur zweiten der oben erwähnten Überlegungen: Der Wechsel des Stammvokals in Verben wie *sprechen*, *werfen*, *laufen* etc. ist an spezifische morphologische Bedingungen gebunden und unterliegt Regeln, die besonders markierte lexikalische Einheiten betreffen. In (55) sind Regeln dieser Art angedeutet:

(55) (a) [+vok] ===> [+hoch] / [$_{+Finit}$ –Prät –1.Pers –Plur K$_n$]

(b) [+vok] ===> [+tief] / [$_{+Temp}$ +Prät K$_n$]

(c) [+vok] ===> [–hoch –vorn] / [+Part K$_n$]

Die Regel (55a) ergibt den Vokal /i/ in *sprichst*, *spricht*, (55b) ergibt /a/ in *sprach*, und (55c) ergibt /o/ in *gesprochen*. Wichtig ist das idiosynkratische Merkmal K$_n$, das die Klasse von Verben, zu denen *sprechen* gehört, trennt von den Verben, die den Regeln in (55) nicht unterliegen. Dieses Beispiel läßt viele Details beiseite, es soll lediglich illustrieren,daß wir es mit einzelsprachlichen, auf bestimmte Klassen beschränkten Regeln zu tun haben, die auf gegebene lexikalische Einheiten anzuwenden sind und deren Phonetische Form verändern oder vervollständigen.

Wir haben, mit anderen Worten, einen Typ von Eigenschaften, die eindeutig einzelsprachlich sind, also nicht zu UG gehören können, aber auch nicht auf einzelne Lexikoneinheiten zu beschränken sind. Die Flexion der starken Verben im Deutschen und anderen Sprachen ist dabei nur ein Beispiel für ein verbreitetes Phänomen mit vielen Varianten. Allerdings ist diese Erscheinung – und das ist die Essenz der zweiten Überlegung – offenbar systematisch begrenzt in dem Sinn, daß nur Regeln mit strikt lokalem Charakter ein sehr begrenztes Repertoire von Operationen in Anspruch nehmen können. Die Regeln können gewissermaßen als Teil des Lexikons betrachtet werden, insofern sie nicht mehr bewirken können als Eigenschaften lexikalischer Einheiten zu spezifizieren, die prinzipiell lexikalischer Spezifizierung zugänglich sind. Dieser Befund läßt sich noch deutlicher machen, wenn man den Inhalt dieser Regeln mit lexikalischen Einheiten vergleicht. Ich mache das anhand der Regel (55b) für die Bildung des Präteritalstammes sichtbar, die in der Form (56) den Charakter eines Lexikoneintrags annimmt, der eine Operation auf den Elementen der Klasse K_n repräsentiert:

(56) [+Temp +Prät] < +V K_n >
|
/ ....[+vok] ... /
[+tief]

Die PF-Komponente enthält hier keine kompletten Formative, sondern nur die Information für die Auffüllung oder Abwandlung der PF-Struktur der Einheiten der Klasse K_n, die dabei zugleich das morphologische Merkmal [+Prät] erhalten. Der Effekt von (56) ist damit ganz ähnlich der mit (52b) bewirkten Affigierung, nur wird nicht ein Affix, sondern ein segmentales Merkmal hinzugefügt.

Die Existenz und Funktionsweise von Schemata wie (56), die auf eine etwas andere als die in Abschnitt 3 erörterte Weise Lexikoneinheiten zu Regeln machen, setzt bestimmte Bedingungen voraus, die ihrerseits zu UG gehören. Ich nenne hier nur das sehr allgemeine Prinzip der disjunktiven Ordnung, das die Konkurrenz zwischen (56) und (52), also dem 'starken' und dem 'schwachen' Präteritum regelt und Formen wie **sprechte* ausschließt. Ich gehe auf die keineswegs trivialen Konsequenzen dieses Aspekts hier nicht ein und halte nur fest, daß der mit den einzelsprachlichen Regularitäten der Morphologie verbundene Bereich erstens durch UG-Prinzipien strukturiert und begrenzt ist und zweitens in einer qualifizierten Weise zum Lexikon gehört. Dabei kann die Frage, ob morphologische Regeln grundsätzlich das Format von Lexikoneinträgen annehmen, wie in (56) angedeutet, oder einen eigenen Status als lexikoninterne Operationen haben können, hier offen bleiben.

Ich erwähne abschließend zwei Probleme, die mit den diskutierten Erscheinungen eng verbunden sind. Das erste betrifft die Rolle morphologischer Paradigmen. Grundlage dieses Strukturaspekts ist die Tatsache, daß im Rahmen genereller Prinzipien einzelsprachliche Kombinationen morphologischer Kategorien festgelegt sind. In (57) sind die Kategorien nominaler (a) und verbaler (b) Einheiten des Deutschen angegeben:

(57) (a) [[[[Stamm Person] Genus] Numerus] Kasus]

(b) [[[[Stamm Tempus] Modus] Person] Numerus]

Jede dieser Kategorien ist durch ein oder mehrere binäre Merkmale gegliedert, deren Distinktion aber in zweifacher Weise suspendiert sein kann: Zum einen verschmelzen Merkmale zweier Kategorien durch Fusion, zum anderen entfallen Distinktionen innerhalb einer Kategorie durch Synkretismus. So ist das Suffix *-st* eine Fusion von Numerus ([–Plural]) und Person ([+2Person]), das Suffix *-en* unter anderem ein Synkretismus von [+1Person] und

[+3Person] und zugleich eine Fusion von Numerus ([+Plural]) und Person. Die Tatsache, daß einerseits die Kategorien realisiert werden müssen, andererseits Fusion und Synkretismus die Distinktionen reduzieren, spiegelt sich in systematischen Unterspezifizierungen, die die Struktur der Paradigmen in charakteristischer Weise reduzieren. Wunderlich (1992) zeigt die weitreichenden Konsequenzen der hier wirksamen Prinzipien am Beispiel der deutschen Verbflexion, Jakobson (1936) ist eine frühe Analyse dieser Erscheinungen im Bereich der Kasusdistinktionen.

Das zweite Problem betrifft die Semantik, die mit Affixen und morphologischen Regeln verbunden ist. Ich habe sie in den Beispielen unter (52) und (56) ausgespart, obgleich die generelle Organisation von Lexikoneinträgen ihren Platz vorsieht. Der Grund dafür ist zweifach. Zum einen sind Personalkategorien beim Verb im Deutschen nur Indikatoren der Kongruenz, sie haben keinen eigenen semantischen Anteil, ihre SF-Komponente ist im Effekt leer. Zum anderen und vor allem zeigt sich am Beispiel des Tempus ein zusätzliches charakteristisches Problem. Die Semantische Form, die etwa den in (58) angegebenen Gehalt hat, ist mit jedem Auftreten des Merkmals [+Prät] verbunden, das außer in dem Suffix /te/ bzw. /--/ ja in zahlreichen Einträgen für unregelmäßige Formen bzw. den entsprechenden Regeln auftritt. Die Ökonomieprinzipien, die UG zugrundeliegen, müssen hier zu einem einzigen zusammenfassen Eintrag führen. Das ist genau dann der Fall, wenn wir (58) als diese für alle Vorkommen von [+Prät] zuständigen Einträge ansehen.

(58) (a) [+ Prät] ^s [Ts VOR Tu]

(b) [- Prät] ^s [NEG [Ts VOR Tu]]

wobei Ts das Zeitintervall der mit dem Verb verbundenen Situation, und Tu das Zeitintervall der Äußerung des Satzes ist.

(58)(a) und (b) sind eine Art defiziente Lexikoneinheiten: Sie bestehen aus der Semantischen Form mit einer Argumentstelle ^s, die sie an das Verb bindet – die formalen Details muß ich beiseite lassen – und einem morphologischen Merkmal, sie haben jedoch keine PF-Information, auch keine leere wie (52c). Sie sind gewissermaßen der fehlende Teil der Einheiten (52b) und (52c), aber auch (56), und allgemeiner aller Einheiten, in denen das Merkmal [+Prät] bzw. [-Prät] enthalten ist. Dies kann nun auch so verstanden werden, daß Datenstrukturen wie die in (58) angedeuteten einfach die Interpretation eines Merkmals festlegen, also eher Bausteine für lexikalische Einheiten sind als eigentliche Lexikoneinträge.

Mit diesen in keiner Weise vollständigen Anmerkungen zum morphologischen Aufbau lexikalischer Einheiten sollte zweierlei gezeigt werden. Zum einen sind lexikalische Einheiten nicht nur Datenstrukturen, die in der von UG vorgegebenen Form idiosynkratische Information registrieren, sondern sie enthalten auch einzelsprachlichen Generalisierungen, für die morphologische Regeln die übliche Darstellungsform sind. Zweitens sind diese Regeln strikt lokaler Natur und können weitgehend, wenn nicht grundsätzlich, als lexikalische Einheiten verstanden werden, die generelle Operationsprinzipien von UG steuern, also Regeln in dem Sinn sind, in dem das in Abschnitt 3 für alle Lexikoneinheiten erörtert wurde.

7 Ausblicke

Ich fasse abschließend in vier Punkten zusammen, was hier über den Zusammenhang von UG und Lexikon verdeutlicht werden sollte und benenne einige sich daraus ergebende Folgerungen und weitergehende Fragen.

1. UG ist die generelle kognitive Ausstattung, die die konstruktive Abbildung zwischen den Domänen A–P der Signalorganisation und I–C der intentional-konzeptuellen Strukturbildung ermöglicht. Aus dieser Grundbedingung ergibt sich die Spezifik von UG als das minimale System von Prinzipien, das

   (59) (a) die Abstraktion der Grundelemente sowie der Repräsentationsformate der Schnittstellen PF und SF determiniert,

   (b) die Operationen definiert, die die konstruktive Abbildung von SF-Strukturen auf PF-Strukturen erzeugen.

   Aus (59)(b) folgt, daß UG die systeminternen Einheiten und deren Eigenschaften determiniert, die die Kombinatorik sprachlicher Ausdrücke bestimmen, d.h. die morpho-syntaktischen Kategorien und Merkmale. Aus (59)(a) und (b) ergibt sich ferner, daß aus UG die Organisation der Grundeinheiten folgt, auf denen die Kombinatorik beruht.

2. Das Lexikon enthält in Form der Grundeinheiten die idiosynkratischen Informationen, die die kontingenten Eigenschaften der jeweiligen Einzelsprache ausmachen. Das betrifft die Auswahl und Anordnung der Schnittstellenelemente ebenso wie die Indikation einzelsprachlicher oder einheitenspezifischer Beschränkungen der Kombinatorik, also lexikalisch bedingte Restriktionen der Morphologie und Syntax. Insofern lexikalische Einheiten auf die notwendige Mindestinformation reduziert, also redundanzfrei sind, enthält das Lexikon alle und nur die idiosynkratischen Bedingungen der sprachlichen Kenntnisstruktur.

3. Es scheint, daß morphologische und syntaktische Eigenschaften, die traditionell als Effekt einzelsprachlicher Regeln erscheinen, weitgehend auf das Zusammenspiel genereller Prinzipien von UG mit besonderen lexikalischen Einheiten zurückgeführt werden können. Dies gilt zum einen für die Bildung komplexer lexikalischer Einheiten durch Derivation und Flexion, zum andern für die Spezifik syntaktischer Konstruktionen, deren Eigenschaften durch Funktionale Köpfe bestimmt werden, die charakteristische Positionen wie Topik, Finitum oder Determinator markieren.

4. Wenn und soweit einzelsprachliche, also nicht durch UG festgelegte Regularitäten nicht die Form von Lexikoneinträgen annehmen, unterliegen sie strikt lokalen Bedingungen; sie entsprechen Regeln, die mit den lexikalischen Einheiten zum Lexikalischen System einer Sprache zusammenzufassen sind. Das Lexikalische System enthält damit die Gesamtheit der Lexikoneinheiten sowie die Operationen, durch die Eigenschaften von Wörtern bestimmt werden, die auf die Einzelsprache, aber nicht auf das Einzelwort beschränkt sind.

Ob mit 4. mehr als ein zunächst unerledigtes Problem benannt ist, ob also, anders gesagt, die interne Sprache vollständig auf UG und das jeweilige System lexikalischer Einheiten zurückgeführt werden kenn, muß ich hier auf sich beruhen lassen. Das Problem wird nicht zuletzt durch die hier nicht diskutierte Frage entschieden werden, welche Rolle Erscheinungen der segmentalen Phonologie spielen, die bisher in Form einzelsprachlicher Regeln oder Beschränkungen erfaßt worden sind. Als wichtige Ensicht läßt sich dabei jedoch festhalten, daß morphologische und phonologische Operationen im Grundsatz auf die Domäne lexikalischer Einheiten beschränkt sind, was Kiparsky (1982) bereits zum Konzept der Lexikalischen Phonologie und Morphologie geführt hat. Daraus ergibt sich – unabhängig von der Entscheidung über Punkt 4 –, daß einzelsprachliche Erscheinungen wesentlich Sache des Lexikons sind.

Man könnte versucht sein, das aus diesen Überlegungen resultierende Verhältnis folgendermaßen zu schematisieren:

(60)

Universelles	Partikuläres	Idiosynkratisches
UG–Prinzipien	einzelsprachliche Regeln	Lexikoneinheiten
Universalgrammatiken	Lexikalisches System	

Die Zuordnung ist jedoch insofern unangemessen, als UG–Prinzipien einerseits parametrisiert sein können, also einzelsprachliche Variation aufnehmen, vor allem aber andererseits sowohl die Form einzelsprachlicher Regeln – falls sie angenommen werden müssen – als auch die Organisation der Lexikoneinheiten durch UG vorgegeben sind, UG also den Rahmen auch für partikuläre und idiosynkratische Eigenschaften festlegt. Mit diesem Vorbehalt deutet die Einteilung in (60) gleichwohl an, welche Aspekte sprachlichen Wissens lernabhängig und welche als Bedingung des Lernens vorgegeben sind: Die Prinzipien müssen als Resultante der Hirnstruktur wirken, durch die die Organisation von Erfahrung zum Lernergebnis führen kann.

Etwas einfacher gesagt: Lexikalisches Wissen wird erworben, die Art seines Aufbaus und seiner Funktion sind angeboren. Noch einfacher: Eine Sprache lernen heißt ihr Lexikon lernen, wobei das Lexikon freilich unabdingbar auf den kombinatorischen Bedingungen aufbaut, deren Funktion durch das lexikalische Wissen gesteuert wird.

Ich will zum Abschluß einen Aspekt lexikalischer Organisation erwähnen, der immer wieder als konstitutiv für den Aufbau lexikalischer Einheiten und ihr Verhältnis zueinander angesehen worden ist, nämlich die Struktur lexikalischer oder semantischer Felder. Die Idee, die diesem Konzept zugrundeliegt, ist leicht einsehbar, sie besagt, daß sich der 'Wert' einer Einheit aus ihrer Stellung innerhalb der Gesamtheit der Einheiten ergibt. Ein charakteristisches Beispiel ist der Bereich der Farbwörter, der in verschiedenen Sprachen durch unterschiedliche Grenzziehungen in Farbwerte aufgegliedert wird. In ähnlicher Weise scheint der Bereich der Zeitstruktur durch unterschiedliche Tempussysteme verschiedenen Gliederungsmöglichkeiten zu unterliegen, und ebenso die Aufteilung artikulatorischer Dimensionen, etwa der Zungenstellung innerhalb des Vokaltraktes. Hjelmslev (1961) diskutiert diese arbiträre Gliederung als generelles Prinzip der Beziehung zwischen sprachlicher Form und außersprachlicher 'Substanz', d.h. zwischen PF und SF einerseits und A–P und C–I andererseits in der hier verwendeten Terminologie. Das führt zu der Frage, ob und in welcher Art dieses Prinzip der Feldstruktur zu den Prinzipien von UG gehört.

Zunächst ist eine naheliegende, aber irreführende Vorstellung auszusondern, die man das 'Einerkuchenprinzip' der Feldstruktur nennen könnte. Nach dieser Vorstellung teilen die Grenzziehungen mittels sprachlicher Einheiten eine gegebene Domäne unter diesen Einheiten auf und bestimmen so wechselweise deren Wert, also insbesondere ihre Laut- bzw. Bedeutungssubstanz. Man sieht leicht, daß diese Idee unzutreffend ist: Nicht nur Wörter für Ober- und Unterbegriffe wie *Tier, Hund, Dackel* können sich nicht auf diese Weise abgrenzen; auch Überlappungen wie die der Geltungsbereiche von *Gedanke, Vorschlag, Absicht, Einfall*, um beliebige Beispiele zu nennen, stehen dem im Wege.

Wichtiger sind zwei andere Feststellungen. Erstens, die relative Abgrenzung von Einheiten der Phonetischen und Semantischen Form bezieht sich – auch in der von Hjelmslev anvisierten Art – auf Grundelemente der jeweiligen Schnittstelle, nicht auf daraus aufgebaute komplexe Strukturen. Die Struktur 'lexikalischer Felder' ist damit nicht die Basis für die Bestimmung der Einheiten, sondern umgekehrt durch deren interne Struktur definiert. Ein Beispiel für diesen Zusammenhang gibt Lang (1987) für die dimensionalen und Antonymie-Relationen im System der räumlichen Dimensions-Adjektive. Zweitens sind die Grundelemente und deren Begrenzung, anders als Hjelmslev unterstellt, nicht zufällig und arbiträr. Für PF-Merkmale ist das ein über lange Zeit abgeklärter Befund, eine neuere Zusammenfassung der 'Merkmals-Geometrie' gibt Clements (1985). Daß auch Distinktionen in der Semantischen Form keineswegs arbiträr sind, zeigt die von Berlin und Kay (1969) aufgedeckte Struktur möglicher Farbwortsysteme, die sich aus der Organisation fokaler Farbkategorien ergibt.

Die Bemerkungen zur Feld-Struktur zusammenfassend, ergibt sich der folgende Befund: Wenn UG die in Abschnitt 2 erörterten Bedingungen für die Auswahl und Kombinatorik der Grundelemente lexikalischer Datenstrukturen vorgibt, ist die Struktur lexikalischer Teilsysteme oder Felder ein Epiphänomen. Universell im Sinn der Gliederung in (60) sind die möglichen Grundelemente, einzelsprachlich partikular sind die aus diesen Möglichkeiten ausgewählten Inventare, idiosynkratisch (und in diesem Sinn arbiträr) sind die lexikalisch fixierten Konfigurationen. Ein besonderes Prinzip der Feldstruktur ist damit gegenstandslos. Damit nicht zu verwechseln sind außersprachliche, insonderheit in C–I wirksame Bedingungen der konzeptuellen und intentionalen Organisation der Umwelterfahrung, die von unterschiedlichen Faktoren – von historisch-kulturellen Rahmenbedingungen bis zu den Prozessen der Signalverarbeitung und Gedächtnisbildung – beeinflußt werden. Auch wenn die Effekte dieser Bedingungen sich im Aufbau des lexikalischen Wissens niederschlagen – ein leicht zu konstatierender Befund – so unterliegen sie doch nicht den Bedingungen von UG, so wie zum Beispiel die Mannigfaligkeit zu messender Materialien nicht von einem gegebenen Maßsystem abhängt, sondern nur der jeweilige Meßwert.

Die eingangs formulierten Gesichtspunkte zum Verhältnis von Lexikon und Universalgrammatik sind mit diesen Erläuterungen in keiner Weise ausgeschöpft, und es lassen sich leicht Fragen formulieren, die hier gar nicht berührt wurden – so etwa das Verhältnis der lexikalischen Wissensstruktur zu ihrer gedächtnismäßigen Implementierung mit den verschiedenen daraus folgenden Konsequenzen. Jedenfalls aber sollte deutlich geworden sein, daß lexikalisches Wissen auch und gerade als Reservoir idiosynkratischer Kontingenzen essentiell von den Bedingungen der Universalgrammatik geprägt ist.

Literatur / References

Berlin, Brent / Paul Kay 1969: *Basic Color Terms*. Berkeley / Los Angeles: University of California Press.

Bierwisch, Manfred 1963: *Grammatik des deutschen Verbs*, Studia Grammatica 2 Akademie-Verlag, Berlin

- 1987: *Semantik der Graduierung*, in: Studia Grammatica 26/27, Akademie-Verlag, Berlin (91-286).

- 1988: *On the Grammar of Local Prepositions*, in: Studia *Grammatica* 29, Akademie-Verlag, Berlin (1-65).

- 1990: *Event Nominalization: Proposals and Problems*, Acta Linguistica Hungarica 40 (19-84).

Chomsky, Noam 1957: *Syntactic Structures*. The Hague: Mouton.

- 1981: *Lectures on Government and Binding*. Dordrecht: Foris.

- 1986: *Knowledge of Language: Its Nature, Origin, and Use*. New York: Praeger.

- 1993: *A Minimalist Program for Linguistic Theory*, in: Hale, Kenneth Hale / Samuel Jay Keyser (eds.) *:The View from Building 20*. Cambridge, Mass.: MIT Press (1-52).

Chomsky, Noam / Morris Halle 1968: *The Sound Pattern of English*. New York: Harper and Row.

Clements, George N. 1985: *The Geometry of Phonological Features*, in: Ewan, C. J. / J. M. Anderson (eds.): *Phonology Yearbook 2*. Cambridge: Cambridge University Press (225-252).

Haider, Hubert 1992: *Branching and Discharge*, SFB-Papier 23, Universität Stuttgart.

Halle, Morris / Alec Marantz 1993: *Distributed Morphology*, in: Hale, Kenneth / Samuel Jay Keyser (eds.)*: The View from Building 2*. Cambridge, Mass.: MIT Press (11-176).

Halle, Morris / Jean-Roger Vergnaud 1987: *An Essay on Stress*. Cambridge, Mass.: MIT Press.

Hjelmslev, Louis 1961: *Prolegomena to a Theory of Language. Madison:* The University of Wisconsin Press.

Jackendoff, Ray S. 1994: *Lexical Insertion in a Post-minimalist Theory of Grammar*. Ms., Brandeis University.

Jakobson, Roman 1936: *Beitrag zur allgemeinen Kasuslehre*, *Travaux du* Cercle Linguistique de Prague 6 (240-288).

Kiparsky, Paul 1982: *Lexical Morphology and Phonology*, in: Yang, I. S. (ed.): *Linguistics in the Morning Calm*. Seoul: Hanshin (3-91).

- 1992: *Structural Case*. Ms. ,Wissenschaftskolleg Berlin.

Lang, Ewald 1987: *Semantik der Dimensionsauszeichnung räumlicher Objekte*, in: Studia Grammatica 26/27, Akademie-Verlag, Berlin (287-458).

Stiebels, Barabara / Dieter Wunderlich 1994: *Morphology feeds Syntax: the Case of Particle Verbs*, Linguistics *32* (913-968).

Wilder, Christopher 1995: *Derivational Economy and the Analysis of V2*, in: FAS Papers in Linguistics 1, Berlin (117-156).

Wunderlich, Dieter 1991: *How do Prepositional Phrases fit into Compositional Syntax and Semantics*, Linguistics 29 (591–621).

- 1992: *A Minimalist Analysis of German Verb Morphology.* SFB-Papier 21, Universität Düsseldorf.

Wunderlich, Dieter / Ray Fabri 1993: *Minimalist Morphology: An Approach to Inflection*, Unpublished paper, University of Düsseldorf.

HENNING BERGENHOLTZ / UWE KAUFMANN

ENZYKLOPÄDISCHE INFORMATIONEN IN WÖRTERBÜCHERN

Abstract

The common division between semantic information in dictionaries and encyclopaedic information in lexica can on closer examination be seen to be inappropriate. For specific applications, however, such as swift expedition of data in libraries, the above classification can be useful, based as it is on a primary, intuitive comprehension, and thus permitting rapid implementation.

A different approach is necessary for both theoretical and practical aspects of lexicography, where a division between semantic and encyclopaedic information is of little value. The classification should rather be based on the nature and extent of entries for the intended user group and user situation.

1 Semantische vs. enzyklopädische Angaben

Allgemeine monolinguale erklärende Sprachwörterbücher werden immer wieder dafür kritisiert, daß ihre Informationen über einzelne fachliche Zusammenhänge unzulänglich oder gar falsch sind. Diese Kritik kommt oftmals von Fachexperten, die gerade ihr Fach als stiefmütterlich behandelt empfinden. Die Mitarbeiter an den kritisierten Wörterbüchern antworten üblicherweise, daß man zwischen Bedeutungsangaben in Wörterbüchern und enzyklopädischen Angaben in Lexika doch trennen müsse. Sie vertreten hierdurch eine weit verbreitete Auffassung einer Trennung zwischen semantischen und enzyklopädischen Angaben. Dies ist die traditionelle Auffassung, aber nicht die einzige. In der lexikographischen Diskussion findet man insgesamt drei Grundhaltungen zu dieser Problematik:

1. In Sprachwörterbüchern (oder Bedeutungswörterbüchern) gibt es semantische Angaben, während man in Sachwörterbüchern (oder Enzyklopädien und Fachlexika) enzyklopädische Angaben findet.

2. Es kann keine ganz eindeutige Trennung zwischen semantischen und enzyklopädischen Angaben gemacht werden. Es gibt dennoch prinzipielle Unterschiede. In der Praxis findet man semantische Angaben sowohl in Sprach- als auch in Sachwörterbüchern, aber enzyklopädische Angaben gibt es vor allem in Sachlexika.

3. Es gibt keinen Unterschied zwischen semantischen und enzyklopädischen Angaben. *Enzyklopädisch* und *semantisch* sind im lexikographischen Zusammenhang als Synonyme zu betrachten.

Die erste Grundhaltung entspricht, wie gesagt, der traditionellen Auffassung, ist jedoch insofern wenig aussagekräftig, da sie nur Angaben in unterschiedlichen Wörterbuchtypen als Begründung gibt, nicht aber eine genauere Beschreibung von tatsächlichen Unterschieden. Eine Ausnahme stellt COBUILD dar, dessen Vortext klar bekundet, daß das Wörterbuch den

Sprachgebrauch im untersuchten Textkorpus widerspiegelt, auch wenn die semantische Angabe nicht oder nur teilweise mit dem Gebrauch in der Expertensprache übereinstimmt: "These meanings given are the meanings that are actually used in our ordinary texts and not necessarily what a specialist would say" (COBUILD 1987:XIX). Würde diese Vorgehensweise konsequent angewendet, was nach meiner Einschätzung in dem COBUILD-Wörterbuch nicht der Fall ist, wäre dies höchst problematisch. Der Wörterbuchbenutzer könnte dann bei keiner "semantischen" Angabe sicher sein, ob das Wörterbuch nun sachlich korrekte Informationen gibt. Beispielsweise ist nachgewiesen worden, daß sämtliche Zeitungsbelege in einem allgemeinsprachlichen Korpus bestimmte gentechnologische Termini falsch verwenden (Kaufmann 1993). Man könnte sich allerdings schon wünschen, daß allgemeinsprachliche oder fachsprachliche Wörterbücher die deskriptive Vorgehensweise (wie in COBUILD beschrieben) mit einer fachlich korrekten Darstellung verbinden würden. Speziell in gesellschaftlich umstrittenen Gebieten wie der Gentechnologie wäre dies ein Weg der Aufklärung, der zur Versachlichung der Debatte führen könnte. Aber solche Wörterbücher kenne wir nicht.

Üblicher ist eine andere Vorgehensweise, die im Stil von Werbetexten den Benutzern ohne Einschränkungen die Zuverlässigkeit aller Informationen über die im Wörterbuch erfaßten Fächer verspricht. Solche Versprechen sind zwar nicht grundsätzlich unhaltbar, entsprechen aber nicht der bisherigen Praxis. Allgemeine Bedeutungswörterbücher und allgemeine erklärende Fachwörterbücher, die Termini aus vielen Fächern, oft bis zu 150 verschiedenen Fächern, erfassen wollen, weisen in der Praxis eine Übereinstimmung mit dem COBUILD-Prinzip auf: Sie hätten genauso gut wie COBUILD hinzufügen können, ihre fachlichen Angaben seien nicht immer in Übereinstimmung mit der fachlichen Wirklichkeit. Dies gilt gleichermaßen für allgemeinsprachliche und fachsprachliche Wörterbücher, ohne Rücksicht darauf, ob der jeweilige Lexikograph seine Fachtermbeschreibung als Bedeutungsangabe oder enzyklopädische Angabe versteht.

Eine weniger rigorose und oft zitierte Trennung zwischen semantischen Angaben (in Wörterbüchern) und enzyklopädischen Angaben (in Lexika und Enzyklopädien) findet sich im Vorwort zur ersten Ausgaben des CONCISE OXFORD DICTIONARY: Semantische Angaben gibt es in Wörterbüchern. Aber sowohl in Wörterbüchern als auch in Lexika finden sich enzyklopädische Angaben, jedoch nur gelegentlich in Wörterbüchern. Dort werden Informationen über Dinge ("things") nur in dem Umfang gegeben, wie sie nötig sind für den konkreten Gebrauch der Wörter und Wortverbindungen, die Dinge bezeichnen. Dagegen wird das Hauptgewicht in Enzyklopädien und Lexika darauf gelegt, die "Natur der Dinge" zu erklären, u.a. unter zusätzlicher Verwendung von Zeichnungen und Diagramme, wie sie nicht in Wörterbüchern vorkommen.

Das klingt auf den ersten Blick einleuchtend, insbesondere weil gerade CONCISE OXFORD DICTIONARY als erstes britisches Wörterbuch beide Wörterbuchtypen in einem vereinen, also ein enzyklopädisches Wörterbuch sein will. So muß in diesem Wörterbuch an keiner Stelle genau entschieden werden, wo eine Grenze zwischen semantischen Angaben im Wörterbuch und enzyklopädischen Angaben in der Enzyklopädie zu ziehen ist. Es ist ebenfalls eine Frage, ob die Herausgeber oder die Benutzer dieses Wörterbuches eine Zuordnung der einzelnen semantisch/enzyklopädischen Informationen voneinander vornehmen könnte oder als sinnvoll erachten würde. Bei näherer Betrachtung wird durch die Beschreibung von *semantisch* und *enzyklopädisch* das Problem nicht gelöst, sondern nur verschleiert, weil die wirkliche Entscheidung lediglich verschoben wird: Wieviel muß man wissen, um einen Fachterminus richtig zu verstehen oder gar zu verwenden? Kann eine Grenze festgelegt werden zwischen korrekten, aber unvollständigen Angaben auf der einen Seite, und so unvollständigen Angaben auf der anderen Seite, daß die Aussage falsch ist? Vielmehr ist es wohl so, daß der Benutzer erst, wenn er so viele Sachauskünfte erhalten hat, daß sie dem Wissen eines Fachexperten entsprechen, ohne Einschränkungen die nötigen Informationen haben kann? Ein solche Informationsbreite ist jedoch – worauf in der Einleitung zu COBUILD aufmerksam gemacht wird – in vielen Fällen für den Laien und Halblaien, und daß heißt für den normalen Wörterbuchbenutzer unverständlich sein. Der Umfang und die Genauigkeit der sachlichen Informationen wird somit in keiner Weise durch eine Trennung zwischen (angeblich) semantischen und (angeblich) enzyklopädischen Angaben festgelegt.

Eine größere Klarheit wird bei Wiegand 1988 erreicht, der einen distinktiven Vorschlag zur Festlegung der fachlexikographischen Grundlagen vorlegt. Insbesondere ist dies ein Beitrag zum theoretischen Status von fachlichen Bedeutungsangaben. Wiegand 1988:772 ff. und 1994:117 trennt zwischen semantischem und enzyklopädischem Wissen. Er schlägt jedoch keine scharfe Trennung vor, da eine Übergangszone zwischen beiden Wissensbereichen vorgesehen ist. Somit wird eine Dreiteilung erreicht, bei der keine scharfe Grenzziehung zwischen Zone (2) und (3), und das heißt auch zwischen semantischem und enzyklopädischem Wissen, vorliegt:

1. nicht-enzyklopädisches Bedeutungswissen
2. enzyklopädisches gegenstandkonstituierendes Bedeutungswissen
3. enzyklopädisches Bedeutungswissen

Am Beispiel von *Strabometer* werden folgende Erläuterungen gegegeben: Als nicht-enzyklopädisches Bedeutungswissen (1) gilt, daß *Strabometer* ein substantivischer Prädikator ist und usuell referierend und / oder prädizierend verwendet wird. Als enzyklopädisches Bedeutungswissen (3) gilt u.a. wie ein Strabometer bedient und wie ein Strabometer hergestellt wird. Monolinguale allgemeine Bedeutungswörterbücher und auch gewisse Typen von Fachwörterbüchern werden, wie Wiegand 1988:775 nachweist, normalerweise Informationen vom Typ (1), aber nicht vom Typ (3) anführen. Sie werden jedoch Informationen vom Typ (2) vorsehen, z.B. daß ein Strabometer ein optisches Meßgerät ist, mit dem die Abweichung der Augenachsen von der Parallelstrellung (Schielstellung) bestimmt wird.

Wiegands theoretische Überlegungen haben Verbreitung und Zustimmung gefunden, Tarp 1992b, aber es gibt auch Skeptiker, z.B. Rossenbeck 1994 und Bergenholtz 1994a.

Eine solche Trennung könnte mit der Ausführlichkeit der fachlichen Informationen vermischt bzw. verwechselt werden. Daβ es hier groβe Unterschiede gibt, ist bekannt. Diese können teilweise als Unzulänglichkeiten, Fehlern oder aber mit Rücksicht auf verschiedene Benutzergruppen (von Experten, über Semiexperten bis Laien) erklärt werden. In KNAUR findet man z.B. folgenden Wörterbuchartikel:

Bakteriophage bakterienvernichtendes Virus

Das ist recht karg, gibt aber demjenigen, der gar nicht weiβ, was ein Bakteriophage ist, einen ersten Eindruck, den man dennoch nur ungern als enzyklopädisches gengenstandkonstituierendes Bedeutungswissen kennzeichnen möchte, da teils Wesentliches fehlt, teils der Wörterbuchartikel den Eindruck hinterläβt, daβ jeder Angriff der Bakteriophagen die Vernichtung der Bakterien mit sich führt. Dies ist jedoch nicht der Fall. Bakteriophagen sind kurz und gut Viren, deren Wirtszellen Bakterien sind.

Ähnliche, nur andere Einwände können gegen die enzyklopädische Angaben in BROCKHAUS/WAHRIG gemacht werden:

Bakteriophage bakterienzerstörendes, virusartiges Gebilde

Hier erfährt der Wörterbuchbenutzer wieder sehr wenig. 'Zerstörend' ist irreführend bis unkorrekt, dazu kommt noch die verschleiernde Information 'virusartig'. Wie oben schon erwähnt sind Bakteriophagen Viren und nicht nur so ungefähr.

Der DUDEN DUW erläutert wiederum etwas anderes, woraus man auch sehen kann, daβ nicht immer abgeschrieben wird:

Bakteriophage virenähnliches Kleinstlebewesen, das Bakterien vernichtet

Die schon oben genannten Einwände gelten nach wie vor. Es kommt aber ein neuer hinzu: Viren sind nicht Kleinstlebewesen, denn sie haben nie gelebt, weil sie tot geboren werden.

Über *Bakteriophagen* und ihre Biologie kann man natürlich weit ausführlicher berichten. In einem fachliche Zusammenhang könnte der wiβbegierige Laie, der Student oder der Semifachmann folgendes erfahren (aus Kaufmann/Bergenholtz ENG-SPAN/SPAN-ENG)

bacteriophage bacteriófago *m*

Bacteriophages, or phages, are viruses that infect bacterial cells. The size of a phage particle is 20–200 nm (1 nm = 10^{-9} m). A phage usually consist of two components, a chromosome of DNA or RNA and a protein coat, the capsid, which serves as a protective shell containing the genome and is involved in the infection process. The capsid is often made of one or a few types of protein. Some of the more complicated phages, such as the extensively studied phages termed lambda and T4, have a tail of proteins attached to the head, i.e. the capsid. The tail will recognize specific proteins, phage receptors, on the surface of cells susceptible to the phage and is involved in the subsequent injection of the phage chromosome into the cells. Most phages have a genome of double-stranded DNA, but some have genomes of single-stranded DNA or of single-stranded or double-stranded RNA.

Infection is initiated by attachment of the phage particles to the receptors on the surface of the bacteria. This is followed by transfer of the phage genome to the cells. Sometimes the bacteria will contain restriction enzymes that can degrade the phage DNA, but if this is not the case the infection will continue. The infection can take different courses dependent on the phage type and the growth conditions for the bacteria.

Bacteriophages that always kill their host cells are said to be virulent, and their replication cycle is known as a lytic cycle. Bacteriophage T4 is an example of a virulent *E. coli* phage. Once the cells have been infected by the

phage genome they quickly begin to replicate the viral genome and to transcribe and translate the viral genes. After synthesis of many new phage genomes and a lot of capsid protein new phage particles are assembled. The phage completes its subversion of the cell by production of an enzyme, lysozyme, that destroys the bacterial cell wall. This leads to bursting or lysis of the cell with release of 50–200 new phage particles.
Bacteriophages that can reproduce without killing their hosts are termed temperate phages. Some reproduce slowly in the cells with release of new phage particles from the cell surface. This leads to a slower cell growth but not to cell death. Other temperate phages, e.g. the *E. coli* bacteriophage lambda, have two possible modes of reproduction, the lytic cycle and the non-lethal lysogenic cycle. When phage lambda infects cells growing in a rich medium it will generally go through a lytic cycle as described above, but when the cells grow under less favorable conditions an infecting lambda genome will often insert by genetic recombination into a specific site on the bacterial chromosome. Upon insertion most of the genes in the phage genome, now termed a prophage, are inactive. Only one gene is active, viz. the repressor gene that keeps the other genes inactive. During cell reproduction the prophage is replicated as if it were a normal part of the bacterial genome. Rarely a prophage may leave the bacterial chromosome spontaneously. Better growth conditions for the cells or irradiation with ultraviolet light will also trigger departure. Once begun, the excision process leads to a lytic cycle where new phage progeny are produced.
● As we have seen, the bacteriophage can infect bacterial cells and coexist with the bacterium.
▲ incorporate with ~ DNA *incorporar con ADN ~* ; propagate a ~ *propagar un ~*
= phage
→ bacterial genome; lambda phage; virus genome; § 21

Es ist dabei zu beachten, daβ allein das lexikographische Beispiel, das durch das Symbol ● eingeleitet wird, die irrige Auffassung von durchweg vernichtenden Bakteriophagen widerlegt. Durch die Verweise wird der Benutzer an weitere relevante Einträge bzw. an das relevante Kapitel in einer systematischen Einführung in die Molekularbiologie verwiesen.

Für den Übersetzer und für den Laien, der wenig chemisch und biologische Vorkenntnisse hat, wäre sicher eine weniger detaillierte enzyklopädische/semantische Angabe nicht nur ausreichend, sondern auch verständlicher. Diese müβte zumindest den Aufbau und die Funktion von Bakteriophagen erklären, wie es in dem (gekürzten und übersetzten) Eintrag aus Kaufmann/Bergenholtz DÄN-ENG / ENG-DÄN geschieht:

Bakteriophage [...] Bakteriophagen oder nur Phagen sind Viren, deren Wirtszellen Bakterien sind. Wie üblich bei Viren bestehen Phagen aus einer Proteinhülle, in die das virale Erbmaterial, das Virusgenom, verpackt ist.
Der Infektionsablauf läβt sich in zwei Schritte gliedern. Erst verbindet sich das Virus mit den Rezeptoren an der Auβenseite der Bakterienzellwand. Beim zweiten Schritt wird das Virusgenom in das Bakterium injiziert.

> Bakterien können sich in vielen Fällen gegen einen Virusangriff durch Enzyme schützen, die das Virusgenom abbauen.

Wenn Wiegand zwischen semantischem und enzyklopädischem Wissen trennt, ohne eine genaue Grenze festlegen zu wollen, kann man geneigt sein, ihm zu folgen. In dem soeben zitierten Wörterbuchartikel könnte der erste Satz vielleicht als semantische Angabe gelten, der übrige Teil als enzyklopädische Angabe. Eine solche Lösung bereitet u.E. jedoch zusätzliche Probleme, ohne daβ sie für die Erstellung oder die Benutzung von Wörterbüchern hilfreich wäre. Die semantische Angabe (wenn wir den ersten Satz so einstufen) ist sehr unvollständig, aber anders als die oben zitierten Wörterbücher immerhin korrekt, jedoch nur mit rudimentären Informationen, die höchstens für den echten Laien ergiebig sein können. Aber sobald man weitere Informationen hinzufügt, erhält man jedoch in gewissem Maβe solche, die jeder Anhänger einer Trennung zwischen semantischen und enzyklopädischen Angaben der zuletztgenannten Kategorie zuordnen würde. Die Frage ist nicht nur, wieweit die Informationsbreite gehen soll, sondern noch mehr, an welcher Stelle und warum der Informationsfluβ nicht mehr relevant ist für den vorgesehenen Benutzer (so Haimann 1980).

Wir sind somit Anhänger der in der Einleitung erwähnten dritten Grundhaltung, die besonders prägnant durch Haiman 1980:351 repräsentiert wird. Seine provozierende Aussage "Dictionaries are encyclopedias" verstehen wir so, daβ keine prinzipiellen Unterschiede zwischen semantischen Informationen (in einem Wörterbuch) und enzyklopädische Informationen (in einem Lexikon) bestehen. Man sollte vielmehr trennen zwischen solchen Bedeutungsangaben, die wichtig bzw. weniger wichtig sind für die vorgesehene Benutzergruppe in den vorgesehenen Benutzersituationen.

Eine solche Trennung zwischen essentiellen und nicht-essentiellen Bedeutungsangaben ist ein zentrales Thema in sowohl dem amerikanischen Jahrbuch *Dictionaries* aus dem Jahr 1993 und in dem deutschen Jahrbuch *Lexicographica* aus demselben Jahr (etwas irreführend jedoch mit der Jahreszahl 1992). Atkins 1993 vertritt den Standpunkt, daβ die metalexikographische Diskussion in höherem Grad als bisher die kommerziellen Bedingungen der Lexikographie berücksichtigen sollte: Zeit, Wörterbuchumfang und Geld. Man könne zwar wie Wierzbicka 1985 eine semantischen Angabe zu *cup* von vier Zeilen durch eine von 80 Zeilen ersetzen, so Atkins, aber hierzu würde weder der Platz im Wörterbuch noch die Zeit des Lexikographen ausreichen. Übrigens sei die vorgeschlagene ausführliche semantische Angabe zu *cup* weder notwendig noch in allen Punkten relevant, beispielsweise nicht, daβ ein *cup* kann sein "with or without a handle" (Atkins 1993:9). Aber auch die von Atkins kritisierte Wierzbicka ist nicht ohne Einschränkung eine Anhängerin von langen Bedeutungsangaben. Wierzbicka 1993:49 kritisiert eben gerade die Ausführlichkeit einiger Wörterbuchartikel anhand von folgendem Beispiel:

> **dentist** a person who is skilled in and licensed to practise the prevention, diagnosis, and treatment of diseases, injuries, and malformations of the teeth, jaws, and mouth and who makes and inserts false teeth

Diese Angabe ist für Wierzbicka zwar übertrieben ausführlich, da sie ihrer Meinung nach in eine Enzyklopädie gehöre, nicht aber in ein Wörterbuch, das Informationen über Bedeutung, aber nicht über allgemeines Wissen. ("knowledge and meaning"). Deshalb empfiehlt Wierzbicka "a short definition" wie z.B. "someone whose job is to look after teeth".

Damit sind wir zurück bei einer Trennung, die an die von Wiegand erinnert, jedoch ohne darauf Bezug zu nehmen und ohne einen eigenen anderen theoretischen Rahmen. Wie oft in britisch-amerikanischen metalexikographischen Beiträgen ist die geführte Diskussion im großen ganzen durch eine fehlende Kenntnisnahme der deutschen Tradition gekennzeichnet, wie sie u.a. von Wiegand 1988 und 1989 vertreten wird. Aber das nur nebenbei. Der tatsächliche Informationsgehalt des von Wierzbicka vorgeschlagenen Eintrags ist für einen englischen *native speaker* nicht groß. Das wird er schon wissen. Wenn man nicht weiter informieren will, kann das dienlich sein in einem Lernerwörterbuch, aber sonst nicht. Dies ist übrigens auch die Lösung unter *tandlæge* (Zahnarzt) in dem dänischen Wörterbuch NUDANSK ORDBOG , das prinzipiell bei allgemein bekannten Wörtern (wozu Wörter wie *dentist* gehören) keine Bedeutungsangaben macht. Wenn ein *native speaker* in einem monolingualen Bedeutungswörterbuch nach der genauen Bedeutung von *dentist* nachschlägt, benötigt er präzisierende Angaben, die über 'someone whose job is to look after teeth' hinausgeht. Eine solche Präzisierung könnte dem Vorgehen in Brockhaus-Wahrig folgen, in dem man von *Zahnarzt* weitergeführt wird zu *Zahnheilkunde* und *Arzt* :

> **Zahnarzt** Arzt für Zahnheilkunde
>
> **Zahnheilkunde** Teilgebiet der Medizin, das sich mit Zahn- u. Mundkrankheiten, Zahnersatz u. der Behandlung von Zahn- u. Kieferanomalien befaßt
>
> **Arzt** jmd., der an einer Hochschule Medizin studiert hat, eine Approbation besitzt und Kranke heilt

Statt "und Kranke heilt" wäre es wohl angemessener zu formulieren "die Aufgabe hat, Kranke zu heilen oder zu pflegen". Wiederum anders müßte ein Eintrag Zahnarzt in einem Lernerwörterbuch aussehen, und vielleicht wäre der von Wierzbicka vorgeschlagene Eintrag dafür passend. Aber weder diese Erklärung noch die Summe aller drei Artikel in BROCKHAUS-WAHRIG wären in einem ministeriellen Erlaß ausreichend, wenn hier festgelegt werden soll, wer denn den Titel *Zahnarzt* führen darf. Aber auch nicht eine weit ausführlichere (bürokratische Definition) würde der historischen Dimension gerecht werden und auch nicht Einblick geben in das Verständnis von 'Zahnarzt' in anderen Kulturen.

Wir können somit feststellen, daß weder eine allgemeine Trennung zwischen enzyklopädischen und semantischen Angaben, noch zwischen essentiellen und nicht-essentiellen Angaben überzeugend vertreten worden ist. Dies heißt nicht, daß eine Trennung zwischen essentiellen und nicht-essentiellen Angaben grundsätzlich abgelehnt wird, nur daß sie ohne Bezug auf Benutzer und Benutzersituationen nicht möglich scheint.

2 Term- und Wissensbanken

Statt selektive semantische bzw. enzyklopädische Angaben zu geben, könnte man auch die Lösung wählen, möglichst breite Informationen zu geben. Ein Beispiel für ein solches Nachschlagewerk ist das kleine Wörterbuch, das Tick, Trick und Track in den Donald Duck-Geschichten immer in der Tasche haben, und das auf alle entstehenden Fragen eine ausführliche und verständliche Antwort gibt. Es ist das ideale Wörterbuch, das gleichzeitig handlich und umfassend ist. So viel Glück hat man nicht immer mit den großen Einbändern, die wie z.B. Webster auf die Dauer Rückenschmerzen bereiten, wenn man sie vom unteren Regal holen muß. Daneben liegen in verschiedenen westeuropäischen Sprachen eine Reihe von großen monolingualen Wörterbüchern und Enzyklopädien von zwischen 25 und 30 Bänden vor. Noch umfassender ist z.B. Krünitz 1773–1858 – eine wirtschaftswissenschaftlich-technologische Enzyklopädie, die aus 242 Bänden besteht. Aber das ist immer noch nicht sehr viel, im Vergleich zu den größten chinesischen Enzyklopädien, die man auch als Handbücher mit Auszügen aus vorliegenden Einzelwerken bezeichnen kann. Die einzelnen Abschriften sind nach Themen systematisch geordnet und innerhalb der einzelnen Themen chronologisch angeführt. Die erste größere Enzyklopädie ist die von T'ai ping yü 977–983. Darin gibt es Auszüge aus insgesamt 1690 Werken. Diese Enzyklopädie ist später in verschiedenen Ausgaben neu erschienen, u.a. in der Zeit von 1568 bis 1572 und später im Jahre 1812. Noch umfassender ist Yung lo ta tien, die auf Befehl des Kaisers Ching Tsu unter der Leitung einer Kommission mit drei Mitgliedern ausgearbeitet wurde. Die eigentliche lexikographische Arbeit wurde von fünf Hauptredakteuren, 20 Redakteuren und 2.169 weiteren Mitarbeitern ausgeführt. Das Werk wurde im Jahre 1407 abgeschlossen und enthält im Prinzip Auszüge aus der gesamten chinesischen Literatur, sowohl der Belletristik als der wissenschaftlichen Literatur. Es umfaßt 22.937 Bücher, darunter 60 mit dem Inhaltsverzeichnis. Die imponierende Anzahl von Bänden sind jedoch Manuskriptbände, da das Werk nie gedruckt wurde (Collison 1964:70). Dies gilt jedoch nicht für die später entstandene Enzyklopädie Ch'in ting ku chin t'u shu chi ch'êng, die in der Zeit von 1723–1736 erschien. Dieses Werk wurde 1884 wieder aufgelegt und umfaßt in dieser Ausgabe 1.828 Bände von je 200 Seiten. Bei diesen Seitenangaben ist im übrigen zu beachten, daß eine Seite mit chinesischen Schriftzeichen in etwa den Textinhalt wiedergibt, für den fünf Seiten mit unseren Buchstaben benötigt wird.

22.000 Bände oder 1.800 Bände! Das ist beeindruckend, wenn man an gedruckte Nachschlagewerke denkt. Aber es nicht außerordentlich viel im Vergleich zu den heutigen Möglichkeiten zur Speicherung von enormen Mengen von Termini in Termbanken oder von Wissen in den sogenannten Wissensbanken.

Picht 1992:30 sieht es als eine vorteilhafte Entwicklung an, wenn eine Erweiterung der traditionellen Auffassung der Terminographie in der Art erreicht werden kann, daß ein fließender Übergang zwischen einer Termbank und einer Wissensbank entstehen könnte: "In jedem Fall ist es deutlich, daß man in diesen Banken mehr Wissen finden kann, als es der Fall ist bei einer Definition und in evt. vorhandenen Illustrationen. Wissensbanken dieser Art tragen eindeutige enzyklopädische Zeichen, was Aufbau und Inhalt des Begriffsartikels betrifft" (Picht 1992:31, Übers. von HB/UK). Aber genau das, meint Picht weiter, könne die Fachlexikographie nicht: "Hier liegt ein Schwachpunkt in dem Ansatz der fachsprachlichen Lexikographie, weil diese aufgrund der inhärenten Begrenzungen nur eine eingeschränkte Nutzung (d.h. eine eingeschränkte Zielgruppe) zuläßt. Außerdem ist es keineswegs sicher, daß eine gegebene Zielgruppe nicht mehr Wissen benötigt, als das, was sie in lexikographischen Produkten finden kann. Umgekehrt gibt es keine Einschränkungen, wenn es gilt, bestimmte Wissensprofile aus einer Wissensbank zu selektieren." (Picht 1992:31, Übers. von HB/UK).

Es ist in der Tat richtig, daβ die moderne Lexikographie Wert darauf legt, eine oder mehrere Benutzergruppen und Wörterbuchbenutzungssituationen bei der Erarbeitung von Wörterbüchern zu berücksichtigen, die auch in polyfunktionalen Fachwörterbüchern das Ergebnis eines komplexen Selektionsprozesses aus der gesamten empirischen Basis darstellt, vgl. Bergenholtz/Tarp 1995. Dies hängt mit der Tatsache zusammen, daβ man zu den meisten Lemmata eines Fachwörterbuches mehrere Bände verfassen kann und auch verfaβt hat. Dies gilt auch für den im vorangehenden Kapitel diskutierten Terminus *Bakteriophage*. In anderen Fällen wird ein Wort sowohl in der Gemeinsprache und in einer Fachsprache verwendet, aber in der Gemeinsprache ohne alle Aspekte des fachsprachlichen Gebrauchs. Dies spiegeln monolinguale Wörterbücher wieder, z.B. unter dem Eintrag *Kastrat* in WDG :

> **Kastrat** Entmannter, kastrierte Sänger

Das ist zwar korrekt, aber doch nicht sehr informativ. Einige Benutzer werden genau dieses Wissen als native speaker haben und wünschen genauere Angaben, wie man sie z.B. in BROCKHAUS/WAHRIG findet :

> **Kastrat 1** Mann, dem die Hoden entfernt worden sind u. der somit zeugungsunfähig ist **1.1** (Mus. 17./18. Jh.) vor Eintritt der Pubertät kastrierter Mann mit einer besonderen Gesangstimme.

In einem Fachwörterbuch würde man jedoch genauere Informationen erwarten, dies gilt auch für das Schüler-Fachwörterbuch DUDEN MUSIK:

> **Kastrat** bereits als Kind kastrierter Sänger. Durch die Kastration (Entfernung der Hoden) wurde der Stimmbruch verhindert. Der durch die Lungenkraft und Brustresonanz des Erwachsenen verstärkte Knabensopran oder -alt der Kastraten ergab eine faszinierende Klangfärbung und ermöglichte große sinnliche Artistik. Von 1562 bis zu Beginn des 20. Jahrhunderts sangen Kastraten an der päpstlichen Kapelle, obwohl die katholische Kirche die Kastration 1587 verboten hatte. Gröβte Erfolge hatte die extreme Künstlichkeit der Kastratenstimme in der Oper des 18. Jahrhunderts, zumal der Opera seria; Senesino, Farinelli oder G.Caffarelli waren die berühmtesten Stars. Mit der Durchsetzung des antiaristokratischen bürgerlichen Natürlichkeitsideals gegen Ende des 18. Jahrhunderts erlosch die Mode des Kastratengesangs.

Auch diese relativ kurze Erläuterung kann selbstverständlich leicht zu einem mehrspaltigen Artikel über die ersten Kastrate in der Antike, über das Kastrationsverbot der katholischen Kirche im Jahre 1587, über die Kastrate im 17. und 18. Jahrhundert oder über berühmte Kastrate wie Farinelli erweitert werden. Man kann auch die Vorgehensweise bei dem chirurgischen Eingriff und seine psychischen Folgen zu sprechen kommen. Darüber informieren die verschiedenen Monographien zu diesem Thema. Das Problem ist wie bereits gesagt nicht nur, wieviel Information man vorsieht, sondern an welcher Stelle, in welchem Wörterbuch, für welchen Benutzertyp und für welche vorgesehene Wörterbuchbenutzungssituationen man den Informationsfluβ stoppt, und vor allem warum man dies tut.

Sämtliche Beiträge über Kastrate könnte man in einer Datenbasis sammeln, sowohl zum Nutzen eines Lexikographen als auch eines Terminographen. Ersterer würde dies seine empirische Basis nennen, letzterer vielleicht eine Wissensbank. Beide hätten aber dasselbe Problem: Wie können der Lexikograph, der Terminograph, oder auch andere Benutzer wie Fachleute, Semifachleute und Laien, die Datenbasis benutzen, schnell und sicher zu den Daten gelangen, die sie benötigen und verstehen? Man kann das Problem so beschreiben, daβ ein Benutzer zu einer bestimmten Problemlösung einen gewissen Wissensausschnitt benötigt, ein anderer Benutzer in einem anderen Zusammenhang einen anderen. Wenn man dieser Argumentation folgt, gibt es somit nicht eine, sondern viele verschiedene – aber alle richtige – Wörterbucheinträge mit demselben Lemma.

3 Mehr als eine Wahrheit?

Hanks 1993:99 zitiert Wierzbicka 1985 für folgende Grundhaltung: "A 'definition' is meant to represent the truth about a word's meaning, and there is only one such truth". Wenn sie hiermit lediglich meint, daβ keine unwahren Informationen verbreitet werden dürfen (vgl. Wierzbicka 1993:47) können kaum Einwände vorgebracht werden. Wenn dagegen mit "Wahrheit über die Bedeutung eines Wortes" die ganze Wahrheit und nichts als die Wahrheit gemeint ist, wird die Aussage schon problematisch. Die im vorangegangenen Kapitel zitierten Beispiele mit semantischen bzw. enzyklopädischen Angaben zu *Kastrat* , entsprechen alle der Wahrheit, jedoch mehr oder weniger ausführlich und daher auch mit einem gröβeren oder geringerem Auszug aus der Wahrheit. Dies kann man auch von folgendem Wörterbuchartikel aus dem Wörterbuch von Wrigley sagen, das für einen Konzern aus der Nahrungsindustrie erstellt worden ist:

agar *agar*
Dried, purified stems of red seaweed. Partly soluble, and swells with water to form a gel. Used in soups, jellies, ice cream, meat and fish pastes, and elsewhere.

Es wird überaus deutlich, daβ insbesondere über die Verwendung von Agar in der Nahrungsproduktion dieses Konzerns informiert wird, weniger auf den molekularbiologischen Zusammenhang, über den Kaufmann/Bergenholtz ENG-SPAN / SPAN-ENG genauere Auskunft geben:

agar *agar*
Agar is a complex polysaccharide prepared from agar–agar, which is a gelatinous substance extracted from red algae. Agar is used for microbial cultures, e.g. bacteria and yeast. Further, agar is a constituent of some gels for electrophoresis. Agar is fluid at 60° C and becomes gelatinous at lower temperatures.

Beide Wörterbuchartikel enthalten lauter wahre Angaben über *agar*, nicht nur mehr oder weniger ausführlich, sondern auch unter Berücksichtigung der jeweils vorgesehenen Benutzergruppe mit unterschiedlicher Gewichtung. Diese Gewichtung hat nichts mit einer Trennung zwischen enzyklopädisch und semantisch zu tun. In dieser Hinsicht besteht eine gewisse Übereinstimmung mit Wierzbicka 1992:147, die eine Definition in einem Wörterbuch beschreibt als "to show what a word means". Abgesehen von dem irreführenden Gebrauch von "Definition" (vgl. Wiegand 1992) werden die meisten Lexikographen, Linguisten und auch gewöhnlichen Wörterbuchbenutzer mit einer solchen alltagssprachlichen Beschreibung einverstanden sein. Auch wird man Zustimmung für die darauf folgende Aussage finden, Bedeutungsangaben könnten nicht bewiesen, etwaige Fehler jedoch nachgewiesen werden (Wierzbicka 1992:152). Einträge mit falschen, ungenauen und irreführenden Bedeutungsangaben zu vermeiden, ist für den Lexikographen eine wesentliche Aufgabe, die er durch Sachkenntnis bzw. Kenntnis der Welt und Kenntnis des Wortgebrauchs lösen kann. In der täglichen Arbeit ist das Hauptproblem jedoch die Selektion aus dem gesamten Wissen zu einem gegebenen Thema.

Es geht somit nicht darum, die Wahrheit wiederzugeben, sondern den Teil der Wahrheit, der relevant ist für den vorgesehenen Benutzer in den vorgesehenen Benutzersituationen. Oder wie es Hanks 1993:105 ausdrückt: "For many words, there are a number of different but equally true statements that can be made, and the lexicographer has to choose those likely to be most relevant to potential users (not those that are 'essential' or 'invariably true')".

Wenn wir nur diesen Gedanken auf die etwaige Benutzung einer riesigen Enzyklopädie im Stile der chinesischen Enzyklopädie oder aber einer Wissensbank durch einen Laien übertragen, wir das Hauptproblem für den einzelnen Benutzer oft nicht darin bestehen, daß die Bank nicht das Wissen enthält, das er sucht. Eher wird das Problem darin bestehen, daß er das Wissen nicht finden oder die Informationen nicht verstehen kann.

Das Problem besteht nicht darin, möglichst viel Wissen zusammenzutragen, sondern es so zu strukturieren, daß der Benutzer an die gewünschte Information herankommen und sie verstehen kann. Die Voraussetzung dafür ist es, daß die jeweiligen Informationen so strukturiert und dargelegt sind, daß er genau den Teil des Wissens finden kann, den er unter Berücksichtigung seiner Voraussetzungen und Probleme benötigt und verstehen kann.

4 Wörterbuchtypologie

Die übliche Trennung, die u.a. im Bibliothekswesen verwendet wird, unterscheidet nach dem Datenangebot zwischen Wörterbüchern (mit Informationen über Sprache), Lexika (mit Informationen über Sachen) und enzyklopädischen Wörterbüchern (mit Informationen über Sprache und Sachen). Diese Klassifikation hat den Nachteil, daß sie von Schätzungen über die Gewichtung der Informationen in den jeweiligen Nachschlagewerken ausgeht, die mit den Funktionen dieser Werke nicht direkt zusammenhängen. Sie hat aber den Vorteil, daß sie einfach ist und im übrigen eine lange Tradition hat.

Die von Wiegand 1988 und 1994 vorgeschlagene Trennung hat eine fast ähnliche Terminologie, unterscheidet sich jedoch grundlegend von der bisherigen Tradition. Er teilt Nachschlagewerke in drei Klassen auf: Sprachwörterbücher, Sachwörterbücher und Allbücher und gibt dazu in etwa folgende Erklärung: Ein Sprachwörterbuch hat als genuinen Zweck, über die Sprache zu informieren, ein Sachwörterbuch über die Sache und ein Allbuch sowohl über die Sprache als auch über die Sache. In einem Sprachwörterbuch kann man, wenn es sinnvoll erscheint, auch über die Sache informieren, so wie man in einem Sachwörterbuch auch über die Sprache informieren kann.

Abb. 1.

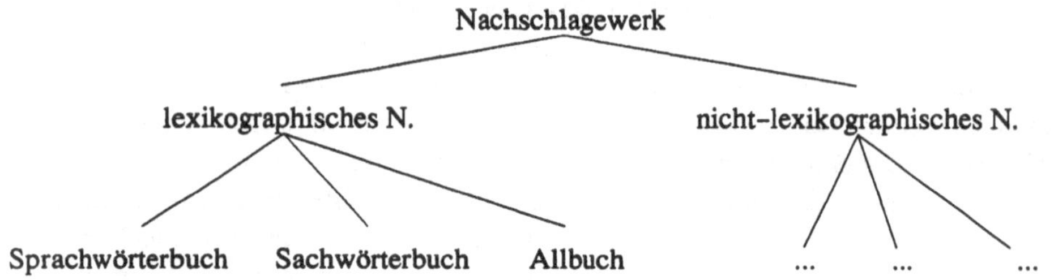

Bei oberflächlicher Betrachtung könnte man meinen, diese Klassifikation würde im Ergebnis mit der traditionellen, nach Informationsklassen orientierten, übereinstimmen. Dieser Eindruck wird bestärkt, wenn man sieht, daß Wiegand auch Analysen des genuinen Zwecks von einzelnen Wörterbuchartikeln als Methode einer Zuordnung zuläßt (Wiegand 1988:752 und Wiegand 1994:118–124). Diese Analyse baut auf einer Trennung zwischen den sprachlichen und den nicht-sprachlichen Gegenständen (Wiegand 1988:776 f.) bzw. zwischen Informationen zu Eigenschaften von Fachausdrücken und Informationen über Fachgegenstände (Wiegand 1994:107 f). Die Art der Analyse und die Auswahl der Wörterbuchauszüge in Wiegand 1994 zeigen jedoch eine Klassifikation, die sich grundlegend von der traditionellen unterscheidet. Man erkennt es am ehesten an den Wörterbuchauszügen, die sowohl für Sprachwörterbücher, als auch für Sachwörterbücher und für Allbücher monolingualen Lexika und erklärenden Fachlexika entnommen sind, u.a. einem sprachwissenschaftlichen Lexikon, einem Medizinwörterbuch und einem Computerlexikon. Die konkrete Analyse mag stimmig sein, wir halten jedoch die zugrundegelegte Theorie für unzweckmäßig. Die von Wiegand vorgeschlagene Trennung in Sprachwörter-, Sachwörter- und Allbücher hat nicht die Einfachheit einer Klassifikation wie sie beispielsweise für das Bibliothekswesen benötigt wird. Mit einem angenommenen genuinen Zweck wie "Eigenschaften von Ausdrücken" ist man weit entfernt von jeder wirklichen oder typisierten Wörterbuchbenutzungssituation.

Die von Wiegand diskutierte Benutzersituation, in der Medizinstudent Oskar den Ausdruck *Strabometer* hört, aber nicht versteht, ist dagegen sehr instruktiv. Oskar ist das, was man als Semiexperten bezeichnen kann, der sich sowohl vom Laien als auch vom Experten unterscheidet. In dem betreffenden Fall hat Oskar ein Rezeptionsproblem, das er zu einem allgemeinen Fachinformationsproblem erweitert.

Man muß hier zwischen zwei grundlegend verschiedenen Benutzersituationen trennen, die man mit Tarp 1994 'indirekte' und 'direkte Funktionen' nennen kann. Indirekte Funktionen liegen vor, wenn ein Kommunikationsproblem besteht, bei dem ein lexikographisches Nachschlagewerk Hilfe leisten kann. Es kann dabei bei folgenden Grundproblemen eine indirekte Funktion ausüben:

1. Rezeption von muttersprachlichen Texten
2. Produktion von muttersprachlichen Texten
3. Rezeption von fremdsprachlichen Texten
4. Produktion von fremdsprachlichen Texten
5. Hinübersetzung
6. Herübersetzung

Darüber hinaus kann man auch unabhängig von konkreten Kommunikationsproblemen Informationen zu einem speziellen Thema in einem lexikographischen Nachschlagewerk erhalten. Es kann rein sachlicher oder rein sprachlicher Art sein, aber natürlich auch beides:

7. Fachinformation
8. Sprachinformation

Bei den Problemen 1, 3 und 7, vielleicht auch bei 2, 4 und 8 würde ein Laie ein monolinguales allgemeines Sprachwörterbuch oder eine allgemeine Enzyklopädie wählen, ein Semiexperte und ein Experte jedoch eher gezielt ein monolinguales Lexikon des betreffenden Faches. Bei den Problemen 4 und 5 würde er in vielen Fällen das Problem haben, daβ die jeweiligen bilinguale Wörterbücher nicht besonders hilfreich sind, aber je nach Grad der Fach- und Sprachkompetenz würde er mehr oder weniger Angaben zur Grammatik, Kollokation, Sachzusammenhang usw. benötigen (dazu Bergenholtz/Tarp/Pedersen 1994). Wichtig ist dabei, daβ auch der Übersetzer Informationen über fachliche Zusammenhänge benötigt (so auch Rossenbeck 1994)

Man muβ dabei zwischen den verschiedenen Voraussetzungen der potentiellen Benutzer trennen:

Abb. 2.

große Fachkompetenz geringe Fachsprachenkompetenz	große Fachkompetenz große Fachsprachenkompetenz
geringe Fachkompetenz geringe Fachsprachenkompetenz	geringe Fachkompetenz große Sprachkompetenz geringe Fachsprachenkompetenz

Daβ man sich für jede Benutzergruppe und für jede Grundfunktion der Wörterbuchbenutzung eine eigene Darstellung wünschen könnte, liegt auf der Hand. Es ist u.E. jedoch weder machbar, noch erforderlich, dies zu tun, weil man bis zu einem gewissen Grad polyfunktionale Nachschlagewerke erstellen kann, die mehrere Funktionen gleichzeitig erfüllen kann. Kaufmann/Bergenholtz Eng-Span / Span-Eng und Kaufmann/Bergenholtz Dän-Eng / Eng-Dän sind Beispiele solcher Nachschlagewerke, die mit einer Ausnahme alle acht Grundfunktionen erfüllen möchten: die siebte Möglichkeit wird nur für Benutzer auf dem Niveau eines

Semiexperten erreicht. Für Experten, die neues Wissen finden möchten, könnte dies nur dann erreicht werden, wenn zwei getrennte fachliche Erklärungen vorgesehen werden: Eine sehr ausführliche, die nur von Experten verstanden werden kann und so weit möglich umfassend ist, und die vorgelegte weniger ausführliche, die am ehesten für die Benutzer verfaßt sind, die Grundkenntnisse der Chemie haben. Für Laien ohne diese Grundkenntnisse müßte evt. eine vereinfachte Version ausgearbeitet werden.

Weder Lexikologen, die sich jahrzehntelang mit der Bedeutung von einigen wenigen Wörtern wie *Junggeselle*, *groß* und *Stuhl* beschäftigen (und ausnahmsweise *Zahnarzt*), noch ameisenfleißige Wissenssammler erzielen u.E. Ergebnisse, die für die praktische und die theoretische Lexikographie ergiebig sind. Erstere, weil sie oft nicht mal zu den Einsichten eines größeren monolingualen Wörterbuches gelangen, letztere nicht, wenn sie die Benutzerperspektive leugnen. In der Metalexikographie ist diese Perspektive oft mit einer Trennung zwischen semantischen und enzyklopädischen Daten verbunden worden. Wir halten diese Diskussion zwar nicht für obsolet, auch nicht für uninteressant, jedoch vorläufig ist sie u.E. nicht fruchtbar gewesen, insbesondere auch nicht für die praktische Lexikographie. Ein Ausweg aus der Problematik kann nur mit dem Ausgangspunkt in grundlegenden Wörterbuchfunktionen gefunden werden.

Literatur / References

Wörterbücher

Brockhaus / Wahrig = *Brockhaus-Wahrig. Deutsches Wörterbuch in sechs Bänden* 1980–1984. Hrsg. von Gerhard Wahrig, Hildegard Krämer, Harald Zimmermann. Wiesbaden: Brockhaus / Stuttgart: Deutsche Verlagsanstalt.

COBUILD = *Collins COBUILD English Language Dictionary* 1987. Editor in Chief: John Sinclair, Managing Editor: Patrick Hanks. London / Glasgow: Collins.

Concise Oxford Dictionary = *The Concise Oxford Dictionary of Current English* 1934. Adapted by H.W. Fowler and F.G. Fowler. Third ed. revised by H.W. Fowler, H.G. Le Mesurier and E. McIntosh. London. [xvi, 1520 S.; 1. ed. 1911, 7. ed. by J.B. Sykes 1982]

Duden Musik = *Schüler Duden. Die Musik. Ein Sachlexikon der Musik* ²1989. Hrsg. und bearb. von Meyers Lexikonredaktion unter Leitung von Gerhard Kwiatkowski. Mannheim / Leipzig / Wien / Zürich: Dudenverlag.

Kaufmann / Bergenholtz DÄN-ENG / ENG-DÄN = Kaufmann, Uwe / Bergenholtz, Henning 1992: *Genteknologisk ordbog . Dansk-engelsk/engelsk-dansk molekylærbiologi og DNA-teknologi* . København: Gad.

Kaufmann / Bergenholtz ENG-SPAN / SPAN-ENG = Kaufmann, Uwe / Bergenholtz, Henning [u.a.]: *Diccionario Enciclopédico de Ingeniería Genética Español-Inglés / Inglés-Español* . [in Vorbereitung].

Knaur = *Knaurs großes Wörterbuch der deutschen Sprache. Der große Störig* 1985. Erarbeitet von Ursula Hermann unter Mitarbeit von Hort Leisering und Heinz Hellerer. München: Droemer / Knaur.

Kucera ENG-DT = Antonín Kucera [2]1989: *The Compact Dictionary of Exact Science and Technology, English-German*. Wiesbaden: Oscar Brandstetter.

Nudansk Ordbog = *Politikens Nudansk Ordbog* 1992. Bd. 1 A–K. Bd. 2 L–Å. 15. udg. København: Politikens Forlag.

WDG = *Wörterbuch der deutschen Gegenwartssprache*. Hrsg. von Ruth Klappenbach u. Wolfgang Steinitz. Berlin: Akademie Vlg. 1. Bd. A–deutsch, 10. Aufl. 1980; 2. Bd. Deutsch– Glauben, 6. Aufl. 1978; 3. Bd. glauben–Lyzeum, 5. Aufl. 1981; 4. Bd. M–Schinken, 4. Aufl. 1981; 5. Bd. Schinken–Vater, 4. Aufl. 1980; 6. Bd. väterlich–Zytologie, 3. Aufl. 1982.

Wrigley = Wrigley, Nick 1992: *A Grindsted Dictionary*. Århus: Grindsted Products.

Metalexikographische Literatur

Atkins, B. T. S. 1993: *Theoretical Lexicography and its Relation to Dictionary-making*, Dictionaries. Journal of The Dictionary Society of North America 14 (4–43).

Bergenholtz, Henning 1994: *Faglige oplysninger i monolingvale betydningsordbøger*, LexicoNordica 1 (13–26).

Bergenholtz,Henning / Tarp, Sven 1995: *Manual of Specialised Lexicography. Preparation of Specialised Dictionaries*. Amsterdam: Benjamins.

Bergenholtz, Henning / Tarp, Sven / Pedersen, Jette 1994: *Basic issues in LSP lexicography*. in: Bergenholtz, Henning [et al.] (eds.): *Translating LSP Texts*. OFT Symnposium, Copenhagen Business School, 11–12 April, 1994. Copenhagen (151–187).

Collison, Robert 1964: *Encycolopaedias: Their History throughout the Ages*. New York / London: Hafner.

Haiman, John 1980: *Dictionaries and Encyclopedias*, Lingua 50 (329–357).

Hanks, Patrick 1993: *Lexicography: Theory and Practice*, Dictionaries. Journal of the Dictionary Society of North America 14 (97).

Kaufmann, Uwe 1993: *Anvendelse af det danske genteknologiske tekstkorpus ved udarbejdelsen af Genteknologisk ordbog, med specielt henblik på udvælgelsen af eksempler*, in: Engel, Gert (ed.): *Proceedings af seminar om korpuslingvistik i fagsprogsforskningen. Hindsgavl Slot, 26. og 27. nov. 92*. [Kolding] (56–68).

Nicolet , André 1946: *Encyklopædier og Konversationslexika gennem Tiderne*. København: Schultz.

Pedersen, Jette 1994: *Anskueliggørelse af faglige relationer i brancheordbøger*, LexicoNordica 1 (203–228).

Picht, Heribert 1992: *Vidensrepræsentation i termbanker og vidensbanker*, in: Bertha Toft (ed.): *Proceedings af 2. nordisk symposium om Terminologi EDB & Vidensteknik*. [Kolding] : Handelhøjskole Syd (22–33).

Rossenbeck, Klaus 1994: *Enzyklopädische Informationen im zweisprachigen Fachwörterbuch*, in: Schaeder, Burkhard / Bergenholtz, Henning (eds.): *Fachlexikographie. Fachwissen und seine Repräsentation in Wörterbüchern*. Tübingen: Narr (133–159).

Tarp, Sven 1992a: *Prolegomena til teknisk ordbog*. Ph.D.-afhandling. Århus: Handelshøjskolen i Århus 1992.

- 1992b: *Encyklopædiske oplysninger i tosprogede tekniske ordbøger*, in: Fjeld, Ruth Vatvedt (ed.): *Nordiske studier i leksikografi. Rapport fra Konferanse om leksikografi i Norden 28.. mai 1991*. Oslo: Nordisk forening for leksikografi (522-531).

- 1994: *Funktionen in Fachwörterbüchern*, in: Schaeder, Burkhard / Bergenholtz, Henning (eds.): *Fachlexikographie. Fachwissen und seine Repräsentation in Wörterbüchern*. Tübingen: Narr (229-246).

Wendt, Bernhard 1941: *Idee und Entwicklungsgeschichte der enzyklopädischen Literatur. Eine literarisch-bibliographische Studie*. Würzburg-Aumühle: Konrad Triltsch.

Wiegand, Herbert Ernst 1988: *Was eigentlich ist Fachlexikographie? Mit Hinweisen zum Verhältnis von sprachlichem und enzyklopädischem Wissen*, in: Munske, H. H. [et al.]: *Deutscher Wortschatz. Lexikologische Studien. Ludwig Erich Schmitt zum 80. Geburtstag von seinen Marburger Schülern*. Berlin / New York: de Gruyter (729-790).

- 1989: *Die lexikographische Definition im allgemeinen einsprachigen Wörterbuch*, in: Hausmann, Franz Josef / Reichmann, Oskar / Wiegand, Herbert Ernst / Zgusta, Ladislav: *Wörterbücher. Dictionaries. Dictionnaires. Ein internationales Handbuch zur Lexikographie. An International Encyclopedia of Lexicography. Encyclopédie internationale de lexicographie*. Erster Teilband. Berlin / New York: de Gruyter (530-588).

- 1992: *Elements of a Theory towards a So-called Lexicographic Definition*, Lexicographica 8 (175-289).

- 1994: *Zur Unterscheidung von semantischen und enzyklopädischen Daten in Fachwörterbüchern*, in: Schaeder, Burkhard / Bergenholtz, Henning (eds.): *Fachlexikographie. Fachwissen und seine Repräsentation in Wörterbüchern*. Tübingen: Narr (103-132).

Wierzbicka, Anna 1985: *Lexicography and Conceptual Analysis*. Ann Arbor: Karoma.

- 1992: *Back to definitions: Cognition, semantics, and lexicography*, Lexicographica 8 (146-174).

- 1993: *What Are the Uses of Theoretical Lexicography?*, Dictionaries, Journal of the Dictionary Society of North America 14 (44-78).

Burkhard Schaeder

Ansichten von Bedeutung: fachsprachliche vs. gemeinsprachliche Semantik

Die Lexik ist es, die nach verbreiteter Auffassung das genuin Fachsprachliche fachsprachlicher Texte, von Fachsprache überhaupt ausmacht. Die Analyse und Beschreibung von Fachwortschätzen war lange Zeit auch das zentrale und nahezu einzige Thema aller Fachsprachenforschung. Ja, Fachsprachenforschung ließ sich bis in die jüngere Zeit hinein durchaus gleichsetzen mit: Fachlexik- bzw. Terminologieforschung.

Kennzeichnet Fachlexik aus der Sicht der Laien Unverständlichkeit, so ist in den Augen der Fachleute ihre hervorstechende Eigenschaft: Genauigkeit, Präzision.

Der Prototyp eines fachsprachlichen Ausdrucks ist der Terminus als Begriffszeichen bzw. Benennung; Terminologie ist eine »geordnete Menge von Begriffen [...] eines Fachgebietes mit den ihnen zugeordneten Begriffszeichen [...]« (Felber / Budin 1989:5). Um als Terminus gelten zu können, muß der begriffliche Kern eines fachsprachlichen Ausdrucks im Rahmen eines Fachgebiets, eines Faches bzw. einer Theorie exakt definiert und innerhalb desselben theoretischen Rahmens auf andere Fachausdrücke bzw. Termini begriffssystematisch bezogen sein.

Für die Gemeinsprache und ihre Lexik gilt, daß sie (entgegen einer nicht nur unter linguistischen Laien verbreiteten sprachrealistischen Auffassung) nicht etwa vorab existierende Dinge widerspiegelt, sondern Dingwelten kreiert, feststellt, abgrenzt und gliedert, und zwar keineswegs immer und überall auf die gleiche Weise, wie wir aus dem Vergleich verschiedener Sprachstadien und Sprachen miteinander wissen.

Weitergedacht heißt dies auch, wie Coseriu 1979:99 erklärt: Sprache ist »nicht Verwendung, sondern Erzeugung von Bedeutungen, und somit auch nicht einfach Erzeugung von materiellen signa für schon gegebene Bedeutungen«.

Diese Einsicht ist keineswegs neu. Sie taucht schon bei G. B. Vico auf (*universale fantastico* und *universale poetico* als Bedeutungen der Wörter) und wurde von Wilhelm von Humboldt ausführlich dargelegt: »Ueber die Verschiedenheit des menschlichen Sprachbaues und ihren Einfluss auf die geistige Entwicklung des Menschengeschlechts« (1830–1835; Kapitel 11–12: *Form der Sprachen*). Dort findet sich (1963:418) der häufig zitierte und vielfach (miß-) interpretierte Satz über die Sprache, »in ihrem wirklichen Wesen aufgefaßt«: »Sie selbst ist kein Werk (Ergon), sondern eine Thätigkeit (Energeia).« Weiter heißt es ebenda: »Sie ist nemlich die sich ewig wiederholende Arbeit des Geistes, den articulirten Laut zum Ausdruck des Gedankens fähig zu machen.«

Durch die Klammerzusätze 'Ergon' und 'Energeia' bezieht sich Humboldt erkennbar auf Aristoteles, für den – worin Humboldt ihm nachfolgt – *energeia* nicht, wie viele meinen, schlechthin Tätigkeit ist, sondern jene Tätigkeit, der schöpferisches Potential (*dynamis*) vorausgeht. Demnach ist Sprache nicht bloß Tätigkeit, sondern: schöpferische Tätigkeit.

Das Nomen 'Bedeutung' wird in aller Regel nur als Bezeichnung des Resultats einer Tätigkeit (als *nomen acti*) und nicht so sehr als Bezeichnung für die Tätigkeit selbst (*nomen ac-*

tionis) verstanden. Der prozedurale Aspekt läßt sich unmißverständlich ausdrücken, wenn man stattdessen den substantivierten Infinitiv verwendet: das Bedeuten. Dieser Ausdruck gibt deutlicher wieder, was das Verb 'bedeuten' auch bedeutet: zu verstehen geben.

Bedeutung in diesem Sinn ist die Bedingung der Möglichkeit des Bezeichnens. Oder – um es mit Coseriu 1979:100 zu sagen: »Die Bezeichnung ist also eine Möglichkeit, die auf der Sprache als Bedeutung ruht.« Der Weg führt von bzw. mit der Sprache zu den Dingen und nicht etwa umgekehrt: von den Dingen zur Sprache.

Anders, als die einer realistischen Sprachauffassung zuneigenden Wörterbuchbenutzer es annehmen mögen, gibt es in der Gemeinsprache demnach keine präskriptiven Regeln für den sicheren Ubergang von den Wörtern zu den gemeinten Sachen, mithin keine eindeutigen Denotationsvorschriften.

In den Fachsprachen verläuft die Beziehungsrichtung umgekehrt. Zu den Besonderheiten von (Fach) Termini gehört, daß sie aufgrund ihrer Definiertheit eindeutige Denotationsvorschriften enthalten (sollen) . Genauigkeit / Präzision meint in diesem Zusammenhang also die klare, intersubjektiv gültige Bestimmung der Bedeutung, des Bedeutungsinhalts (Intension) und Bedeutungsumfangs (Extension) eines Terminus im Hinblick auf seinen Geltungs- und Referenzbereich.

Präzision ist nicht so sehr eine Eigenschaft des Terminus als vielmehr eine solche des Begriffs, den er repräsentiert. Erreicht wird die geforderte Präzision dadurch, daß fachliche Wissensbestände (im Rahmen von Theorien) als Begriffssysteme modelliert und den einzelnen begrifflich gefaßten Wissenselementen sowie den zwischen ihnen hergestellten Begriffsbeziehungen Begriffszeichen (z.B. Benennungen) zugeordnet werden. Eben dies meint »definieren«: die Abgrenzung und Festlegung der Bedeutung im Bezug auf ein Modell. Mit Hüllen 1984:118 gesagt: »Die Benennungsgenauigkeit solcher Fachsprachen [Wissenschaftssprachen; B.S.] ist nicht so sehr in ihrem Zeichencharakter begründet als in eben jenem Modell.«

Nach Hüllen 1984:118 »ist die Genauigkeit von Fachsprachen nicht Folge der Genauigkeit ihrer Zeichen, sondern Ergebnis der vorhergehenden Wirklichkeitskonstruktion in einem Modell«.

Hieraus ergibt sich – was Hüllen 1984:119 dann als den »zentralen Unterschied zwischen der fachsprachlichen und der gemeinsprachlichen Kommunikation« hervorhebt – eine besondere Art der Indexikalität im Rahmen des fachsprachlichen Diskurses.

Während in der alltagssprachlichen Kommunikation das Verhältnis von Wort und Gemeintem (thing meant; nach Gardiner 1951:184 ff.) »allgemein indexikalisch« ist und erst das Gesamt der Redeumstände, des Ko- und Kontextes einen Ausdruck fallweise hinreichend genau beziehbar macht, habe man es in der fachsprachlichen Kommunikation wegen des vorab festgelegten Bezuges von Ausdruck und Wissenselement hingegen mit einer »speziellen Indexikalität« zu tun.

Um noch einmal Hüllen 1984:119 zu zitieren: »In der gemeinsprachlichen Kommunikation verweisen diese Indizes auf die Welt der Lebenserfahrung mit all ihren Ungenauigkeiten und Widersprüchen. In der fachsprachlichen Kommunikation verweisen diese Indizes dagegen auf das wissenschaftliche Modell in seiner kohärenten Konstruktion.«

Ich möchte diese Argumentation um einen zusätzlichen Aspekt erweitern, der ebenfalls das Präzisionsproblem betrifft. Die von Fachtermini geforderte Genauigkeit ist nicht etwa durch eine höhere Komplexität dessen geboten, auf das sie referieren. Die findet sich weit eher in dem, was alltagssprachliche Kommunikation thematisiert. Hieraus erhellt auch, daß die Bedeutung von Ausdrücken der Gemeinsprache notwendig vage ist. »Eine schärfere Begrenzung ist zwar möglich und oft auch notwendig, aber immer willkürlich und je nach den Zwecken, denen das Wort dient, auf sehr verschiedene Weise« (Erdmann 1910:7).

Während in der alltagssprachlichen Kommunikation das Bezeichnete häufig hochgradig komplex und recht eigentlich nicht explikationsfähig ist, kann die Bezeichnung durchaus hinreichend genau sein und damit ihren kommunikativen Zweck erfüllen.

Derartige Überlegungen haben von Hahn 1983:98 dazu geführt, »die Exaktheitsargumente der Fachsprachenliteratur geradezu auf den Kopf zu stellen: Nicht die einfachen Probleme der direkten Lebenspraxis sind es, die nur einer vagen und unvollkommenen Sprache bedürfen im Gegensatz zu der präzisen Sprache der Fächer für die hochkomplizierten technisch-wissenschaftlichen Sachverhalte. Gerade umgekehrt können wir mit den hochkomplexen Sachverhalten der Lebenswirklichkeit (z.B. dem Wert einer Sozialbeziehung) nur mit vagen Ausdrücken umgehen, während wir uns durch den Aspektcharakter und die Vereinfachungstendenzen jeder Wissenschaft eine ärmere Fachsprache (speziell genormte Terminologie) leisten können.«

Im Gegensatz zu den gemeinsprachlichen Ausdrücken, für die diese Forderung aus den genannten Gründen in aller Regel nicht besteht, ist das durch fachsprachliche Ausdrücke, genauer gesagt: durch Termini Bezeichnete explikationsfähig. Anders ausgedrückt, läßt sich sagen: Ein Terminus stellt einen hochgradig kondensierten und theoriebezogen explikationsfähigen Text dar und fungiert in der innerfachlichen Kommunikation gleichsam als »kognitives Kürzel« (Knobloch 1987:55); naturgemäß nur für denjenigen, der als Fachmann die semasiologische Perspektive (von den Begriffszeichen zu den theoretisch modellierten und begrifflich gefaßten Sachen bzw. Sachverhalten) beherrscht. Dem Fachsprachenforscher, der nicht selbst Experte des betreffenden Faches ist, bleibt nur die onomasiologische Perspektive (von den theoretisch modellierten und begrifflich gefaßten Sachen bzw. Sachverhalten zu den Begriffszeichen).

Die allgemeinen diasystematischen Einteilungen einer Gesamtsprache in standardsprachliche, dialektale, soziolektale usw. Varietäten unterschlagen diesen wesentlichen Unterschied zwischen Fachsprache einerseits und sonstigen Varietäten andererseits.

Literatur / References

Coseriu, E. 1979: *Der Mensch und seine Sprache*, in: Petersen, U. (ed.): *E. Coseriu: Sprache. Strukturen und Funktionen. XII Aufsätze zur allgemeinen und romanischen Sprachwissenschaft*. Tübingen (91–103).

Erdmann, O. [2]1910: *Die Bedeutung des Wortes. Aufsätze aus dem Grenzgebiet der Sprachpsychologie und Logik*. Leipzig.

Felber, H. / Budin, G. 1989: *Terminologie in Theorie und Praxis*. Tübingen.

Gardiner, Sir Alan [2]1951: *The theory of speech and language*. Oxford [1. Aufl. 1932].

Hahn, W. von 1983: *Fachkommunikation. Entwicklung. Linguistische Konzepte. Betriebliche Beispiele*. Berlin / New York (Sammlung Göschen; Bd. 2223).

Humboldt, W. von 1830–1835: *Ueber die Verschiedenheit des menschlichen Sprachbaues und ihren Einfluss auf die geistige Entwicklung des Menschengeschlechts*, in: Flitner, A. / Giel, K. (eds.): *W. von Humboldt: Werke in fünf Bänden. Bd. III: Schriften zur Sprachphilosophie*. Darmstadt 1963 (368–756).

Knobloch, C. 1987: *Esoterik und Exoterik. Über Begriffsmoden in den Humanwissenschaften*, in: Knobloch, C. (ed.): *Fachsprache und Wissenschaftssprache*. Essen (55–70).

- 1989: *Geisteswissenschaftliche Grundbegriffe als Problem der Fachsprachenforschung*, Fachsprache 3–4 (113–126).

Schaeder, B. 1994: *Zu einer Theorie der Fachlexikographie*, in: Schaeder, B. / Bergenholtz, H. (eds.): *Fachlexikographie. Fachwissen und seine Repräsentation in Wörterbüchern*. Tübingen (11–41).

Astrid Steiner-Weber

On Compound Explication in a Byzantine Greek Dictionary

Zusammenfassung

In dem Beitrag werden Grundlagen und Methoden beschrieben, die bei der Explikation mittelgriechischer Nominalkomposita in einem Wörterbuch angewendet werden. Die Beispiele stammen aus dem Lexikon zur byzantinischen Gräzität, besonders des 9. bis 12. Jahrhunderts (= LBG), einem zweisprachigen Wörterbuch (Mittelgriechisch-Deutsch), das zur Zeit in Bonn und Wien erstellt wird. Die Nominalkomposition hatte im Mittelgriechischen, wie schon im Altgriechischen, große Bedeutung für die Wortbildung, und die Anzahl neugebildeter Komposita im LBG ist dementsprechend recht hoch. Bei der Übertragung der Komposita ins Deutsche lassen sich vier Prinzipien unterscheiden, nach denen die Lexikographen des LBG vorgehen:

1. Autonome semasiologische Analyse
2. Autonome onomasiologische Analyse
3. Kontextuelle semasiologische Analyse
4. Kontextuelle onomasiologische Analyse

Diese Prinzipien werden jeweils durch Beispiele aus dem LBG erläutert. Da in der Praxis die Grenzen zwischen den einzelnen Klassen oft fließend sind, müssen sich die Lexikographen bei diesem Projekt auf ihre Erfahrung und auch auf ihre Intuition verlassen.

Résumé

Cet article décrit les principes et les méthodes appliqués à l'explication des composés nominaux dans un dictionnaire du grec médiéval (surtout du 9e au 12e siècle) (= LBG). Il s'agit d'un dictionnaire bilingue grec-allemand qui est en train d'être élaboré à Bonn et à Vienne. La composition nominale jouait un rôle important dans la formation des mots en grec médiéval, tout comme en grec ancien et le nombre de composés datant de cette époque est par conséquent assez élevé. Pour la traduction en allemand, les lexicographes appliquent, selon le cas, l'un des principes suivants:

1. Analyse sémasiologique isolée.
2. Analyse onomasiologique isolée.
3. Analyse sémasiologique en contexte.
4. Analyse onomasiologique en contexte.

Ces principes sont illustrés à l'aide d'exemples provenant du LBG. En pratique, les frontières entre ces méthodes ne sont pas très claires et les décisions des lexicographes doivent en partie se fonder sur l'expérience et l'intuition individuelles.

1 The Dictionary

The dictionary is entitled: *Lexikon zur byzantinischen Gräzität, besonders des 9. bis 12. Jahrhunderts (Lexicon of Byzantine Greek, especially from the 9th to 12th centuries / = LBG)*. It is a joint-project of scholars in Byzantine studies in Bonn and Vienna.[1] The LBG is a bilingual dictionary (Greek - German) which covers the period from the 4th to the 15th centuries. It is an »Aufbaulexikon« which means that it is complementary to existing dictionaries in the sense that it contains material which is not found in the dictionaries of Classical and Patristic Greek (Liddell/Scott, Lampe) as well as words which are not extensively recorded. The LBG fills the gap between dictionaries of Classical Greek on one hand - which partly but not consistently present material on Medieval Greek up to the 9th century - and a dictionary of Vernacular Medieval Greek (Kriaras) on the other. Despite the chronological restriction in the title, the LBG contains references covering the whole Byzantine period. Material is mainly drawn from literary texts of all kinds of the indicated period, from deeds and chartas, and from texts pertaining to special disciplines (such as medical or military sciences). Almost all texts are edited. There will be 60-70,000 lemmata distributed over eight fascicles of over 8,000 entries each. There will be four fascicles to a volume. The first fascicle up to ἀργυροζώμιον was published in 1994.

2 Compounds in Medieval Greek

Compounding, especially nominal compounding, is a much used means of word-formation in Medieval Greek, as it had already been in Classical Greek (Schwyzer 1977: 427). Since word-formation in Medieval Greek was very productive, all kinds of compounds can be found, viz. of the determinative and copulative types with all their subtypes.[2] The fact that Byzantine authors are fond of forming compounds with several elements is striking; words with 3 or 4 elements are not rare, there may even be up to 8 elements (as in examples (1) and (2) below). The reason for such "monster-words" is that literary texts are strongly influenced by rhetoric. The classical books dealing with rhetoric were readily copied by Byzantine authors. In addition, they developed their own characteristic style which is characterized by pleonastic expressions, by "quantity instead of quality". Byzantine intellectuals - for whom the texts were written, not for the common people - delighted in such exaggerated style, because they saw it as a game. Modern readers, on the other hand, are repelled by bombastic sentences or expanded compounds which give an impression of artificial writing, of mere »Wortgeklingel« *(word tinkling)*.[3]

---

1. The core team consists of: Erich Trapp (Bonn), Wolfram Hörandner (Vienna), Johannes Diethart (Vienna), Astrid Steiner-Weber (Bonn), Elisabeth Schiffer (Vienna). It is assisted by contributors from several European countries.

2. Examples in Blass [et al.] 1990:§114-124; Psaltes 1974:342-371. Examples from the LBG in Steiner-Weber 1991:235-248.

3. On the importance of rhetoric in Byzantine texts see Hunger 1978:65-196.

3 Compound explication in the LBG

Each Greek lemma is provided with a German translation, at least an attempted one, which may be a paraphrase. The explication of the meaning(s) of the lemmata is the main concern of each dictionary article. An exact and literal translation into German is aimed at. The following methods are applied:

- A compound is analyzed into its parts and, if necessary, the type is determined according to a classification of coordinative and subordinative types that are helpful in explications.

- Other dictionaries are used:

  - to compare parallel forms (reverse dictionaries of classical and modern Greek);
  - to determine forms that still exist (dictionaries of modern Greek).

- Citations are checked in context. Word-formations and their meanings can often not be recognized until the text is viewed several times. Words are then disambiguated according to their contexts.

A vocabulary of compound description which could be helpful for explication does not exist in Medieval Greek lexicography. Nevertheless, lexicographers in the LBG apply certain principles that will now be demonstrated.

Principle 1: *Autonomous semasiological* analysis of compound elements. Each compound element is individually analyzed by the lexicographer, then the whole expression is translated in a less literal way. This principle is mainly applied to compounds with several elements. A drawback would be that similar formations risk being rendered differently.

Two determinative compounds which are pleonastic, but nevertheless understandable, illustrate this point:

(1) ἀκτινο+λαμπρο+φεγγο+φωτο+στόλιστος
where the elements and their translations are:
ἡ ἀκτίς + λαμπρός + τὸ φέγγος + τὸ φῶς + στολίζω
beam + shining + gleam + light + to furnish, to decorate.
Literal translation:
beamingly, shiningly, gleamingly, and in light decorated.
Freer translation in the LBG:
mit glänzenden Lichtstrahlen funkelnd (sparkling with gleaming beams of light)
[Reference:[4] SynaxCpl 669,16 (ca. 10th century) as epitheton to στέφανος].

---

4. For abbreviations in references to Greek citations cf. LBG, Abkürzungsverzeichnis *(list of abbreviations)*.

(2) ἀκτινο+χρυσο+φαιδρο+βροντο+λαμπρο+φεγγο+φωτο+στόλιστος
where the elements and their translations are:
ἡ ἀκτίς + ὁ χρυσός + φαιδρός + ἡ βροντή + λαμπρός + τὸ φέγγος + τὸ φῶς + στολίζω
beam + gold + bright + thunder + shining + gleam + light + to furnish, to decorate.
Literal translation:
beamingly, in gold, brightly, with thunder, shiningly, gleamingly, and in light decorated.
Freer translation in the LBG:
in goldstrahlendes, donnerndes und helleuchtendes Licht gekleidet (robed in gold-shining, thundering, and glaring light)
[References: CavChis 124 (13th cent.), adjective to βίβλος; MontfCois 59 (1304), adjective to δελτίς].

Other comparable compounds are: λαμπροστόλιστος *shiningly decorated* (first occurence in Medieval Greek: ἡμέρα Manas 6586, 12th cent.), χρυσοστόλιστος *gold-robed* (cf. reference in Lampe), and φωτοστόλιστος *robed in light* (cf. reference in Lampe). The above mentioned Medieval Greek compounds are certainly based on these words, modifying them somewhat. The translations in the LBG are more independent and fluid, but not entirely correct (cf. example (1) where a translation for -στόλιστος was omitted). In compensation, lexicographers tried to imitate the noun-adjective alternation of Greek: *Licht+strahlen (literally: light+beams)* in (1) obviously stands for ἀκτίς and φέγγος, whereas in (2) only φέγγος is rendered by a noun.

Another example for Principle 1, in which the last element was rendered by an adjective in LBG, is:

(3) ἀμπελο+κηπο+περιβόλιον, τό
where the elements and their translations are:
ἡ ἄμπελος + ὁ κῆπος + τὸ περιβόλιον
vineyard + garden + enclosure, fenced garden.
Translation in the LBG: *eingezäunter Weingarten*
[Reference: MM IV 428 (1275)].

Principle 2: *Autonomous onomasiological* analysis of compound referents. The meaning is deduced from the things referred to with inclusion of linguistic criteria, such as semantic development.

Examples are:

(4) ἀληθινο+πράσινος - *purpurrot und grün (crimson and green).*
[Reference: SijpMich 20 (5th cent.) (of a carpet)].
(5) ἀληθινο+φόρος - *purpurrot tragend, purpurgekleidet (wearing, robed in crimson).*
[Reference: CodAstr IX 1,152,4 (s. d.)].

The latter can easily be analysed if it is known that ἀληθινός means: 1. *true, genuine* and 2. *crimson.* This second meaning is quite popular in Byzantine texts (cf. LBG s.v.). It appeared already in classical writings, probably arising from the expression ἀληθινὴ πορφύρα (cf. Liddell/Scott). This information, however, could lead to a false interpretation, as is shown by the next example:

(6) ἀληθινο+πίπερος - in LBG as: *purpurrot und pfefferfarben (crimson and pepper-coloured)* [Reference: κίονες TheophCont 141,2 (10th cent.)].

A more careful look at the context reveals that the second element πίπερος is not derived from τὸ πίπερι - *pepper*, but echoes λίθος πιπεράτος that was mentioned a few lines higher in the text. λίθος πιπεράτος is a loan translation of Latin *lapis piperinus* [5] which designates grey-brown-coloured tuff with dark inclusions looking like pepper-corns. These rocks are to be found in the neighbourhood of Rome, and in ancient times they were often used as building material (Blümner 1969:63-65). This information leads to a revised interpretation of the compound as *aus echtem Pfefferstein (made of genuine pepper-stone/peperino).*

(7) ἀγγελο+προστασία, ἡ - *Beistand durch einen Kaiser aus dem Geschlecht der Angeloi (support by an emperor from the Angeloi family)*
[Reference: βασιλικὴ BalsamEpigr 185 XVII 3; 191 XXVII 27 (12th cent.)].

In this example, the first element of the compound has a special meaning which becomes evident from its context only. ἀγγελο- is based on the proper name *Angeloi*, a Byzantine dynasty rising to leading positions in the 12th century.

(8) ἁγιο+γεωργικόν, τό [Reference: AlexSem 277 (14th cent.)].

For this example, a literal translation would lead to a false interpretation. γεωργικός means *agricultural*, but τὸ γεωργικόν, in this case, has nothing to do with agriculture. It is related to Γεώργιος, the name of St. George. As the text contains a list of liturgical books, a correct explication of the compound must be: *liturgisches Buch mit Texten über den heiligen Georg (liturgical book with texts referring to St. George).*

Principle 3: *Contextual semasiological* analysis. A literal translation is used as a working basis. Then, the actual context is considered in order to produce a precise explication or to determine a nuance of meaning.

The following compounds have as a common meaning *Blut (an sich) tragend (bearing blood (on it))*:

(9) αἱμο+φορής
(10) αἱμο+φόρος

---

5. Quoted by Isidor of Sevilla, Etymologiarum sive Originum Libri, XIX 10,8.

αἱμο+φορής stands in NikonMet 222,1 (10th cent.) as an epithet of ἄνδρες so that the word gets an additional meaning *blutbefleckt (blood-stained)*, because the compound is used in a very concrete sense in this text. αἱμο+φόρος, adjective to μίξις in EustEngast 27,29 (4th cent.), had to be translated as *blutig (bloody)* in a more neutral sense.

An identical second element is found in:

(11) ἀνεμο+φόρος

with three citations in LBG, each one showing a different nuance. In an active sense, the word is rendered as *Wind bringend (carrying wind)*, as the substantive ἡμέρα makes clear in NautByz 176,12 (10th cent.). In a passive sense, it means *vom Wind getragen, gebracht (carried,* ***brought*** *by the wind)* in HesychHom XIV 6,12 (5th cent.) referring to πληγή *(blow of fate)*, in this case: *bad harvest*. But it can also mean *vom Wind getragen, bewegt (carried,* ***moved*** *by the wind)*, because in EpSteph 144,44 (9th cent.) it is applied in context to a reed.

(12) ἀγγελ+ωνυμία, ἡ
(13) ἀγγελ+ώνυμος

can be represented by two meanings. The noun (12) in the first instance means *Bezeichnung als Engel (the naming of someone as an angel)* in GermIIPG 752C (13th cent.); in NChonHi 459,54 (ca. 1200) and MiChon I 212,19 (ca. 1200), however, it has to be explicated as *der Name Angeloi (the name of the Angeloi)* (with many citations in LBG). In both texts the subject is an emperor of the family of the Angeloi (as in example no. (7)).

The adjective (13) in the first instance means *den Namen eines Engels tragend (bearing the name of an angel)* in hagiographic and hymnographic texts (citations in LBG). Three texts of different literary genre, however, allude to the dynasty of the Angeloi so that the compound is to be paraphrased as ***den Namen Angelos tragend*** *(bearing the name of the Angeloi)*: ProdPoesies 56,22 (12th cent.), βασιλεύς JoSyrop 13,9;16,16 (12th cent.), and NChonHi 537,50;538,78 (ca. 1200).

Principle 4: *Contextual onomasiological* analysis. Here, the exact referent of a compound has to be determined by the specific context in which it is used. In most cases, the explication has the form of a paraphrase.

Two exocentric compounds illustrate this point:

(14) ἀνδρο+αγκάλισμα,τό

At first glance, this compound would probably be interpreted as a determinative compound meaning *Umarmung eines Mannes (a man's embrace)*. But the source text, NeophElass 367,223 (ca. 1200), leads us to another interpretation. The passage deals with a stone which is vividly described according to its size: λίθος ... ἀνδραγκαλίσματος πλεῖον φέρων τὸ πάχος. So the compound has to be correctly translated as ***was ein Mann mit den Armen umfassen kann*** *(which a man can embrace with his arms)*.

The same author uses a similarily formed compound in the same book (NeophElass 369,305):

(15) ἀνδρο+στήκωμα, τό

It should not be analysed as *Gewicht eines Mannes (a man's weight)*, but as *Gewicht, das ein Mann heben kann (a weight that a man is able to raise)*, as the context shows: λίθου τμήματα δύο, ἀνδροστηκώματος πλεῖον.

Conclusion: the principles outlined in this paper are meant to provide an insight into techniques applied to describing Byzantine compounds. To this purpose, only typical examples were presented. Generally, it is not easy to delimit class boundaries clearly for the four groups that were differentiated. Lexicographers are frequently compelled to use not only their knowledge, but also their intuition. In some cases, this leads to misinterpretations (as shown in (6)) which cannot altogether be avoided.

Literatur / References

Blass, Friedrich / Debrunner, Albert / Rehkopf, Friedrich [17]1990: *Grammatik des neutestamentlichen Griechisch.* Göttingen: Vandenhoeck & Ruprecht [reprint of the 1896 edition].

Blümner, Hugo 1969: *Technologie und Terminologie der Gewerbe und Künste bei Griechen und Römern.* Vol. III. Hildesheim: Olms [reprint of the edition: Leipzig 1884].

Hunger, Herbert 1978: *Die hochsprachliche profane Literatur der Byzantiner.* München: Beck.

Kriaras = Kriaras, Emmanuel 1968 ff.: Λεξικὸ τῆς μεσαιωνικῆς ἑλληνικῆς δημώδους γραμματείας. Thessalonike.

Lampe = Lampe, G.W.H. (ed.) 1982: *A Patristic Greek Lexicon.* Oxford: Oxford U. P. [1st edition 1961].

LBG = Trapp, Erich (ed.) [et al.] 1994 ff.: *Lexikon zur byzantinischen Gräzität, besonders des 9.-12. Jahrhunderts.* Wien: Österreichische Akademie der Wissenschaften.

Liddell/Scott = Liddell, Henry G. / Scott, Robert (eds.) [et al.] 1978: *A Greek-English Lexicon.* With a Supplement 1968: Barber, E.A (ed.). Oxford: Clarendon Press [1st edition: 1925].

Psaltes, Stamatios B. 1974: Grammatik der byzantinischen Chroniken. Göttingen: Vandenhoeck & Ruprecht [reprint of the edition of 1913].

Schwyzer, Eduard 1977: Griechische Grammatik auf der Grundlage von K. Brugmanns griechischer Grammatik, vol. I. München: Beck [reprint of the edition of 1939].

Steiner-Weber, Astrid 1991: *Merkmale der byzantinischen Wortbildung anhand der Komposition,* in: Hörandner, Wolfram / Trapp, Erich (eds.): *Lexicographica Byzantina.* Wien: Österreichische Akademie der Wissenschaften (235-248).

MANFRED W. HELLMANN

LEXIKOGRAPHISCHE ERSCHLIEẞUNG DES WENDEKORPUS

Ein Werkstattbericht

1 Hintergrund des Projekts

1.1 Einführung

Das Projekt, das hier zur Diskussion steht, hat eine allgemeine, eine wissenschaftsorganisatorische und eine IDS-interne Vorgeschichte. Die allgemeine Vorgeschichte ist mit der politisch-gesellschaftlichen Entwicklung der letzten Jahre eng verbunden, sie ist ein Teil von ihr.

Schon während der revolutionären Veränderungen in der DDR, die wir - mit Egon Krenz und dem Politbüro der SED - 'Wende' zu nennen gelernt haben (obwohl dieser Ausdruck im öffentlichen Sprachgebrauch der BRD schon anders belegt war), gab es Überlegungen im IDS - und übrigens auch im Zentralinstitut für Sprachwissenschaft (ZISW), unserem Partnerinstitut an der Akademie der Wissenschaften in Ostberlin - diese Veränderungen, die nicht zuletzt auch eine Revolution der öffentlichen Diskurse in der DDR waren, textlich zu dokumentieren und zu beschreiben. Als einziges zentrales Forschungsinstitut in der BRD, zu dessen Aufgaben vorrangig die "Erforschung und Dokumentation der deutschen Gegenwartssprache in ihrem gegenwärtigen Gebrauch" gehört, konnte und durfte das IDS diese sprachlich-kommunikativen Vorgänge nicht ignorieren - aber ebenso wenig auf die lange Bank schieben, zumal diese Veränderungen in größter zeitlicher Verdichtung verliefen und praktisch alle Lebensbereiche und (öffentlich relevanten) Sachgebiete und Problemfelder erfaßten. Schon einmal nach dem Krieg gab es in Deutschland eine "Wende" mit ebenfalls gravierenden Folgen: die Zeit vom Zusammenbruch des Nazi-Reiches bis zur Etablierung der beiden deutschen Staaten. Der Fehler, die Veränderungen während dieser ersten großen "Wende" sprachlich-textlich nicht dokumentiert zu haben, war damals wohl unvermeidlich; ihn heutzutage zu wiederholen, wäre unverzeihlich.

1.2 Allgemeine Voraussetzungen im IDS

Aus diesen Überlegungen entstand 1991/92 ein Projekt: "Gesamtdeutsche Korpusinitiative"[1]. In Zusammenarbeit mit einer Arbeitsgruppe des ZISW in Ostberlin wurde ein Textkorpus konzipiert, erfaßt und maschinell bereitgestellt, das unter dem Namen "Wendekorpus" in zwei Teilkorpora Texte unterschiedlicher Art aus der DDR und der BRD (aus dem Zeitraum Mai 1989 bis Ende 1990) im Gesamtumfang von 3,3 Mio. lfd. Wörtern umfaßt und inzwischen allgemein zugänglich ist. (Näheres unter 2)

---

1. Herberg, Dieter / Stickel, Gerhard 1992: Gesamtdeutsche Korpusinitiative. Ein Dokumentationsprojekt zur Sprachentwicklung 1989/90. In: Deutsche Sprache, H. 2, S. 185–192. Siehe auch Herberg, Dieter 1993: Die Sprache der Wendezeit als Forschungsgegenstand. Untersuchungen zur Sprachentwicklung 1989/90 am IDS [Bericht]. In: Muttersprache Bd. 103, H.3 [Themenheft *Sprache nach der Wende*], S. 264–266.

Parallel zu diesem Projekt stellte das IDS seine Rechenanlage vom Siemens-Großrechner 7.536 E-X unter BS 2000 auf eine mittlere vernetzte Rechenanlage[2] unter SINIX / UNIX um. Statt des bis dahin eingesetzten Recherchesystems "REFER" wurde, zusammen mit der Wiesbadener Softwarefirma "Makrolog", ein neues, leistungsfähigeres Recherchesystem COSMAS entwickelt. Ebenso wurde der größte Teil der Textdatenbasis auf das neue System umgestellt. Weiteres zu COSMAS unter 3.

Das ZISW gibt es seit 1992 nicht mehr - 22 Mitarbeiterinnen und Mitarbeiter wurden vom IDS übernommen, darunter auch drei, die an der Zusammenstellung des Wendekorpus mitgearbeitet haben, so daß insofern personelle Kontinuität vorhanden ist. Es bot sich also an, nun auch eine Arbeitsgruppe zu etablieren, die das Wendekorpus auswerten sollte.

Für ein solches Vorhaben bestanden beim IDS folgende Voraussetzungen:

- Im IDS gab es jahrzehntelange Erfahrungen in der Beobachtung der ost-west-deutschen Spracheigentümlichkeiten, vor allem lexikalischer Art, die auch während und nach der Wende fortgeführt wurden[3]. Diese Erfahrungen wurden nun ergänzt und modifiziert durch die Kenntnisse und authentischen Erfahrungen der ehemals Ostberliner Mitarbeiterinnen und Mitarbeiter.
- Es gab mehrjährige Erfahrungen in korpusbasierter rechnergestützter Lexikographie, u.a. in Gestalt eines mehrbändigen Wörterbuchs zur ost- und westdeutschen Zeitungssprache[4]. Die Ostberliner brachten ihrerseits umfangreiche Erfahrungen zur Neologismen-Lexikographie ein.
- Das IDS verfügt außer dem neuen Wendekorpus über umfangreiche weitere Textkorpora aus den 50er bis 80er Jahren, darunter auch Zeitungstexte aus der DDR (als Teil des "Bonner Zeitungskorpus" (BZK)) [5], so daß auch Früher-Später-Vergleiche über größere Distanzen möglich sind (wenngleich mit Lücken). Diese Korpora wurden an das neue Recherchesystem COSMAS angeschlossen; damit wurden relativ komfortable Belegrecherchen über einzelne, über mehrere oder auch über alle Korpora möglich.

---

2. 5 vernetzte Siemens-Rechner vom Typ MX-300 mit jetzt insgesamt 120 Terminals und ein Server Data General AViiON 6225.

3. Ein Überblick über die Entwicklung im geteilten und vereinigten Deutschland, einschließlich der inzwischen offenkundigen Kommunikationsprobleme, bei Hellmann, Manfred W. 1994: Ostdeutsch - Westdeutsch im Kontakt - Brücke oder Schranke der Verständigung?; in: Terminologie et Traduction (Kommission der Europäischen Gemeinschaft - Übersetzungsdienst - Luxemburg) No. 1, S. 105-138. [Korrigierter Wiederabdruck des fehlerhaltigen gleichnamigen Aufsatzes in: Germanistische Mitteilungen Nr. 38, 1993, S. 3-35.]

4. Hellmann, Manfred W. 1992: Wörter und Wortgebrauch in Ost und West. Ein rechnergestütztes Korpus-Wörterbuch zu Zeitungstexten aus den beiden deutschen Staaten. DIE WELT und Neues Deutschland 1949 - 1974. 3 Bde, (= Forschungsberichte des IDS Bd. 69.1 - 69.3) Tübingen (Narr)

5. Schaeder, Burkhard 1984: Das Bonner Zeitungskorpus. Eine maschinelle Dokumentation von Tageszeitungen aus der BRD und der DDR. In: Hellmann, Manfred W. (ed.), Ost-West-Wortschatzvergleiche (= Forschungsberichte des IDS Bd. 48), Tübingen (Narr), S. 74-123. Vgl. ferner Hellmann, Manfred W. 1985: Das Bonner Zeitungskorpus Teil 1. Informationen für den Benutzer. In: Mitteilungen des IDS Nr. 11, Mannheim (IDS). Das BZK ist in der älteren Bonner Version auch am Institut für Kommunikationsforschung und Phonetik der Universität Bonn verfügbar; es liegt auch auf Microfiches vor. Die Textauswahl endet mit dem Jahrgang 1974.

1.3 Rahmenprojekt und Teilprojekte

Unter dem Dach des Rahmenprojekts "Sprachwandel in der Wendezeit" (Leitung: W. Teubert) laufen 3 Teilprojekte mit unterschiedlicher Zielsetzung, Methodik und Personalausstattung, aber gleicher Laufzeit:

1. "Dokumentarisch-lexikographische Erschließung des Wendekorpus"
2. "Lexikologisch-lexikographische Analyse wendespezifischer Wortschatzveränderungen"
3. "Bedeutungsvarianz in Texten zur deutschen Einheit"

Kurzcharakteristik:
Im Teilprojekt 1 soll ein relativ großer Teil des wenderelevanten Wortschatzes im Wendekorpus (etwa 1550 Einträge) in Form eines alphabetischen Wörterverzeichnisses erschlossen werden. Kurzkommentare sollen nicht Wortbedeutungen, sondern Gebrauch in den Themen und Diskursen des Korpus verdeutlichen. Tabellen der Flexionsformen, Komposita und Ableitungen mit ihren Häufigkeiten geben zusätzlichen Aufschluß über den Gebrauch (Genaueres hierzu in Abschnitt 4).

Teilprojekt 2 will bestimmte ausgewählte Wortschatzbereiche (u.a. Wortfelder) in ca. 25 Rahmenartikeln, daneben auch zentrale Einzellexeme, in ihrem Zusammenhang, in ihren paradigmatischen und syntagmatischen Verknüpfungen intensiv untersuchen. Es bezieht dabei frü- here Korpora in Sinne eines Früher-Später Vergleichs ein, um lexikalische und Gebrauchsveränderungen sichtbar zu machen. Insgesamt werden 800 bis 1000 lexikalische Einheiten bearbeitet. (Hierzu D. Herberg 1994).[6]

Teilprojekt 3 verfolgt einige wenige zentrale Schlüsselwörter (z.B. IDENTITÄT) über eine Mehrzahl diskursiv vernetzter Texte und beschreibt Bedeutungskonstitution bzw. -veränderung in Abhängigkeit von Textstrukturen und Diskursbeteiligten. Der zeitliche Rahmen des Wendekorpus wird dabei in Richtung Gegenwart überschritten. (Hierzu Fraas / Steyer 1992 und demnächst Fraas 1995).[7]

Schon ein ganz oberflächlicher Vergleich weist auf Unvergleichbarkeit. In der Tat sind Zielsetzung, Anteil an DV-Leistung, methodisches Vorgehen und Ergebnisdarstellung ganz verschieden. Dies ist beabsichtigt. Gerade die Verschiedenartigkeit des Herangehens soll gewährleisten, das, was sich während der Wende sprachlich ereignet hat, in seinem Umfang und seiner Komplexität einigermaßen sichtbar zu machen. Einigkeit jedenfalls besteht darin, daß die "Wende" (und das Wendekorpus) allein mit Einzelwort-Lexikographie sprachlich nicht zureichend beschreibbar ist.

---

6. Herberg, Dieter 1994: Schlüsselwörter der Wendezeit. Ein Projekt zur Auswertung des IDS-'Wendekorpus'. In: SPRACHREPORT (IDS), Nr. 1, S. 4.

7. Fraas, Claudia / Steyer, Kathrin 1992: Sprache der Wende – Wende der Sprache? Beharrungsvermögen und Dynamik von Strukturen im öffentlichen Sprachgebrauch. In: Deutsche Sprache Jg. 20, H. 2, S. 172–184. Demnächst auch Fraas, Claudia (1995): Bedeutungskonstitution in Texten – das IDENTITÄTS-Konzept im Diskurs zur deutschen Einheit. Erscheint voraussichtlich 1995 in: Hundsnurscher, F. / Weigand, E. (eds.): Lexical Structures and Language Use. Lexikon und Sprachverwendung, Tübingen (Niemeyer).

2 Zum Wendekorpus

2.1 Tabellarische Übersicht:

(WKB = Wendekorpus BRD, WKD = Wendekorpus DDR)

	WKB	WKD	Gesamt
Anzahl Texte	1.755	1.632	3.387
Anzahl Sätze	105.779	99.647	205.426
Anzahl Types (=Vokab)	106.621	79.374	141.233
Anzahl lfd. Wörter (=Textlänge in Mio)	1,794	1,546	3,340

2.2 Einige Positiv-Charakteristika des Wendekorpus

1. Das WK ist kein repräsentativ-statistisches Korpus (bezogen auf eine definierte Grundgesamtheit) wie z.B. das BZK oder das LIMAS- Korpus, sondern eine von einer bestimmten Fragestellung gesteuerte themen- und diskursorientierte Zusammenstellung einzeln ausgewählter Texte.
2. Es enthält nur schriftliche, öffentlich zugängliche Texte.
3. Genereller thematischer Rahmen für die Textauswahl:
   1. Der politische Umbruch in der DDR - Kampf um demokratische Veränderungen
   2. Der Prozeß der Annäherung und Vereinigung der beiden deutschen Staaten
4. Schwerpunktsetzungen innerhalb des thematischen Rahmens:

- Entwicklung einzelner wichtiger Themen über einen längeren Zeitraum:
  Stasi-Problematik / Täter-Opfer-Problematik; nationale Frage / Identität; Paragraph 218 / Schwangerschaftsrecht; Fluchtbewegung / Problematik Dableiben-Ausreisen / Übersiedler
- Bezug zu wichtigen politisch-historischen Ereignissen:
  40. Jahrestag der DDR; (Montags-) Demonstrationen und staatliche Reaktionen; Maueröffnung / Grenzöffnung; Volkskammerwahl; Wirtschafts-, Währungs- und Sozialunion; Zwei-plus-Vier-Verhandlungen; Beitrittsverhandlungen / Einigungsvertrag
- Vielstimmigkeit der Diskurse - Pluralität der Gruppen:
  Positionen der SED / der Reformgruppen in der SED-PDS; verschiedene Bürgergruppen / -bewegungen; Kirche; alte und neue Parteien und Wahlbündnisse; prominente Politiker in Ost und West; Fraktionen in Bundestag und Volkskammer; Intellektuelle, Schriftsteller, Journalisten.
- Differenziertheit der Textsorten:
  DDR:
  Tages- und Wochenzeitungen der DDR (ca. 50%) (teilweise durchlaufend, teilweise nur zu bestimmten Phasen oder Ereignissen); Aufrufe, Programme, Flugblätter, Selbstdarstellungen der Parteien und Bewegungen, Wahltexte; Mitteilungen, Verordnungen; Reden, Erklärungen, Einzeldokumente; Bücher (meist Antologien, Dokumentationen, z.B. Demo-Losungen, Dokumentationen des "Neuen Forums", Gedächtnisprotokolle); Volkskammer-Protokolle; amtliche Texte.
  BRD:
  Texte, in denen die Entwicklung in der DDR und ihre Auswirkungen auf die BRD bzw. die deutsch-deutsche Politik reflektiert wird: Tages- und Wochenzeitungen (ca. 80%) (u.a. Zeit, Stern, Spiegel, FAZ, WELT, BILD, taz, Mannheimer Morgen); Bundestagsprotokolle.

2.3 Einige Negativ-Charakteristika des Wendekorpus

1. Das Wendekorpus ist nicht beziehbar auf eine definierbare Grundgesamtheit.

2. Zeitliche Diskontinuität: Mit Ausnahme der »Berliner Zeitung« sind alle anderen Periodika nicht kontinuierlich vertreten. So ist z.B. das »Neue Deutschland« im Zeitraum März 90 bis Mitte November 90 (Phase 4 und 5) nicht vertreten. Gerade bei dieser bis dahin führenden Zeitung der DDR läßt sich also ein wendebedingter Wandel (z.B. der Stilnormen) nicht untersuchen.

3. Vereinzelt sind Texte im WK doppelt enthalten. So ist ein programmatischer Text des "Neuen Forums" einmal als Einzeltext, zum andern als Teil der Broschüre "Politische Parteien und Bewegungen der DDR über sich selbst" (März 1990) aufgenommen worden; mit geringen Abweichungen nochmals aus dem Heft "Stern Extra zur Wahl - Sonderheft für die DDR". Dies ist sicher der Eile geschuldet, unter der die Arbeitsgruppe im ZISW seinerzeit arbeiten mußte.

4. Zusammensetzung: Das Wendekorpus enthält *nicht*:

- Texte gesprochener Sprache
- bestimmte Textsorten: Agenturtexte (Nachrichten); Werbung; Anzeigen (Stellen-, Wohnungs-, Kfz-, Familienanzeigen);
- bestimmte Sachgebiete: Sport, Weltwirtschaft, Außenpolitik (außer soweit auf die deutsche Vereinigung bezogen), bundesdeutsche Innenpolitik, bundesdeutsches Kulturleben, Regionales / Lokales; Technik / Wissenschaft; Tagesaktualitäten (z.B. Unfälle, Verbrechen, Personalitäten) usw.

5. Unterschiede in der Gewichtung:

- Bezogen auf bestimmte Zeiträume: die Zeit von Oktober 1989 bis März 1990 (Phase 2 und 3) ist stärker berücksichtigt als die übrigen Zeiträume zusammen;
- bestimmte Themen sind stärker berücksichtigt als andere; z.B. ist das Thema "Schwangerschaftsregelung / Paragraph 218" stark berücksichtigt gegenüber anderen Themen aus dem Problemkreis "Rechtsangleichung" wie etwa Angleichung des Schulwesens, des Rentenrechts, der Betriebsverfassung, des Wirtschafts- und Handelsrechts usw.; relativ schwach berücksichtigt sind u.a. Versorgungsengpässe in der DDR, konkrete Schwierigkeiten bestimmter (Groß-) Betriebe oder kultureller Einrichtungen (z.B. Theater), Einbruch der westlichen Warenwelt, interne Entwicklung in der SED, Entwicklung in der Sowjetunion und anderen osteuropäischen Staaten und andere Themen, obwohl diese alle in den Medien (und den Parlamenten) der damaligen Zeit behandelt werden.

Offenkundig ging es den Korpus-Autoren nicht um Repräsentativität oder Relationalität oder sonst um eine irgendwie gleichmäßige Berücksichtigung aller oder der wichtigeren Themen - ebensowenig der Sachgebiete oder Textsorten oder Phasen usw., sondern um eine Auswahl bestimmter für die Wendezeit zentraler oder zumindest exemplarischer Themen, diese aber so, daß die Texte in einem nachvollziehbaren thematisch-diskursiven Zusammenhang stehen.

2.4 Besonderheiten des Wendekorpus: Phasendifferenzierung

1. Speziell für das Projekt wurden alle Texte des Wendekorpus bestimmten zeitlichen Phasen (Phase 1 bis 6)[8] zugeordnet und diese Zuordnung maschinenlesbar gemacht; alle Belege können nach diesen Phasen sortiert werden.
2. Zu dem Wendekorpus gibt es ein Gesamtregister aller Wortformen mit Zuordnung der Häufigkeiten: Einzelhäufigkeiten zu Phase 1 - 6 in WKB, Einzelhäufigkeiten zu Phase 1 - 6 in WKD, Gesamthäufigkeit WKB, Gesamthäufigkeit WKD, Gesamthäufigkeit WK gesamt. Man kann in diesem Gesamtregister recherchieren und/oder bestimmte Spalten auswählen. (Dieses Register ist noch nicht öffentlich zugänglich.)

2.5 Grenzen und Ergiebigkeit des Wendekorpus

Selbstverständlich kann man das Wendekorpus in nahezu allen Parametern kritisieren. Warum z.B. der Verzicht auf Texte gesprochener Sprache? Ist die Grenzziehung "Ende 1990" sinnvoll? Wäre eine gleichmäßigere Verteilung über Sachgebiete, Themen und Textsorten nicht angebracht? Warum fehlt weitgehend Alltägliches? Mußten die Auswahlprinzipien des Wendekorpus so stark von denen anderer vorhandener Korpora abweichen? Ist es wissenschaftsmethodisch unbedenklich, daß das vorherrschende Erkenntnis- und Auswertungsinteresse so stark die Korpuszusammensetzung prägt?

Solche Fragen verlieren allerdings an Gewicht, wenn man sich auf die Grundkonzeption der Korpus-Verantwortlichen einläßt: die Zeit der Wende und ihre "Sprache" in ihrer ganzen Dramatik, Emotionalität, Widersprüchlichkeit, Zukunftsoffenheit nachvollziehbar und untersuchbar zu machen, und zwar in der bewußten Schwerpunktsetzung auf als zentral betrachtete Themen und Diskurse - ganz besonders in ihrer Rekursivität und Vernetztheit. Läßt man sich einmal darauf ein, muß man anerkennen: das Wendekorpus ist von überragender Ergiebigkeit und Vielfalt. Auf Wortebene (Lemma-Ebene) wird man förmlich überrollt von unerwartet großen Mengen meist wirklich einschlägiger, wenderelevanter Belege; auf Wortfeldebene oder der Ebene zentraler semantischer Konzepte ("Schlüsselwörter") überrascht immer wieder die Fülle paradigmatischer Bezüge (synonyme/ antonyme Ausdrücke, stilistische Ausdrucksvarianten, über- und untergeordnete Begriffe usw.). Auf Textebene wird man einbezogen in die heftigen Debatten der damaligen Zeit und die erfrischend unkonventionelle Diktion insbesondere der neu sich zu Wort meldenden Gruppen in der DDR - im Kontrast zur verstaubten Rhetorik des alten Systems und der glatten Professionalität westdeutschen Politstils.

---

8. Der erste Entwurf einer Gliederung der Wendezeit in Phasen stammt m. W. von Fraas, Claudia 1990: Beobachtungen zur deutschen Lexik vor und nach der "Wende". In: Deutschunterricht (Ost), 43, H. 12, S. 594–599, hier S. 597 f. Eine Gliederung in 5 Phasen wird (ohne Autor) versucht in SPRACHREPORT (IDS) Nr.1/91, S. 6. Zu der im Projekt angewandten Phasengliederung s. demnächst Herberg, Dieter (1995?): Neues im Wortgebrauch der Wendezeit. Zur Arbeit mit dem IDS-Wendekorpus. Voraussichtlich in: Teubert, Wolfgang (ed.): Neologie und Korpus. (= Studien zur deutschen Sprache 1) Tübingen (Niemeyer).

2.6 Ein Test auf "Ergiebigkeit"

"Ergiebigkeit" ist ein relativer und zunächst unscharfer Begriff. Hier sei er zunächst eingeschränkt auf Wortschatz, genauer: auf das Verhältnis von Wortschatz zu Korpusvokabular bzw. Teilwortschatz zu Teilvokabular. Gefragt ist: ein wie hoher Anteil eines zu definierenden Teilwortschatzes ist im Wendekorpus vertreten a) auf der Ebene der (Such-) Lemmata, b) der zu diesen Lemmata gehörenden Komposita und Ableitungen samt Flexionsformen (*types*), c) auf der Ebene ihres Vorkommens in Belegen (*token*).

Natürlich wäre es nicht sinnvoll, einen Wortschatzausschnitt zu wählen, von dem man weiß, daß er im Korpus nicht oder nur rudimentär vertreten sein kann, weil Texte dazu weitgehend fehlen (z.B. Weltwirtschaft, Sport). Ebensowenig wird man einen Wortschatzausschnitt auswählen, von dem man weiß, daß die Korpus-Autoren gerade dazu Texte in größerer Zahl aufgenommen haben (z.B. Schwangerschaftsregelung / Paragraph 218). Zweckmäßigerweise wird man einen Wortschatzausschnitt wählen, der "quer" zu den Auswahlkriterien liegt, an den die Korpus-Autoren also weder im positiven noch im negativen Sinn explizit gedacht haben. Einen wichtigen Hinweis fand ich in der berühmten Rede Christa Wolfs vom 4. November 1989 anläßlich der Großdemo auf dem Alexanderplatz (die Rede ist Bestandteil des Wendekorpus). Dort heißt es:

> *Jede revolutionäre Bewegung befreit auch die Sprache. Was bisher so schwer auszusprechen war, geht uns auf einmal frei über die Lippen. (...) So viel wie in diesen Wochen ist in unserem Land noch nie geredet worden, miteinander geredet worden, noch nie mit dieser Leidenschaft, mit so viel Zorn und Trauer, und mit so viel Hoffnung. (...) Ja, die Sprache springt aus dem Ämter- und Zeitungsdeutsch heraus, in das sie eingewickelt war, und erinnert sich ihrer Gefühlswörter. Eines davon ist Traum. Also träumen wir, mit hellwacher Vernunft* (zitiert nach: M. Wimmer / Chr. Proske / S. Braun / B. Michalowski (eds.) 1990: "Wir sind das Volk!" Die DDR im Aufbruch. Eine Chronik in Dokumenten und Bildern. München (Heyne) (103–108).

In der Tat scheint der Wortschatzausschnitt, den Christa Wolf hier "Gefühlswörter" nennt, für den genannten Zweck geeignet zu sein. Ich habe ihn erweitert und nenne ihn "Emotionale Wörter - expressiv wertende Ausdrücke, Wörter der Moral, Ethik und Religion (und ihre Gegenwörter)"[9]. Die erreichbaren Korpus-Autorinnen haben bestätigt, daß kein Text speziell wegen solcher Wörter aufgenommen worden ist. Falls Christa Wolf recht hat (und das Korpus angemessen zusammengesetzt ist), müßte sich dies am Vokabular dieses Ausschnitts nachweisen lassen: Der (theoretisch mögliche) Teilwortschatz müßte zu einem hohen Prozentsatz auch im Vokabular des Wendekorpus vertreten sein, und zwar mit (relativ) mittleren bis hohen Häufigkeiten. Außerdem wäre zu prüfen, ob alle oben unter a), b) und c) genannten Werte für das Wendekorpus höher liegen als für ein früheres Korpus aus Ost- und West-Texten etwa gleicher Größe, z.B. das Bonner Zeitungskorpus.

Ausgehend von den bei Christa Wolf und anderen Rednern des 4. November 1989 gebrauchten emotionalen bzw. ethisch-moralischen Wörtern habe ich den einschlägigen Wort-

9. Hellmann, Manfred W. 1995: Emotionale Wörter, expressive Ausdrücke, Wörter der Moral, Ethik und Religion (und ihre Gegenwörter) im Wendekorpus des IDS. (Unveröff. Manuskript) Mannheim (IDS).

schatz im Wege assoziativer Feldergänzung erweitert, immer wieder rekurrierend auf die Korpustexte, auf das Wissen anderer Bearbeiter und auf Synonymwörterbücher - also im wesentlichen kompetenzgestützt.

Schließlich ergab sich eine Liste von annähernd 300 Wörtern, wobei es sich allerdings um eine Art Basis-Lemmata handelt, die jeweils eine Mehrzahl von lexikalischen Einheiten (Komposita, Ableitungen usw.) repräsentieren. So repräsentiert *Angst* als Basis-Lemma zahlreiche weitere Wörter von *angstbereit* über *ängstigen, ängstlich, angstvoll* bis *Berührungsangst, Versagensängste* und *Zukunftsangst* (jeweils mit Flexionsformen). Diese Reduktion geschah mit Rücksicht darauf, daß mit möglichst wenig COSMAS-Suchläufen die im Korpus vorhandenen Types und ihre Häufigkeiten ermittelt werden sollten. Als Mindestbelegungsgrenze wurde die Häufigkeit 5 angesetzt.

Ergebnis: Von knapp 300 eingegebenen Basis-Lemmata als Suchbegriffe sind 21 nicht oder nicht ausreichend belegt. 271 sind "ausreichend" belegt: die höchstbelegten sind *Verantwortung, -ungsvoll* (ohne *verantwortungslos, -losigkeit*) mit 47 verschiedenen Types und 1467 Belegen), *Vertrauen / vertrauen* mit 87 Types und 983 Belegen, *Angst / Ängste* (ohne *ängstlich*) (71 / 976), *Gewalt* (ohne *gewaltig*) (93 / 961), *Hoffnung* (41 / 741). Auch das von Christa Wolf erwähnte *Traum* ist mit 66 / 328 noch erstaunlich hoch belegt. Alle 271 gefundenen Basis-Lemmata zusammen repräsentieren ein Korpusvokabular von knapp 4000 verschiedenen Types (Flexionsformen, Komposita, Ableitungen, Schreibvarianten) mit 32.500 Belegen. D.h. der untersuchte Teilwortschatz ist im Korpusvokabular auf allen drei Ebenen - Basislemmata, Types und Belegen - überragend reichhaltig belegt.

3 Zum Recherchesystem COSMAS

3.1 Zugriff auf Korpora und Teilkorpora

Zu COSMAS ("Corpus Storage, Maintenance, and Access System") gibt es ein ausführliches Benutzerhandbuch[10], in dem das System und seine Benutzung beschrieben sind, weshalb ich mich hier auf einige Bemerkungen zur Recherche beschränken kann.

- Wie auch bei anderen Systemen, kann im Prinzip jede nicht durch *blanks* unterbrochene Zeichenkette als Suchbegriff eingegeben werden, mit "Platzhalter-Zeichen" (* oder ?) für Linkserweiterung oder Rechtserweiterung und Mittelerweiterung. Man kann mehrere Suchbegriffe miteinander verknüpfen (*UND / ODER / NICHT*) und deren Abstand voneinander festlegen, und zwar auf Wortebene, auf Satzebene, auf Absatzebene. Die Suche kann sich auf Groß- oder Kleinschreibung oder beides beziehen.
- Man kann aber vor allem - und dies ist in der Tat eine Besonderheit von COSMAS, die die lexikographische Arbeit entscheidend unterstützt - auf Grundformenbasis suchen. Denn die meisten Wortformen unserer Korpora sind ihrer grammatischen Grundform zugeordnet und können über diese auch wieder abgerufen werden. Das gilt nicht nur für die Flexionsformen eines Wortes, sondern auch - mit gewissen Einschränkungen - für Komposita und Ableitungen.
- Wird ein Korpus neu an COSMAS angeschlossen, so werden die meisten Wortformen als schon bekannt einer gespeicherten Grundform zugeordnet; neue Wortformen werden über Flexionsalgorithmen analysiert und dann

10. al-Wadi, Doris 1994: COSMAS Benutzerhandbuch; Institut für deutsche Sprache Mannheim (Eigenverlag). Das Benutzerhandbuch bezieht sich auf die Version R.1.3-1. COSMAS steht seit längerem auch externen Benutzern zur Verfügung.

zugeordnet; mehrdeutige oder neue unanalysierbare Formen bleiben zunächst, bis zu einer manuellen Bearbeitung, unanalysiert und sind über Grundformensuche nicht erreichbar (man erhält einen entsprechenden Hinweis). Initialabkürzungen und einige andere Gruppen werden generell nicht lemmatisiert.

- Nach Auswahl und Definition des Korpus und Abschicken der Suchanfrage zeigt COSMAS eine Übersicht über die gefundenen Wortformen (Types), ggf. mit Häufigkeiten. Hier kann der Benutzer in der Regel schon prüfen, ob er "richtig" gesucht hat, ob die Ergebnisse seinen Erwartungen entsprechen (weder "ABNO" noch "OBNA").[11] Unerwünschtes (etwa *Diskurs* zu 'Kurs') oder gar Falsches (*Kaffeeplantage* und *Transplantat* zu 'Plan' oder *Planet* zu 'planen') wird in den Wortlisten leicht erkannt und kann einzeln eliminiert werden (oder es wird durch erneute eingeschränkte Suche von vorn herein vermieden); nicht Gefundenes ist gefährlicher; der erfahrene Benutzer sichert sich durch Parallelsuche mit veränderter Eingabe ab. – Die bestätigten Wortformen gehen dann in die eigentliche Suche. Nach Abschluß der Suche zeigt COSMAS in "Zwischenergebnissen" alle gefundenen Wortformen mit ihren Häufigkeiten, ferner zeigt es eine "Textstatistik", genauer: eine Übersicht, in welchen Textgruppen des Korpus der Suchbegriff wie oft gefunden wurde. Eine Textgruppe im WK ist beispielweise: BILD 2. Hj. 89; Stern 1. Hj. 90; taz Sonderheft 1+2; Dokumentation "Wir sind das Volk" usw. (in der Tat also nicht Einzeltexte).
- Wählbar bei der Suchanfrage ist auch die Art des Belegs (als KWIC-Zeile oder als Satz) und der Umfang des Kontextes (in Zeilen oder in Sätzen vor und nach der eigentlichen Fundstelle). Jedem Beleg wird die genaue Belegstellenangabe und das Datum mitgegeben (einschließlich einer Kurzfassung der Textüberschrift), im Falle des WK auch die Phasenmarkierung, die immerhin eine grobe zeitliche Gruppierung erlaubt; nach ihr kann auch optional sortiert werden, ansonsten wird nach der Reihenfolge der Quellen oder alphabetisch sortiert.

3.2 Einschränkungen

COSMAS hat sich in der täglichen lexikographischen Arbeit als flexibles, leistungsfähiges Recherchesystem bewährt. Dennoch: ein perfektes System gibt es nicht. Allerdings werden Einschränkungen nur selten aus der Sicht des Benutzers dargestellt, obwohl solche Erfahrungen anderen Benutzern helfen könnten. Im folgenden seien einige solcher Einschränkungen erwähnt, die bei der praktischen Arbeit mit COSMAS gewisse Schwierigkeiten bereiten, ohne deshalb den Nutzen dieses Systems ernsthaft zu gefährden.

- Man kann, wie in 3.1 gesagt, vor der Ausgabe der Belege sich diese auf dem Bildschirm ansehen, man kann aber einen vielleicht unklaren Einzelbeleg nicht direkt erweitern oder auf Textebene sein weiteres Umfeld prüfen, d.h. man kommt nicht auf die Textebene herunter. Dies kann störend sein – insbesondere dann, wenn in einem Dokument mehrere Texte von vielleicht unterschiedlichen Sprechern zusammengefaßt sind. Die oben zitierte Textstelle von Christa Wolf kann ich dieser Autorin nicht ohne weiteres zuordnen, da im selben Dokument auch die Reden von Stefan Heym und Friedrich Schorlemmer gespeichert sind – es sei denn, man erweiterte die Kontexte aller Belege dieses Suchlaufs so, daß man irgendwann auf den Anfang der Rede stößt. Bei Belegen aus Parlamentsprotokollen ist es nur selten möglich, den Sprecher klar zu identifizieren, was zu Fehlschlüssen führen kann. Den Kontextumfang für alle Belege beliebig auszudehnen, ist aber unpraktisch und kann zu Speicherproblemen führen.

11. Nach einem terminologischen Vorschlag von Dieter Krallmann (Essen): ABNO = All But Not Only (man erhält alles Gewünschte, aber leider nicht nur dieses); OBNA = Only But Not All (man erhält nur das Gewünschte, aber leider nicht alles Gewünschte).

- Die Grundformensuche ist nicht immer zuverlässig. Gelegentlich sind einer Grundform Wortformen zugeordnet, die nicht dazugehören (Beispiel: *Spitzeleien* zu 'Spitze', *Osterbotschaft, Unkosten* zu 'Ost').[12] Solche Fehler sind in der Regel leicht erkennbar und lassen sich schon auf einer relativ frühen Stufe der Recherche eliminieren. Unangenehmer sind fehlende Wortformen. Solche Fehler treten besonders auf bei Wechsel der Wortart (insbesondere Substantiv/ Verb), bei Komposita und Ableitungen zweiter oder dritter Stufe (und deren Flexionsformen). So liefert die Grundformenabfrage zu 'planen' viele, aber keineswegs alle Substantivkomposita, die die Abfrage zu 'Plan' liefert, wobei die Auswahl eher zufällig erscheint: zu 'planen' erscheint *CDU-Planung*, nicht aber *SED-Plan* (dafür aber *Planet*); zu 'Plan' erscheint *planmäßig, unplanmäßig*, nicht aber *außerplanmäßig*, nicht *planen* und *einplanen*. Ähnlich zu 'bleiben': *dableiben, Dableiber* wird gefunden, nicht aber *hierbleiben, Hierbleiber*; zu 'Ost' zwar *Osten* (nicht aber *Ostens*), zu 'West' aber nicht *Westen*; zu 'laufen' zwar *laufenlassen, Langlauf*, nicht aber *Lauf, laufende*. Es empfiehlt sich daher, mehrere Suchanfragen mit verschiedenen Grundformen oder aber *-Suchen ohne Grundform zur Kontrolle durchzuführen, wenn man sichergehen will. Hier ist es störend, daß man nur mit Links- oder Rechtserweiterung suchen kann, nicht beides gleichzeitig. Abfragen nach Morphemen (Kombinemen), die nicht zugleich selbständige Wörter sind (z.B. *-ismus, -ierung, -matik, -polit-*), werden dadurch ziemlich kompliziert.
- COSMAS liefert insbesondere bei Mehrwort-Suche (Kombinationsabfragen), aber auch bei anderen Abfragen unter bestimmten Bedingungen identische Doppelbelege, die nicht darauf zurückzuführen sind, daß einzelne Texte doppelt vorhanden sind.
- Bei Kombinationsabfragen zeigt COSMAS in den "Zwischenergebnissen" in langen Listen, welche Wortformen vorhanden sind und im Hinblick auf gemeinsames Vorkommen verglichen wurden; es zeigt jedoch nicht, welche Wortformen tatsächlich in Kombination miteinander belegt sind (das sind meist nur sehr wenige); nur diese wären aber von Interesse. In den Belegen sind sie allerdings aufgeführt.
- Der Belegkontext wird in der Textkonvention der Mannheimer Korpora präsentiert, d.h. unter anderem mit vom Wort durch blank getrennten syntaktischen Zeichen, durch zusätzlichen Punkt am Satzende auch nach ? und !, durch Auffüllen von getrennten Bindestrichkomposita (*Partei-* und *Staatsapparat* wird zu *Partei_apparat* und *Staatsapparat*) und Kleinschreibung am Satzanfang, durch Codierung von Überschriften und anderen besonderen Textstellen usw.. In dieser Form können Belege in einem Wörterbuch oder auch einem Aufsatz natürlich nicht präsentiert werden. Es sind also Prozeduren erforderlich, um diese Textkonvention der allgemein üblichen wieder anzunähern, zumindest zum Teil. (Hierfür wurden einige selbstgefertigte Makros eingesetzt.)

4 Zum Teilprojekt 1: Dokumentarisch-lexikographische Erschließung des Wendekorpus: Das "Korpuserschließende Wörterverzeichnis" (KWV)

4.1 Zur Konzeption: Wortsemantik versus Diskurserschließung

Zu Beginn des Projekts war dessen Ziel (verkürzt) festgelegt als: "wenderelevante Veränderungen in der deutschen Lexik" im Korpuszeitraum Mai 1989 bis Ende 1990 systematisch zu dokumentieren und mit einem "Minimum semantischer Erklärungen" zu beschreiben, mit dem geplanten Ergebnis einer "korpuserschließenden Wortliste" von etwa 1000 Einträgen.

12. Gelegentlich handelt es sich auch um linguistische Zweifelsfälle, mit denen eine maschinelle Lemmatisierung überfordert ist: Zu 'Kurs' wird auch *Kursachsen, Kurstraße* geliefert - eindeutig fehlerhaft. Aber ist auch die Zuordnung von *Diskurs, Exkurs, Konkurs* (mit zahlreichen Komposita), *Rekurs* falsch? Wortsemantisch sicherlich, etymologisch - gemeinsame Herkunft aus lateinisch *currere* - sicherlich nicht; und morphemanalytisch? - Verben werden bei einer Grundformensuche zu Substantiven nicht mitgeliefert; Ableitungen im Prinzip ja. Zu 'Kurs' wird *kursieren* (35mal belegt) nicht mitgeliefert, *Diskurs* ja, *diskursiv* aber nicht. Darüber kann man sich streiten.

Schon nach den ersten drei Monaten zeigte sich, daß die Konzeption so nicht sinnvoll zu realisieren war – was allerdings fatal war, weil die Laufzeit des Vorhabens auf zunächst nur ein Jahr befristet war. Zwar gelang es, innerhalb dieses Jahres eine Wortliste von fast 2000, später sogar über 4000 wahrscheinlich wenderelevanten Stichwortkandidaten aufzustellen und zu über 1200 davon auch COSMAS-Belegdateien mit Häufigkeitsangaben zu erstellen; mit den vorgesehenen Minima semantischer Erklärungen gab es allerdings erhebliche Schwierigkeiten – und nicht nur damit. Man kann sagen: die Teilaufträge "Beschreibung semantischer Veränderungen" und "Korpuserschließung" erwiesen sich im gegebenen Rahmen als nicht gleichzeitig erfüllbar.

Die erste Schwierigkeit ergab sich schon aus der Frage, was denn "wenderelevante (semantische) Veränderungen in der deutschen Lexik" sind. Lexikalische Neologie und semantische Veränderungen, die sich auf Wortebene beschreiben ließen, hat es während der Wende weit weniger zahlreich gegeben, als man vermuten könnte. Echte Neologismen wie *Mauerspecht, Trabiklatschen, Botschaftsflüchtling, Vereinigungskriminalität, Treuhandanstalt, Beschäftigungsgesellschaft* oder auch Neubedeutungen ("Neosemanteme") wie *Runder Tisch* (i.S.v. 'basisdemokratisch bestimmtes Mitregierungsgremium auch oppositioneller Gruppen', *Abwicklung* (i.S.v. 'Auflösung auch wissenschaftlicher, kultureller, sozialer Einrichtungen der DDR'), *Wendehals* (i.S.v. 'Mensch, der seine politische Meinung opportunistisch (während der Wende) blitzschnell ändert'), *Warteschleife* (i.S.v. '(bezahlter) Wartezustand zwischen Entlassung aus dem Staatsdienst der DDR und der Wiedereinstellung bzw. der Arbeitslosigkeit'), *Blockflöte* (ironisch-spöttisch für 'Angehöriger der von der SED beherrschten (ehemaligen) Blockparteien der DDR') usw. gibt es alles in allem vielleicht einige hundert. Ohne Zweifel sind sie hochinteressant. Aber damit wäre das Wendekorpus bei weitem nicht erschlossen.

Schon rein quantitativ dominieren im Vokabular des Wendekorpus nicht solche Wörter, sondern Wörter wie *Verantwortung* und *Würde*, *Nation* und Einheit, *Souveränität* und *Vereinigung*, *Dialog* und *Wende*, *Erneuerung* und *Umgestaltung*, *Partei* und *Sozialismus*, *Demokratie* und *stalinistisch*, *bankrott* und *real existierend*, *Täter* und *Opfer*, *Stasi* und *Akte*, *Aufbruch* und *Zusammenbruch*, *Menschen* und *Volk*.

Was, zum Beispiel, hat sich bei *Volk* geändert? Bis zur Wende reklamierte die SED die "Einheit von Partei und Volk (der DDR)" unter ihrer Führung, unter der "Führung der Partei der Arbeiterklasse". Mit dem Ruf "Wir sind das Volk!" (mit dem Ton auf *Wir*) konstituierten die Demonstranten keine andere Bedeutung, sondern sie bestritten der Partei die behauptete Einheit bzw. Übereinstimmung des Willens und der Interessen zwischen ihr und den Staatsbürgern: nicht ihr seid – *wir* sind das Volk! Als ab Anfang Dezember 1989 an die Stelle dieser Losung eine andere trat: "Wir sind ein Volk!" (mit dem Ton auf *ein*), aktualisieren die Demonstranten damit zwar eine andere Bedeutung von *Volk* als die obige (nämlich etwa: 'staatsübergreifende Gemeinschaft von Bürgern auf der Grundlage gemeinsamer Nationalität'), aber wahrlich keine neue, sondern eine, die im öffentlichen Sprachgebrauch der BRD stets präsent war – und indirekt wohl auch in dem der DDR durch ihre Negation. Der Unterschied besteht vor allem in der Rolle, die dieses Wort mit seinen Bedeutungen im sich verändernden Diskurs im Herbst 1989 spielt. Für die SED ist die erstgenannte Losung nicht weniger als ein revolutionärer Akt "von unten", der ihr die Legitimation als führende Kraft der Gesellschaft entzieht; die zweite Losung bestreitet der DDR als Staat die Existenzberechtigung, indem sie das Konzept der "sozialistischen Nation (deutscher Nationalität)" und damit den Anspruch auf Souveränität aus den Angeln hebt. Mit Wortsemantik hat diese Veränderung wenig zu tun, um so mehr aber mit der revolutionären Durchsetzung und Entfaltung neuer, weil bis dahin unterdrückter oder strikt reglementierter Diskursthemen – und als solche sind sie sinnvoll beschreibbar und spannend.

Ähnliches gilt für die meisten anderen oben genannten Wörter. Wenn vor allem die Kirche und die ihr nahestehenden Bürgergruppen im September und Anfang Oktober 1989 von der SED und gegen deren Intransigenz und "Sprachlosigkeit" den *offenen Dialog* auch mit *Andersdenkenden* fordern[13], wenn die SED dann unter dem Druck immer größerer Demos am 18. Oktober den *breiten gesellschaftlichen Dialog mit allen (positiven) Kräften* ausruft als vielleicht "letzten sprachlichen Selbstrettungsversuch",[14] wenn Bürgergruppen sich schon Ende Oktober dagegen wehren, daß der Dialog zum Selbstzweck werde[15] und daß *revolutionäre Erneuerung, durchgreifende/ grundlegende Veränderungen, der Aufbruch / der wirkliche Durchbruch zur Demokratie* noch ausstehe oder sogar verschleppt werde – dann geht es auch hier nicht um Wortbedeutung: vielmehr geht es um Herrschaft über Diskursthemen, genauer: darum, wer inzwischen die dominanten Themen der Diskurse und ihre Leitwörter bestimmt, nämlich die Bürgerbewegungen und Demonstranten.

Bei dem Wort *Wende* hat es in der Tat eine Veränderung in der Wortbedeutung gegeben.[16] Im öffentlichen politischen Sprachgebrauch der BRD bezog sich der Ausdruck i.S.v. 'politischer Richtungs- und Machtwechsel' auf den Wechsel von der sozialliberalen zur konservativ-liberalen Regierung 1981/82. Das Politbüro und ihr neuer Generalsekretär Egon Krenz gebrauchten den Ausdruck am 18. Oktober 89 in gleicher denotativer, aber anderer referentieller Bedeutung, wenn sie erklärten, die SED habe nun in der DDR eine Wende eingeleitet, eine Wende, die den Kurs der Erneuerung (des Staates und des Sozialismus) unumkehrbar machen sollte. Nicht nur Christa Wolf hatte mit diesem Sprachgebrauch ihre Schwierigkeiten: die Metapher "Wende" – bildhaft bezogen auf ein bestimmtes Segelmanöver – schien ihr falsch, irreführend, weil verharmlosend. Neu war sie nicht. Sprecher der Bürgerbewegungen protestieren sehr bald: nicht die SED – sie selbst, das Volk, die Demonstranten, hätten die Wende erzwungen. Darum, nicht um Wortbedeutung, wird in den Texten des Wendekorpus

13. Samson, Gunhild 1994: Schlüsselwörter der Wende – 'Sprachlosigkeit' und 'Dialog'. In: Heringer/ Samson/ Kauffmann/ Bader (eds.): Tendenzen der deutschen Gegenwartssprache, Tübingen (Niemeyer), S. 191–212.

14. Good, Colin 1991: Der Kampf geht weiter oder Die sprachlichen Selbstrettungsversuche des SED-Staates. In: Sprache und Literatur in Wissenschaft und Unterricht, 67, S. 48–55.

15. "Wir müssen aufpassen, daß der Dialog nicht zum Dialog über den Dialog wird" (Zitat aus einem Bericht in der Leipziger Volkszeitung vom 27. Oktober 1989, S.3); es werde "noch zu sehr der Dialog über den Dialog geführt, – zu wenig käme es zu praktischen Veränderungen" (ebd. S. 12). (Beide Zitate aus der Zusammenstellung bei M.W. Hellmann in dem Anm. 20 genannten Aufsatz, S. 216 und 217.) Ähnlich Christa Wolf, Rede am 4. November in Berlin (a.a.O. S.106): "Das nennt sich nun Dialog. Wir haben ihn gefordert. Nun können wir das Wort fast nicht mehr hören. Und haben doch noch nicht wirklich gelernt, was es ausdrücken will."

16. Kauffmann, Michel 1994: 'Wende' und 'Wiedervereinigung': Zwei Wörter machen Geschichte. In: Heringer/ Samson/ Kauffmann/ Bader (eds.): Tendenzen der deutschen Gegenwartssprache, Tübingen (Niemeyer), S. 177–190.

gestritten. Die Veränderung im referentiellen Bezug kann im übrigen am Wendekorpus selbst kaum untersucht werden, sondern nur im Vergleich mit früheren Korpora[17].

Ein weiteres, weniger prominentes Beispiel: *Pogrom.* Das Wort als solches erscheint zunächst nicht als wenderelevant. Einige der insgesamt 10 Belege beziehen sich auf Terror- und Vernichtungsaktionen der Nazis oder der Stalinzeit in der Sowjetunion. Ein früher (West-)Beleg (Juni 1989) artikuliert Besorgnis vor einer gewaltsamen Aktion der SED-Führung gegen Kultur-Oppositionelle im Stil einer "chinesischen Lösung". Andere Belege stehen in einer Diskussion über den 9. November und seine Eignung als möglicher Nationalfeiertrag: Können wir, so heißt es, den 9. November 1989 als Datum der Maueröffnung feiern, wenn das Datum durch die Judenpogrome des 9. November 1938 ("Reichskristallnacht") so schwer belastet ist? – Eine dritte (kleine) Beleggruppe thematisiert "pogromartige" Übergriffe gegen Ausländer (Vietnamesen) in der DDR; vereinzelt wird vor "Pogromstimmung" gegen "Rote" (Vertreter des bisherigen Systems) gewarnt. Abgesehen davon, daß das Wort *Pogrom* von einigen der Sprecher gezielt übertreibend eingesetzt wird (von Pogromen gegenüber Vietnamesen oder gar SED-Funktionären konnte keine Rede sein, wohl aber teilweise von Feindseligkeit), erschließt es doch vier Diskurse: 1. den Vor-Wende-Diskurs über mögliche Gewaltaktionen der SED-Führung, 2. den Diskurs über einen neuen gemeinsamen Nationalfeiertag und seine Problematik, 3. den über Ausländerfeindlichkeit und 4. den über (mögliche) Vergeltungs- oder Racheaktionen gegenüber Trägern des alten Systems (bzw. über Gegenkonzepte wie *Besonnenheit, Gewaltlosigkeit, Rechtsstaatlichkeit, Amnestie* u.ä.). Keinen dieser Diskurse erschließt das Wort allein oder auch nur ausreichend, weitere Wörter sind zur Erschließung erforderlich und in der Tat vorhanden: zum erstgenannten Diskurs z.B. *chinesische Lösung*, zum zweiten *9. November* oder *Maueröffnung*, zum dritten z.B. *Ausländerfeindlichkeit, Fremdenhaß*; zum vierten z.B. *SED-Funktionär, Spitzenfunktionär, Besonnenheit, gewaltlos, (zur) Rechenschaft (ziehen).* Alle diese Wörter sind auch Stichwörter im KWV.

4.2 "Wortfelder"

Nun ist nicht zu bestreiten, daß sich in zahlreichen Fällen Wörter zu semantischen Gruppen zusammenfassen lassen, z.B. zu solchen, die in (teil)synonymischen Relationen stehen, und daß sie in solchen Zusammenhängen besser beschreibbar sind als in (zwangsläufig) isolierender alphabetischer Reihung. Neben *Wende* werden im Rahmen derjenigen Texte, die sich mit den gesellschaftlichen Veränderungen in der DDR befassen, auch *Umgestaltung, Perestroika, Umbau, Umbruch, Umschwung, Umsturz, (revolutionäre) Erneuerung, (grundlegende/ durchgreifende) Wandel / Veränderung(en), Aufbruch, (friedliche / sanfte) Revolution, Zusammenbruch (des alten Systems / der SED-Herrschaft)* und weitere verwendet; zu *bankrott* finden sich in gleichem Diskurszusammenhang weitere Adjektiv-Adverbien zur Negativ-Kennzeichnung des alten Systems der DDR und deren Wirtschaft: *verrottet, verschlissen, verkrustet, desolat, heruntergewirtschaftet, abgewirtschaftet, konkursreif, marode, diskreditiert, miserabel, kaputt.* Zu *Dialog* hat eine Auswertung einer einzigen Zeitung

17. Insbesondere kommen hierfür die sog. "Handbuchkorpora" des IDS infrage, mehrere Textsammlungen westdeutscher Presseartikel aus dem Zeitraum 1986 bis 1989.

von Ende Oktober 1989, auf dem Höhepunkt der "Dialog-Offensive" der SED, 32 verschiedene teilsynonyme Ausdrücke, sowohl substantivische als auch verbale (oft mit sehr zeittypischen Attribuierungen), ergeben[18]. Solche Felder in ihrem Zusammenhang darzustellen, ist das alphabetische Wörterverzeichnis sicherlich nicht die geeignetste aller Darstellungsformen, trotz aller Bemühungen um Verweise. Zu Recht ist daher die andere Teilprojektgruppe (siehe oben Abschn. 1.3) diesen Weg gegangen: Auswahl einer relativ kleinen Anzahl von Feldern[19], ausführliche Beschreibung des Gebrauchs (einschließlich seiner Veränderungen) und des Zusammenhangs der Feldelemente in Rahmenartikeln, wobei auf frühere Korpora zurückgegriffen wird und werden muß (siehe Beispiel *Wende*).

4.3 Das "Korpuserschließende Wörterverzeichnis" (KWV): Eigenschaften, Struktur

Ein alphabetisches Wörterverzeichnis kann und sollte anderes zu erreichen versuchen. Im Zentrum muß die Aufgabe stehen, möglichst viele der im Korpus gespeicherten Themen und Diskurse zu "erschließen", d.h. entsprechend viele einschlägige Stichwörter aufzunehmen und sie so zu erläutern, daß ihre Einbettung in bzw. ihr Bezug auf die Themen und Diskurse des Korpus für den Leser deutlich wird. Da es sich um eine sehr große Anzahl unterschiedlicher Themen in zahlreichen, oft miteinander verflochtenen, oft auch sich auffächernden Diskursen handelt, die zudem meist durch mehrere Stichwörter zu erschlie- ßen sind, ergab sich zwangsläufig eine deutlich höhere Anzahl von Stichwörtern, als ursprünglich geplant war. Der Übergang vom bedeutungserklärenden zum diskurserschließenden Wörterverzeichnis verlangte zudem eine andere Beschreibungstechnik.

Schließlich mußte ein Verfahren erst entwickelt werden, mit dem die hohe Anzahl an Stichwörtern ebenso zu bewältigen war wie die z.T. erdrückende Fülle von Belegen pro Stichwort. Beides war in einen (prekären) Einklang zu bringen mit der sehr begrenzten Personalkapazität (4,3 Personaljahre) und der strikten Begrenzung des *outputs* auf nur einen Band.

---

18. Hellmann, Manfred W. 1993: Die Leipziger Volkszeitung vom 27. 10. 1989 - eine Zeitung im Umbruch. In: Muttersprache Bd. 103, H. 3, S. 186-218 (Anhang S. 214-218). Substantivische Ausdrücke: *Dialog, Aussprache, Gespräch, Streitgespräch, Gesprächsangebot, Gesprächsrunde, Disput, Diskussion, Diskussionsangebote, Meinungsäußerungen, Meinungsstreit, Meinungsaustausch, Gedankenaustausch, Debatte, Erörterung, Unterredung, Beratung, (Bürger)Forum*; verbale Ausdrücke: *sich (zu etwas) äußern, sich zu Wort melden, sich artikulieren, Stellung nehmen, miteinander reden, mit ... sprechen, diskutieren, zur Diskussion geben/stellen, Rede und Antwort stehen, sich den Fragen stellen, sich mit ... beraten, sich verständigen über, Vorschläge machen/vortragen, Forderungen stellen, das Gespräch (mit allen) suchen, erörtern, (nicht) den Dialog über den Dialog führen.*

19. Solche Felder in Rahmenartikeln sind z.B.: "Verlassen der DDR", "Widerstand/ Opposition", "Gefühl der Vereinnahmung", "Umgestaltung/ Perestroika", "Staatssicherheit" u.a.m.

Dies hatte fünf Konsequenzen:

1. Einfachste Struktur der Wortartikel.
2. Zusammenfassung von abgeleiteten Wörtern unter einem Stichwort.
3. Angliederung von Komposita als Unterstichwörter zum Hauptstichwort.
4. Grundsätzlicher Verzicht auf Bedeutungserklärungen und andere in Wörterbüchern übliche Angaben; statt dessen knappe, zusammenfassende Kommentierung des Gebrauchs: auf welche Themen und Diskurse bezieht sich das Wort in welcher Weise; welche Gruppen gebrauchen es bevorzugt (soweit erkennbar)?
5. Zusätzlich vereinfachter Nachweis des Wortgebrauchs durch Präsentation auch von Komposita und Ableitungen (mit ihren Häufigkeiten) in Form zugeordneter Worttabellen[20].

Der größte Anteil an Arbeit entfällt auf die Bearbeitung der von COSMAS bereitgestellten Belege; genauer: auf ihre Durchsicht zum Zwecke der Erstellung eines themen- und diskurserschließenden Kommentars im Wortartikel. Selbst eine nur kursorische Durchsicht muß mindestens folgende Arbeitsschritte umfassen: Prüfung des Belegs auf Wenderelevanz und interessante (gruppen- oder textsortentypische) Formulierung, vorläufige Zuordnung zu einem Thema und/ oder einer typischen Gebrauchsweise, ggf. Markierung des Belegs als möglicherweise zitatfähig. Auch wenn die Bearbeitungszeit pro Beleg (= Verweildauer auf dem Bildschirm) auf nur 5 Sekunden reduziert wird,[21] ergeben sich bei einer Datei von 1000 Belegen Bearbeitungszeiten von 14 Stunden. Um einen Überblick über den Themen- und Diskursbezug des Wortes zu gewinnen, reicht ein einmaliger Durchgang aber nur bei kleineren Belegdateien (bis ca. 100 Belegen) aus; bei großen sind zwei, manchmal drei Durchgänge (mit Teilmengen) nötig. Die Bearbeitungszeit erhöht sich folglich auf 28 bis 40 Arbeitsstunden und mehr. Schon diese, erst recht viel größere Dateien sind im Rahmen dieses Projekts nicht mehr vollständig bearbeitbar; entweder werden sie segmentiert und in Teildateien unter mehreren Stichwörtern gegliedert, oder die Belege werden nur in Auswahl, mit abnehmender

20. Die Worttabellen entstehen aus den von COSMAS erstellten "Zwischenergebnissen" (s. oben 3.2, 1. Punktt) und werden manuell überarbeitet. Mit dem Zeichen "*" markiert der Bearbeiter Wörter, die nach Häufigkeit (einschließlich ihrer Flexionsformen) und Gebrauch als wenderelevant gelten können.

21. 5 Sekunden sind als Minimum erforderlich, um durchschnittlich 10 Zeilen Belegtext zur Kenntnis zu nehmen, nochmals 5 Sekunden, um ihn ggf. als interessant zu markieren. Ein solches Arbeitstempo ist allerdings nur stundenweise durchzuhalten. Bildschirmgeräte und Tastaturen sind ergonomisch für Arbeiten dieser Art nicht sonderlich geeignet - der Mensch noch weniger.

Quote je nach Größe der Belegmenge, durchgesehen.[22] Danach beginnt die "redaktionelle" Arbeit: den Kommentar formulieren, ggf. Zitate zuordnen, Metaangaben zu den Sprechergruppen, Phasen, Textsorten oder Gebrauchsweisen einfügen; darauf werden Verweise markiert, die Worttabelle überarbeitet und (zweispaltig) eingepaßt und der Artikel in die Standardform gebracht. Für diese Arbeitsgänge sind nochmals 1 bis 3 Stunden, bei Großdateien 5 und mehr, zu veranschlagen.[23] Noch nicht berücksichtigt sind hierbei Abstimmung mit anderen Wortartikeln auf Widerspruchsfreiheit und formale Korrespondenz - Arbeitsgänge, die im Rahmen der verfügbaren Kapazität nicht mehr konsequent zu leisten sind. Ebensowenig ist hier der Aufwand für eine Gesamtkorrektur berücksichtigt.

4.4 Arten von Wortartikeln

Wie die Anlage zeigt, gibt es verschiedene Typen von Stichwörtern:

1. 'Normales' Hauptstichwort mit Kommentar, Verweisen und Worttabelle;
2. Hauptstichwort mit angegliederten Unterstichwörtern: In der Regel - so auch bei den Beispielen *Protest* und *Tabu* - handelt es sich um Komposita, bei denen das Hauptstichwort Bestimmungswort ist, seltener auch um solche, wo das Hauptstichwort Grundwort ist (Beispiel: *Freudentaumel* zu *Taumel*); da in solchen Fällen die alphabetische Reihenfolge gestört wird, erfolgt an der betreffenden Alphabetstelle des Wörterverzeichnisses ein Querverweis.
3. Integriertes Hauptstichwort: hier sind mehrere Wörter zum gleichen Basislemma, die (meist) zueinander im Verhältnis der Ableitung stehen, unter einem Lemma zusammengefaßt (Beispiel: *provozieren / Provokation / Provokateur*). Die Zusammenfassung geschieht aus Gründen der Zeit- und Platzökonomie; sprechen inhaltliche Gründe dagegen, unterbleibt die Zusammenfassung.
4. Mehrwort-Lemma: typisch für den Gebrauch in den Wende-Texten sind in manchen Fällen nicht so sehr die Einzelwörter, sondern Kombinationen davon. Beispiel: *Prozeß der Erneuerung* (ein typischer Ausdruck der SED vom Oktober 1989, mit dem sie u.a. "Vertrauen zurückgewinnen" wollte). Ähnlich (als typischer "West"-Ausdruck) auch *sozial abfedern / absichern* (in dieser Lemmatisierung unter "S"). Auch einige zentrale Losungen wie "Keine Gewalt!" sind als solche lemmatisiert - im konkreten Fall allerdings als Unterstichwort im Hauptstichwort *Gewalt*.

---

22. Für die Bearbeitung von Dateien spätestens ab 1000 Belegen (= ca. 14.000 Zeilen Dateiumfang) wären intelligente Werkzeuge zur Gliederung und Vorsortierung erforderlich. Eine Auswahl von Großdateien (in Klammern: *types / token*) in aufsteigender Ordnung: *Verantwortung* (ohne *verantwortungslos*) (47 / 1467), *Einheit* (ohne *einheitlich*) (191 / 2529), *Nation/national* (252 / 3165), *Mensch* (ohne *menschlich*) (205 / 4844), *Bürger* (ohne *bürgerlich*) (290 / 6353), *sozial* (ohne *sozialistisch*) (499 / 6884), *Volk* (ohne *völkisch, bevölkern*), (501 / 7124), *Partei* (ohne *parteilich*) (839 / 7477), *Staat* (ohne *staatlich*) (954 / 8895), *deutsch/ Deutschland* (412 / 17499), *DDR* (mit allen Bindestrichkomposita) (1941 / 23889). - Die letzte Datei ist hier unbearbeitbar (u.a. auch Speicherprobleme); statt ihrer werden nur bestimmte Teile wie *-DDR* (z.B. *Ex-DDR, Noch-DDR, BRDDR*) oder *DDR-Bürger* als Stichwörter gesucht. Bei 'Staat' werden diejenigen Wortgruppen, die selbst Stichwörter sind, ausgegliedert (z.B. *Staatsbürger, Staatssicherheit, Staatsvertrag*), andere als irrelevant eliminiert (z.B. *Staatsanwalt, Staatssekretär*), der "Rest" in Auswahl durchgesehen: z.B. in Blöcken à 100 bis 200 Belegen mit Sprüngen um 800 bis 900 Belege.

23. Hier ließe sich durch Rechnerunterstützung natürlich erheblich Zeit einsparen, z.B. bei der Verweismarkierung und -kontrolle.

5. Teilwort als Stichwort: In seltenen Fällen sind auch Wortbestandteile als Stichwörter angesetzt worden, die selbständig so nicht vorkommen, so z.B *-schaffend* als Grundwort zu DDR-typischen Komposita wie *Geistes-, Kultur-, Kunstschaffende.*

Die Wortartikel unterscheiden sich nicht nur nach formalen Typen, sondern mehr noch nach der Intensität und Art ihrer Bearbeitung. Die einfachste Art - Stichwort, Verweise, Worttabelle, keine Kommentierung - kommt in der Endfassung des Wörterverzeichnisses kaum noch vor. In der Regel gibt es einen Kommentar mit mindestens einigen inhaltlich erschließenden Kurzhinweisen. Häufiger ist referierende Kommentierung, teilweise mit Binnengliederung (Bezug auf Sprechergruppe oder Textsorte und / oder Thema); hiermit wird über Gruppen von Belegen und ihren Bezug auf Themen und Diskurse zusammenfassend referiert. Die expandierteste und wohl auch am besten texterschließende Form ist die zitierende Kommentierung; dort werden interessante Belege nicht nur referiert, sondern im (gekürzten) Wortlaut zitiert. Aus Zeit-, aber vor allem auch aus Platzgründen ist diese Art der Kommentierung die Ausnahme. Der Wortartikel *Täter* z.B. ist aufgrund zahlreicher Belegzitate mit 3 A-4-Seiten sehr umfangreich, zu umfangreich auch für den folgenden Anhang. Eine solche Ausführlichkeit - generell durchgeführt - würde die gegebenen Limits in jeder Hinsicht sprengen. Möglich sind allerdings Mischformen (Beispiel: *Pogrom*).

Wenn man so will, ist jedes der 1550 Stichwörter ein "Schlüsselwort" (oder sollte es doch sein): ein Schlüssel, mit dem man sich den Zugang zu wenderelevanten Themen und Diskursen des Korpus öffnen kann.

Anhang

Beispiele für Wortartikel aus dem "Korpuserschließenden Wörterverzeichnis"

- Rechts neben der Spalte 'Gesamt' ist in sämtlichen Tabellen noch eine Spalte 'W/O' vorgesehen, die in der Schlußphase des Projekts maschinell mit Angaben zur Belegung im 'Westkorpus / Ostkorpus' aufgefüllt wird.

Pogrom

Bezug: Furcht vor einer "chinesischen Lösung" in der DDR: «wird auch Frau Honecker eines Tages gegen kulturell führende Kräfte der DDR Panzer zur Hilfe rufen wollen?» [BuProt. 6/89]; Datum des 9. November: 1938 Judenp.e - 1989 Maueröffnung und damit Verwirklichung der ersten unblutigen demokratischen Revolution in Deutschland: eignet sich dies Datum als Nationalfeiertag?; Gewalttätigkeiten gegen Vietnamesen in der DDR: «"das ist schon nahe am P.", klagt Dieter Gr., ein Deutschlehrer für vietnamesische Arbeiter in Weimar» [Spiegel 4/90]; Feindseligkeiten gegen Vertreter der SED in Dresden: «"Rote raus", "40 Jahre sollen sie zittern", "zingelt sie ein" und "werft sie in die Elbe" gehören zu den gängigen Sprüchen. daß die P.stimmung nicht in Taten umschlägt, grenzt zeitweise an ein Wunder, zu dem die Ordner des Neuen Forum mit ihren "Keine-Gewalt"-Schärpen beitragen» [BZ 12/89].

Verw.: ausgrenzen, ausländerfeindlich, Fremdenhaß, 9. November

Belegte Wortformen	Gesamt
Judenpogrome	1
Pogrome	1
Novemberpogrom	1
Pogroms	1
Pogrom	4
Pogromstimmung	2
Wortformen: 6	Belege: 10

Protest

Bezug: [Überwiegend West-Texte:] P.(e) der DDR-Bürger, ihrer Bürgergruppen gegen das SED-System, gegen Mißachtung der Bürgerrechte/ Menschenrechte, der Meinungs- und Gewissensfreiheit, gegen Mängel und Mißstände, gegen Privilegien und Stasi (-Machenschaften), gegen die Übergriffe der Staatsmacht bei P.märschen und Demos. Protestaktion: P.n von Bürgergruppen als Hungerstreik, als Mahnwache, als Demonstration: gegen unaufgeklärte Stasi-Machenschaften, gegen das Amt für Nationale Sicherheit, gegen die Behinderung der Bürgerkomitees zur Aufklärung der Stasi-Vergangenheit, gegen die Vernichtung von Akten durch die Stasi bzw. NaSi: Ausufern dieser P. zum Sturm auf das Stasi-Hauptquartier in der Normannenstraße; katholische Bischöfe bekennen, zu den P.n kaum etwas beigetragen zu haben. Protestbewegung: Anfänge der P.b. in der DDR; parteipolitischer Miß- brauch der P.b.; der größte Teil der anfänglichen P.b. als kollektives Engagement für einen erneuerten Sozialismus. Protestdemonstration/ -kundgebung/ -marsch: Polizeieinsatz und Zuführungen von Demonstranten bei P.märschen (im Sept. und Anfang Okt. 89); riesige P.d. am 4.11.89 in Berlin, zu der Kultur- und Kunstschaffende aufgerufen hatten; P.d. von Sportlern gegen Schrumpfung der Sportfachverbände; P.d. der Forscher der Akademie wegen ihrer Weiterbeschäftigung; P.d. von Studenten in Erfurt wegen Zukunft der Bildungseinrichtungen; bei P.k. keine Wiedervereinigungsparolen; bei P.d. in Kreuzberg (wegen Hausbesetzung bzw. -räumung) Polizist durch Messerstich verletzt; P.k. der Akademie für "Freie Gesellschaft - Freie Wissenschaft"; antifaschistische P.k., bei der Gysi die Neonazi-Gefahr beschwor; P.k. von Wehrpflichtigen. Protestruf: P.e bei parlamentarischen Debatten in der Volkskammer. [Protokollvermerke]

Verw.: Aktenvernichtung, Andersdenkende, Bürgerbewegung, Erneuerung, Neo-, Opposition, Oppositionelle, -schaffend, Wiedervereinigung

Belegte Wortformen	Gesamt
Bauernprotest	1
protestgruppen	1
Bürgerprotest	2
Protestkundgebung *	6
Bürgerproteste	1
Protestkundgebungen	2
Gastronomen-Protest	1
Protestler	3
Gewissensprotest	1
Protestlern	1
Hörerprotest	1

Protestmarsch	3
Massenprotest	1
Protestnoten	1
Massenprotests	1
Protestpotential	2
Müllprotest	1
Protestpotentiale	1
Professorenprotest	1
Protestrufe *	14
Protest	116
Protestschreiben	3
Protest-Pastor	1
Protestschrift	1
Protest-Pfiffe	1
Proteststimmen	1
Protestaktion *	3
Proteststimmung	1
Protestaktionen	3
Proteststudierer	1
Protestäußerungen	1
Proteststurm	1
Protestbekundung	1
Proteststürme	3
Protestbekundungen	4
Protesttelegrammen	1
Protestbewegung *	5
Protesttransparente	1
Protestbewegungen	2
Protestveranstaltungen	1
Protestbrief	1
Protestverhalten	1
Protestbriefen	1
Protestwahl	1
Protestdemonstration *	10
Protestwelle	2
Protestdemonstrationen	1
Protestzug	2
Proteste	67
Publikumsprotest	1
Protesten	24
Raketenprotest	1
Protestes	8
Schülerprotesten	1
Protestgeschrei	1
Studenten-Protest	1
Protestgruppen	1
Wortformen: 57	Belege: 320

provozieren/ Provokation/ Provokateur

Bezug: [SED:] Demonstrationen als P.tion, als das Werk (eingeschleuster) P.teure; BRD bereitet gefährliche P.tionen zum 40. Jahrestag der DDR vor; Versuche, die Sicherheitskräfte zu p.zieren; Versuche von Flüchtlingen, die bundesdeutschen Botschaften zu besetzen, als rechtswidrige P.tion; Flucht über Ungarn als Grenzp.tion; neofaschistische P.tionen abwehren!. [Bürgerbewegungen:] Aufrufe an alle Demonstranten: Laßt euch nicht zur Gewalt p.zieren!; die Staatsmacht versucht, friedliche Bürger zu Gewalttaten zu p.zieren; die überhastete Privatisierungspolitik (der Treuhand) p.ziert Firmenzusammenbrüche; die Wahlversprechen p.zieren Enttäuschungen.

Verw.: BRD-Botschaft, Privatisierung, staatsfeindlich, Zusammenbruch, Zusammenrottung

Belegte Wortformen	Gesamt
provozieren	28
Grenzprovokation	2
provozierend	4
Grenzprovokationen	1
provozierende	1
Provokation *	17
provozierender	1
Provokationen	22
provoziert	26
Stasi-Provokation	1
provozierte	7
Provokateur *	3
provozierten	3
Provokateure	4
Provokateuren	3
Wformen: 15	Belege: 123

Prozeß der Erneuerung

Bezug: [SED im Oktober 89:] der von der SED eingeleitete/ geführte P.d.E. des Sozialismus, der (sozialistischen) Gesellschaft, der DDR; es gilt, den eingeleiteten P.d.E. kühn zu führen; den P.d. (demokratischen/ gesellschaftlichen/ umfassenden) E. unumkehrbar machen; der P.d.E. kommt (besonders im Amt für nationale Sicherheit) nur schleppend voran; den P.d. demokratischen E. nach Kräften unterstützen, ihn überzeugend vertreten/ vorantreiben; der P.d.E. wird verlorenes Vertrauen zurückgewinnen; P.d.E. als einzige Chance der Partei.

Verw.: Dialog, Erneuerung, Vertrauensverlust

	Belegte Wortformen	Gesamt
Summe	Prozeß	777
Summe	Erneuerung	286
Summe	Prozeß & Erneuerung	34

Tabu

Bezug: Kritische Bürger/ die Oppositionellen haben das härteste T. gebrochen/ aufgedeckt: die wirklichen Machtverhältnisse, die Unreformierbarkeit der Macht; keine T.s der Staatsmacht mehr dulden, z.B. Führungsrolle der Partei, Staatseigentum, Privilegien der Spitzenfunktionäre. Tabuthema: T.themen in den Medien/ in der Öffentlichkeit der DDR: u.a. Homosexualität, Gewalt gegen Kinder, Aktivität von Neonazis, Antisemitismus, stalinistische Gewalttaten, Umweltschäden, Wahlfälschung, Verschleierung der Produktionsstatistiken, Verfall der Städte usw.; von der offiziellen DDR-Presse lange verschwiegene T.themen werden (seit Nov. 89) aufgegriffen; Verdienste der Bürgergruppen um das Öffentlichmachen von T.themen.

Verw.: Medienfreiheit, reformierbar, Umwelt, Täuschung, vertuschen, Zensur

Belegte Wortformen	Gesamt
Öffentlichkeitstabu	1
Tabubrecher	1
Sexualtabus	1
Tabugrenze	1
Tabu	19
Tabuisierung	4
Tabu-Bruch	1
Tabus	19
Tabu-Thema *	4
Tabuthema	2
Tabu-Themen	2
Tabuthemen	3
Tabuzonen	1
Wformen: 13	Belege: 59

Täuschung

Bezug: SED-System aufgebaut auf Lüge und T. der Massen über die wirkliche Situation; das ganze öffentliche Leben der DDR bestand zum großen Teil aus T. und Selbstt.; Selbstt. besonders der Idealisten, Selbstt. und faule Kompromisse als Überlebensstrategie; Jubelfeiern der Macht (zum 40. Jahrestag) mißrieten zum Symbol der Selbstt. und Bevormundung; Scheinwelt aus T. und Selbstt. jetzt zusammengebrochen, Wahrheit und Lüge ununterscheidbar; (Selbst-) T. der Bürgerbewegung über den Mangel an Identität bei den DDR-Bürgern; zwei große T.en: 1. über die Bereitschaft des Machtapparats, seine Machtmittel einzusetzen, 2. die Vereinigung sei kurzfristig unmöglich, sie zu fordern sei Selbstt. oder T.smanöver; die begonnene und verramschte Revolution - ein Feld der Hoffnungen, T.en und Entt.en; der Traum einer sozialistischen DDR war nur optische T., war Utopie; unrechtmäßiger Erwerb von DDR-Grundstücken aufgrund von Nötigung, Machtmißbrauch, Korruption oder T. soll rückgängig gemacht werden; auch auf westdt. Seite T. und Selbstt. über den schnellen Erfolg/ die Folgen der Einführung der Marktwirtschaft, über die Kosten der Einheit; DDR-Bürger sind den T.en, Irreführungen und Halbwahrheiten bundesdt. Politiker und Medien auf den Leim gegangen; Vorwurf der "Wählert." bei D-Mark-Umstellung.

Verw.: Angst, Tabu, Unrecht, Zusammenbruch

Belegte Wortformen	Gesamt
Enttäuschung *	92
Täuschungen	3
Enttäuschungen	17
Täuschungsmanöver	2
Enttäuschungsfestigkeit	1
Verbrauchertäuschung	1
Selbsttäuschung *	15
Wählertäuschung	1
Täuschung	15
Wformen: 9	Belege: 147

Taumel

Bezug: 1. [Reformer (bes. SED–nahe):] Die Hauptgefahr, die dem Prozeß der demokratischen Erneuerung in der DDR droht, ist die Gefahr des Neofaschismus und des nationalistischen T.s, wie er sich verstärkt in den Wiedervereinigungsparolen auf Kundgebungen (ab Dez. 89) äußert. 2. [meist im Zusammenhang mit der Öffnung der Berliner Mauer/ der Grenzübergänge nach Westen/ der Öffnung des Brandenburger Tores und des folgenden Besucherstroms (vor allem) in den Westen:] Gefahr für basisdemokratisch orientierte Bürgerbewegungen, im T. der nationalen Begeisterung unterzugehen. Freudentaumel: F.taumel bei Mauer- und Grenzöffnung; "Konsumrausch und deutsch-deutsche Besoffenheit"; dem Freudent./ dem Jubel/ der Euphorie wegen der Vereinigung folgte Ernüchterung; Forderungen nach Besonnenheit, Augenmaß, Nüchternheit, Gelassenheit.

Verw.: Maueröffnung

Belegte Wortformen	Gesamt
Einheitstaumel	1
Taumel	10
Einig-Vaterland-Taumel	1
Taumels	3
Freudentaumel *	9
Vereinigungstaumel	3
Silvestertaumel	1
Wiedervereinigungstaumel	1
Wformen: 8	Belege: 28

Jean-Marie Zemb

Les temps d'un dictionnaire de TAO sont-ils venus?

Summary

In answer to the question, *Has the time come for a CAT [computer-assisted translation] dictionary?* this article in the first instance quotes the French version of a kind of memorandum addressed by my collegue *F. J. Hausmann* (Erlangen) and myself at the beginning of this year to translators, linguists, CL and MT pioneers, to those responsible for research and development in French and German language countries, as well as to the relevant Commissions in the EC.

1. New reliable and complete (or at least extendable) general and specialized dictionaries to be used by professional translators – now assisted by computers – are needed for all language pairs in the EC. Attention has to be paid to the fact that there is no symmetric correspondence between language pairs in bilingual dictionaries. Because a »multilingual« dictionary would be an overambitious enterprise it is suggested to begin with French and German as a model.

2. Bilingual lexicography cannot simply be *descriptive*; it has to be *normative* because only the best translations will be good enough. A large number of singular collaborators will be needed as well as overall supervision by a stable national or EC body.

3. CD-ROM storage will enable multiple flexible access to collocations and their equivalents. Moreover, user will be able to add individual extensions.

4. »Paper versions« could be provided by commercial publishers, »electronic editions« by cooperating agencies within national research institutions like IdS (Mannheim), INaLF (Nancy), and other institutions in Benelux, Austria (and Switzerland). Results of lexicographic research connected with the enterprise would be put in the public domain.

5. If these propositions were taken into consideration, the authors declared themselves ready to detail their propositions.

Being prevented from taking part in the Bonn colloquium I would like briefly to comment on the propositions here:

I. The translator's experience confirms the linguist's intuition and analysis. Equivalences between utterances in languages *X* and *Y* are not to be looked for on the lexeme level, but on the level of *more or less* complex lexeme combinations. Collocations that may reasonably be related to each other are not known in advance. The first task would therefore be to determine segments that are in a relation which may be qualified as equivalence, criteria for this not being the same in all domains. It is suggested to use an experimental corpus aligning presumed correspondences.

II. Whatever the corpus (literary translations, bilingual newspaper texts, EC law texts, instruction manuals) there will be a number of unfortunate or even unacceptable approximations.

I propose to be a little more normative (again?) and to include equivalences that are to be avoided in the dictionary. A kind of analytic catalogue of errors or unacceptable correspondences would be valuable for the CAT practician and very instructive in addition.

1 Propositions conjointes visant l'élaboration commune d'un dictionnaire bilingue servant à la TAO – Erwägungen und Empfehlungen zu einer übersetzerbezogenen zweisprachigen institutionellen Lexikographie

Voici d'abord une sorte d'appel adressé en commun par le Professeur *F. J. Hausmann* (Erlangen) et moi-même au début de l'année 1995 aux intéressés, soit aux traducteurs, aux linguistes, aux pionniers de la TAO et de la TA, aux décideurs des institutions de recherche nationales des pays francophones et germanophones ainsi qu'aux deux Commissions spécialisées de l'Union Européenne:

1. Les progrès souhaitables de la compréhension réciproque des Européens germanophones et des Européens francophones ne sauraient se réduire à élargir la base scolaire, même si on estime que des méthodes appropriées permettent non seulement d'augmenter le nombre de personnes susceptibles de pratiquer utilement la langue étrangère, mais également d'en parfaire la maîtrise. Il est indispensable de songer aussi à la pointe de la pyramide, aux bilingues professionnels, à la formation desquels s'attachent certes avec beaucoup de bonheur de grandes Écoles spécialisées, mais qui sont loin de disposer des instruments de travail qu'il est devenu possible de concevoir et de réaliser aujourd'hui. Ce dont la »traduction assistée par ordinateur« (TAO) a grand besoin, c'est un dictionnaire fiable et complet, ou du moins perfectible. Le dictionnaire dont il est question ici est à prendre au sens générique. Lui correspondent non seulement deux dictionnaires, le français-allemand et l'allemand-français, mais au moins quatre, comme le fit souvent

1. So sehr es zu begrüßen ist, daß die deutschsprachigen und die frankophonen Europäer ihre Kenntnisse in der jeweils anderen Sprache erweitern und vertiefen, wie dies ja auch immer wieder beschlossen wird, ist, um so dringlicher wird es, ein gemeinsames Wörterbuch zu schaffen, das in Wirklichkeit kein Buch, sondern ein CD-ROM wäre. Es ginge darin weniger um das einzelne Wort und um feste, registrierte Wendungen als um sogenannte, mitunter im Detail erheblich voneinander abweichende Wortverbindungen – wie sie seinerzeit in Strahlen Elmar Tophoven in einem handwerklichen Modell erfassen wollte. Den heutigen Erfordernissen entspräche dem Umfang und der Arbeitsweise nach eher ein industrielles Unternehmen. Daß die vorhandenen zweisprachigen Wörterbücher diesen gestiegenen und vermutlich weiter steigenden Anforderungen nicht gerecht werden, ist bekannt. (FN) Unbestritten ist auch, daß sich mehrsprachige Lexikographie zunächst nur in der relativ einfachen sogenannten Terminologie abspielt,

observer le Dr Wegner, directeur des Editions B.I.-DUDEN, car le traducteur allemand et le traducteur français n'attendent pas les mêmes services de ces deux ouvrages, au demeurant beaucoup moins symétriques qu'on ne pourrait le croire. Font également défaut les dictionnaires spécialisés dans la mesure où ceux-ci ne se cantonnent pas dans la terminologie et dans la nomenclature. Des lacunes comparables sont à déplorer dans les différentes combinaisons bilingues concevables et praticables dans l'Union Européenne. Mais il paraît insensé de s'attaquer d'emblée à un dictionnaire européen »multilingue«, car à la différence des simples nomenclatures, la langue générale est largement polysémique, ses mots s'éclairant en grande partie les uns par les autres dans les textes. L'entreprise proposée à l'occasion du Colloque qui porte sur »l'allemand et le français, langues partenaires pour l'Europe« est cependant résolument européenne. Elle l'est même de deux manières: d'une part elle pourrait servir de modèle, quant à ses méthodes scientifiques et quant à ses modalités techniques et juridiques; d'autre part, elle associerait dès le départ la lexicographie institutionnelle et l'édition privée dans l'ensemble des régions germanophones et francophones en Europe, sans exclure tel pays-membre *in spe* dont les compétences et les besoins sont en la matière incontournables.

2. A la différence de la lexicographie unilingue, la lexicologie bilingue ne saurait se contenter de corpus *positifs* d'équivalences postulées. La finalité de l'entreprise impose une sélection préalable et de ce fait *normative* des sources. Seules les meilleurs traductions seront assez bonnes. Cette re-

während auf dem schwierigeren Gebiet der Allgemeinsprache vorerst 'einzelzweisprachig' zu arbeiten wäre. Es würde daher nicht nur zur allgemeinen Verständigung in der EU beitragen, sondern Modellfunktion haben, wenn man die Äquivalenzen des Französischen und des Deutschen verzeichnete [andere Sprachpaare dürften folgen], und es würde die Zusammenarbeit zwischen der öffentlichen und der privaten Lexikographie fördern. Daß diese Anregungen auf einem Kolloquium über "das Französische und das Deutsche als europäische Partnersprachen" vorgelegt werden, bedeutet gewiß nicht, daß andere französisch- oder deutschsprachige Länder nicht in diese europäische Partnerschaft einbezogen wären, doch könnte eine solche Arbeit aus Effizienz- und Kostengründen nicht auf herkömmliche Art organisiert werden. Man müßte die Unterschiede in der lexikographischen Forschung und in einer ihr entsprechenden Produktion also von vornherein sorgfältig beachten, schon um deutlich zu machen, daß die europäische Verständigung nicht bereits an dem Versuch scheitern soll, gemeinsam zu arbeiten. Es ist klar, daß sich nicht alle Schwierigkeiten im voraus definieren, analysieren und beheben lassen, die im Laufe der Arbeit auftreten werden. Es ist ebenfalls klar, daß solche Schwierigkeiten nicht gegen die Machbarkeit dieses Projektes, sondern für seine Dringlichkeit plädieren würden.

2. Ein solches Unternehmen könnte auch insofern innovativ sein, als die moderne corpusgestützte Lexikographie zunächst positiv und erst in einem zweiten Schritt normativ vorgeht, indem sie Angaben zur Sprachschicht formuliert, etwa "gehoben", "veraltet", "volkstümlich" oder

striction capitale exige un contrôle sévère des opérations à tous les niveaux. Il s'agit donc d'une entreprise de longue haleine. Cela implique un grand nombre de collaborateurs ponctuels, et, pour compenser les effets de cette variété, un pôle stable de mise en oeuvre des nombreux travaux faits à domicile sur des contrats limités. Ce pôle stable pourrait être une structure conjointe de l'IdS (Mannheim) et de l'INaLF (Nancy), en liaison étroite avec les DG XII et XIII de l'U.E.

3. La sélection de collocations privilégiées par la langue et des équivalences proposées par des paroles particulièrement judicieuses — le traducteur doit être à l'écoute des deux — ont toujours fait le désespoir des lexicographes et des éditeurs. Comment classer les équivalences de manière à permettre de les retrouver par dix et cent chemins? Le classement alphabétique trivial priverait de la souplesse requise l'instrument le plus polyvalent. La réalisation de ce dictionnaire de TAO sur CD—ROM permettrait de résoudre le problème des accès multiples et du choix des itinéraires et autres suggestions. En outre, chaque utilisateur pourrait l'enrichir à son gré.

4. Les »sorties-papier« seraient réservées à l'édition privée (conviée à collaborer à l'élaboration de certains secteurs), tandis que la »sortie-disquette« serait du ressort de l'Office mixte domicilié à l'IdS et l'INaLF, en association avec les institutions intéressées ou/et concernées dans le Benelux et en Autriche (ainsi qu'en Suisse). Les résultats informatisés du travail lexicographique tombant dans le domaine public, des éditions successives, revues et augmentées, ne poseraient pas de problèmes de droits.

sprachlich". Solche Angaben sind gewiß nicht zu entbehren, doch müßte eine Lexikographie, die auf den Übersetzer bezogen sein soll, vorweg eine normative Auswahl treffen. Dabei dürften nur ausgezeichnete Übersetzungen (FN) verwendet werden. Zur Auswahl der Quellen und der Objekte und zur Bestimmung des internen CD-ROM-Verkehrsnetzes sollte von deutschen und französischen Einrichtungen der angewandten Forschung gemeinsam eingeladen werden.

3. Zu den großen, früher praktisch unlösbaren Problemen eines solchen umfassenden Unternehmens gehören drei Schwierigkeiten, die aus einer CD-ROM-Perspektive relativ leicht zu beheben wären. Das sind zunächst der schier uferlose Umfang, dann die Gestaltung der Querverweise und schließlich die laufende private Erweiterung und Verbesserung dieser Datenbank durch den Benutzer. Dabei könnte die konventionelle Abgrenzung zwischen *langue* und *parole* von der Analyse der paradigmatischen und der syntagmatischen Äquivalenzen - übrigens nicht nur zwischen den Sprachen, sondern auch innerhalb einer Sprache - in Frage gestellt werden.

4. Öffentliche Einrichtungen wie das französische INaLF und das deutsche IdS könnten das Projekt federführend betreuen, sozusagen im Auftrag der beteiligten europäischen Länder und Institutionen. Der Verzicht auf einen rechtlichen Schutz der lexikographischen Leistung könnte das private Verlagswesen, dessen Verhältnis zu öffentlichen Anstalten von Land zu Land verschieden ist, dem aber die Veröffentlichung spezieller Wörter'bücher' vorbehalten wäre, zu einer von vorn herein erwünschten Kooperation anregen.

5. Si ces propositions étaient prises en considération, les signataires s'attacheraient à détailler leurs suggestions, sur le plan pratique comme sur le plan théorique, avant la fin du semestre de Présidence française de l'Union Européenne.

5. Die zuständigen Entscheidungsträger müßten die Unterzeichner um konkretere Empfehlungen bitten. Dann könnten gemeinsam erarbeitete Vorschläge zu Inhalt, Zweck und Methoden des Projektes bis zum 1. Juli 1995 vorliegen.

2 Commentaires

Après trois mois, ces propositions conjointes n'ont pas manqué de retenir et l'attention et l'intérêt de certains des destinataires présumés. Au courant du mois de juin, une réunion de travail doit permettre à une quarantaine de participants de faire profiter de leur savoir et de leur expérience les futurs réalisateurs éventuels de ce projet, la critique *a priori* n'étant pas considérée comme anti-économique, bien au contraire, car il faudrait absolument proportionner les investissements.

Empêché de participer au récent Colloque à l'IKP, où j'avais prévu de commenter les tenants et les aboutissants des propositions énoncées ci-dessus, je profite de l'occasion que m'en fournit l'éditeur pour glisser dans ces Actes en guise de commentaire deux observations. Elles auront l'avantage de retransformer en questions ce qui y était simplement suggéré sans mention des difficultés que ce projet ne manquera pas de rencontrer. Mais je tiens à préciser que ces deux questions ne doivent compromettre ni faisabilité du projet ni son rapport qualité/prix positif.

I. L'expérience du traducteur confirme l'analyse et l'intuition du linguiste. L'équivalence entre des énoncés de la langue X et de la langue Y est moins souvent l'affaire d'une correspondance sémantique des éléments simples ou élémentaires (excusez l'insistance sur ce caractère d'éventuels primitifs) que sur des combinaisons *plus ou moins* complexes. Les collocations qui permettent d'atteindre pragmatiquement des équivalences honnêtes ne sont pas connues d'avance. Elles paraissent fortement varier en niveau et en portée. Ce peuvent être un échange standard d'un profil de valence, la correction de l'acception d'un substantif par le moyen d'un adjectif qui renforce ou qui adoucit, la réorganisation d'une phrase complexe, voire le renversement d'une portion de chemin. Il faudrait donc d'abord déterminer les divers segments qui entretiennent des rapports d'équivalence convenables, l'exigence d'équivalence n'étant pas la même dans tous les domaines. En attendant de disposer de schémas qui permettent de les produire expérimentalement, puis systématiquement, ne conviendrait-il pas de dépouiller un corpus de correspondances présumées. Quels textes bilingues choisir? Comment filtrer les segments dont les correspondances paraissent dues à des facteurs pertinents? Comment, pour donner un exemple pour cent, procéder pour lever l'ambiguïté qu'apporte la virgule obligatoire des relatives allemandes et conserver l'opposition capitale entre la relative déterminative — sans virgules en français — et la relative descriptive ou 'apposée' — que le français encadre de virgules comme toute apposition. Non, ce n'est pas un exemple unique, car la ponctuation française sert à cette même distinction pour toutes les espèces de subordonnées.

II. Quel que soit le corpus (traductions littéraires, journaux bilingues, textes juridiques de la Communauté, modes d'emploi), on trouvera sans doute — cette présomption a force d'évidence — un certain nombre d'approximations peu heureuses, voire inacceptables. Pour en établir le catalogue et pour en indexer le degré d'inadéquation, le linguiste 'appliqué' devra en effet beaucoup s'appliquer. Il devra même se faire violence. Car les sciences du langage l'ont habitué à rejeter comme 'subjective' toute intervention normative. Les grammariens-philologues de naguère eussent éprouvé moins de mal à trier le grain et l'ivraie. Même en admettant que tous les niveaux d'*expression* soient dignes de la même considération, on ne saurait en dire autant pour tous les niveaux d'*adéquation*. Même si l'on pressent que l'équivalence parfaite demeure hors de portée, on peut décider de ne retenir du corpus que la petite portion de correspondances dignes de faire école, ou, comme l'on dira peut-être demain, de »faire modèle«. Ma question portera sur les critères raisonnables de ce choix incontournable. En revanche, il me paraît certain qu'un catalogue analytique des erreurs ou des correspondances irrecevables apporterait beaucoup au praticien de la TAO. Ici aussi, voire ici surtout, la lapsologie du <Dites! — ne dites pas!> serait riche d'enseignement. Pour commencer, il faudrait (re?)devenir un peu plus normatif.

Ces éclaircissements d'un projet montrent pourquoi, tout en intéressant plusieurs pays-membres de l'Union Européenne, ce projet ne pourra porter pendant un temps, sous peine de gâchis financier, que sur deux langues, en l'occurrence le français, X, et l'allemand, Y. L'adjonction immédiate d'une langue Z comporterait des risques considérables de confusion dans la mesure où la connaissance des quasi-équivalences X/Y et celle des quasi-équivalences X/Z ne permettrait pas de déduire avec certitude des quasi-équivalences Y/Z.

ULRICH ENGEL

SEMANTISCHE RELATOREN

Ein Entwurf für künftige Valenzwörterbücher

1 Zum Forschungsstand

Man kann nicht sagen, daß sich die valenzbezogene Lexikologie (und in ihrer Folge die Lexikographie) stetig entwickelt habe. Der Wechsel der Forschungsschwerpunkte und Verfahrensweisen erfolgte vielmehr in Sprüngen, auch gab es erhebliche zeitliche Verwerfungen. Geht man von den Beschreibungsakzenten aus, so kann man drei Schichten unterscheiden:

- Eine morphosyntaktische Phase, in der es nur um die Zahl und die Ausdrucksformen der Komplemente ging. Diese enge Perspektive wurde vielfach, freilich zu Unrecht, Tesnière zugeschrieben.
- Eine semantosyntaktische Phase, die zusätzlich Bedeutungsbeschränkungen für die Komplemente einbrachte.
- Eine pragmatikorientierte Phase, die auch Elemente der Sprechsituation und der Wissenshintergründe berücksichtigen soll.

Diese drei Phasen schlugen sich nicht in chronologisch geordneten Publikationen nieder. Rein morphosyntaktische Beschreibungen wurden zwar seit 1966 im Institut für deutsche Sprache in Mannheim vorgenommen[1], das erste Ergebnis erschien aber als "Kleines Valenzlexikon deutscher Verben" erst 1976[2]. Eine spanischsprachige Bearbeitung folgte einige Jahre später[3]. Unabhängig davon erschien fast zur gleichen Zeit ein französisches Valenzlexikon[4].

Semantisierte Valenzbeschreibungen wurden von Anfang an in Forschungsinstituten der DDR vorgenommen, vor allem in Leipzig[5], daneben auch in Berlin[6]. In Leipzig erarbeiteten Gerhard Helbig und Wolfgang Schenkel das "Wörterbuch zur Valenz und Distribution deutscher Verben", das 1969 in 1. Auflage erschien und somit das erste Valenzlexikon zur deutschen Sprache überhaupt ist[7]. Erst 1983 zog Mannheim nach mit dem "Valenzlexikon deutsch-rumänisch", das, prinzipiell ähnlich wie Helbig/Schenkel, im einzelnen aber stark

---

1. Diese Untersuchungen erfolgten im Rahmen des von der Stiftung Volkswagenwerk geförderten Forschungs-unternehmens "Grundstrukturen der deutschen Sprache". Vgl. dazu Engel 1970.
2. Engel/Schumacher 1976, 2. Aufl. 1978.
3. Rall [et al.] 1980.
4. Busse/Dubost 1977.
5. Vgl. neben Helbig/Schenkel (Anm. 7) auch Wotjak 1975.
6. S. hierzu Bondzio 1980, 1982.
7. Helbig/Schenkel 1969. Das Wörterbuch liegt heute in 8. Aufl. (1991) vor.

abweichend, zu allen Komplementen die semantischen Restriktionen angibt[8]. Wenig später folgte "Verben in Feldern"[9], das auf der Basis der wahrheitskonditionalen Semantik Montagues ausgewählte deutsche Verbmengen syntaktisch und semantisch eingehend beschreibt. In den achtziger Jahren erschienen auch ähnliche Valenzwörterbücher zu anderen Sprachen. Am bekanntesten wurden Polanskis polnisches Valenzwörterbuch[10] und Mel'čuks kombinatorisches Wörterbuch des Französischen, das allerdings nicht nur Verben beschreibt[11].

Die meisten dieser Wörterbücher bedienen sich eines aus der interpretativen Semantik abgeleiteten Merkmalinventars[12]. Diese überlieferte Beschreibungsweise mutet mit ihrer ontologisierenden Merkmalshierarchie, die ständig von Kreuzklassifikationen durchbrochen wird, eher handgestrickt an, ist aber selten völlig verworfen worden. Die Forschung scheint angesichts der hier auftretenden Schwierigkeiten allmählich resigniert zu haben. Fehlen der strukturellen/interpretativen Semantik auch die höheren wissenschaftlichen Weihen, so stellt sie doch so etwas wie ein semantisches Grundwissen dar (manche sprechen gar von "semantischer Intuition"), auf das man sich verhältnismäßig leicht einigen kann. Vor allem die Möglichkeit ständiger Erweiterung und Präzisierung sichert diesem Merkmalsinventar bleibende Beliebtheit. Lediglich "Verben in Feldern" weicht im grundsätzlichen Ansatz von der interpretativ-semantischen Merkmalsbeschreibung ab, zeigt aber *in concreto* viele Übereinstimmungen mit den anderen Valenzwörterbüchern.

Auf der Grundlage und in Weiterentwicklung des deutsch-rumänischen Valenzlexikons folgten ein deutsch-italienisches und ein deutsch-polnisches Wörterbuch[13]; weitere zweisprachige Valenzwörterbücher (deutsch-arabisch, deutsch-chinesisch, deutsch-serbokroatisch u.a.) sind im Entstehen.

Pragmatisch orientierte Valenzbeschreibungen wurden bisher im wesentlichen programmatisch gefordert, es liegen allenfalls Einzelausarbeitungen vor. Wichtige Anregungen hierzu kamen von Heringer[14], Helbig[15] und anderen. Neuerdings unternahm Angelika Storrer einen Vorstoß zur Pragmatisierung von Valenzbeschreibungen[16]. Sie geht dabei auf Mudersbach[17] und Jacobs[18], letzten Endes auf Fillmores Konzept der *scenes and frames*[19] zurück. Bei dem von ihr vorgeschlagenen Verfahren bildet die "Systemebene" nicht mehr die ausschließliche Grundlage der Darstellung. Dies hat unter anderem zur Folge, daß die herkömmliche Unterscheidung von Ergänzungen und Angaben völlig aufgegeben und die Ab-

---

8. Engel [et al.] 1983. Vgl. hierzu noch Mikić 1980 und Engel/Mikić 1983.
9. Schumacher [et al.] 1986.
10. Polański 1980ff.
11. Mel'čuk 1984–1994.
12. S. Katz/Fodor 1963.
13. Bianco [ersch. demnächst], Cirko [et al.] [ersch. demnächst].
14. Heringer 1984.
15. Helbig 1983, 1984.
16. Storrer 1992.
17. Mudersbach 1988.
18. Jacobs 1994.
19. Fillmore 1977.

grenzung obligatorischer von fakultativen Elementen deutlich verschoben wird. Das Verfahren läßt sich theoretisch und praktisch rechtfertigen. Ob es sich durchsetzen wird, hängt von verschiedenen Voraussetzungen ab, unter anderem davon, ob der Fremdsprachenunterricht, aus dem die lautesten Forderungen nach Einbeziehung des "Situativen" kommen, seine bisher dominante Orientierung an der Systemebene, durch welche Überschaubarkeit und Lehrbarkeit gesichert werden, aufzugeben bereit ist. Angesichts des Forschungsstandes, auch der Erforschbarkeit des sprachpragmatischen Bereiches wird eine solche Umstellung vermutlich noch lange auf sich warten lassen. Jedenfalls ist, solange die situativen *scenes* und die davon abzuleitenden linguistischen *frames* nur an ausgewählten und naturgemäß besonders geeigneten Situationen/Verben dargestellt sind[20], ein Ende des zu gehenden Weges nicht abzusehen.

2 Relatoren

Wenige Jahre nach der Begründung der interpretativen/strukturellen Semantik legte Fillmore ein neues Beschreibungsverfahren vor, das ganz andere Akzente setzte. Ausgehend von "Kasus", auch "Tiefenkasus", die eigentlich semantische Relatoren sind, entwarf er seit 1967 ein primär semantisches Beschreibungsverfahren, das aber auf Grund angeblich regelhafter Korrelationen von Tiefen- und Oberflächenstruktur (konkret: von Relatoren und Präpositionen) zugleich eine exhaustive und vor allem einfache Erzeugung von Oberflächenstrukturen ermöglichen sollte. Dieser Anspruch konnte nie eingelöst werden. Aber der Kern des Fillmoreschen Ansatzes ist geblieben, und er zeigt zugleich das entscheidende Defizit der interpretativen Semantik auf. Diese legt zwar nachgeordnete Bedeutungsrestriktionen für die zuvor syntaktisch erzeugten Komplemente des Verbs fest. So gibt sie etwa an, daß das Subjekt beim Verb *essen* im allgemeinen auf das Merkmal [hum] restringiert ist, also nur eine menschliche Größe bezeichnen kann, während beim Verb *verzehren* das Subjekt auch auf Feuer und, wenn metaphorischer Gebrauch vorliegt, auch auf Sachverhalte (Vorgänge und Zustände) zu referieren vermag. Aber die interpretative Semantik ist nicht imstande, auch die semantischen **Relationen** anzugeben, die zwischen dem durch das Verb ausgedrückten Geschehen und den durch die Komplemente[21] bezeichneten beteiligten Größen etabliert sind. Sie ist somit auch nicht imstande, die "inaktive" Subjektsgröße bei Verben wie *erleiden* oder *erhalten* von der "aktiven" Subjektsgröße bei *essen, verzehren* u.a. zu unterscheiden. Fillmore hat zur Kennzeichnung dieser Relationen "Kasus" wie Agentiv, Experiencer, Benefaktiv u.a. eingeführt, die heute als Thetarollen, semantische Relationen u.a. fast theorieneutral verwendet werden.

---

20. Besonderer Beliebtheit erfreuen sich nach wie vor die Verben des Besitzwechsels, besonders des Verkaufens.

21. Ich verwende fortan den Terminus "Komplement" für *actants*/Aktanten/Mitspieler/Ergänzungen usw., ebenso den Terminus "Supplement" für *circonstants*/Umstandsangaben/Angaben und schließe mich damit der Regelung in der 1996 erscheinenden neuen deutschen Grammatik des Instituts für deutsche Sprache an.

Ich bezeichne die Operatoren, die derart Beziehungen zwischen (verbalem) Geschehen und durch Komplemente ausgedrückten Größen[22] stiften, als **Relatoren.**

Solche Relatoren lassen sich in alle modernen linguistischen Theorien einfügen. So erscheinen sie in den neueren Versionen der Chomsky-Grammatik, der Theory of Principles and Parameters[23], wie vielfach auch in der dependentiellen Verbgrammatik[24]. Die generative Semantik sowie "Verben in Feldern" haben sie in ihre semantosyntaktischen Gesamtbeschreibungen bzw. Paraphrasen integriert; in "Verben in Feldern" etwa schlägt sich der Agentiv in dem Ausdruck "bewirkt" nieder.

Auf diese Relatoren hat schon Tesnière, der seine Aktanten ja auch semantisch definiert[25], hingewiesen, unter anderem bei der Erörterung der zwischensprachlichen **Metataxe**. Somit können die semantischen Relatoren auch für den Sprachvergleich wichtig werden. Was gemeint ist, zeigt sich in dem folgenden (fast) übersetzungsäquivalenten Beispielpaar:

(1a) *Die Truppen haben keine Granaten mehr.*

(1b) *Militibus tela desunt.*

Nach Fillmore hat hier das jeweils erste Komplement, bei völlig abweichender Oberflächenstruktur, eine identische relationale Semantik. Tesnière hingegen hätte deutlich unterschieden: *die Truppen* hat, als "prime actant", Täterfunktion, während *militibus* als "tiers actant" die mittelbar betroffene Größe ist[26]. Entsprechendes gilt für das jeweils zweite Komplement: *keine Granaten mehr* ist *second actant*, also direkt Betroffenes, *tela* hingegen *prime actant*. Und ähnliches zeigt der Vergleich eines bekannten Verses aus den *Carmina burana* mit der deutschen Übersetzung:

(2a) *Vinum sit appositum* ***morientis ori.***

(2b) *[Deshalb] sollt ihr den Wein* ***neben den Mund des Sterbenden*** *stellen.*

Vergleicht man die Rollen der betroffenen Person (bzw. eines Teils dieser Person), so ist unübersehbar, daß sie im lateinischen Satz als "affizierte Instanz" erscheint, im deutschen Satz jedoch als Teil einer Lokalbestimmung. Dies legt es nahe, im lateinischen Satz einen "Kasus" AFFEKTIV oder PATIENS anzusetzen, im deutschen Satz aber den "Kasus" LOCATIV. Zwar würde die klassische Kasustheorie in ihrer ontologisierenden Sehweise wohl beidemale einen Lokativ sehen, aber man sträubt sich (etwas sträubt sich in mir), dies nachzuvollziehen. Daß man geneigt ist, hier von verschiedenen Rollen zu reden, dürfte mit den unter-

---

22. Manche Forscher, etwa Wunderlich 1985, sprechen in diesem Zusammenhang von den "Argumenten des Verbs". Dies ist meines Erachtens eine unzulässige Vereinfachung, denn es handelt sich in den gemeinten Fällen um Beziehungen zwischen Bedeutungseinheiten, nämlich Bedeutungen des Verbs und seiner Komplemente, eventuell auch der Supplemente im Satz. Das Verb als solches – eine morphosyntaktische Kategorie – kann gar keine Argumente haben, und die Komplemente als Oberflächenerscheinungen können nicht Argumente irgendeiner Instanz sein.

23. Vgl. dazu Chomsky 1981, Fanselow/Felix 1993, Grewendorf 1988, Rauh 1988 u.v.a.

24. S. dazu Engel 1991:359ff.

25. Im Gegensatz zur nahezu landläufigen Meinung ist der Valenzbegriff (und damit auch der Begriff des actant) keineswegs auf das Morphosyntaktische oder gar auf die bloße Anzahl der Komplemente beschränkt: "...le prime actant est celui qui **fait l'action**...le second actant est celui qui **supporte l'action**" (Tesnière 1966:108). Vgl. hierzu auch Engel: Tesnière mißverstanden [im Druck].

26. Tesnière bringt S. 286 ein lexikalisch ähnliches, strukturell aber völlig abweichendes Beispiel.

schiedlichen Verben zusammenhängen: lat. *appono* enthält schon im Präfix eine lokale Komponente, so daß das Komplement als (mittelbar) betroffene Größe verstanden werden kann; dt. *stellen* hingegen weist (auch wenn es eine Lokalbestimmung verlangt) in seiner inhärenten Bedeutung kein solches lokales Element auf, so daß nun das Komplement *in toto* als Lokalbestimmung aufzufassen ist.

Die Art des Herangehens an die sprachlichen Erscheinungen bestimmt die Interpretation. Wer ontologisierend beschreibt, darf freilich auf breite Zustimmung rechnen, denn der 'gesunde' Menschenverstand flüchtet sich immer wieder in die Ontologie; und indem man sich so auf angebliche Evidenz berufen kann, schottet man sich gegen viele Zweifel ab. Nun mögen zwar bestimmte Kategorien, mit denen wir die Wirklichkeit ordnen, 'evident' sein, aber damit ist ihre Relevanz für die Beurteilung sprachlicher Erscheinungen noch keineswegs erwiesen. Man pflegt sehr naiv anzunehmen, unsere Sprache sei wie die Welt strukturiert, oder auch: die Struktur der Welt (oder was man sich eben darunter vorstellt) eigne sich jederzeit als Beschreibungsinstrumentarium für natürliche Sprachen. Den Beweis für diese Annahme hat bislang keiner erbracht.

Hier scheint vielmehr absolute Skepsis angebracht. Es gilt, die ungeprüfte Vorstellung vom durchgehenden Parallelismus zwischen Welt und Sprache aufzubrechen. Nur so lassen sich – im günstigsten Falle – Kategorien und Kriterien finden, die der Sprache angemessen sind.

Die Frage stellen, was denn der Sprache angemessen sei, heißt freilich, seine Verlegenheit um eine bündige Antwort eingestehen. Immerhin gibt es Hinweise, Erfahrungen, die im Lauf der Entwicklung der Linguistik gesammelt wurden. Aus solchen Erfahrungen kann der Schluß gezogen werden, daß Beschreibungskategorien für einen grammatischen Bereich umso angemessener sind, je eher sie Reflexe in anderen grammatischen Bereichen haben. So kann als Regel für unser Problem formuliert werden:

Semantische Relatoren sollen für die Sprachbeschreibung nur zugelassen werden, sofern sie durch Entsprechungen in anderen Teilen des grammatischen Systems 'abgesichert' sind.

3 Das Inventar der semantischen Relatoren

Begonnen sei zweckmäßigerweise mit den am wenigsten problematischen Relatoren. In dem Satz

(3) *Gustav sitzt* ***im Glashaus.***

steht das zweite Komplement in der Relation des **Lokativs** (LOC). Zwar hat *Glaushaus* selbst, obwohl es eine Klasse räumlich ausgedehnter Objekte bezeichnet, keinen lokativischen Charakter – dieser kommt am ehesten in der Präposition *in* zum Ausdruck. Die gesamte Präpositionalphrase (*im Glashaus*) läßt sich durch die Partikel *wo* erfragen und durch die Partikel *da* anaphorisieren. Als Lokativ soll fortan alles gelten, was durch *wo* und davon abgeleitete Ausdrücke (*woher, wohin* u.a.) erfragt oder durch entsprechende Ausdrücke (*da, von da,* *dahin* u.a.) anaphorisiert werden kann[27].

Es gibt zweifellos Subkategorisierungsmöglichkeiten des Lokativs, die mit den speziellen Fragewörtern bzw. Anaphern in Zusammenhang stehen. Man kann unterscheiden zwischen dem (nicht indizierten) LOC schlechthin, der nur durch *wo* erfragt wird, einem LOCall ("Allativ"), der durch *wohin* erfragt wird, einem LOCabl ("Ablativ"), der durch *woher* erfragt wird, und einem LOCprt ("Präteritiv"), der allenfalls durch *woran vorbei, wo hindurch* o.ä. erfragt werden könnte. LOCall, LOCabl und LOCprt kommen bei vielen Verben (*kommen, fahren, schicken* u.a.) gemeinsam vor; man kann sie dann als LOCdir ("Direktiv") zusammenfassen. Verschiedene Varianten von LOCdir finden sich in den folgenden Sätzen:

(4) *Der Brief geht **nach Riyadh***

(5) *Der Brief kommt **aus Budapest**.*

(6) *Die Post läuft **über Wien**.*

Wo Indizes fehlen, liegt also immer der "statische" Lokativ vor. In den Sätzen

(7) *Diese Stadt ist **ein Kleinod**.*

(8) *Diese Stadt ist **interessant**.*

liegt jeweils eine Mengeninklusion vor: das hervorgehobene Element bezeichnet die Obermenge, das Subjekt die Untermenge. Es muß betont werden, daß die Relation zwischen den beiden Argumenten prinzipiell als Mengeninklusion, als Beziehung zwischen Subklasse und Oberklasse gesehen werden muß. Die "Gleichsetzung" beider – wie in

(9) *Diese Stadt war **mein letzter Zufluchtsort**.*

– bildet einen Grenzfall der Mengeninklusion: sie kommt, selten genug, nur vor, wenn man es mit zwei Einermengen zu tun hat. Deshalb sind verbreitete verdeutschende Termini wie "Gleichsetzungsnominativ", "Gleichgröße" u.a. nicht nur irreführend, sondern sie ignorieren auch den größten Teil der in Texten vorkommenden Fälle. Ebenso irreführend sind übrigens auch die beliebten Grammatik- und Lehrbuchbeispiele wie

(10) *Diese Frau ist meine Mutter.*

(11) *Das Mädchen heißt Annegret.*

Das hier zur Debatte stehende Prädikativum wird in vielen grammatischen Darstellungen nicht eigens als Satzglied aufgeführt, sondern als Bestandteil eines komplexeren Verbs (etwa: *meine Mutter sein, Annegret heißen*) aufgefaßt. Wenn man aber das Verb als "konjugierbares Wort" auffaßt[28] – und wie anders wollte man es definieren?[29] –, dann kann das Prädikativum eben nicht Verbteil sein. Und wenn der Satz neben dem Verb nur Komplemente und Supplemente enthalten kann – eine Auffassung, die fast weltweite Geltung hat und die in der

---

27. Hier wird zwischen Komplement und Supplement nicht unterschieden, was für die folgenden Betrachtungen auch nicht weiter wichtig ist.

28. So in Engel 1991:20 und 388.

29. Daß eine semantische Definition der Wortklassen zu unauflöslichen Aporien führt, ist vielfach dargelegt worden. Vgl. dazu auch Engel 1992:54.

dependentiellen Verbgrammatik auch theoretisch fundiert erscheint[30] – , dann müssen die Prädikative Komplemente oder Supplemente sein. Durch weitere Kriterien[31] wird gesichert, daß sie nur Komplemente sein können.

Den Relator der prädikativen Komplemente nennen wir, weil er der Klassenzuordnung dient, **Klassifikativ** (KLS). Er läßt sich durch die Fragewörter *wer* oder *was* erfragen und dementsprechend durch *es* oder *so* anaphorisieren.

Auch der Klassifikativ läßt sich subkategorisieren. Es gibt jedenfalls Fälle, wo er die Ausgangs- oder die Zielklasse bezeichnet. Die Fragewörter lauten dann *woraus* o.ä. bzw. *wozu*, so bei den Sätzen

(12) *Er ist **vom Saulus zum Paulus** geworden.*

(13) *Sie ist **aus feinem Stoff** gemacht.*

(14) *Die Informationsveranstaltung geriet **zum Massenspektakel**.*

Hier lassen sich wieder KLSabl (Satz 12, 13) und KLSall (Satz 12, 14) differenzieren. Erscheint KLS nichtindiziert, so bezeichnet er einen Zustand (so bei den Verben *sein, gelten als* u.a.).

Wenn man will, kann man weiter subkategorisieren in Klassifikative mit Nominalphrase (Satz 7, 15) und solche mit Adjektiv als Kern (Satz 8, 16). Der semantische Unterschied zwischen den Sätzen

(15) *Susanne ist Katholikin/Lehrerin.*

und

(16) *Susanne ist katholisch/lehrerhaft.*

wird aber wahrscheinlich überschätzt. Zwar ist eine Abwandlung mit Hilfe des Kausativums *finden* nur bei Adjektiven möglich:

(17a) *Ich finde sie lehrerhaft.*

(17b) **Ich finde sie Lehrerin.*

Aber dieser 'Test' funktioniert nur bei einem begrenzten Teil der Adjektive: den im engeren Sinne qualifizierenden. Schon der Satz

(17c) (?)*Ich finde sie katholisch.*

wäre nur dann zulässig, wenn *katholisch* nicht als rein registrierendes Klassenmerkmal ('Angehörige einer Religionsgemeinschaft'), sondern als bewertendes Charakteristikum aufgefaßt würde. Und die zahlreichen "nur klassifizierenden" Adjektive[32] könnten auf diese Art ohnehin nicht ausgesondert werden. Da es sich hier überdies um einen bloßen Wortklassenunterschied handelt (Nomen oder Adjektiv als Nukleus), braucht die semantische Beschreibung darauf nicht weiter Rücksicht zu nehmen.

Die neben Lokativ und Klassifikativ verbleibenden Komplemente bezeichnen Größen im weitesten Sinne. Wir können sie in Anlehnung an Montague **Termausdrücke** nennen. Von

---

30. Vgl. Engel 1994:141 und 148.

31. Für Komplemente gelten zwei Kriterien: Sie sind entweder notwendig oder/und subklassenspezifisch. Die Prädikative erfüllen in der Regel beide Kriterien.

32. S. dazu Engel 1991:635.

ihnen nahm die Kasustheorie ihren Ausgang, indem man agentivische und nichtagentivische Komplemente des Verbs zu unterscheiden versuchte, und sie stehen weiterhin im Mittelpunkt der Kasusdiskussion. Ihnen gilt auch in der vorliegenden Studie das Hauptaugenmerk.

Die Frage ist in der Tat, wie sich die Termausdrücke weiter differenzieren lassen und ob eine Subkategorisierung überhaupt notwendig ist. Das Satzpaar

(18a) *Zwischen dem kroatischen und dem moslemischen Teil gibt es eine Brücke.*

(18b) *Den kroatischen und den moslemischen Teil verbindet eine Brücke.*

vermittelt im Grunde dieselbe Information, die referentiellen Bedeutungen beider Sätze sind identisch. Ungeachtet der recht unterschiedlichen Bedeutungen der Verben *(es) geben* und *verbinden* würde mindestens die ältere Kasustheorie beidemale für *eine Brücke* den "Restkasus" Objektiv ansetzen, während die *Teile* in beiden Sätzen als Lokativ klassifiziert würden: ein (toter) Gegenstand befindet sich an einem bestimmten Ort – dies wird durch die Kasusrollen gesichert. Wäre eine solche Interpretation die einzig mögliche, so sollte man annehmen, daß die Ausdrucksunterschiede – die ja gar nicht mehr semantisch legitimiert wären – im Laufe der Zeit verschwinden, oder aber daß der bestehende Oberflächenunterschied irgendwann eine semantische Differenzierung bewirkt. Insoweit jedenfalls, so meine ich, hängen Ausdrucks- und Inhaltsseite unauflösbar zusammen, und deshalb scheint es mir berechtigt, aus dem Ausdrucksunterschied der Verben *(es) geben* und *verbinden*, die es ja schon sehr lange gibt, auf einen Bedeutungsunterschied der beiden Sätze zu schließen.

Den semantischen Hauptunterschied zwischen (18a) und (18b) sehe ich darin, daß in (18b) die Brücke "etwas tut", etwas Agentivisches an sich hat, während das in (18a) nicht der Fall ist. Wenn die Brücke zwei Stadtteile *verbindet*, vollzieht sie damit eine Art Handlung; wenn *es* die Brücke aber nur *gibt*, dann ist sie gänzlich inaktiv. Diese Möglichkeit, objektiv – ontologisch – gesehen unbelebte Gegenstände zu aktivieren, zu handelnden Wesen zu machen, ist in der deutschen Sprache kräftig ausgebildet, und sie gilt weiter – wenn auch in unterschiedlichem Maße – in allen indoeuropäischen Sprachen. Die Mitglieder dieser Sprachfamilie favorisieren insgesamt die agentivische Sehweise, tendieren also dazu, an möglichst vielen Stellen eine treibende Kraft anzusetzen, auch wo faktisch kein selbsttätig wirkendes Agens vorhanden sein kann, ja nicht einmal eine unbelebte Ursache als reines Instrument auszumachen ist.

So setze ich (in lockerer Anlehnung an Rauh 1988) bei den Termkomplementen zunächst zwei Relatoren an, die ich als **Agentiv** (AGT) und **Affektiv** (AFF) bezeichne. Abgrenzungsprobleme gibt es vor allem beim Subjekt. Die übrigen Termkomplemente stehen fast ausschließlich in der Affektiv-Relation; lediglich gewisse präpositionale Komplemente, unter anderem die "Täterbezeichnungen" in Passivsätzen, sind ebenfalls Agentive.

Der Relator des jeweiligen Subjekts läßt sich ziemlich leicht ermitteln, freilich nicht mit Hilfe von Fragewörtern wie bei Lokativ und Klassifikativ. Es gibt Kriterien, nach denen sich ein Termkomplement eindeutig auf einen der beiden Relatoren festlegen läßt. Diese Kriterien konstituieren die folgen Tests:

1. Reflexiv-Test: Alle obligatorisch reflexiven Verben mit obligatorisch nicht-menschlicher Subjektsgröße haben ein nicht-agentivisches (d.h. affektivisches) Subjekt. Zu denken ist hier an Verben wie *sich erweisen, sich herausstellen, sich (flüssig) lesen* und andere in Sätzen wie

(19) *Diese Annahme erwies sich als zutreffend.*

(20) *Es stellte sich heraus, daß Maria noch nicht mit Jochen gesprochen hatte.*

(21) *Das Buch liest sich wirklich angenehm.*

Für die Subjekte solcher Sätze gilt also der Relator Affektiv.

2. Vollpassiv-Test: Alle Verben, die ein volles Passiv[33] erlauben, haben ein agentivisches Subjekt. Dieser Test sondert aus der verbleibenden Restmenge eine große Anzahl "transitiver" Verben aus, so *essen, trennen, verbinden* in Sätzen wie

(22) *Nichts wird so heiß gegessen, wie es gekocht wurde.*

(23) *Was uns trennt, sind unterschiedliche Annahmen über dieselbe Wirklichkeit.*

(24) *Die Brücke verbindet die verfeindeten Stadtteile.*

Alle diese Sätze haben ein agentivisches Subjekt. Hier ist der Agentiv-Charakter besonders stark ausgeprägt. Wir sprechen von Agentiven ersten Grades und notieren AGT'.

3. Teilpassiv-Test: Alle Verben, die ein neutrales Passiv[34] erlauben, haben ein agentivisches Subjekt. Dieser Test sondert aus der verbleibenden Restmenge viele "intransitive" Verben aus, so *lachen, schlafen, schwatzen* und andere:

(25) *Alle schwatzten durcheinander*

(26) *Hier wird nicht geschwatzt.*

In solchen Sätzen ist der Agentiv-Charakter des Subjekts minder stark ausgeprägt, wir sprechen deshalb von Agentiven zweiten Grades und notieren AGT''.

4. Thematisierungstest: Alle Verben, deren Hauptverb[35] durch Vorfeldstellung in infiniter Form "thematisiert" und durch das finite Proverb *tun* wiederaufgenommen werden kann, haben ein agentivisches Subjekt. Dieser Test sondert aus der verbleibenden Restmenge Verben wie *enthalten, kommen* und andere aus:

(27) *Sie kommt heute nicht.*

⇒ *Kommen tut sie heute nicht (, aber sie ruft an).*

In solchen Sätzen ist der Agentiv-Charakter des Subjekts noch vorhanden, aber in schwächerer Form. Wir sprechen von Agentiven dritten Grades und notieren AGT'''.

---

33. Von "vollem Passiv" sprechen wir, wenn sowohl *werden-* als auch *sein*-Passiv (und gewöhnlich noch weitere Passivarten) durch das gesamte Person-Numerus-Paradigma hindurch möglich sind. Näheres s. bei Engel 1991:454ff.

34. Unter "neutralem Passiv" wird die traditionellerweise "unpersönliches Passiv" genannte Passivform verstanden. Sie kommt nur in der 3. Person Singular und dann ohne Subjekt vor. S. dazu Engel 1991:459ff. Die Bezeichnung "unpersönliches Passiv" halte ich deshalb für irreführend, weil gerade diese Passivart nur bei Verben vorkommen kann, die ein willentliches menschliches Tun bezeichnnen. Daß hier etwas als "unpersönlich" bezeichnet wird, was immer und ausschließlich für Personen gilt, zeigt die Perversion mancher eingeführter Terminologien.

35. Unter "Hauptverb" – im Gegensatz zu "Nebenverben", also Auxiliar- und Modalverben und anderen – werden hier diejenigen Verben im Satz verstanden, von denen unmittelbar die Satzglieder abhängen. S. dazu Engel 1991:185ff. und 409f.

Thematisierung dieser Art ist zwar bei vielen Verben möglich, nicht aber bei *sein* als dem häufigsten Hauptverb, auch nicht bei zahlreichen anderen Verben in bestimmten Verwendungen.

Die vier Tests sind als hintereinandergeschaltete Filter anzusehen; die Reihenfolge ihrer Anwendung ist obligatorisch. Alle Subjekte, die nicht durch einen der vier Tests ausgefiltert werden, sind Affektive. Auch Agentiv und Affektiv lassen sich subkategorisieren.

So gibt es bei beiden Relatoren die Möglichkeit, daß die betreffende Größe durch das verbale Geschehen erst **erschaffen** oder aber beseitigt, **vernichtet** wird. Wir sprechen dann von "Effektiv" und notieren

AGTeff bei den Subjekten von Verben wie *erscheinen (Buch), ausgehen (Licht)* u.a.,

AFFeff bei den Komplementen von Verben wie *anzünden, auslöschen* (hier ist jeweils das Akkusativkomplement betroffen).

Andererseits gibt es bei beiden Relatoren die Möglichkeit, daß die betreffende Größe durch das verbale Geschehen irgendwie (in ihrer Beschaffenheit oder in ihrer räumlichen Lage) **verändert** wird. Wir sprechen dann von "Mutativ" und notieren

AGTmut beim Subjekt von Verben wie *aufblühen, erröten; fahren, rollen* (beide "intr."),

AFFmut bei einem Akkusativkomplement von Verben wie *anstreichen, verstecken.*

Und schließlich gibt es die Möglichkeit, daß die betreffende Größe von dem verbalen Geschehen zwar betroffen ist, es "erträgt", **ohne** aber weiter **beeinflußt** zu werden. Wir sprechen dann von "Ferens" und notieren

AGTfer beim Subjekt von Verben wie *denken, schlafen,*

AFFfer bei einem Komplement von Verben wie *bringen* (Dativkomplement), *sehen* (Akkusativkomplement) sowie *liegen, sein* (Subjekt).

Diese zweifellos nützlichen Subkategorien sind allerdings nicht durch irgendwelche Tests abgesichert. Insgesamt ergibt sich so ein Inventar von nicht mehr als vier Relatoren (jeweils mit Subkategorien):

Agentiv	AGT	(Agteff, AGTmut, AGTfer)
Affektiv	AFF	(Affeff, AFFmut, AFFfer)
Lokativ	LOC	(Loc all, LOCabl, LOCprt bzw. LOCdir)
Klassifikativ	KLS	KLSall, KLSabl)

Mit diesem überschaubaren Inventar können beliebige Sätze zureichend und einfacher als bisher beschrieben werden. Alle übrigen Bedeutungsdifferenzierungen, die zu einer immer wieder wechselnden Zahl ständig neuer Kasus, Thetarollen usw. Anlaß gaben, sind in Wirklichkeit Elemente der inhärenten, nicht der kombinatorischen Verbbedeutungen[36]. Oder – falls jemand die Meinung vertreten sollte, daß dies bloß methodologische Überlegungen seien – : alle weiteren semantischen Besonderheiten im Beziehungsbereich zwischen Verb und Komplementen lassen sich als Teile der inhärenten Bedeutung des jeweiligen Hauptverbs erklären.

36. Zu den kombinatorischen Bedeutungen der Verben und ihrer Gliederung in kategorielle und relationale Bedeutungen s. Engel 1991:357ff.

Auf der anderen Seite ermöglicht die vorgeschlagene neuartige Abgrenzung zwischen Agentiv und Affektiv, die auf einem stark ausgeweiteten Agentivbegriff beruht, eine angemessenere, in jedem Fall sprachspezifischere Beschreibung von Sätzen der deutschen und anderer Sprachen. Wie die beschriebenen Relatoren in Satzbeschreibungen einzusetzen sind, wird im folgenden Abschnitt demonstriert.

4 Anwendungsbeispiele

Nachstehend wird gezeigt, wie die vorgestellten Beschreibungseinheiten in Valenzwörterbüchern zu verwenden sind. Unter Anwendungsaspekten sind zweisprachige Valenzwörterbücher von besonderem Interesse. Dabei ist der Hinweis angebracht, daß in solchen Wörterbüchern zwar Verben, Valenzen, Satzstrukturen zweier Sprachen miteinander verglichen werden, daß aber wirklich übersetzungs-**äquivalent** prinzipiell nur Satzbeispiele sind.

Als Vergleichssprache zum Standarddeutschen soll im folgenden die schwäbische Mundart dienen. Der Schwierigkeit, daß das Schwäbische praktisch keine Schriftlichkeit kennt – alle Mundartliteratur, die näherer Aufmerksamkeit wert ist, hat nur mündliche Texte schriftlich fixiert – , kann dadurch begegnet werden, daß auf der standardsprachlichen Seite ebenfalls nur primär gesprochene Texte verwendet werden.
Als Ausgangspunkt soll der schwäbische Satz

(28) *des ghəit me*

dienen. Dazu gibt es, je nach der speziellen Bedeutung, die ihrerseits kontextabhängig ist, verschiedene mögliche Äquivalente[37]. Geht man von der übertragenen Bedeutung 'vexare' aus, so muß vor jeder Übersetzung geklärt werden, was jemanden *gh$i$* kann. Es handelt sich dabei in der Regel um Vergangenes, vor dem Sprechzeitpunkt Eingetretenes, zugleich aber um etwas, das **nicht sein sollte**, das einen Verstoß gegen eine gültige Norm darstellt. Oft impliziert dieser Normverstoß etwas, das der betroffenen Person zum subjektiven Vorteil gereichte, aber das muß nicht der Fall sein. Demgemäß gibt es kontextabhängig verschiedene Übersetzungen:

(29a) *das der femf riχdige hot, des ghəit me.*

(29b) *Daß der fünf Richtige [im Lotto] hat, das* ***ärgert*** *mich.*

(30a) *das e də lodozedl ned a:ge:bə hən, des ghəit me.*

(30b) *Daß ich den Lottozettel nicht abgegeben habe, das* ***bereue*** *ich.*

Dies ist ein weiterer Beweis dafür, daß kontrastiver Sprachbetrachtung nur Äußerungen, nie aber Verben als Lexikoneinheiten zugrundegelegt werden sollten.

Wenn wir für Satz (28) das unpersönlich gebrauchte *ghəiə* in der Bedeutung 'bereuen' ansetzen, so lautet das standardsprachliche Äquivalent also *bereuen*. Freilich gibt es auch die Entsprechung *das reut mich*. Aber *ghəiə* enthält demgegenüber eine stärkere ethische Kom-

---

37. Das schwäb. Verb *gh i* geht auf mhd. *gehî(w)en* zurück, ein tr. Verb mit der Bedeutung 'stoßen, schlagen, zu Boden werfen'. Daraus abgeleitet ist eine übertragene Bedeutung 'ärgern, verdrießen', die in der Regel unpersönlich verwendet wird.

ponente, die die Selbstverantwortung der beteiligten Person betont; dies läßt den Gebrauch des persönlich gebrauchten *bereuen* als angemessener erscheinen.

Daraus ergeben sich folgende **Lexikoneinträge** (ohne Beispiele):

ghəiə <sub akk>	bereuen <sub akk>
sub:AGT'''fer; -	sub: AGT'fer; hum
akk:AFFmut; hum	akk:AFFfer; sachv

Erklärung: Dem Lemma ist, tiefgestellt in Spitzklammern, der Valenzindex beigegeben. Zur Notation der Komplemente/ Ergänzungen s. Engel 1994:150ff.
Zu den Komplementen werden zeilenweise die kombinatorischen Bedeutungen angegeben: zunächst die Relatoren (wie oben angegeben), nach dem Strichpunkt die kategoriellen Bedeutungen. Bei Letzteren bedeuten "hum" = 'menschlich', "sachv" = 'Sachverhalt'. "–" bedeutet, daß keine semantische Restriktion vorliegt.

Weitere Möglichkeiten zeigt der schwäbische Satz

(31) *s duət mer and noχ dər*

Das komplexe Verb *and do'ə* (mit nasaliertem *o*) hat etwa die Bedeutung 'voller Sehnsucht/ Wehmut (an etwas) denken'. Die verstärkte Form

(31a) *s duət mer so: and noχ dər*

läßt sich dann wiedergeben durch

(31b) *Du fehlst mir so.*

Daraus lassen sich folgende **Lexikoneinträge** gewinnen:

and do'ə <dat prp nach>	fehlen <sub dat>
at:AFFfer; hum	sub:AGT'''fer; -
prp:AFFfer; -	dat:AFFfer; hum

Aus diesen Einträgen werden die Unterschiede besonders deutlich: im Schwäbischen wird ein unpersönliches, im Standarddeutschen ein persönliches Verb verwendet; und das standarddeutsche Subjekt wird schwäbisch durch ein präpositionales Komplement wiedergegeben. Außerdem gibt es im Standarddeutschen, nicht aber im Schwäbischen, ein agentivisches Satzglied.

Das in den Einträgen mehr angedeutete als ausgeführte Verfahren läßt sich in vielfacher Hinsicht ergänzen. Es wird hiermit zur Diskussion gestellt. Voraussichtlich wird es demnächst in mehreren zweisprachigen Valenzwörterbüchern zur Anwendung kommen.

Nachbemerkung: In der hiermit vorgelegten Studie ist ein schon früher ausgearbeitetes Verfahren überarbeitet und weiterentwickelt worden[38]. Es ist zu bedauern, daß jene bereits vor drei Jahren zum Druck gegebene Version bis heute nicht veröffentlicht werden konnte.

Literatur / References

Bianco, Marisa [ersch. demnächst]: *Deutsch-italienisches Valenzlexikon.*

Bondzio, Wilhelm 1980: *Skizze eines valenzorientierten syntaktischen Modells*, Zeitschrift für Germanistik 2 (133–146).

38. Engel, Tiefenkasus in der Valenzgrammatik [im Druck].

Busse, Winfried / Dubost, Jean-Pierre [2]1983: *Französisches Verblexikon. Die Konstruktion der Verben im Französischen.* Stuttgart: Klett [1.Aufl. 1977].

Chomsky, Noam 1981: *Lectures on Government and Binding.* Dordrecht: Foris.

Cirko, Lesław [et al.] [ersch. demnächst]: *Valenzlexikon deutsch-polnisch.*

Engel, Ulrich 1970: *Bericht über das Forschungsunternehmen "Grundstrukturen der deutschen Sprache"*, in: Moser, Hugo [et al.] (eds.): *Jahrbuch 1970 des Instituts für deutsche Sprache.* Düsseldorf: Schwann (295–319).

– [2]1991: *Deutsche Grammatik.* Heidelberg:Groos [1. Aufl. 1988].

– 1992: *Der Satz und seine Bausteine*, in: Ágel, Vilmos / Hessky, Regina (eds.): *Offene Fragen – offene Antworten in der Sprachgermanistik.* Tübingen: Niemeyer (53–76).

– [3]1994: *Syntax der deutschen Gegenwartssprache.* Berlin: Erich Schmidt Verlag [1.Aufl. 1977].

– [im Druck]: *Tesnière mißverstanden.*

– [im Druck]: *Tiefenkasus in der Valenzgrammatik.*

Engel, Ulrich / Mikić, Pavao 1983: *Verbvalenz im Deutschen und im Serbokroatischen. Ein Vorschlag für kontrastive Beschreibungen*, in: Engel, Ulrich / Vorderwülbecke, Klaus (eds.): *Deutsch im Kontrast.* Bd. 2. Heidelberg: Groos (197–255).

Engel, Ulrich / Schumacher, Helmut [et al.] [2]1978: *Kleines Valenzlexikon deutscher Verben.* Tübingen: Narr [1.Aufl. 1976].

Engel [et al.] 1983: *Valenzlexikon deutsch-rumänisch.* Heidelberg: Groos.

Fanselow, Gisbert / Felix, Sascha W. [3]1993: *Sprachtheorie. Eine Einführung in die Generative Grammatik.* 2 Bände. München: Fink [1.Aufl. 1987]

Fillmore, Charles J. 1977: *The Case for Case reopened*, in: Cole, D. / Sadock, J. M. (eds.): *Syntax and Semantics 8: Grammatical Relations*, New York: Academic Press (59–82); übers. u. d. T.: *Die Wiedereröffnung des Plädoyers für Kasus*, in: Pleines, Jochen (ed.): *Beiträge zum Stand der Kasustheorie*, Tübingen: Narr 1981 (13–43).

Grewendorf, Günther 1988: *Aspekte der deutschen Syntax. Eine Rektions-Bindungs-Analyse*, Tübingen: Narr.

Helbig, Gerhard 1983 f.: *Studien zur deutschen Syntax.* 2 Bände. Leipzig: VEB Verlag Enzyklopädie.

Helbig / Schenkel [8]1991: Wörterbuch zur Valenz und Distribution deutscher Verben. Leipzig: VEB Verlag Enzyklopädie [1.Aufl. 1969]

Heringer, Hans Jürgen 1984: *Neues von der Verbszene*, in: Stickel, Gerhard (ed.): *Pragmatik in der Grammatik*, Düsseldorf: Schwann (34–64).

Katz, Jerrold J. / Fodor, Jerry A. 1963: *The Structure of a Semantic Theory*, Language 39 (170–210); übers. u. gek. u. d. T. *Die Struktur einer semantischen Theorie*, in: Steger, Hugo (ed.): *Vorschläge für eine strukturale Grammatik des Deutschen*, Darmstadt: Wiss. Buchgesellschaft (202–268).

Mel'čuk, Igor A. [et al.] 1984–1992: *Dictionnaire explicatif et combinatoire du français contemporain.* Montréal.

Mikić, Pavao 1980: *Die Verben des Gebens. Untersuchung zu ihrer Bedeutung und ihrer Valenz. Eine semanto-syntaktische Studie*. Bonn.

Montague, Richard 1974: *Formal Philosophy. Selected Papers*. New Haven, London.

Polański, Kazimierz 1980 ff.: *Slownik syntaktyczno-generatywny czasowników polskich*. 3 Bände, Wroclaw [etc.]: Wydawnictwo Polskiej Akademii Nauk.

Rall, Dietrich [et al.] 1980: *Diccionario de valencias verbales alemán-español*.Tübingen: Narr.

Rauh, Gisa 1988: *Tiefenkasus, thematische Relationen und Thetarollen. Die Entwicklung einer Theorie von semantischen Relationen*, Tübingen: Narr.

Schumacher, Helmut (ed.) 1986: *Verben in Feldern*. Valenzwörterbuch zur Syntax und Semantik deutscher Verben, Berlin [etc.]: de Gruyter.

Storrer, Angelika 1992: *Verbvalenz. Theoretische und methodische Grundlagen ihrer Beschreibung in Grammatikographie und Lexikographie*, Tübingen: Niemeyer.

Tesnière, Lucien ²1966: *Eléments de syntaxe structurale*, Paris: Klincksieck [1.Aufl.1959].

Wotjak, Gerd 1975: *Semantische Merkmalanalyse und Valenzmodelle*, Vox Romanica 34 (1–26).

Wunderlich, Dieter 1985: *Über die Argumente des Verbs*, Linguistische Berichte 97 (183–227).

URSULA KLENK

DIE BESCHREIBUNG VON SÄTZEN OHNE SUBJEKTSPHRASE IN DER KOPFGESTEUERTEN PHRASENSTRUKTURGRAMMATIK

Abstract

In the lexicon of a head-driven phrase structure grammar (HPSG) the argument structure of an item is given by its SUBCAT-list. In this paper I deal with the problem of Spanish sentences where the subject is only expressed within the verbform. For this case there must be an alternative to the subject-NP in the SUBCAT-list. Furthermore the problem concerns inflectional morphology. For the description of the Spanish inflectional forms which are determined by mood, tense, person, number, etc., I propose to make use of a kind of lexical rule: functions which treat single morphological features and can be applied to the result of another such rule. In this way, inflectional forms will be derived in several steps. By means of these functions it is possible to introduce an appropriate functional scheme for person and number as an alternative to the subject-NP in the SUBCAT-list.

Im Lexikon einer kopfgesteuerten Phrasenstrukturgrammatik (HPSG; vgl. Pollard/Sag 1987 und 1993) erhält jedes Verb eine Subkategorisierungsliste (SUBCAT-Liste), in der seine Argumente im Satz aufgeführt sind. Diese werden nach dem Grad ihrer Obliquität zum Verb geordnet, wobei das Subjekt als das am wenigsten oblique Argument angesehen und entsprechend ganz außen in der Liste (in der 1987er Fassung ganz rechts, in der 1993er ganz links) angesiedelt wird. Ich behandle in diesem Artikel ein Problem, auf das man unmittelbar stößt, wenn man eine Grammatik im HPSG-Stil für eine Sprache schreiben will, in der Sätze auftreten, wo auf das Subjekt nur durch die Verbform verwiesen wird, eine eigenständige Subjektsphrase aber fehlt. Ich werde diesen Fall an Hand des Spanischen erörtern. Die zu lösende Frage ist, was an die Stelle der fehlenden Subjektsphrase in der SUBCAT-Liste treten sollte. Man könnte daran denken, im Lexikon das Subjekt einfach fakultativ zu setzen, doch erscheint dies nicht ausreichend, da durch die Verbform - im Spanischen durch die Verbendung - auf das Subjekt sowohl ausdrucks- als auch bedeutungsmäßig referiert wird und dieser Sachverhalt in irgendeiner Weise in einem Verbeintrag zu beschreiben ist.

Wir haben es hier insbesondere mit einer Frage der Gestaltung des Lexikons zu tun. Ein Lexikon im HPSG-Stil wird an Hand lexikalischer Typen, spezieller Lexikoneinträge (Stichwörter) und lexikalischer Regeln gestaltet. Über lexikalische Typen wird die Zugehörigkeit eines Wortes zu einer morphologischen, syntaktischen oder semantischen Klasse beschrieben. Die Typen bilden eine Hierarchie mit Unter- und Obertypen, für die von oben nach unten die transitive Relation der Merkmalsvererbung gilt: jeder Typ erbt die Merkmale seiner Obertypen. Dies setzt sich zu den Stichwörtern fort, die über eine Typangabe nach ihrer Typzugehörigkeit klassifiziert sind. Lexikalische Regeln dienen der Erzeugung von Strukturen aus vorgegebenen Strukturen (zum Beispiel Passivform aus Aktivform). Über sie wird die Flexionsmorphologie mit dem Lexikon und der Syntax verknüpft.

Betrachten wir das spanische Verb *ver* "sehen". Es gehört zu den Typen lexikalisches Zeichen, Verb, Vollverb und Infinitiv sowie zu einem Verb–Subkategorisierungstyp, der seine Argumentstruktur beschreibt. Jeder Subkategorisierungstyp des Spanischen sei durch eine natürliche Zahl *i* gekennzeichnet, z.B. *Verb–Subklasse i*. Für *ver* soll hier $i = 2$ sein, was für Verben mit nur einem, direkten Objekt steht (Verben ohne Objekt haben $i = 1$). Wir erhalten damit eine Klassifizierung wie in Fig. 1[1]

Abb. 1.

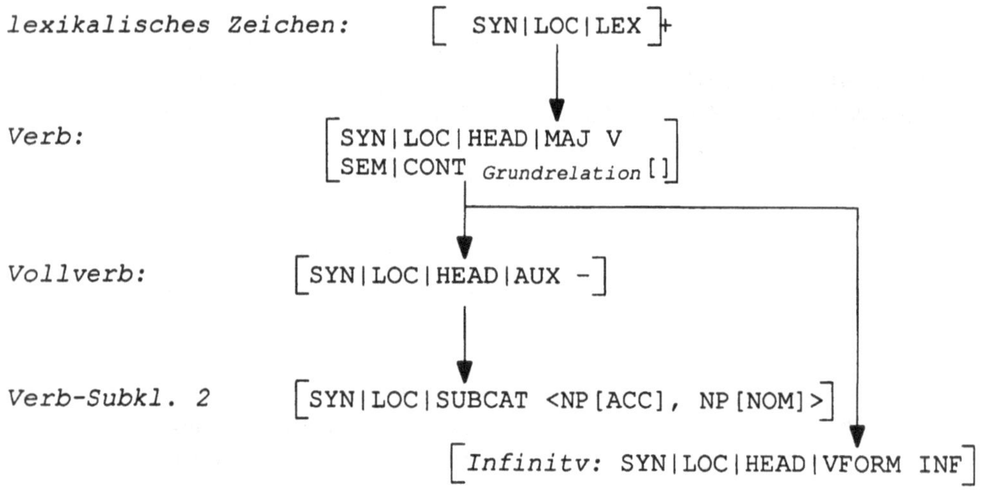

Fig. 2 zeigt einen Ausschnitt des Lexikoneintrags für *ver* mit seinen idiosynkratischen Merkmalen.

Abb. 2.

```
                        ┌ PHON ver                                    ┐
                        │ SYN|LOC|SUBCAT <[]1, []2>                   │
                        │ SEM|CONT  ┌ RELN VER        ┐               │
                        │           │ EL-QUE-VE   2   │               │
                        │           │ LO-VISTO    1   │               │
Vollv.+Inf.+Verb-Subkl.2└           └                 ┘               ┘
```

Die Merkmale der Typen in der Typangabe werden an das Lexem vererbt. Dabei werden die Argumente des Subkategorisierungstypus, hier *Verb–Subklasse 2*, in der in ihm aufgeführten Reihenfolge an die Stelle der Platzhalter in der SUBCAT–Liste des Lexikoneintrags gesetzt. Die Argumente sind nach abnehmendem Grad ihrer Obliquität von links nach rechts geordnet (die Reihenfolge ist im folgenden jedoch irrelevant). Die Zahlenindices stehen abkürzend für die Semantik der SUBCAT–Komponenten, welche die semantischen Rollen, die unter dem Merkmal SEM beschrieben sind, beinhaltet.

---

1. Ich verwende deutsche Bezeichnungen gemischt mit den aus der Literatur bekannten. Zu den englischen vgl. auch Pollard/Sag 1987ö 1993.

Doch ist diese Klassifizierung für das Spanische unter mindestens zwei Aspekten, die die SUBCAT-Liste betreffen, zu modifizieren. Nur kurz erwähnt sei hier das mit der Präposition *a* eingeleitete direkte Objekt (sog. präpositonaler Akkusativ), das unter bestimmten Bedingungen, vornehmlich wenn es [+menschlich] ist, anstelle einer Nominalphrase eintritt. Somit sollte für NP[ACC] besser XP[ACC], worin XP eine Nominalphrase oder eine Präpositionalphrase PP[PFORM *a*] ist, gesetzt werden. Die Restriktionen für den einen oder anderen Fall erfordern eine besondere Untersuchung. Der zweite Aspekt betrifft das Fehlen einer Subjekts-NP in Deklarativ- und Fragesätzen wie z.B. in *vemos un gato* "wir sehen eine Katze". In Sprachen wie dem Englischen treten in diesen Fällen Personalpronomina als NP[NOM] auf, so daß eine eigenständige Subjektsphrase vorhanden ist. Im Spanischen sind ebenfalls Subjekts-Personalpronomina möglich, ihr Gebrauch ist jedoch recht vage geregelt und nur in besonderen Kontexten, zum Beispiel zur Kontrastierung, erforderlich.

An jeder Stelle, wo NP[NOM] in einer SUBCAT-Liste auftritt, ist jedenfalls eine Alternative ohne NP[NOM] vorzusehen. NP[NOM] sollte auch nicht als leere Nominalphrase wieder eingeführt werden, da dies nur eine Hilfskonstruktion im Grammatikmodell ohne linguistischen Gehalt wäre. Das Beschreibungsproblem liegt darin, daß die Verbendung durch den Ausdruck von Person und Numerus auf das Subjekt verweist, dieses also ausdrucksseitig und semantisch (durch Person- und Numerusmerkmal) gegeben ist, aber nicht als Konstituente isoliert werden kann - selbst bei einer Segmentierung in Morphe gelingt dies nicht durchgehend, da es Fälle von Kumulation von Person und Numerus mit Tempus und Modus in einem Morph gibt. Das Subjekt liegt also nicht in Form einer syntaktischen Kategorie vor.

Während durch die Merkmale für Person und Numerus die Semantik gegeben ist und an einer passenden Stelle unter SEM beschrieben werden kann, ist der Bezug zum Ausdruck noch herzustellen. Hier erweist sich das Konzept der lexikalischen Regeln als hilfreich. Lexikalische Regeln sind Funktionen, welche Eingabeausdrücken Resultatausdrücke zuordnen. Die Flexionsformen sind auf diese Weise als Werte von Funktionen, deren Parameter Grundformen sind, darstellbar. So führen Pollard/Sag (1987:209 ff.) z.B. die lexikalische Regel 3RDSNG ein, um zu einer englischen Verb-Grundform die 3. Person Singular Präsens zu bilden. Da die spanischen finiten Verbformen jeweils durch Tempus, Modus, Person und Numerus bestimmt sind, führe ich Regelnamen der Form *tempus _modus_person_numerus* ein, worin *tempus, modus, person* und *numerus* Variable für ein Tempus, einen Modus, eine Person bzw. einen Numerus sind. Eine spezielle Regel ist dann z.B. PRÄSENS _INDIKATIV_2PER_PLURAL, die angewendet auf z.B. *tomar* "nehmen" *tomáis* ergibt. Die Resultatausdrücke sind dabei an Hand der üblichen Flexionsparadigmen auffindbar.

Diese Darstellungsweise ist aber noch zu unflexibel, da sie nur erlaubt, mit Kombinationen aller vier Merkmale umzugehen, und keine Generalisierungen über weniger Merkmalen ausdrückbar ist. Daher behandle ich die einzelnen Merkmale als verschiedene Funktionen, die hintereinandergeschaltet werden können. Es soll gelten:

1. Jede Funktion *f* angewandt auf eine Verbform *v* im Infinitiv hat als Wert die Menge der Flexionsformen von v mit Merkmal *f*.
2. Jede Funktion *f* angewandt auf eine Flexionsformenmenge *M* von *v* hat als Wert die Teilmenge von *M*, die die Formen mit dem Merkmal *f* enthält.

Auf diese Weise ergibt z.B. IMPERFEKT(*tomar*) alle Imperfektformen von *tomar*, INDIKATIV(IMPERFEKT(*tomar*)) die indikativischen Imperfektformen dieses Verbs, 3PER(INDIKATIV(IMPERFEKT(*tomar*))) daraus die Formen der 3. Person usw. Um Klammern zu ersparen, notiere ich die Hintereinanderschaltung im folgenden mit dem Unterstrich, z.B. 3PER_INDIKATIV_IMPERFEKT für 3PER(INDIKATIV (IMPERFEKT)).

Wenn es heißt, daß *f* auf eine Verbform *v* bzw. Flexionsformenmenge *M* angewendet wird, so sind damit die Formen zusammen mit ihren Spezifikationen für PHON, SYN und SEM gemeint. Analog gilt dies auch für die Funktionswerte.

Kommen wir nun auf die SUBCAT-Liste zurück. Die üblichen Komponenten einer SUBCAT-Liste wie NP, PP stehen für Ausdrücke, die mit dem Verb zu längeren Phrasen verbunden werden, was über mehrere Hierarchiestufen geschehen kann. Im Falle des nur durch das Verb ausgedrückten Subjekts liegt hingegen eine Substitution vor, die eines Infinitivs durch eine Menge von Flexionsformen. Es ist eine Funktion, die aus einer Hintereinanderschaltung einer Funktion *p* für die Person und einer Funktion *n* für den Numerus resultiert und die als *p_n* oder äquivalent als *n_p* geschrieben werden kann. Im folgenden bezeichne *per_num* die Menge aller Funktionen *p_n*.

Mit *per_num* haben wir nun etwas gefunden, das als Alternative für NP[NOM] eingesetzt werden kann, nämlich als Anweisung, eine Funktion *p_n* auf das Verb anzuwenden. Dies stimmt insofern mit der alten SUBCAT-Liste überein, als sie als eine Folge von Anweisungen interpretierbar ist, Operationen über dem Verb auszuführen, wobei diese Operationen Verbargumente betreffen. Da jedoch die Bezeichnung SUBCAT mit Komplementphrasen assoziiert wird, sollte die Liste umbenannt werden. Ich nenne sie im folgenden ARGUMENTE. Das Resultat der Anwendung von *p_n* ist eine Menge von Flexionsformen. Diese kann durch eine Tempus- und eine Modusfunktion weiter eingeschränkt werden. Da Tempus und Modus keine Verbargumente sind, sind sie außerhalb von ARGUMENTE einzubringen.
Der Typ *Verb-Subklasse 2* (vgl. Fig. 1) ist demnach, wie folgt, zu modifizieren:

Verb-Subkl. 2: [SYN|LOC|ARGUMENTE <NP[ACC], NP[NOM] v per_num>]

Da die Disjunktion NP[NOM] ∨ *per_num* auch an vielen anderen Stellen auftritt, wäre zu überlegen, ob sie durch eine allgemeine Regel über Typen und Lexikoneinträgen eingeführt werden sollte. Ich gehe dieser Frage hier nicht weiter nach.

Betrachten wir nun die Bildung einer Flexionsform am Beispiel von *vemos* "wir sehen". Im Auschnitt des Lexikoneintrags von *ver*, den Fig. 2 zeigt, ist SUBCAT durch ARGUMENTE zu ersetzen, wobei das zweite Argument voll spezifiziert zu [NP[NOM] v *per*_num][2] wird. Als nächstes sind die lexikalischen Regeln für das Präsens PRÄSENS, den Modus INDIKATIV, die 1. Person 1PER und den Plural beim Verb VPLU anzuwenden. Fig. 3 zeigt 1PER, VPLU und 1PER_VPLU.

MORTYP ist hier eine Variable für Infinitiv und diejenigen morphologischen Typen, auf die 1PER und VPLU anwendbar sind. X in ARGUMENTE steht für eine beliebige, evtl. leere

Abb. 3.

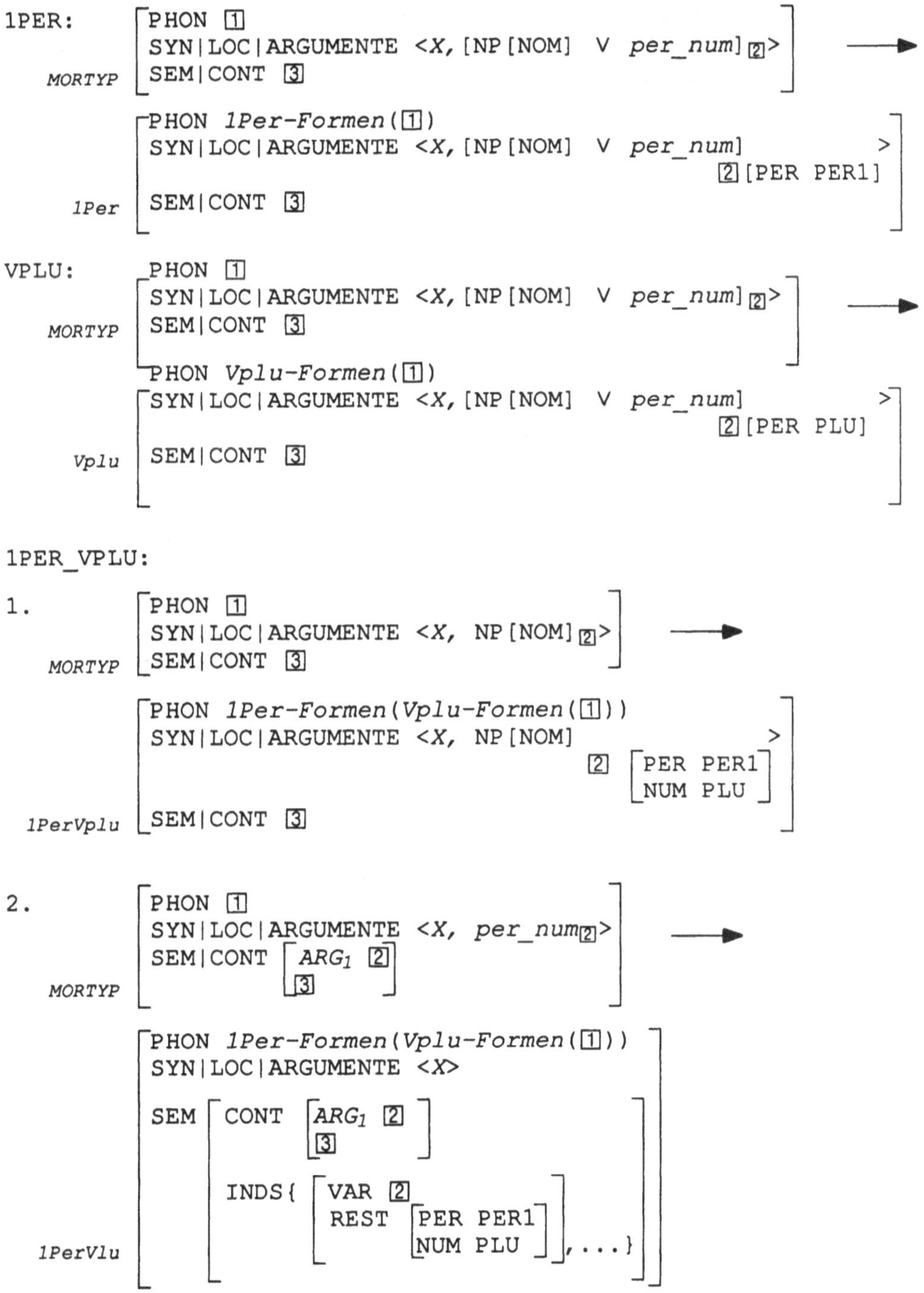
1PER:
PHON [1]
SYN|LOC|ARGUMENTE <X, [NP[NOM] V per_num][2]>
MORTYP
SEM|CONT [3]
PHON 1Per-Formen([1])
SYN|LOC|ARGUMENTE <X, [NP[NOM] V per_num] [2][PER PER1]>
1Per
SEM|CONT [3]
VPLU:
PHON [1]
SYN|LOC|ARGUMENTE <X, [NP[NOM] V per_num][2]>
MORTYP
SEM|CONT [3]
PHON Vplu-Formen([1])
SYN|LOC|ARGUMENTE <X, [NP[NOM] V per_num] [2][PER PLU]>
Vplu
SEM|CONT [3]
1PER_VPLU:
1.
PHON [1]
SYN|LOC|ARGUMENTE <X, NP[NOM][2]>
MORTYP
SEM|CONT [3]
PHON 1Per-Formen(Vplu-Formen([1]))
SYN|LOC|ARGUMENTE <X, NP[NOM] [2][PER PER1, NUM PLU]>
1PerVplu
SEM|CONT [3]
2.
PHON [1]
SYN|LOC|ARGUMENTE <X, per_num[2]>
SEM|CONT [ARG1 [2]] [3]
MORTYP
PHON 1Per-Formen(Vplu-Formen([1]))
SYN|LOC|ARGUMENTE <X>
SEM
CONT [ARG1 [2]] [3]
INDS{ [VAR [2], REST [PER PER1, NUM PLU]], ...}
1PerVlu

Folge von Argumenten. Durch 1PER und VPLU treten die Merkmale für Person und Numerus zur Semantik des zweiten Arguments hinzu. Bei 1PER–PLU ist es jedoch nicht sinnvoll, per_plu in ARGUMENTE beizubehalten, da die Substitution jetzt voll ausgeführt ist. Die Resultatausdrücke werden unter PHON und die semantischen Merkmale des Subjekts in Form eines Index unter SEM aufgeführt. Die Merkmale für Person und Numerus bilden den Restriktionsteil REST zu einer Argumentvariablen VAR, die durch eine Argumentrolle bestimmt ist. Da diese Rolle nicht bekannt ist, setze ich dafür die Variable ARG_1. Alle Informationen zum Subjekt sind jetzt außerhalb von ARGUMENTE gegeben, so daß per_plu in ARGUMENTE überflüssig ist und daraus eliminiert wird.

Zurück zu *vemos*. Um die Form zu bestimmen, brauchen wir noch die lexikalischen Regeln PRÄSENS und INDIKATIV, die in ihrem Ergebnis eine Bedeutungsangabe für das Tempus und den Modus erfordern, d.h. weitere Merkmale unter SEM. Auf diese Regeln gehe ich hier nicht näher ein. Für alle finiten Formen wird noch ein Obertyp *finForm* mit $_{\mathit{finForm}}$[SYN|LOC|HEAD|VFORM FIN] angesetzt, der vom Typ *Verb* ist.

Ferner benötigen wir im Lexikoneintrag eines Verbs die Angabe der Flexionsklasse, um das richtige Flexionsparadigma auszuwählen. Da die Flexionsklasse kein syntaktisches Merkmal ist und auch durch die Infinitivform unter PHON nicht immer voll bestimmt ist – z.B. bei den Verben mit Stammalternanz – erscheint ein gesonderter Merkmalskomplex für die Morphologie, MORPH, angebracht. Hierunter würden u.a. Angaben über Stämme und Affixe ihren Platz finden. Fürs erste soll nur die Flexionsklasse betrachtet werden. Ich notiere sie [MORPH|FLEXKLASSE *n*], worin *n* eine natürliche Zahl ist, d.h., die Flexionsklassen werden durchnummeriert und erhalten ihre Nummer als Wert. Da der Wert der Funktion unter PHON in den obigen Regeln, wenn *MORTYP = Infinitiv*, vom Eingabewert von PHON und von der Flexionsklasse abhängt, erhält diese Funktion gemäß Fig. 4 zwei Parameter. Da dies gleichermaßen für alle Flexionsregeln gilt, gebe ich ein allgemeines Schema dafür an mit *f* und *f-Formen* als Funktionsvariablen und *fTyp* als Typvariablen.

Abb. 4.

```
f:       ┌ PHON [1]                  ┐
         │ MORPH|[2] FLEXKLASSE n    │   ——►
   Inf.  └ ...                       ┘

         ┌ PHON f-Formen([1],[2])    ┐
         │ MORPH|[2] FLEXKLASSE n    │
   fTyp  └ ...                       ┘
```

Die Form *vemos* wird nun durch 1PER_VPLU_PRÄSENS_INDIKATIV, angewandt auf den voll spezifizierten Lexikoneintrag von *ver*, gemäß Fig. 5 gebildet.

Abb. 5.

```
1PER_VPLU_PRÄSENS_INDIKATIV
        (    [PHON ver                                              ]
             [MORPH|FLEXKLASSE 2                                    ]
             [SYN|LOC [HEAD [MAJ V    ]                            ]]
             [        [     [AUX -    ]                            ]]
             [        [     [VFORM FIN]                            ]]
             [        [SUBCAT<<XP[ACC][1],                         ]]
             [        [       [NP[NOM] v per_num][2]>              ]]
             [        [LEX +                                       ]]
  Vollv.+    [SEM CONT [RELN VER     ]                              ]
    Inf.+    [         [EL-QUE-VE [2]]                              ]
VerbSubkl 2  [         [LO-VISTO [1] ]                              ]  )

= 1. für NP[NOM]
             [PHON vemos                                                  ]
             [MORPH|FLEXKLASSE 2                                          ]
             [SYN|LOC [HEAD [MAJ V    ]                                  ]]
             [        [     [AUX -    ]                                  ]]
             [        [     [VFORM FIN]                                  ]]
             [        [SUBCAT<[XP[ACC][1], NP[NOM]                      >]]
             [        [                       [[2] PER PER1]             ]]
             [        [                       [    NUM PLU ]             ]]
             [        [LEX +                                             ]]
             [SEM|CONT [RELN VER                ]                         ]
             [         [EL-QUE-VE [2]           ]                         ]
  Vollv.+    [         [LO-VISTO [1]            ]                         ]
1PerVpluPrI  [         [Angaben zur Tempus-     ]                         ]
Verb-Subkl.2 [         [und Modussemantik       ]                         ]

                           und

2. für per_num
             [PHON vemos                                        ]
             [MORPH|FLEXKLASSE 2                                ]
             [SYN|LOC [HEAD [MAJ V    ]]                        ]
             [        [     [AUX -    ]]                        ]
             [        [     [VFORM FIN]]                        ]
             [        [SUBCAT<XP[ACC][1]>]                      ]
             [        [LEX +             ]                      ]
             [SEM [CONT [RELN VER              ]]               ]
             [    [     [EL-QUE-VE [2]         ]]               ]
             [    [     [LO-VISTO [1]          ]]               ]
             [    [     [Angaben zur Tempus-   ]]               ]
             [    [     [Modussemantik         ]]               ]
  Vollv.+    [    [INDS{[VAR [1]              ]                 ]
1PerVpluPrI  [    [     [REST [PER PER1]      ]                 ]
Verb-Subkl 2 [    [     [     [NUM PLU ]      ], ...}]          ]
```

Die Komponenten von SUBCAT sind in der HPSG nach dem Grad der ihrer Obliquität geordnet und werden mit dem Verb sukzessive zu längeren Phrasen verbunden, wobei vom obliquesten zum am wenigsten obliquen Element fortgeschritten wird und dabei eine hierarchische Struktur entsteht (vgl. Pollard/Sag 1987:115 ff). NP[NOM] ist hat den geringsten Obliquitätsgrad, wird also als letztes Argument mit der bereits entstandenen Struktur verknüpft. Wie sieht dies aber für *per_num* aus, und kann man hier überhaupt von Obliquität sprechen?

Ob eine Funktion der Form *per_num* hinsichtlich Obliquität als Parallelfall zu NP[NOM] angesehen werden kann, würde erfordern, den Gebrauch bzw. Nicht-Gebrauch von NP[NOM] und finiten Verbformen in allen möglichen Arten von Kontexten genau zu untersuchen. H. Langer und W. Thümmel (vgl. Langer/Thümmel 1994) haben für das Deutsche gezeigt, daß die Annahme einer Obliquitätshierarchie sinnvoll ist und daß das Subjekt darin am unteren Ende steht, da es z.B. in Infinitivkonstruktionen nicht auftritt, die anderen Argumente dort aber auftreten können. Solche Infinitivkonstruktionen gibt es auch im Spanischen, also Strukturen, in denen keine NP[NOM] vorkommt und das Verb nicht finit ist. Doch ist die Parallelität von fehlender NP[NOM] und nicht finiter Verbform im Spanischen nicht durchgehend, da es auch absolute Konstruktionen gibt, d.h. nebensatzverkürzende Infinitiv- und Gerundialphrasen, die eine NP[NOM] enthalten (diese Situation finden wir auch im Portugiesischen, wo es zudem einen nach Person und Numerus flektierten Infinitiv gibt).

Was die Reihenfolge der Abarbeitung von ARGUMENTE betrifft, scheint nichts gegen die vorgeschlagene Plazierung von *per_num* zu sprechen, da wir das Verb zuerst mit allen anderen Argumenten verbinden und dann die finite Verbform bilden können. Damit sind wir u.a. auch in der Lage, mit impliziten Subjekten von Infinitiven umzugehen (so man einer Infinitivphrase ohne Oberflächensubjekt überhaupt ein Subjekt zusprechen kann): in *queremos ver el gato* "wir wollen die Katze sehen", wo *querer* und *ver* dasselbe Subjekt haben, d.h. *per_num* in den ARGUMENTE-Listen beider Verben dieselbe Funktion sein und den gleichen Index haben muß, wird *ver* innerhalb der Infinitivkonstruktion nur mit seinem Objekt verbunden und werden Person und Numerus mit denen des Hauptverbs unifiziert.

Literatur / References

Langer, Hagen / Thümmel, Wolf 1994: *Syntaxen mit multiplen Hierarchien*, in: Klenk, Ursula (ed.): *Computatio Linguae II*. Stuttgart: Steiner (102-126).

Pollard, Carl J. / Sag, Ivan 1987: *Information-Based Syntax and Semantics*. Vol.1 *Fundamentals*. Stanford: Center for the Study of Language and Information (CSLI).

– / – 1993: *Head-driven Phrase Structure Grammar*. Chicago: University of Chicago Press.

SUZANNE WOLTING

REPRESENTATION OF VERB-ALTERNATIONS IN AN INHERITANCE-BASED LEXICON[1]

Summary

In this paper the definition of verb classes is based on the assumption that elements of a verb class are represented by common semantic features and the same syntactic subcategorization frame in the lexicon. Verb alternations are variations of the realization of a verb's semantic arguments within different syntactic patterns. The paper documents the representation of three-place causative verbs of transition, which license the PP-dative-alternation, in an inheritance-based lexicon. It basically relies on the encoding of the relevant verb information with respect to the syntax-semantics-interface which mediates the semantic representation and the syntactic complementation of verbs. In order to give an adequate representation of verb classes in an inheritance-based lexicon, one has to define what kind of information should be represented for a single verb class in the lexicon. Since the variety of the syntactic subcategorization frames of verbs is as complex as it appears (e.g. ACTIVE, PASSIVE, REFLEXIVE, etc.), the data presented here is restricted to certain phenomena. The theoretical background of the research is provided by verb analyses by Kunze 1994 that are based upon predicate-argument-structures in terms of "two-level semantics" (»Zwei-Ebenen-Semantik«) following Bierwisch 1983 and Wunderlich 1994.

The grammatical data is represented in a DATR-system used in our project to represent inheritance-based semantic networks.[2] The representation in DATR is based on empirical data of the above-mentioned verb classes and on the analysis in Kunze 1994. One major result of the theoretical research is that aspectual features of verbs, such as directionality and path-concept, are responsible for the cross-classification of change-of-possession-verbs as verbs of motion and vice versa. Section 1 contains basic elements of the applied definition of verb classes. Section 2 presents the current representation in the DATR-lexicon. Finally, the representation of verb alternations is included in section 3.

1 Verb classes in the lexicon

Verbs are subcategorized for a fixed syntactic frame which is called the basic structure (»Basiszustand«) in Wunderlich 1990. Moreover verbs have different diathes«es, i.e. the arguments of the verb appear in different syntactic complement structures when in different syn-

---

1. For helpful comments and discussion I would like to thank Petra Barg, James Kilbury and Claudia Kunze. I thank Tim Skellet for checking the English version of the paper.

2. The project "Dynamische Erweiterung des Lexikons" is part of the Sonderforschungsbereich 282.

tactic positions.[3] This variation is indicated by valency change or change of morphological case. The variation that is treated in this paper consists of modified semantics and modified case structures of the relevant verbs as illustrated in (1) and (2).

The syntactic complementation of verbs is controlled by the semantic information represented in the lexicon. Regular variations of the argument structure, which are visible in several syntactic complementations, are specified as part of the more general verb class information. Regularity of a class of verbs is not represented as verb-specific information in the entry of a single verb.

(1) a. *Der Mann schickt den Brief an seine Frau.*
b. *Der Mann schickt seiner Frau den Brief.*

(2) a. *Der Mann gibt den Brief an den Briefträger.*
b. *Der Mann gibt dem Briefträger den Brief.*

The verbs in (1) and (2) are equal with regard to selectional features and number of their arguments, but nevertheless their arguments are realized by different morphological cases: the nominative-accusative-preposition-phrase-frame in the (a)-cases and nominative-dative-accusative-scheme in the (b)-cases. The basic structure of *schicken* is (1a). The alternation is (1b). *Geben* has (2b) as basic structure, whereas (2a) is the alternation of (2b). The definition of a structure as basic to a verb is based on the unrestricted and unmarked realization of the arguments: there are more instances with *schicken* which have structure (1a) than those with structure (1b). The case of *geben* is vice versa.

In Bierwisch 1983 and Wunderlich 1994 the semantics of grammatical expressions is composed of a conceptual structure (CS) and a decomposed semantic form (SF). The latter functions as an interface between conceptual information and syntactic complementation of verbs by converting conceptual information into general semantic templates that are available for syntactic realization.[4] SF is a compositional structure consisting of a set of semantic primes which are fitted into each other through binary branching. The primes include blanks for the argument variables. The order of the arguments embedded in the semantic form reflects the order of the syntactic complements: the information of the first semantic argument is available for the first syntactic complement, the information of the second semantic argument for the second syntactic complement, and the information of the third semantic argument for the third syntactic complement. In the case of alternations, the order of arguments in SF is changed and the effect is a different syntactic complementation of the verb.

This paper focuses exclusively on German 3-place causative verbs that can be interpreted as verbs of motion (m-verbs hereafter), and/or verbs that indicate an exchange of possession

3. To avoid confusion we use the notation of diathesis in the sense of Wunderlich 1990 and Kunze 1994.

4. The main emphasis of the current DATR-lexicon is the interface between the syntactic complementation and the semantic information of verb classes. For that reason the conceptual structure of grammatical expressions is not explicitly distinguished. Therefore every expression that is used in more than one interpretation (e.g. examples that are mentioned in Bierwisch 1983) is represented in several lexical entries. Relations between lexical entries that reflect the polysemy of an expression are not taken into consideration in the current lexicon.

(p-verbs hereafter). The classes license alternations, much as those in (1) and (2), with varying productivity.[5]

1.1 Verbal information in the lexicon

On account of the criteria mentioned hereafter the following verb classes are the linguistically determined base of representation in the DATR-lexicon. In (3) each subcategorizational frame is fully specified. BW are directional m-verbs. BS stands for p-verbs. The examples in 1 show the basic information of the verb classes. 2 contains, if available, the alternations. Features that are dependent on the situation referred to by the verb are represented by GOAL and PATH.[6]

(3) (a) m-verbs without alternation :
LEGEN
1. BW : legt den Ball auf den Tisch
CAUSE(X, BECOME (LOC (Y, Z)))
[direction:goal], [path:no]

(b) m-verbs with regular alternation:
SCHICKEN SENDEN BRINGEN
1. BW : schickt den Brief an Max
: CAUSE(X, BECOME (LOC (Y, Z)))
[direction:goal], [path:yes]
2. BS : schickt Max den Brief
: CAUSE(X, BECOME (POSS (Z, Y)))
[DIRECTION:GOAL]

(c) p-verbs with alternation:
GEBEN SPENDEN VERKAUFEN
1. BS : gibt den Mitarbeitern die Liste
: CAUSE(X, BECOME (POSS (Y, Z)))
[direction:goal]
2. BW : gibt die Liste an die Mitarbeiter
: CAUSE(X, BECOME (LOC (Z, Y)))
[DIRECTION:GOAL]

5. For other linguistic aspects of the presented verb classes see Kunze 1994.

6. Further investigation is included in Kunze 1994.

(d) verbs without alternation, that appear as m–verbs as well as p–verbs:
HOLEN **NEHMEN**

1.	BW	:	holt den Ball aus dem Haus
		:	CAUSE(X, BECOME (LOC (Y, Z)))
			[direction:source], [path:yes]
	BS	:	holt dem Mann den Ball
		:	CAUSE(X, BECOME (POSS (Y, Z)))
			[DIRECTION:SOURCE]

Representation in the lexicon is determined by the fact that verbs have idiosyncratic and class–specific features. Idiosyncratic features are specified in the lexical entry of a single verb. This will not be taken into account here any further.
In our lexicon, class–specific features of verbs are:[7]

(4) Information in the lexicon:
  (a) syntactic complementation
  (b) semantic form
  (c) content, order and number of semantic roles
  (d) selectional features of arguments

The semantic form of a verb conditions selection, order, and meaning of the arguments, and the syntactic complementation of the verb itself:

(5) Patterns of syntactic complementation:

p–verbs	:	NOM	DAT ACC
m–verbs	:	NOM	ACC PP

Representation is based on fully specified verbstructures, in which all semantic roles available to syntactic realization are actually realized.

(6) Semantic templates for semantic form:
  (a) RELN_1(ARG1, RELN_2(RELN_3 (ARG2, ARG3)))
  (b) p–verbs : CAUSE(X, BECOME(POSS(Y, Z)))
  (c) m–verbs : CAUSE(X, BECOME(LOC(Y, Z)))

CAUSE, BECOME, POSS and LOC in (6) are relations between individual variables and relations. (6a) is the common formal structure of (6b) and (6c). CAUSE is a relation between a variable X and the complex relation BECOME. X is associated with the semantic role AGENT, i.e. the causer of the event. BECOME is a monovalent relation whose argument is a bivalent relation (POSS, NOT_POSS, LOC or NOT_LOC) with two individual variables as arguments: Y and Z.

---

7. In Barg/Joppen/Kaufmann/Wolting 1995 additional criteria can be found to distinguish verb classes , e.g. thematic relations.

(7) Patterns of transition

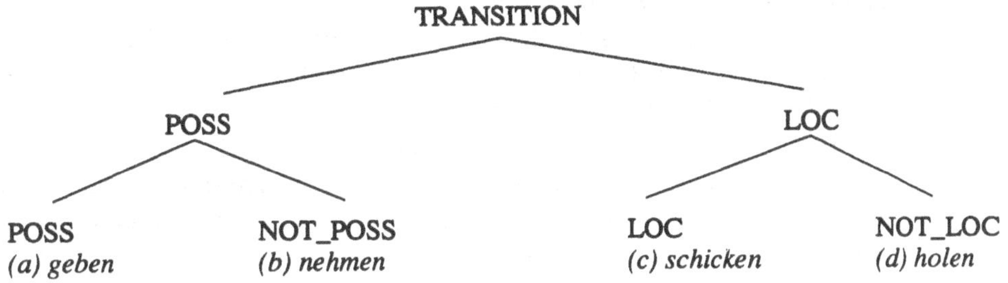

(a') *'There is an individual variable Y which is considered to possess Z.'*

(b') *'There is an individual variable Y which is considered to not_possess Z.'*

(c') *'There is an individual variable Y which is considered to be located in Z.'*

(d') *'There is an individual variable Y which is considered to be not_located in Z.'*

(7) distinguishes the most embedded prime according to the kind of transition the verb refers to. The patterns of transition referred to by the verbs are paraphrased in (7a') – (7d'). Each prime determines the semantic roles of the second and third argument of the verb: Y stands for THEME in (7c') and (7d') and for BENEFACTIVE in (7a') and (7b'). Z counts for GOAL in (7c') and (7d') whereas in (7a') and (7b') it counts for THEME.

The conversion BECOME(POSS(Z, Y)) <---> BECOME(LOC(Y, Z))[8] covers the alternation of the verbs in (1) and (2), on the level of the semantic form: the third argument of the m–verb becomes the second argument of the p–verb and vice versa. Argument–hierarchy within templates is kept up through the order of arguments from left to right, so that there is no need for additional linking rules to connect semantic arguments with syntactic positions of complements.

(8) Ordering of semantic roles:

BS	:	AGENT	BENEFACTIVE	THEME
BW	:	AGENT	THEME	GOAL

Semantic roles are defined by their position in the semantic form. Semantic form is integrally part of the semantic information of the verb class in the lexicon. Semantic roles in (8) are partly confined by selectional restrictions.[9] In our representation, semantic roles are not verb–specific in the way they are in HPSG–based analyses. In our lexicon, they are represented by role types (i.e. AGENT, THEME, GOAL and BENEFACTIVE), which are more general than verb–specific roles. They include feature clusters, so that they can be specified step by step, differing between features that every instantiation of the role has (i.e. [ANIMATE:YES] for AGENT) and features that can be more specific in particular verb classes (e.g. [SUBTYPE:ANIMAL] for *to croak, to bark, to devour* etc.). AGENT and BENEFACTIVE are always

8. See Kunze 1994:2.

9. For further details see Kaufmann 1994.

associated with the feature [ANIMATE:YES], whereas THEME and GOAL do not have any specifications, despite the name of the role.

There are other semantic features that depend upon the situation referred to by the verb. For the verb classes treated here, those features are directionality and concept of transition (path-concept hereafter). They distinguish the way of transition expressed by the verb. The attribute-value-pair [DIRECTION:GOAL] represents the direction off the agent. [DIRECTION:SOURCE] stands for the direction towards the agent. M-verbs include additional information concerning the available path-concept represented by the verb. They can be complemented by additional adverbials as in (9). This quality is represented as information of the m-verbs by the feature PATH which is distinguished in the specification [PATH:YES] for "available concept of path" and the specification [PATH:NO] for "no available concept of path". This additional feature supports the varying degree of semantic well-formedness in (9).[10] P-verbs lack the feature PATH.They can not be modified by the adverbials *über A nach B* or *durch A an/zu B* in (9).

(9) Der Mann schickt den Koffer über Köln nach Berlin.
Der Mann schickt den Brief durch die Post an den Chef.
*Der Mann legt den Brief über den Tisch auf das Regal.
*Der Mann legt den Brief durch die Hand auf den Tisch.
*Der Mann legt dem Chef den Brief.

(10) illustrates the taxonomy of selectional and sortal features which are distinguished according to the animacy-hierarchy and general knowledge of the world. Every node of the hierarchy stands for a set of attribute-value-pairs. The distinction of the arguments is caused by the features ENTITY, ANIMATE, SUBTYPE and SUBSUBTYPE.[11] The hierarchy in (10) represents both sortal features of nouns and selectional features of verbs. Verbs do not select their arguments with all attributes that turn up in (10). *Schicken*, e.g. does not select a value for the attributes SUBTYPE and SUBSUBTYPE for its arguments, so that they remain unspecified.

---

10. PATH is just a paraphrase of features which are not specified yet. The feature stands for the distinction of m-verbs that cannot form a common class. *Schicken* and *legen* can not be modified by the same kind of adverbials. Moreover, *legen* does not license the structure of the alternation of a p-verb.

11. The representation of INSTITUTION by the specification [ANIMATE:YES] or [ANIMATE:NO] does not create any problems concerning the formal aspects of the representation. With the specification given in (8) we would like to take into consideration that a noun characterized as INSTITUTION is similar to nouns that are characterized by [ANIMATE:YES] because they appear in similar contexts as *Der Mann schickt den Brief an seinen Chef.* [SUBTYPE:PERSON] vs. *Der Mann schickt den Brief an die Schule*[SUBTYPE:INSTITUTION] vs. **Der Mann schickt den Brief an das Schulgebäude*[SUBTYPE:OBJECT, SUBSUBTYPE:AREA].

(10) Sorts and selectional features:

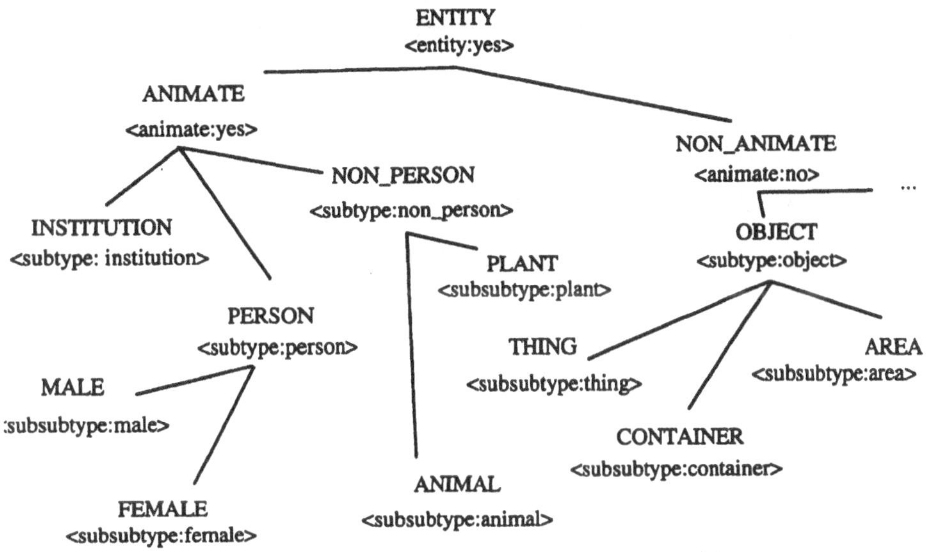

2 The representation of verb classes in DATR

DATR is a declarative language for representing restricted classes of inheritance networks, allowing both multiple and default inheritance.[12] The main characteristics of DATR are non-monotonicity, functionality and deterministic search. DATR has an explicit theory of inference which includes seven rules of inference and a default inheritance mechanism that evaluates queries concerning lexical information.

A DATR theory is a set of expressions consisting of node-path-pairs and associated values that are linked through references of inheritance. The value of a node-path-pair is either atomic or inherited from another path, node or node-path-pair. In (11) several DATR-statements are listed.

(11) DATR-statements:

(a) NODE: <path> == v0.
(b) NODE1: <path> == NODE2.
NODE2: <path> == v0.
(c) NODE1: <path1> == <path2>.
NODE1: <path2> == v0.
(d) NODE1: <path1> == NODE2:<path>.
NODE2: <path> == v0.

The atomic value of the node-path-pair in (11a) is v0. In (11b) the nodes NODE1 and NODE2 both have the path <path> and NODE1 inherits the path-value from NODE2. (11c) says that

12. For further information about DATR see Gazdar/Evans 1990.

<path1> of NODE1 inherits the value of <path2> of NODE1. Finally in (11d) NODE1:<path1> inherits the value from NODE2:<path>.

(12) Feature structure covering the semantic information of motion–verbs:

$$
\left[\text{sem} \left[\text{sf} \left[\begin{array}{l}
\left[\begin{array}{l}
\text{reln\_1: atom\_val} \\
\text{arg1} \left[\begin{array}{l} \text{role\_arg1: atom\_val} \\ \text{select\_feat\_arg1} \left[\begin{array}{l} \text{entity: atom\_val} \\ \text{animate: atom\_val} \\ \text{subtype: atom\_val} \\ \text{subsubtype: atom\_val} \end{array} \right] \end{array} \right] \\
\text{reln\_2: atom\_val} \\
\left[\begin{array}{l} \text{reln\_3: atom\_val} \\
\left[\begin{array}{l}
\text{arg2} \left[\begin{array}{l} \text{role\_arg2: atom\_val} \\ \text{select\_feat\_arg2} \left[\begin{array}{l} \text{entity: atom\_val} \\ \text{animate: atom\_val} \\ \text{subtype: atom\_val} \\ \text{subsubtype: atom\_val} \end{array} \right] \end{array} \right] \\
\text{arg3} \left[\begin{array}{l} \text{role\_arg3: atom\_val} \\ \text{select\_feat\_arg3} \left[\begin{array}{l} \text{entity: atom\_val} \\ \text{animate: atom\_val} \\ \text{subtype: atom\_val} \\ \text{subsubtype: atom\_val} \\ \text{p\_type: atom\_val} \end{array} \right] \end{array} \right]
\end{array} \right]
\end{array} \right]
\end{array} \right] \\
\text{vsem} \left[\begin{array}{l} \text{direction: atom\_val} \\ \text{path: atom\_val} \end{array} \right]
\end{array} \right] \right] \right]
$$

In DATR linguistic objects are defined by node references in hierarchies. However strings of words, i.e. phrases or sentences, cannot be syntactically or semantically analysed by a DATR–lexicon only. For that reason our lexicon is integrated in a QPATR–System, so that lexical information from the DATR-lexicon is embedded in feature structures and the information encoded in the lexicon can be applied to phrases and sentences. The QPATR-System we use in our project is based on the PATRII-formalism by Shieber 1986.[13]

(12) illustrates the feature structure covering the semantic part of the lexical information of m-verbs. The equivalent structure of p-verbs lacks the attribute PATH, a fact that is found in section 1. The semantics of m-verbs in (12) covers the features that are dependent on the situation (*vsem*) and the semantic form (*sf*). The complex semantic form represents the semantic argument structure of verbs and informations about semantic roles and selectional restrictions of the arguments assigned to the attributes arg1, arg2 and arg3. Every feature in the lexical entry of a verb is specified either by default or by node-specific information for exactly one value.

As the verb classes in (3) partially select prepositional objects, and as the directionality of these arguments has to be compatible with the one specified for the third argument of the verb, the information about directionality encoded for the third argument has to reappear in the verb structure. That is represented by the attribute *p_type* in the feature structure. P-verbs lack this information. For that reason no argument of p-verbs is specified concerning the attribute DIRECTION.

2.1 Representation of semantic information in DATR

In the DATR-lexicon lexical nodes and type nodes represent the lexical information of verb classes. The hierarchy of type nodes is controlled by the generality of information which is represented by the single type nodes in (13).

The most specific types inherit their information from more general ones. Type nodes put together the information, which counts for several lexical nodes. The information classified for a set of verbs is represented in type nodes. Therefore in our lexicon verb classes are defined by type nodes, whereas single verbs are represented by lexical nodes in the lexicon. Type nodes and lexical nodes can be queried with different results: paths of type nodes are often unspecified while paths in lexical nodes are always fully specified. (13) illustrates the type nodes that represent the information structured in the hierarchy in (10) above.

Type nodes that count for verb classes inherit the information about the selectional features of their arguments from nodes that represent the information of the semantic form like (14). If this information is still unspecified in the type node of the verb class, it will be specified in the lexical node of the single verb. In this way the information shown in the lexicon can be divided up to represent the given verb classes of section 1.

---

13. The implementation of the DATR-QPATR-interface is documented in Kilbury/Naerger/Renz 1990.

(13) Sortal and selectional features

```
ENTITY:<> == NOUN
<sem subsubtype> == ( [ ] )
<sem subtype> == ( [ ] )
<sem animate> == ( [ ] )
<sem entity> == yes.

NON_ANIMATE:<> == ENTITY
<sem animate> == no.

OBJECT:<> == NON_ANIMATE
<sem subtype> == object.

THING:<> == OBJECT
<sem subsubtype> == thing.

CONTAINER:<> == OBJECT
<sem subsubtype> == container.

AREA:<> == OBJECT
<sem subsubtype> == area.

ANIMATE:<> == ENTITY
<sem animate> == yes.

PERSON:<> == ANIMATE
<sem subtype> == person.

INSTITUTION:<> == ANIMATE
<sem subtype> == institution.

NON_PERSON:<> == ANIMATE
<sem subtype> == non_person.

ANIMAL:<> == NON_PERSON
<sem subsubtype> == animal.

PLANT:<> == NON_PERSON
<sem subsubtype> == plant.
```

(14a) and (14b) stand for the semantic forms of the given verb classes. CAUSE_1 and CAUSE_2 share the formal structure of the complex prime which they inherit form PRED by default. AGENT, THEME, BENEFACTIVE and GOAL in (14) are type nodes of a hierarchy in the lexicon that structures the information of the semantic roles. The nodes of semantic roles in (15) inherit by default the informations about their position in the semantic form: represented by FIRST_ROLE, SEC_ROLE and THIRD_ROLE. In general, representation of semantic roles includes a cluster of node-path-pairs. Only some of the node-path-pairs are specified in the type node (e.g. [ANIMATE:YES] for AGENT and BENEFACTIVE), since these nodes contain only the minimal information of a semantic role which is valid to all elements of the class. Some of the attributes in (15) are still unspecified: # stands for a variable with an unspecified value.

(14) Semantic forms

a)
```
CAUSE_1:<> == PRED
<sem relation self> == cause
<sem relation act2>== become
<sem relation act1>== loc
<sem act1> == AGENT
<sem act2> == THEME
<sem act3> == GOAL.
```

(b)
```
CAUSE_2:<> == PRED
<sem relation self> == cause
<sem relation act2>== become
<sem relation act1>== poss
<sem act1> == AGENT
<sem act2> == BENEFACT
<sem act3> == THEME.
```

(15) Semantic roles

AGENT:<>==FIRST_ROLE
<sem act1 role> == agent
<sem act1 animate> == yes
<sem act1 subtype> == #.

BENEFACT:<> == SEC_ROLE
<sem act2 role> == benefactive
<sem act2 animate> == yes
<sem act2 subtype> == #.

GOAL:<> == THIRD_ROLE
<sem act3 role> == goal
<sem act3 animate> == #
<sem act3 subtype> == #.

THEME_1:<> == SEC_ROLE
<sem act2 role> == theme
<sem act2 animate> == #
<sem act2 subtype> == #.

THEME_2:<> == THIRD_ROLE
<sem act3 role> == theme
<sem act3 animate> == #
<sem act3 subtype> == #.

The node that represents the grammatical information of m–verbs in our DATR–lexicon is quite complex. Its feature structure is given in (16), which is only a partial desription of the actual feature structure. The information included in (16) is the following: The semantic form of m–verbs includes informations about selectional features and semantic roles. The variable #1 connects the information of the first semantic argument with the information of the syntactic subject. The variable #2 links the semantic and syntactic information of the second argument and the second complement and variable #3 connects the third semantic argument with the third subcategorized syntactic complement. As is derivable from (15) the subject of a m–verb is selected by the specification [ANIMATE:YES]. With regard to semantic roles there is no specification for [SUBTYPE] and [SUBSUBTYPE], because these attributes are not relevant as far as selection is concerned. The names of semantic roles in (16) are not part of the information that is shared between syntactic complement and semantic argument. They are only represented within the semantic form. The path *<vsem direction>* of the m–verb is coindexed with the path *<p_type direction>* of the third semantic argument by # 4 as their values should match with each other. In our representation the feature *p_type* is inherited by the node that represents the category p2 so that every p2–category is provided with the feature *p_type*.

(16) feature structure of m–verbs

```
[syn [subcat [first [syn[cat: n2]
                     morph[cas: nom]
                     sem[semtype: #1]]
              rest  [first [syn[cat: n2]
                            morph[cas: acc]
                            sem[semtype: #2]]
                     rest  [first [syn[cat: p2]
                                   morph[cas: no]
                                   sem [semtype: #3
                                        p_type: #4]]
                            rest: end]]]]
 sem [pred: #1
      sf [act2 [reln: become
                act1 [role: theme
                      semtype: #2]
                act2 [role: goal
                      semtype: #3]]
          reln: cause
          act1 [role: agent
                semtype: #3]]
      vsem [direction: #4
            path: #5]]]
```

2.2 Semantic information in lexical entries

Each lexical node inherits its general class information from precisely one type node: as a rule, each lexical entry is associated with exactly one general type node. Moreover, the kind of information that is lexeme-specific and not inherited from type nodes is represented by lexical nodes. Among these rank verb-specific selectional restrictions that are more specific than those of the verb class. The final information of an attribute specified in a lexical node is the valid value of the feature in question.

(17) SCHICKT1: <> == BW_GO_PATH
<sem vsem direction> == goal
<sem vsem path> == yes
<sem pred self> == schicken.
SCHICKT2: <> == SCHICKT1
<sem sf act3 semtype animate> == ANIMATE:<sem semtype animate>.
SCHICKT3: <> == SCHICKT1
<sem sf act3 semtype subtype> == AREA:<sem semtype subtype>
<sem sf act3 semtype subsubtype> == AREA:<sem semtype subsubtype>.

Schicken as an m-verb appears with different selectional restrictions, e.g. *Er schickt den Brief an Peter/den Koffer nach Köln/den Jungen auf das Gymnasium/die Katze vor die Tür.* SCHICKT1 in (17) illustrates the most general semantic information of *schicken*. The alternation indicated in (3) above requires the third semantic argument of the m-verb to be animate [ANIMATE:YES]. The lexical node SCHICKT2 (e.g. *Er schickt den Brief an den Chef.*) provides the necessary features by which the alternation is allowed. For SCHICKT3 (e.g. *Er schickt den Jungen ins Haus.*) the alternation is excluded because of the [ANIMATE:NO]-specification of the third semantic argument. In our lexicon the quantity of lexical nodes related to a verb depends on the distinction between verbvariants that allow verb alternations and those that disallow them. However it is not intended to represent all grammatical interpretations of verbs like schicken, geben etc. in this paper.

3 Representation of verb alternations

The verb classes illustrated in (3) vary with regard to the productivity of licensed DAT-PP-alternations, which is a motive for representing classes in distinct type nodes. This results in various subtypes of the main classes corresponding to the examples in (3) which are subdivided in compliance with their productivity. But how can the operations that cause the alternations shown in (3) be represented?

In our fragment the most productive alternations are evaluated by lexical rules written in QPATR-format. Triggering lexical features of verbs form the input of the lexical rule whereas the features of the alternation structure are part of the output of the rules in (18) and (19).

(18) v0(B) ---> v0(D) :: sub_nom_akk_pp(B), sub_nom_dat_pp(D),
sf_bw(B), sf_bs(D), B/sem/vsem/direction *= goal, B/sem/vsem/direction *= goal,
B/sem/vsem/path *= yes, B/sem/vsem/direction *= D/sem/vsem/direction,
D/sem/sf/act2/animate *= yes, B/sem/sf/act3/animate *= D/sem/sf/act2/animate.

(19) v0(B) ---> v0(D) :: sub_nom_dat_pp(B), sub_nom_akk_pp(D),
sf_bs(B), sf_bw(D), B/sem/vsem/direction *= D/sem/vsem/direction,
B/sem/vsem/direction *= goal, D/sem/sf/act3/animate *= yes,
B/sem/sf/act2/animate *= D/sem/sf/act3/animate.

The input and output of (18) and (19) are v0-categories. The variables D and B make it possible to assign which trigger the alternations by macros. In (18) a verb that belongs to the class of m-verbs, i.e. has the complement structure NOM ACC PP, with semantic features [DIRECTION:GOAL, PATH:YES] and a specification [ANIMATE:YES] for the third semantic argument, becomes a verb that belongs to the class of p-verbs, i.e. that has the complement structure NOM DAT ACC, with features [DIRECTION:GOAL] and [ANIMATE:YES] for the second semantic argument. The paths B/SEM/VSEM/DIRECTION and D/SEM/VSEM/DIRECTION, as well as B/SEM/SF/ACT3/ANIMATE and D/SEM/SF/ACT2/ANIMATE have matched values in which the value of D/SEM/SF/ACT2/ANIMATE is decisive in (18): every m-verb allows the alternation as a p-verb, iff its third semantic argument has the specification [ANIMATE:YES]. The input and output of the rule in (18) are switched in (19). The verb class that undergoes (19) (e.g. *geben*) attaches more restricted conditions to the alternation: the operation is licensed iff the third argument of the output is specified [ANIMATE:YES]. As there are few prepositions which select an argument with [ANIMATE:YES]-specification and function as location referring to m-verbs, the representation meets the limited productivity of the examples presented. Verb classes which are not productive are represented by different lexical entries in the lexicon.

In summary the aim of the present paper is the description of the model of a DATR-lexicon that represents characteristic features of verb classes mentioned in a suitable way so that the alternations can be evaluated. DATR facilitates the distinction between verb-specific and class-specific information. It expresses complex relations between lexical entries using a restricted class of semantic inheritance networks. The inventory of class-specific features in our lexicon is sufficient to give an adequate representation of the verb classes in question. On verification the representation up to now appears to be correct: by means of the lexicon rules, the productivity effects concerning verb class alternations are encoded in a sufficient way. The outcome is a representation of verb classes and their alternations that gives an idea of multiple verb structures and their grammatical behaviour.

Literatur / References

Barg, P. [et al.]: *Repräsentation von Argumentlinking in einem unifikationsbasierten Formalismus* [to appear].

Bierwisch, Manfred 1983: *Semantische und konzeptuelle Repräsentation lexikalischer Einheiten*, in: Ruzicka, R. / Motsch, W. (eds.): *Untersuchungen zur Semantik* (studia grammatica; 22) (61-99).

Evans, Roger / Gazdar, Gerald (eds.) 1990: *The DATR Papers: February 1990*. Brighton: University of Sussex; School of Cognitive and Computing Sciences (Cognitive Science Research Paper 139).

Kaufmann, Ingrid 1994: *Was ist ein (un)mögliches Verb? Agens- und Themaprädikate und der Aufbau der Semantischen Form.* Arbeiten des Sonderforschungsbereichs 282 "Theorie des Lexikons", Nr. 58.

Kilbury, James 1992: *Strict Inheritance and the Taxonomie of Lexical Types in DATR.* Düsseldorf: Heinrich–Heine–Universität [unpublished ms.].

Kilbury, James / Naerger, Petra / Renz, Ingrid 1991: *DATR as a Lexical Component for PATR*, in: Association for Computational Linguistics (ed.): *Proceedings of the 5th EACL Conference* (137–142).

– / – / – *1992: New Lexical Entries for Unknown Words*, in: Arbeiten des Sonderforschungsbereichs 282 "Theorie des Lexikons", Nr. 29.

Kunze, Claudia 1994: *Ansätze zur lexikalisch–semantischen Repräsentation von Verbdiathesen.* Düsseldorf: Heinrich–Heine–Universität [unpublished ms.].

Pollard, C. / Sag, I. 1987: *Information–based Syntax and Semantics: Vol. 1 - Fundamentals.* Stanford, CA: CSLI.

- / - 1994: *Head–driven Phrase Structure Grammar.* Stanford, CA: CSLI.

Shieber, Stuart M. 1986: *An Introduction to Unification–based Approaches to Grammar.* Stanford, CA: CSLI.

Wunderlich, Dieter 1990: *Diathesen* [unpublished ms. Heinrich–Heine Universität, Düsseldorf; to appear in: Jacobs. J. / von Stechow, A. / Sternefeld, W. / Vennemann, T. (eds.): *Syntax. Ein internationales Handbuch zeitgenössischer Forschung*. Band I. Berlin: de Gruyter].

- 1994: *CAUSE and the structure of verbs.* Arbeiten des Sonderforschungsbereichs 282 "Theorie des Lexikons"; Nr. 36.

STEPHAN MEHL

PROBLEME DER EXTRAKTION SEMANTISCHER RELATIONEN AUS MASCHINENLESBAREN WÖRTERBÜCHERN

Abstract

The extraction of semantic information from large machine-readable dictionaries has recently received much attention as a means to overcome the knowledge acquisition bottleneck in computational linguistics. However, two kinds of problems impede a large-scale acquisition of data. From a theoretical point of view, semantic data given in a lexical entry cannot simply be used as a representation of the meaning of a word in context, which is the common role of a lexicon in most natural language processing systems. Moreover, they are subject to a process of interpretation that adapts lexical definitions to the contexts in which a word is used. Keeping this in mind, the ingredients of a lexical entry, namely, the division into readings, the so-called lexical definition, as well as example sentences are discussed in turn. The focus is on extracting semantic relations, considering paradigmatic relations such as synonymy and hyponymy as well as syntagmatic ones.

Second, as far as practical work is concerned, lexical entries follow certain stylistic patterns that lend themselves to an easy syntactic analysis. On the other hand, they contain many coordinative structures that can hardly be analyzed mechanically. The results of a preliminary study are given in which about 7000 lexical entries of nouns and verbs were investigated (see Mehl 1994b for an English summary of this study). Some possibilities of further research on the basis of the acquired relations are mentioned in conclusion.

1 Einleitung

Zu den wesentlichen Voraussetzungen für eine Weiterentwicklung sprachverarbeitender Systeme gehört der Aufbau großer semantischer Wissensbasen. Zur Zeit werden verschiedene Strategien für die Akquisition semantischer Massendaten verfolgt; im Mittelpunkt stehen einerseits Korpusanalysen (vgl. Zernik 1991) und andererseits die Extraktion von Informationen aus maschinenlesbaren Wörterbüchern. Im folgenden soll es ausschließlich um die Ermittlung semantischer Relationen aus Wörterbucheinträgen gehen. Im Gegensatz zu anderen Projekten werden nicht nur paradigmatische, sondern auch syntagmatische Relationen betrachtet.

Mit der Extraktion semantischer Relationen aus maschinenlesbaren Wörterbüchern sind theoretische wie praktische Probleme verbunden. Aus theoretischer Sicht ist zunächst (Abschnitt 1) zu klären, inwieweit die Einträge traditioneller Wörterbücher überhaupt Material enthalten, das als Datengrundlage für eine maschinelle semantische Analyse von Texten geeignet ist. Gemeint ist hier, daß Wörterbücher ihren Benutzern nur Anhaltspunkte für die Bedeutungskonstitution beim Textverstehen liefern, aber keine formal operationalisierten Daten. Insofern setzt die Extraktion semantischer Relationen ein computerlinguistisches Semantikmodell voraus, das in der Lage ist, diesen Bedeutungskonstitutionsprozeß angemessen zu simulieren.

Zum zweiten stellen sich eine Reihe praktischer Probleme, die vor allem auf der Kürze von Lexikoneinträgen beruhen. Diese Kürze wird aus ökonomischen Gründen erzwungen, führt aber z.B. zu zahlreichen Ellipsen, die die maschinelle Analyse der Wörterbucheinträge erheblich erschweren. Diese Probleme wie auch erste Ergebnisse eines Extraktionsversuchs werden in Abschnitt 2 dargestellt, bevor in Abschnitt 3 ein Blick auf mögliche Verwendungen des gewonnenen Materials geworfen wird.

2 Theoretische Probleme: Wörterbucheinträge und Bedeutungskonstitution

Ein einsprachiges Wörterbuch dient dazu, einem Benutzer Informationen über das Bedeutungsspektrum eines Wortes zu geben, um ihn damit in die Lage zu versetzen, beim Lesen eines Textes auch für solche Wörter eine Bedeutung zu konstituieren, die ihm unbekannt sind oder deren Sinn er in diesem speziellen Textzusammenhang nicht versteht. Dies geschieht einerseits durch eine Explikation der Wortbedeutung, andererseits durch die Angabe von Verwendungsbeispielen. Grundlegend für die Bedeutungsbeschreibung ist schließlich die Einteilung der Bedeutung eines Lexems in verschiedene Lesarten. Diese drei Komponenten eines Lexikoneintrags werden im folgenden einzeln untersucht und am Beispiel des DDUW-Eintrags für *abgeben* illustriert (vgl. Abb. 1).

2.1 Lesarteneinteilung

Traditionell wird bei lexikalischen Mehrdeutigkeiten zwischen Homographie, Homonymie und Polysemie unterschieden. Diese Unterscheidung soll sich hier auf die Ebene der Lexeme beziehen; auf der Ebene der Wortformen kommen weitere Fälle von Homographie hinzu, und zwar durch zufällige Übereinstimmung von Flexionsformen verschiedener Lexeme (z.B. *reichen* als Verb- bzw. Adjektivform). Auf Lexemebene wird im folgenden unter Homographie und Homonymie die Gleichheit der Grundformen verschiedener Lexeme verstanden, wobei bei der Homographie diese Lexeme verschiedenen Wortarten zugehören (z.B. *modern* als Adjektiv oder Verb), bei der Homonymie nicht. Sofern homonyme Lexeme sich nicht bereits durch unterschiedliches morphologisches Verhalten unterscheiden (z.B. *der / das Band*), zeichnet sich Homonymie gegenüber Polysemie durch den fehlenden semantischen Zusammenhang der Lesarten aus.

Die soeben geschilderte Abgrenzung ist theoretisch durchaus umstritten, und der "fehlende semantische Zusammenhang" ist kein wohldefiniertes Kriterium für eine operationale Unterscheidung von Homonymen und Polysemen. Eine solche Abgrenzung liegt jedoch den Einträgen eines Wörterbuchs wie des DDUW zugrunde. Die von der DDUW-Redaktion getroffenen Einzelfallentscheidungen sollen hier übernommen werden, ohne die ihnen zugrundeliegenden Kriterien zu diskutieren.

Abb. 1. Eintrag für *abgeben* aus dem Duden – DUW 1989

ab|ge|ben ‹st. V.; hat›: **1. a)** *etw. dem zuständigen Empfänger [od. jmdm., der es an den Empfänger weiterleitet] geben, übergeben, aushändigen:* einen Brief, ein Geschenk [persönlich, eigenhändig], den Stimmzettel, die Klassenarbeit a.; er gab die Waren beim Nachbarn ab; **b)** *zur Aufbewahrung geben:* den Mantel in der Garderobe a. **2. a)** *mit jmdm. teilend freiwillig überlassen, abtreten:* er hat mir die Hälfte des Kuchens, vom Kuchen abgegeben; er gibt von seiner Pension keinen Pfennig an den Haushalt ab; **b)** *jmdm. etw. od. jmdn. [gezwungenermaßen] überlassen, abtreten:* die Leitung, den Vorsitz a.; Personal, Mitarbeiter a. müssen; (Sport:) die Spitze, zwei Punkte a. **3.** *jmdm. zu einem niedrigen Preis überlassen, verkaufen:* Obst, Eier a. **4.** (Ballspiele, [Eis]hockey) *(den Ball, die Scheibe) an einen Mitspieler geben:* den Ball an den Verteidiger a.; er muß schneller a. **5.** *(einen Schuß) abfeuern:* einen Warnschuß a. **6.** *von sich geben; ausströmen, ausstrahlen:* der Ofen gibt genügend Wärme ab; das Blut gibt Kohlensäure ab. **7.** *verlauten lassen, äußern:* sein Urteil, eine Erklärung a.; das U-Boot hatte einen Funkspruch abgegeben; seine Stimme [bei der Wahl] a. *(abstimmen, wählen).* **8. a)** (ugs.) *eine bestimmte Rolle auf der Bühne spielen; jmdn. darstellen, geben:* den Wilhelm Tell a.; **b)** *etw. sein:* einen guten Familienvater a.; er gab eine komische, traurige Figur ab; den Rahmen, den Hintergrund für etwas a. *(bilden).* **9.** (Kartenspiel) *die Karten zum letzten Spiel austeilen:* du gibst ab. **10.** ‹a. + sich› (meist geringschätzig) **a)** *sich mit etw., jmdm. beschäftigen, befassen:* sich mit Gartenarbeit a.; sich viel mit kleinen Kindern, mit Tieren a.; damit gebe ich mich nicht ab; **b)** (ugs.) *mit jmdm. Umgang pflegen; sich mit jmdm. einlassen:* sich mit Prostituierten, mit Ganoven a. **11.** * **jmdm. [et]was, eins a.** (ugs.; *jmdn. schelten, schlagen*): sei still, sonst gibt es [et]was ab!; er hat dem Hund eins abgegeben.

Im Kern des Polysemieproblems steht die Tatsache, daβ ein Wort in verschiedenen Verwendungszusammenhängen mehr oder weniger unterschiedliche Bedeutungen hat. In gedruckten Wörterbüchern ist es nicht möglich, die Fülle der kontextuellen Bedeutungsnuancen zu beschreiben. Stattdessen werden ähnliche Bedeutungen zu Klassen zusammengefaβt, d.h. das Bedeutungsspektrum eines Wortes wird in Lesarten unterteilt. Wie schwierig eine solche Unterteilung ist, zeigt sich bereits daran, daβ sie in verschiedenen Wörterbüchern durchaus unterschiedlich ausfällt. So wird etwa die Verwendung von *abgeben* im Sinne von "verkaufen" im DDUW als eigene Lesart 3 behandelt, bei Wahrig 1978 dagegen neben "zurückgeben" und "zur Aufbewahrung geben" unter die Lesart "weggeben" subsumiert.

Die Aufgabe eines Wörterbuchbenutzers besteht nun darin, aufgrund seiner Kenntnis des Kontexts anhand der Beschreibung der Lesarten die passendste auszuwählen und an den Kontext anzupassen, d.h. eine "Modulation" der lexikalischen Bedeutung (Cruse 1986) vorzunehmen. Wenn nun die semantischen Beschreibungen aus einem einsprachigen Wörterbuch auch in natürlichsprachlichen Systemen Verwendung finden sollen, ergibt sich das Problem, diesen Modulationsprozeß auch dort nachzuvollziehen.

Ein Beispiel: Im DDUW findet sich die Lesart *abgeben-* 1b "zur Aufbewahrung geben", z.B. *den Mantel an der Garderobe abgeben*. Diese Lesart unterscheidet sich von den Beispielen unter 1a wie *einen Brief, ein Geschenk, den Stimmzettel abgeben* offenbar dadurch, daß der Handelnde erwartet, das Objekt der Handlung später zurückzubekommen. Vergleicht man diese Lesarten nun mit potentiellen Belegen wie *seinen Wagen in der Werkstatt abgeben* oder *den Mantel in der Reinigung abgeben*, so ist die Lesart 1b sicher passender als 1a (andere passen gar nicht). Die Grundbedeutung "zur Aufbewahrung geben" ist aber an den Kontext anzugleichen; sicher sollen Auto und Mantel nicht nur aufbewahrt, sondern der Aufgabe des Zielortes (Werkstatt, Reinigung) entsprechend behandelt werden. Nur im Fall der Garderobe besteht diese Aufgabe eben in der Aufbewahrung. (Wie kompliziert dieser Interpretationsprozeß werden kann, zeigt der folgende Beleg aus einer Tageszeitung: *Weil sich die Krankenkasse weigerte, eine Rechnung zu begleichen, hat ein 54jähriger Rheinländer seine 84jährige Mutter kurzerhand dort abgegeben.* [Bonner General-Anzeiger vom 18./19. 3. 1989, S. 27]).

Das Beispiel illustriert die vielfältigen Probleme, die mit der Bedeutungsbeschreibung eines Wortes verbunden sind: Was gehört noch zur sprachspezifischen Wortbedeutung, was schon zum enzyklopädischen Wissen über das Denotat? Ist es für die Bedeutung von *abgeben* wirklich relevant, ob der abgegebene Gegenstand zurückerwartet wird (oder allgemeiner: warum ein Gegenstand abgegeben wird)? Sollen die Lesarten eher eng oder eher weit gefaßt werden? Welche Beziehung besteht zwischen den einzelnen Lesarten; wie stark und wodurch unterscheiden sie sich, und wie stellt man diese Beziehung dar?

In allen diesen Punkten gehen die Meinungen auseinander. So plädiert z.B. Wichter 1988 für eine sehr detaillierte Unterscheidung von Lesarten, Leisi 1973 vertritt dagegen das entgegengesetzte Extrem. Manche Bedeutungsverschiebungen finden systematisch statt (z.B. bei Institutionsbezeichnungen, die gleichzeitig für das Gebäude oder das Personal dieser Institution stehen können; vgl. etwa Bierwisch 1983) und brauchen daher nicht jedesmal im Lexikon aufgefürt zu werden. Vertreter der *Cognitive Linguistics* wie Lakoff 1987 unterstreichen die radiale Bedeutungsstruktur von Polysemen, d.h. den Zusammenhang zwischen den Lesarten, während einsprachige Wörterbücher eine flache Hierarchie von Lesarten postulieren, bei der die meisten Einträge (wie in Abb. 1) unverbunden nebeneinander stehen. Zwar sind die Lesarten in der Regel durchnumeriert, um auf sie verweisen zu können (was selten geschieht). Die Numerierung spiegelt häufig auch einen Zusammenhang der Lesarten untereinander wider (verwandte Lesarten stehen nacheinander). Dieser Zusammenhang wird aber nicht explizit gemacht: auf der obersten Hierarchieebene folgen zusammenhängende Lesarten in der gleichen Weise aufeinander wie unzusammenhängende, und die Grundlage ihres Zusammenhangs wird nicht dargestellt.

Im Bereich der maschinellen natürlichsprachlichen Systeme führt eine feinere Differenzierung von Lesarten sofort zu dem Problem, wie sich denn die jeweils korrekte Lesart bestimmen lassen soll. Viele der bisher entwickelten Systeme beschränken sich daher auf Mikrowelten, in denen das Problem der Polysemie nur eine geringe Rolle spielt, oder arbeiten mit groben Selektionsrestriktionen. Ein extremes Beispiel bildet das kommerziell vertriebene MÜ-System Globalink, das nicht auf einen thematischen Bereich beschränkt ist; es verzichtet völlig auf die Unterscheidung von Lesarten, was natürlich fatale Folgen für das Übersetzungsresultat hat. In jedem Fall wird semantische Analyse stets als Zugriff auf einen vordefinierten Lexikoneintrag verstanden und nicht als Konstitution einer individuellen Bedeutung.

Ausschlaggebend für die Gestalt der semantischen Verarbeitung sind letztlich die Erfordernisse des Einsatzbereichs eines natürlichsprachlichen Systems. So könnte z.B. im Bereich der Maschinellen Übersetzung die Lesartendifferenzierung bei der Analyse der Quellsprache davon abhängig gemacht werden, welche Informationen für den Transfer bzw. die zielsprachliche Generierung notwendig sind. Angesichts der hohen Entwicklungskosten für Lexika geht der Trend allerdings zu einer weitgehend zielsprachenunabhängigen bzw. aufgabenunabhängigen Analyse.

An anderer Stelle (Mehl 1993) habe ich ein Modell für die Repräsentation von Wortbedeutungen mit Hilfe von semantischen Relationen vorgeschlagen, bei dem das geschilderte Problem der kontextabhängigen Bedeutungskonstitution im Mittelpunkt steht. Den Kern dieses Modells bildet ein semantisches Netz aus syntagmatischen und paradigmatischen Relationen, die das lexikalische Bedeutungsspektrum eines Wortes repräsentieren. Diese Relationen können einen variablen Aktivierungsgrad annehmen; der Aktivierungsgrad wird gesteuert durch einen Aktivationsausbreitungsprozeß, der von den bereits verarbeiteten Wörtern eines Texts ausgeht und gezielt diejenigen Relationen am stärksten aktiviert, die am besten zu diesen Kontextwörtern passen. Diejenigen Relationen eines Wortes, die den höchsten Aktivierungsgrad aufweisen, repräsentieren die Bedeutung dieses Wortes in dem gegebenen Kontext; zum Beispiel kann anhand dieser Relationen eine Paraphrase erstellt werden.

Charakteristisch für dieses Modell ist ein völliger Verzicht auf eine starre Abgrenzung polysemer Lesarten. Stattdessen sind die semantischen Relationen eines Wortes untereinander durch sog. Assoziationskanten verknüpft, die wiederum gewichtet sind. Diese Gewichte steuern den Prozeß der Ausbreitung von Aktivation von einer Relation zur nächsten. Relationen, die zur Paraphrase ähnlicher Bedeutungen dienen, werden eng miteinander verknüpft; solche, die an entgegengesetzten Enden des Bedeutungsspektrums liegen, erhalten eine schwache oder gar keine Verknüpfung.

Auf weitere Details dieses Modells soll an dieser Stelle verzichtet werden. Festzuhalten ist, daß bei der Extraktion semantischer Angaben aus einem maschinenlesbaren Wörterbuch diese Angaben einer lexikonspezifischen Lesarteneinteilung unterliegen, so daß die Daten aus verschiedenen Wörterbüchern nicht ohne weiteres kombiniert werden können. Ein Modell wie das in Mehl 1993 beschriebene, bei dem eine starre Abgrenzung von Lesarten ersetzt wird durch eine gewichtete Verknüpfung semantischer Relationen, bietet hier einen Ausweg.

2.2 Bedeutungsexplikation

Jede Lesart wird beschrieben durch eine Bedeutungsexplikation ("Bedeutungsparaphrasenangabe" bei Wiegand 1989), die häufig die Gestalt der klassischen *definitio per genus proximum et differentiam specificam* hat. Wichtig ist jedoch, daß es sich nicht im strengen Sinn um eine solche Definition handelt, d.h. daß der Explikationstext ohne Veränderung der Bedeutung anstelle des Stichworts in einen Text eingesetzt werden könnte. Wie in Abschnitt 1.1 dargestellt wurde, findet vielmehr bei der Verwendung eines Wortes in einem Text eine "Modulation" seiner lexikalischen Bedeutung statt, d.h. die Bedeutung eines Wortes in einem bestimmten Kontext erschließt sich erst durch einen Prozeß der Bedeutungskonstitution und nicht durch einen einfachen Lexikonzugriff.

Der Kern der Bedeutungsexplikation besteht in den meisten Fällen aus der Angabe einer Hyperonymierelation, seltener aus einer Synonymierelation. In wenigen Fällen werden Synonyme und Antonyme explizit als solche genannt.

Die zentrale Stellung der Hyperonymierelation hat Projekte wie das von der Europäischen Union geförderte ACQUILEX (Vossen et al. 1989, Meijs 1990) dazu bewogen, sich auf diesen Teil der Bedeutungsbeschreibung zu konzentrieren und den Versuch zu unternehmen, aufgrund maschineller Analysen von Explikationen eine umfangreiche Oberbegriffshierarchie aufzustellen. Hierbei ergeben sich einerseits Schwierigkeiten, bei komplexeren Explikationsstrukturen die Hyperonyme tatsächlich maschinell zu bestimmen (vgl. unten Abschnitt 2). Gravierender sind jedoch die folgenden theoretischen Probleme:

- Die Angabe eines *genus proximum* ist wenig aussagekräftig ohne die Spezifikation der dazugehörigen differentia specifica. Ohne letztere stehen die diversen Kohyponyme nebeneinander, ohne daß deutlich wird, welchen Aspekt der Bedeutung ihres gemeinsamen Oberbegriffs sie ausdifferenzieren, und auf welche Weise. Beispiel: Anstatt *abatmen* und *abdampfen* nur als gleichrangige Unterbegriffe von *abgeben* darzustellen, muß klar werden, daß es einmal um die Methode (*durch Atmen abgeben*) und einmal um den Gegenstand (*Dampf abgeben*) geht.

- Explikationen, die nicht dem *genus proximum*-Schema folgen, sind nur dann zu erkennen, wenn sie an der Stelle des Hyperonyms Schlüsselwörter wie *Teil von, Mitglied von, Gruppe von* usw. enthalten, die auf andere paradigmatische Relationen oder andere Explikationstypen hinweisen.

Zum zweiten dieser beiden Problempunkte wurde im Rahmen des ACQUILEX-Projekts die folgende Unterscheidung getroffen:

> *LINKERS are definitions in which the syntactic kernel is taken from a restricted set of 'relator words' mediating and labelling the relation between the entry-word and the semantic head of the definition (often contained in a post-modifying 'of - phrase'). Thus candy is defined as a '**type** of sweet', stomach as 'a **part** of the body', waste as 'a **stretch** of land', band as 'a **group** of musicians' etc.*
>
> *SHUNTERS are cases in which the syntactic head of the definition is again a general 'relator-word', and in which the semantic burden is carried by an element from a different part of speech (Verb or Adjective in the case of nominal meaning definitions). Thus actor is defined as 'a **person** who acts ...'; gasp as 'an **act** of gasping'; ambiguity as 'a **condition** of being ambiguous' etc.*
>
> *SHIFTERS, finally, are definitions in which the syntactic head of the definition is itself a transform of some kind of a word from a different part of speech. Thus advent*

is defined as 'the ***coming*** *of Christ', apiculture as 'the* ***keeping*** *of bees' etc. (Meijs 1990: 5f.)*

Ein näherer Blick auf diese Beispiele zeigt, daβ eine einfache Interpretation des syntaktischen Kerns einer Explikation als Hyperonym nicht möglich ist und daβ auch die von Meijs zu einer Kategorie zusammengefaβten Phänomene noch unterschiedlich behandelt werden müssen. So finden sich unter den 'linkers' einerseits Relatoren wie *type*, bei denen das sich anschlieβende Attribut als Hyperonym interpretiert werden kann. (Deutsche Beispiele hierzu wären etwa *Art, Typ*). Andere Relatoren dagegen weisen auf andere paradigmatische Relationen hin (*part, group*).

Bei den 'shunters' handelt es sich zwar um Genusbegriffe, sie befinden sich jedoch in der Oberbegriffshierarchie auf einer so allgemeinen Ebene, daβ sie kaum eine Aussage über den Unterbegriff zulassen. Für das Beispiel *actor* bzw. *Schauspieler* wäre etwa *Beruf* ein passenderer Oberbegriff. Eine andere Sichtweise wäre, *Beruf* als Eigenschaft einer Person anzusehen, d.h. *Person* als Oberbegriff zu belassen, aber die Menge seiner Unterbegriffe nach dem Aspekt zu ordnen, nach dem der Oberbegriff ausdifferenziert wird. (Im nächsten Schritt könnte so eine Liste der Eigenschaften eines Begriffs aufgestellt werden. Vossen 1991 beschreibt entsprechende Ansätze in ACQUILEX, anhand der differentia specifica aus einer lexikalischen Datenbank eine KI-Wissensbasis zu entwickeln.) Allerdings läβt sich ein solcher Schritt nicht mehr maschinell durchführen, und er erfordert eine unterschiedliche Behandlung der als 'shunters' zusammengefaβten Lexeme (*condition* etwa würde wiederum eine Eigenschaft und nicht den Oberbegriff bezeichnen).

Bei den 'shifters' schlieβlich fungiert ein Syntagma statt eines einzelnen Lexems als bedeutungserklärendes Synonym. Es ist wenig sinnvoll, *keeping* (bzw. *Halten* in der parallel aufgebauten DDUW-Explikation *Bienenzucht: das Halten von Bienen*) als Oberbegriff ansehen zu wollen. Solche Synonymierelationen (im weiteren Sinn) zwischen einem Lexem und einem Syntagma sind aber beispielsweise für die Sprachgenerierung durchaus wichtig, da es für beide Varianten Verwendungssituationen gibt, in denen die eine besser ist als die andere (vgl. Mehl 1994a).

Anzumerken ist noch, daβ eine reine Klassifikation von Explikationen nach Schlüsselwörtern nicht möglich ist, weil dasselbe Wort verschiedene Funktionen als Schlüsselwort oder als Hyperonym übernehmen kann. So stellt *Art* in (a) einen 'linker' dar (DDUW-Lesart *Art-4: besondere, bestimmte Sorte von etwas*), in (b) einen 'shunter' (Lesart *Art-2: Verhaltensweise*), und in (c) einen Oberbegriff:

(a) ***Almandin:*** *dunkelrote Art des Granats*

(b) ***Arroganz:*** *arrogante Art*

(c) ***Abart:*** *ähnliche, sich nur durch wenige Merkmale unterscheidende Art*

2.3 Verwendungsbeispiele

Die Beschreibung einer Lesart wird vervollständigt durch die Angabe von Sätzen oder Satzfragmenten, in denen das Stichwort in der betreffenden Lesart benutzt wird. Während ein Lexem bei seiner Bedeutungsexplikation durch paradigmatische Relationen beschrieben wird, nennen die Verwendungsbeispiele exemplarische syntagmatische Relationen, die es eingehen kann.

Wie informativ diese syntagmatischen Relationen sind, hängt davon ab, zu welchem Grad sie kompositional erklärbar sind. Eine Beispielangabe wie

abgeben-3: *jmdm. zu einem niedrigen Preis überlassen, verkaufen:*
Obst, Eier a[bgeben]

hätte ebensogut entfallen können, da Obst und Eier sich nicht von anderen Dingen unterscheiden, die verkauft werden. Wichtig sind syntagmatische Relationen vor allem dann, wenn sie nicht kompositional konstruiert werden können, also z.B.

- weil ein Lexem nur mit bestimmten anderen Lexemen kombiniert werden darf, ohne daß es semantische Gründe hierfür gibt (Kollokationen im engeren Sinn wie *blondes Haar, falbes Pferd* usw.),
- oder weil die Bedeutung der Lexemkombination nicht von den Bedeutungen der Lexeme abhängt (feste Wendungen wie *den Löffel abgeben*),
- oder weil eines der Lexeme wenig zur Gesamtbedeutung beiträgt (Funktionsverbgefüge wie *einen Schuß abgeben* statt *schießen*),
- oder weil eines der Lexeme in Kombination mit einem anderen eine spezifische Bedeutung bekommt (Kollokationen im weiteren Sinn [vgl. Hausmann 1985] wie *den Ball abgeben*).

In diesen Fällen drücken die syntagmatischen Relationen sprachspezifische Besonderheiten aus. Das DDUW trägt dem Rechnung, indem einige solcher Relationen bereits in die Bedeutungsexplikation aufgenommen werden:

abgeben-4 : *(den Ball, die Scheibe) an einen Mitspieler geben:* :
den Ball an einen Verteidiger a[bgeben]; er muß schneller a[bgeben]

Im kompositionalen Fall hängt es dagegen von enzyklopädischen Fakten ab, welche Lexeme miteinander kombiniert werden können. Daß etwa *Obst* und nicht z.B. *Müll* als Beispiel für diejenige Lesart von *abgeben* genannt wird, die synonym zu *verkaufen* ist, liegt nicht an sprachlichen Besonderheiten, sondern an dem kommerziellen Wert der betreffenden Gegenstände (der beispielsweise in einer stärker auf Recycling ausgerichteten Gesellschaft anders sein könnte). Entsprechend groß ist das Spektrum der möglichen Kombinationen hier, während es von den oben genannten sprachspezifischen Relationen nur eine relativ geringe Menge gibt.

Anzumerken ist, daß es keine scharfe Grenze zwischen sprachlich und enzyklopädisch determinierten Kookkurrenzen gibt. So ist etwa *den Vorsitz abgeben* einerseits kompositional erklärbar; andererseits ist es sprachliche Konvention, den betreffenden Vorgang eher als *den Vorsitz abgeben* oder *niederlegen*, eventuell noch *aufgeben* zu bezeichnen als durch *den Vorsitz weitergeben, ablegen, beenden* o.ä.

3 Probleme der maschinellen Erkennung von Relationen

In Abschnitt 1 wurde erläutert, daß die Extraktion semantischer Relationen wie Hyperonymie (unter Einschluß der differentia specifica), Partonymie oder sprachspezifischer syntagmatischer Relationen aus maschinenlesbaren Wörterbüchern dann sinnvoll ist, wenn man die gewonnenen Daten nicht als Ergebnis, sondern als Ausgangspunkt der Interpretation von Wörtern in Texten ansieht. Dazu gehört, daβ die semantische Nähe der Relationen untereinander berücksichtigt wird. Gedruckte Wörterbücher repräsentieren diese durch eine Einteilung in Lesarten sowie (in Grenzen) durch die Reihenfolge der Aufzählung von Lesarten und Beispielen. Diese Informationen dürfen daher bei der Extraktion nicht verlorengehen.

Besonders hinderlich ist daher, daβ nur in den seltensten Fällen Wörter, die innerhalb eines Lexikoneintrags nicht als Stichwort, sondern in den Explikationen und Verwendungsbeispielen auftreten, ihrerseits disambiguiert sind. Eine systematische Zusammenführung der Bedeutungsbeschreibung eines Lexems und seiner eigenen Verwendung in anderen Einträgen ist daher maschinell unmöglich.

Im folgenden wird berichtet, welche Erfolge wie auch Hindernisse sich bei eigenen Arbeiten zur Extraktion semantischer Relationen aus DDUW-Einträgen ergeben haben. Hierzu stand ein Auszug aus dem DDUW in maschinenlesbarer Form zur Verfügung, der sämtliche Einträge von 'A' bis 'Bahn' umfaβt. Die Analyse beschränkte sich auf die Einträge zu Nomina und Verben.

Als grundlegendes Defizit dieser Arbeiten ist zunächst zu nennen, daβ kein Parser für die Analyse vollständiger deutscher Sätze zur Verfügung stand. Damit müssen Teile der Verwendungsbeispiele zu den Verben sowie sämtliche Verwendungsbeispiele zu den Nomina auβer Betracht bleiben. Sowohl die Explikationstexte als auch die übrigen Teile der Verb-Verwendungsbeispiele folgen jedoch einem starren Schema, für die ein eigener Parser konstruiert wurde.

Da des weiteren kein vollständiges Lexikon verfügbar war, erfolgte die Syntaxanalyse aufgrund der folgenden Informationen:

- vollständige Wortliste für die geschlossenen Wortarten (Angabe von Wortart und gegebenenfalls Rektion)
- Erkennung von Nomina anhand der Groβschreibung
- unvollständige Kasusbestimmung aufgrund von Stellung und Flexionsendungen

Zur Vorbereitung der Analyse wurden zunächst die Lexikoneinträge segmentiert, so daβ die Explikationen und Verwendungsbeispiele jeweils einzeln untersucht werden konnten. Dies ist allerdings nur insoweit möglich, als Folgen von Explikationen durch Strichpunkte und nicht durch einfache Kommata getrennt sind. Der Text

abgeben-6: *von sich geben; ausströmen, ausstrahlen*

wird also zunächst nur in zwei statt in drei Teile zerlegt, da erst eine genauere Analyse zeigen kann, daβ es sich bei dem zweiten Teil um die Aufzählung zweier Infinitive handelt.

3.1 Nomina

Explikationstexte für Nomina bestehen aus einer mehr oder weniger komplexen Nominalphrase. Im einfachsten Fall enthält diese Phrase nur ein einziges Wort, d.h. ein Synonym für das Stichwort. In allen anderen Fällen wird der Kopf der Nominalphrase bestimmt; sofern er nicht zu den in Abschnitt 1.2 erwähnten Schlüsselwörtern gehört, wird er als Hyperonym interpretiert.

Zur Bestimmung des Kopfes wird das erste Nomen aufgesucht und darauf untersucht, ob es sich um einen Bestandteil einer eingebetten Partizipialphrase handeln könnte (z.B. wegen einer nachfolgenden Wortform, die die Merkmale eines Partizips aufweist, wegen vorangehender Präpositionen, Artikeln im Dativ oder Akkusativ etc.). Beispiele:

Aal: *in Süßwasser u. Meer lebender, schlangenförmiger Fisch mit* schlüpfriger Haut

Adjutant: *dem Kommandeur einer militärischen Einheit zur Unterstützung beigegebener Offizier*

In beiden Fällen werden die Hyperonyme (*Fisch, Offizier*) korrekt bestimmt. Das Verfahren scheitert nur in seltenen Fällen; so wurde etwa die Koordination im folgenden Text falsch interpretiert, so daß *Ameisen* anstelle von *Säugetier* extrahiert wurde:

Ameisenbär: in Mittel- und Südamerika beheimatetes, Ameisen und Termiten fressendes Säugetier ...

Koordinationen stellen grundsätzlich das größte Problem bei der Analyse der Explikationstexte dar. Einige Konstruktionen werden von dem verwendeten Parser erkannt (eine detaillierte Darstellung hierzu findet sich in Mehl 1994b), bei anderen ist eine Auflösung ohne semantisches Wissen unmöglich. In solchen Fällen wird das fragliche Nomen (im folgenden Beispiel *Gegenwartsbezogenheit*, das syntaktisch auch auf einer Stufe mit *Gegenwart* stehen könnte) sicherheitshalber nicht mit aufgenommen:

Aktualität: *Bedeutsamkeit für die unmittelbare Gegenwart, Gegenwartsbezogenheit*

Um auch die differentia specifica zu berücksichtigen, die teils aus Adjektiven, teils aus nachfolgenden Nominal- oder Präpositionalphrasen besteht, sollten zumindest letztere ebenfalls analysiert werden. Ab der zweiten Phrase ergeben sich jedoch strukturelle Mehrdeutigkeiten, die ohne semantische Informationen nicht aufgelöst werden können:

Anakonda: *Riesenschlange mit runden schwarzen Flecken auf dem gelbbraunen Rücken*

(Unterordnung der Präpositionalphrasen)

Arbeitsverteilung: Verteilung von Arbeit an verschiedene Personen

(Nebenordnung der Präpositionalphrasen)

Im Falle der Nomeneinträge wurde die differentia specifica daher zunächst nicht in die Analyse einbezogen.

3.2 Verben

Bei den Verben bestehen sowohl die Explikationstexte als auch Teile der Verwendungsbeispiele aus Infinitiven und ihren Komplementen bzw. Adjunkten. Da die Infinitive am Schluß stehen, sind sie eindeutig zu identifizieren. Sollte es sich bei dem abschließenden Verb um ein Hilfs- oder Modalverb handeln, kann dies übersprungen werden:

abkriegen: *etwas Festhaftendes, -sitzendes mit Mühe lösen können*

Eine Ausnahme bilden Passivformen. Hier ergeben sich theoretische Probleme: Aus semantischer Sicht stellt der passivierte Infinitiv durchaus ein brauchbares Hyperonym dar; andererseits liegen nur für die Aktivform eigene Bedeutungsbeschreibungen vor. Beispiel:

sich abbauen-3b: *allmählich beseitigt werden*

Bei der Analyse der Verbergänzungen sind zwei Typen struktureller Mehrdeutigkeiten zu beachten, die wiederum beide nicht ohne semantische Analyse auflösbar sind. Im ersten Fall handelt es sich um die klassische Zuordnungsproblematik von Nominal- bzw. Präpositionalphrasen als Attribut vs. Komplement/ Adjunkt; diese Problematik wird dadurch verschärft, daß das DDUW keine Valenzinformationen zur Verfügung stellt:

abhorchen: *mit dem Ohr auf Geräusche prüfen*

akademisieren: *nur mit Leuten mit akademischer Aubildung besetzen*

anhalten: um die Hand der Tochter anhalten

Im zweiten Fall handelt es sich um die Interpretation von Koordinationen. Dieses Phänomen tritt auf zwei Ebenen auf; einerseits auf der Ebene der Nominalphrasen:

angreifen: mit Panzern, Geschützen angreifen

aufhängen: die Wäsche zum Trocknen, Gardinen aufhängen

und andererseits auf der Ebene der Explikationen bzw. Beispiele selbst:

abbrennen: *durch Feuer von etw. befreien, reinigen, säubern*

applaudieren: *mit Beifall bedenken, beklatschen*

Wie die Beispiele zeigen, gibt es für beide Interpretationen einer Koordination Belege. Allenfalls Fälle wie das Beispiel für *angreifen*, bei dem eine enge Auslegung des Präpositionsskopus ("mit Panzern; Geschützen") zur Koordination einer Nominal- mit einer Präpositionalphrase führen würde, können mit hinreichender Sicherheit disambiguiert werden.

Wie in Abschnitt 1 ausgeführt wurde, sind von den syntagmatischen Relationen diejenigen besonders interessant, deren Bedeutung nicht oder nur schlecht kompositional erklärbar ist. Umgekehrt sind viele Oberbegriffsrelationen nur durch die Berücksichtigung der differentia specifica aussagekräftig, also der syntagmatischen Relationen, die das Hyperonym in den Explikationen eingeht. Es ist daher besonders hervorzuheben, daß im Gegensatz zu den Nomeneinträgen bei den Verben auch diese syntagmatischen Relationen extrahiert werden konnten.

4 Zusammenfassung und Ausblick

Insgesamt ergab die Analyse bei den Nomina aus insgesamt 4505 Lexikoneinträgen (mit zusammen 5430 Lesarten) 1656 Synonyme sowie 4828 Hyperonyme. Bei den Verben erbrachte ein erster Durchlauf, bei dem strukturelle Mehrdeutigkeiten stets in Form einer Zuordnung zum Verb (bzw. bei Koordinationen zu beiden Verben) aufgelöst wurden, aus 2758 Lexikoneinträgen mit 5654 Lesarten eine Summe von 4412 Synonymen, 3836 Hyperonymen, 7213 syntagmatischen Relationen für die Hyperonyme und weiteren 2991 syntagmatischen Relationen für die Stichwörter. Ein Vergleichslauf mit einer zurückhaltenderen Behandlung der Ambiguitäten steht noch aus.

Die Arbeiten ruhen zur Zeit, da eine weitere Verarbeitung der gewonnenen Daten nur dann sinnvoll ist, wenn sie nicht auf einen alphabetisch festgelegten Ausschnitt des Wortschatzes beschränkt sind, d.h. wenn ein Wörterbuch in seinem gesamten Umfang maschinenlesbar zur Verfügung steht. Des weiteren erfordert die adäquate Behandlung von Kollokationen, Funktionsverbgefügen usw. eine Revision der bisher verwendeten Datenstrukturen, mit denen lediglich binäre Relationen verarbeitet werden können. Eine mögliche Lösung dieses Problems stellt die in Mehl 1993 vorgenommene Verknüpfung semantischer Relationen durch sog. Assoziationsrelationen dar.

Die geschilderten Verfahren zur Extraktion semantischer Relationen sind primär dazu gedacht, das Problem der Beschaffung semantischer Massendaten zu lindern. Das gewonnene Material ist jedoch auch für die lexikologisch-semantische Grundlagenforschung von großem Nutzen. Einige mögliche Aspekte, unter denen die Daten weiter untersucht werden könnten, sollen abschließend genannt werden.

Am interessantesten wäre natürlich zunächst eine vollständige Rekonstruktion der Oberbegriffshierarchie. Einerseits würden Informationen über die Lexeme an der Hierarchiespitze zur Diskussion im Bereich "semantische Primitive" beitragen. Andererseits liefert die Analyse der verschiedenen Unterbegriffe desselben Oberbegriffs und ihrer jeweiligen differentia specifica Informationen über die Rollenstruktur dieses Lexems. So geht aus den folgenden Explikationen hervor, daß für *säubern* wichtig ist, wovon und womit bzw. wie der zu säubernde Gegenstand gesäubert wird:

abbürsten-1b: *mit der Bürste säubern*

abbaden: *durch Baden von Schmutz säubern*

abklopfen-1b: *durch Klopfen säubern*

ablecken-b: *durch Lecken säubern*

abrechen-b: *mit dem Rechen säubern*

abschminken-1: *das Gesicht, sich von Schminke säubern*

Lenders 1993 beschreibt ausführlich, inwiefern sich aus formalen Merkmalen der Explikation Rückschlüsse auf semantische Eigenschaften der Stichwörter ziehen lassen. Er illustriert dies am Beispiel von Verben mit dem Präfix *ab-*, das sich anhand des Explikationsaufbaus näherungsweise disambiguieren läßt.

Einen weiteren Beitrag zur Charakterisierung des Kontexts, in dem ein Lexem eingesetzt werden kann, bieten die syntagmatischen Relationen.

Schließlich läßt sich das Lexikon selbst als Korpus betrachten, indem man untersucht, in welchen Zusammenhängen ein Stichwort innerhalb anderer Lexikoneinträge benutzt wird. Auf diese Weise kann einerseits die Lesarteneinteilung und -beschreibung überprüft und andererseits die vernetzte Struktur des Wortschatzes im Detail untersucht werden. Wie erwähnt, wird dies jedoch dadurch erschwert, daß diese Lexeme in den seltensten Fällen explizit disambiguiert sind.

Die in Abschnitt 2 beschriebenen Programmierarbeiten gehen zum Teil auf ein Seminar an der Universität Koblenz im Sommersemester 1991 zurück; sie sind das Verdienst der beteiligten StudentInnen sowie meiner Kollegin Sonja Kowalewski.

Literatur / References

Bierwisch, Manfred 1983: *Semantische und konzeptuelle Repräsentation lexikalischer Einheiten*, in: Ruzicka, R. / Motsch, W. (eds.): *Untersuchungen zur Semantik. Berlin: Akademie-V.* (61–99).

Cruse, David 1986: *Lexical semantics*. Cambridge: Cambridge University Press.

DDUW ²1989 = *Duden - Deutsches Universalwörterbuch*. Mannheim: Dudenverlag.

Hausmann, Franz Josef 1985: *Kollokationen im deutschen Wörterbuch*, in: Bergenholtz, H. / Mugdan, J. (eds.): *Lexikographie und Grammatik*. Tübingen: Niemeyer (118–129).

Lakoff, George 1987: *Women, Fire, and other Dangerous Things*. Chicago: University Press.

Leisi, Ernst 1973: *Praxis der englischen Semantik*. Heidelberg: Winter.

Lenders, Winfried 1993: *Strukturelle Eigenschaften von Bedeutungserklärungen deutscher Verben*, in: Mattheier, K. J. [et al.] (eds.): *Vielfalt des Deutschen. Festschrift für Werner Besch*. Frankfurt: Lang (429–459).

Mehl, Stephan 1993: *Dynamische semantische Netze: Zur Kontextabhängigkeit von Wortbedeutungen*. St. Augustin: Infix.

- [1994a]: *Synonyme bei der Erzeugung, Generierung und Produktion natürlicher Sprache*, in: Trost, Harald (ed.): *Proc. KONVENS 94*. Wien: ÖGAI (240–249).

- [1994b]: *Automatic acquisition of lexical-semantic relations from machine-readable dictionaries*, in: Dirven, René / Vanparys, Johan (eds.): *Current Approaches to the Lexicon*. Frankfurt: Lang 1994.

Meijs, Willem 1990: *The expanding lexical universe: Extracting taxonomies from machine-readable dictionaries*, in: *IVth International Euralex Congress, Benalmádena* [sowie als ESPRIT ACQUILEX-Report].

Vossen, Piek 1991: *Converting data from a lexical database to a knowledge base*. ESPRIT ACQUILEX report No. 27.

Vossen, Piek / Meijs, Willem / den Broeder, Marianne 1989: *Meaning and structure in dictionary definitions*, in: Boguraev, Branimir / Briscoe, Ted (eds.): *Computational lexicography for natural language processing*. London: Longman (171–192).

Wahrig, Gerhard 1978: *dtv Wörterbuch der deutschen Sprache*. München: Deutscher Taschenbuch Verlag.

Wichter, Sigurd 1988: *Signifikantgleiche Zeichen*. Tübingen: Narr.

Wiegand, Herbert Ernst 1989: *Die lexikographische Definition im allgemeinen einsprachigen Wörterbuch*, in : Hausmann, Franz Josef [et al.] (eds.): *Wörterbücher. Ein internationales Handbuch zur Lexikographie*. Berlin: de Gruyter (530–588).

Zernik, Uri (ed.) 1991: *Lexical acquisition*. Hillsdale: Erlbaum.

GREGOR BÜCHEL

KÖNNEN VERBEN SEMANTISCHE RELATIONEN MARKIEREN?

Summary

A method is shown how to analyse and represent semantic relations in texts of natural language. Special types of texts are investigated: These are texts in which a terminological word S is defined by a defining phrase P. The method is based on a machine-readable representation of texts by a relational database system. In this study this method is applied to the corpus of G.W.F. Hegel: "Wissenschaft der Logik" which is implemented in a relational database system inside the computer network of the Fachhochschule Köln.

A database system that is used for the test of this method in order to represent semantic relations should have two properties: (a) The machine readable representation of the text corpus should be organized as a conform representation of natural language syntax (i.e. there is a one-to-one relation between the sentences in the set of texts and the logical records in the tables of the database system). (b) Inside the database system a kernel of a knowledge-based system exists, in which a small set of terminological informations about the implemented text corpus is given. In the Hegel corpus the second property is represented by a table that contains lexicographical items of H. Glockner's "Hegel-Lexikon". Another application of representing semantic relations is planned in our institute: A machine-readable collection of texts of informatics is already stored in a relational database system (first property) and the items of the ACM-Classification of informatics are contained in this database system (second property).

The method of representing semantic relations is determined by an analysis of typical texts in order to define a concept S by a defining condition P. These definitions of the so-called Aristotelian type are often found in sciences with an explicit terminonology (i.e. mathematics, philosophy, physics, ...). An example of such a definition in the Hegel corpus is the following one: "The one in a circle is named degree" (this sentence is translated from: "Das Eins im Kreise heißt Grad" (Hegel 1969, Bd. 5, S.257), concerning this translation see the translation of the terms "das Eins" and "Grad" in: G.W.F. Hegel: "The Encyclopaedia Logic" - A new translation with Introduction by T.F. Geraets, W.A. Suchting and H.S. Harris, (Hackett Publishing), Indianapolis/ Cambridge U.S.A. 1991, p. 153f., 163f., 375).

For this definition we get the following correspondences:

S	**(definiendum)**	≅	**"degree" ("Grad")**
P	**(definiens)**	≅	**"the one in the circle" ("das Eins im Kreise")**
r	**(copula)**	≅	**"is named" ("heißt")**

This dependencies of r, S and P can also be described as a graph (a so-called r(S,P)-graph). A r(S,P)-graph contains nodes, which represent the nominal phrases of S and P, and it contains at least one arc which represents the verb of the definition. The general structure of a r(S,P)-graph is the following one:

Abb. 1.

The node which represents P can be specified by a sub-graph which only contains simple noun phrases (NP) or prepositional clauses which are built by a preposition and a noun phrase.

A table of the database system that contains the word class patterns of the noun phrases is given in the appendix of the article. The word class informations are tagged to the words of the corpus by a morpho-syntactic algorithm (LEMMA2_C).

Examples of German verbs that are occur in definitions ("bezeichnen", "nennen", "heißen") or in related logical constructions ("resultieren", "subsumieren") are examined and the r(S,P)-graph is given for each example. The knowledge about the formal structure of each r(S,P)-graph and about the word class patterns in the corresponding noun phrases and prepositional clauses allows the construction of computer programs so as to isolate components of definitions in machine-readable texts. The article shows that the method how to develop these programs is a consequence of the formal structure of the r(S,P)-graph which is adjoint to the verb of the analysed definition.

1 Einleitung

In der Untersuchung von Definitionsstrukturen für philosophische Termini im maschinenlesbaren Korpus von Georg Wilhelm Friedrich Hegel: "Wissenschaft der Logik" (Hegel 1969) entstand die Frage: Wie können Algorithmen (d.h. Methoden und Verfahren) spezifiziert werden, die Kontexte von definierenden Phrasen (d.h. Textumgebungen von fachsprachlichen Begriffen) erfassen und in Form von strukturierten Listen, die definierende Merkmale enthalten, auswerten?

Diese Frage ist nicht neu, in Hinsicht auf die Strukturierung semantischer Merkmale durch semantische Netze (Schank 1975, Norman /Rumelhardt 1975, Lenders 1985) ist sie schon mehrfach gestellt worden. Hier geht es darum zu prüfen, ob eine Methode der Bedeutungsrepräsentation durch semantische Netze zu programmierbaren Verfahren (Algorithmen) der Bedeutungsdarstellung führen kann.

Die im weiteren vorgestellte Methode operiert mit graphentheoretischen Repräsentationstechniken. Bevor hier diese Techniken beschrieben werden, wird ein Überblick über die Datenbasis des Textkorpus und die bereits implementierten Algorithmen gegeben. Aufbauend auf vorliegende Erfahrungen in der Beschreibung von Definitionsstrukturen wird ein geeigneter Graphentyp (r(S,P)-Graph) definiert, mit dem Definitionsstrukturen, die durch bestimmte Klassen von Verben gekennzeichnet sind, dargestellt werden. Die Untersuchung wird hier exemplarisch für drei Verbklassen durchgeführt: Die erste Klasse enthält Verben, die in Nominaldefinitionen auftreten: z.B. die Verben "heißen", "nennen", "bezeichnen". Eine zweite Klasse besteht aus Verben, die in terminologischen Folgerungen vorkommen:

z.B. das Verb "resultieren". Eine dritte Klasse enthält Verben, die das Verhältnis von Unter- und Oberbegriffen darstellen: z.B. das Verb "subsumieren".

2 Beschreibung der Datenbank zu G.W.F. Hegel: »Wissenschaft der Logik«

Der Text der "Wissenschaft der Logik" wurde vollständig mittels eines Scanners unter Verwendung einer OCR-Software erfaßt und mit eigenentwickelter Software[1] in Tabellen eines relationalen Datenbanksystems geschrieben (Büchel 1992). Während des Erfassungsvorgangs wurden die von Hegel betonten Wortformen, die drucktechnisch in der Regel durch Kursivschrift wiedergegeben sind, parallel in einer gesonderten Tabelle der Datenbank aufgenommen. Um vergleichende terminologische Untersuchungen maschinengestützt durchführen zu können, wurden weiterhin die Schlagwortbestände von zwei Hegelwörterbüchern erfaßt (Glockner 1935, Reinicke 1986). Im folgenden ist eine schematische Übersicht über diese Datenbank gegeben:

Abb. 2. Hegel-Datenbank

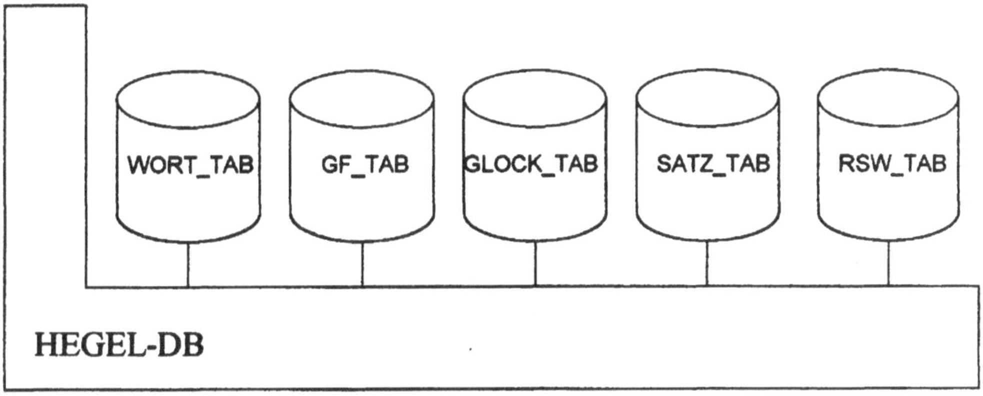

1. Diese Software wurde in einer Folge von zwei Diplomarbeiten, die von mir am Institut für Informatik des Fachbereichs Nachrichtentechnik der Fachhochschule Köln betreut wurden, entwickelt: F.-J. Schlömer: "Aufbau eines Softwaresystems zur maschinellen Erstellung eines Terminologiewörterbuchs auf Grundlage einer INFORMIX-Datenbank" 1992. J. Clemens: "Algorithmen zur syntaktischen Analyse und zum Vergleich terminologischer Wortformen mittels SQL- und C-Techniken" 1993.
Dankenswerterweise durften wir mit Erlaubnis des Suhrkamp-Verlages Texte der "Theorie-Werksausgabe" mittels eines Laborscanners einlesen.

Beschreibung der Tabellen:

SATZ_TAB : Tabelle sämtlicher Sätze der "Wissenschaft der Logik" (Hauptsätze, Satzgefüge, Überschriften). Dieser maschinenlesbare Text der "Wissenschaft der Logik" wird im weiteren auch abgekürzt "Hegel-Korpus" genannt.

WORT_TAB : Tabelle der von Hegel betonten Wortformen (drucktechnisch z.B. durch Kursivschrift hervorgehobene Wortformen) mit Angaben zum Kontext, zur Wortklasse und zur Grundform.

GF_TAB : Maschinengestützt erzeugter Bestand von Lemmata zu den von Hegel betonten Wortformen mit Angabe der Wortklasse.

GLOCK_TAB : Tabelle mit dem Schlagwortbestand des Hegel-Lexikons von Glockner.

RSW_TAB : Tabelle der Schlagwörter des Registers der "Theorie-Werke-Ausgabe" der Schriften Hegels.

Zunächst stellt die Datenbank zu Hegels "Wissenschaft der Logik" ein Instrumentarium zur maschinengestützten Untersuchung eines besonderen philosophischen Fachwortschatzes dar. Um die betonten Wortformen Hegels mit den Schlagwörtern der in der Datenbank erfaßten Hegelwörterbüchern zu vergleichen, war eine Lemmatisierung dieser Wortformen erforderlich. Das dafür implementierte Verfahren (LEMMA2_C), das eine Portierung des Algorithmus LEMMA2 (Willée 1982)[2] in die Programmiersprache C unter dem Betriebssystem UNIX darstellt (Rosenbleck 1994), gibt zu jeder Wortform des Hegel-Korpus eine grammatisch bestimmte Grundform (Lemma) an und dient als Wortklassengeber: Jede Wortform des Textes wird mit einer Wortklassenangabe eingefärbt. Folgende Wortklassenangaben werden beispielsweise verwendet: 'Sx' (Substantive, 'x' ist Platzhalter für einen Spezifikator: z.B. bezeichnet 'SU' eine Wortform, die ein unflektiertes Substantiv ist, 'SF' bezeichnet ein flektiertes Substantiv), 'Ax' (Adjektive), 'Vx' (Verben), 'KO' (Konjunktionen), 'PP' (Präpositionen), 'PR' (Artikel und Pronomina, die keine Personalpronomina sind), 'PE' (Personalpronomina).

Eine erste Anwendung dieses implementierten Verfahrens ergab für ein Teilkorpus der "Wissenschaft der Logik" (Hegel 1969, Bd.6, S.307-317), daß die von Hegel betonten Wortformen, die Substantive sind, mit hoher Signifikanz (in 88,6 % der Fälle) als terminologische Wortformen verwendet werden:

(1)	Anzahl betonter Wortformen (Token)	972
(2)	Anzahl zugehöriger Grundformen (Types)	167
(3)	Zahl der von (2) durch Abgleich mit Hegellexika belegte Termini	121
(4)	Zahl der von (2) durch Bearbeitung festgestellte Termini	27
(5)	Präzision (((3)+(4))/(2) [%])	88,6

2. Wir danken Herrn Dr. Willée für die freundliche Unterstützung der Portierung des LEMMA2-Programmsystems von PL/1 in die Programmiersprache C.

Im weiteren wurden während des Aufbaus der Hegel-Datenbank methodische Kenntnisse über Verfahren der Erstellung vollständiger Satz-Konkordanzen und ihrer datenbanktechnischen Voraussetzungen gewonnen: Ein Datenbanksystem mit effektiven Suchstrategien arbeitet in der Regel mit Tabellen großer aber letztendlich fester Datensatzlängen. Ein Satzgefüge einer natürlichen Sprache, zum Beispiel des Deutschen, ist aber ein Gebilde von variabler Satzlänge. Für das Hegel-Korpus wurde dieses technische Problem allgemein gelöst. Die Methode dieser Lösung ist übertragbar auf andere Sorten maschinenlesbarer Textkorpora. Sie soll insbesondere zusammen mit den oben beschriebenen Methoden der Akquisition terminologischer Wortformen anhand typographischer Merkmale auf ein Korpus elektrotechnischer Texte angewendet werden.

3 Relativsatzerkennung

Die Relativsatzerkennung ist ein Programmsystem, das innerhalb der Satzgefüge eines maschinenlesbaren Textes, dessen Wortformen mit Wortklassenangaben versehen sind, Relativsätze isoliert, den jeweiligen Relativsatzbezug auflöst und die isolierten Relativsätze segmentiert (Karp 1994).

Das Verfahren der Isolation von Relativsätzen operiert mit definierten Wortklassenmustern und mit Satzmustern für Relativsätze. Gegeben ist ein maschinenlesbarer Text, dessen Wortformen mit Wortklassenangaben versehen sind. Ein *Wortklassenmuster* bezeichnet eine Äquivalenzklasse endlicher Folgen von Wortklassenangaben, die Wortfolgen übereinstimmender syntaktischer Funktion beschreiben. Beispiel eines Wortklassenmusters ist die Menge der Wortklassenfolgen, die eine Nominalphrase (NP) kennzeichnen. Typische Wortklassenkombinationen, die eine Nominalphrase beschreiben, werden für das Programmsystem der Relativsatzerkennung als endliche kombinatorische Muster durch eine Datenbanktabelle definiert (vgl. die "Nominalphrasentabelle" im Anhang).

Beispiele des Wortklassenmusters NP:

Nominalphrase:	Wortklassenkombination:
"die Sphäre des Seins"	PR SU PR SF
"die Negation"	PR SU
"reine Negativität"	AF SU

Mittels Wortklassenmustern, Platzhaltersymbolen und Wortklassenangaben können Satzmuster für Relativsätze beschrieben werden. Typischerweise kann ein Relativsatz dazu dienen, die Bedeutung einer voranstehenden Nominalphrase NP zu erläutern. Man hat dabei an der Oberfläche des Satzes den folgenden syntaktischen Aufbau: NP SZ RE * VP SZ .

Mit SZ werden Satzzeichen bezeichnet (z.B. Kommata), die den Relativsatz graphematisch begrenzen. RE steht für eine Relativsatzeinleitung (z.B. ein Relativpronom RP (vgl. die Tabelle "Relativpronomina" im Anhang). Eine Relativsatzeinteilung kann auch aus zwei Wortformen bestehen (z.B. Präposition und Relativpronomen). Ein Relativsatz endet mit einer Verbalphrase VP.

Zwischen RE und VP kann eine endliche Wortfolge stehen, die mit dem Platzhaltersymbol * bezeichnet wird. Varianten zu diesem *Satzmuster* eines Relativsatzes (RE * VP) sind in der Tabelle "Satzmuster" (vgl.Anhang) abgelegt.

Das Verfahren der Relativsatzerkennung kann anhand des folgenden Textbeispiels erläutert werden: "Es ist hiermit die Beziehung der Wissenschaft, die ich Phänomenologie des Geistes nenne, zur Logik angegeben" (Hegel 1969, Bd.5, S.18). Das Ergebnis der Relativsatzerkennung ist eine strukturierte Liste, die folgenden Aufbau hat:

NP1 ◄——— RS = NP2 || VI

NP1 bezeichnet die Nominalphrase, die dem Relativsatz unmittelbar voarnsteht, das Pfeilzeichen steht für die erläuternde Funktion, die der Relativsatz RS für NP1 hat. Der Relativsatz RS, der in diesem Beispiel dem Satzmuster 'RP * VF' entspricht, wird in eine Nominalphrase NP2 und in den Infinitiv VI der Verbform VF des Relativsatzes maschinell segmentiertiert. Die maschinell bestimmten Segmente zum obigen Bespiel sind folgend angegeben: NP1 = "Wissenschaft", NP2 = "Phänomenologie des Geistes", VI = "nennen". Enthält der Relativsatz mehrere Nominalphrasen, wird im Moment nur die Nominalphrase ausgegeben, die am nächsten zu VF steht.

4 Semantische Netze für definierende Phrasen

Eine definierende Phrase, wie im Fall der folgenden Nominaldefinition, kann als Urteil in der Form "S est P" geschrieben werden, wobei S das Definiendum (das zu Definierende), "est" die Kopula und P das Definiens (das Definierende *(genus proximum und differentia specifica)*) beschreibt: *"Das Eins im Kreise heißt Grad."* (Hegel 1969, Bd.5, S.257)

Hier gelten dann folgende Entsprechungen:			
	S	$\cong$	*"Grad"*
	P	$\cong$	*"das Eins im Kreise"*
	r	$\cong$	*"heißt"*

Eine solche Nominaldefinition kann auch als Relation beschrieben werden, indem der Infinitiv der an der Satzoberfläche der definierenden Phrase auftretenden finiten Verbform zur Kennzeichnung der Kopula und damit zur Markierung der durch sie bestimmten Relation verwendet wird. Man erhält damit für eine solche Relation die Bezeichnung r(S;P), wobei r den Infinitiv der Kopula, S das Definiendum und P das Definiens notiert. Für das obige Beispiel würde man dann die folgende Relation gewinnen: r(S,P) = heißen(S,P) = heißen("Grad", "das Eins im Kreise").

Jede Relation des Typs r(S,P), wobei "r" die Kopula des zur Relation gehörenden Urteils repräsentiert, kann auch als Graph dargestellt werden, wobei die Knoten durch die Komponenten S und P und eine Kante durch den Relationsbezeichner "r" gefärbt werden:

Abb. 3.

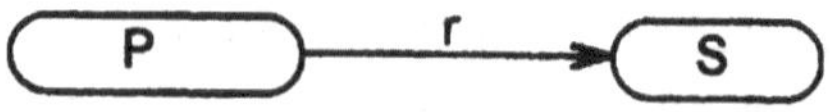

Nach Bedarf der Analyse kann der Knoten, der P repräsentiert durch einen Teilgraphen spezifiziert werden:

Abb. 4.

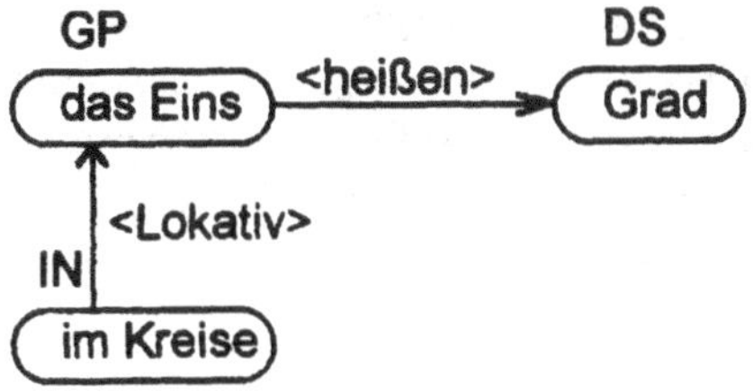

In diesem Graphen werden folgende Bestandteile unterschieden: Ein Knoten für das Definiens (Kennung: GP = genus proximum), ein Knoten für das Definiendum (Kennung: DS = differentia specifica), eine Kante für die Verbform der Kopula (Kennzeichnung durch den Infinitiv: <heißen>), eine Kante und einen Knoten für die lokative Bestimmung des Definiens (Wortklassenmuster einer lokativen Bestimmung: PP NP, wobei PP eine lokale Präposition bezeichnet). In diesem Graphentyp, der eine Relation der Art r(S;P) repräsentiert und der im weiteren als *r(S,P)-Graph* bezeichnet wird, ist mindestens eine Kante durch einen Infinitiv einer Verbform gefärbt, die die Kopula 'r' an der sprachlichen Oberfläche repräsentiert. Die allgemeine Syntax der Kantenfärbung lautet: <INFINITIV> (hier: INFINITIV = "heißen").

Schank 1975 und Norman / Rumelhardt 1975 hatten bereits relationale Graphen (sogenannte semantische Netzwerke) zur Untersuchung semantischer Relationen vorgeschlagen. Bei Norman / Rumelhardt werden dafür verb-zentrierte Graphen, in denen das Verb als Knoten dargestellt wird, vorgeschlagen. Im folgenden Beispiel wird ein verb-zentrierter Graph angegeben: *"Der Hund ißt gierig einen Knochen"* (vgl. Sowa 1990:1013).

Abb. 5.

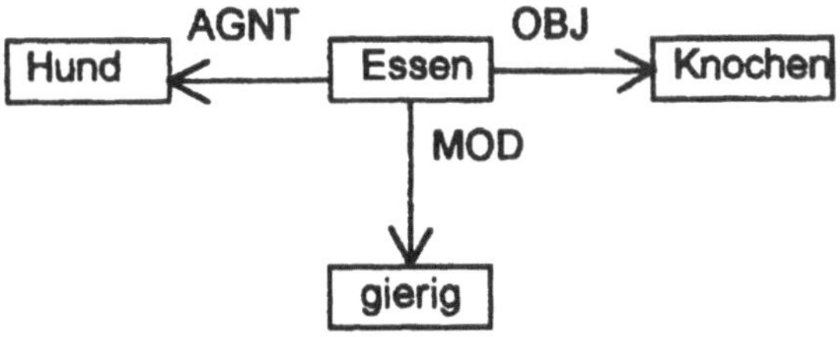

Die Kanten dieses verb-zentrierten Graphens sind mit Kennungen belegt, die folgende Entsprechungen haben: AGNT = Agens, OBJ = Objekt, MOD = modale Bestimmung.

Der formale Unterschied der verb-zentrierten Graphen zum Graphen, der die semantische Relation r(S,P) beschreibt, besteht darin, daß die verb-zentrierten Graphen Verben als Knoten darstellen, während der r(S,P)-Graph die Verbform als Kante darstellt. Dieser zunächst formale Unterschied bekommt algorithmische Bedeutung, wenn in Abhängigkeit von der Verbform, die die Relation "r" markiert, Graphen ähnlicher topologischer Gestalt entstehen. Lenders 1985 hat eine Untersuchung, die die Methode semantischer Netze nutzt, für die Verben "nennen", "heißen" usw. im Bonner Kant-Korpus durchgeführt.

Wenn in Abhängigkeit vom Verb die topologische Gestalt des r(S;P)-Graphen durchgängig zur Menge der Belegstellen des Verbs im Textkorpus bestimmt werden kann, liefert die topologische Gestalt des Graphens eine Segmentierungsvorschrift der Textumgebung des Verbs. Diese Segmentierungsvorschrift ist aufgrund von Äquivalenzen zwischen bestimmten Graphen und zugehörigen Typen dynamischer Listen programmierbar. Es kann gezeigt werden, daß bestimmten Verben im Korpus der "Wissenschaft der Logik" Graphen bestimmen , die Knoten-Typen beinhalten, die durch spezifische Wortklassenmuster beschrieben werden können.

5 Graphen für Verben, die in definierenden Phrasen auftreten

Mit diesem Abschnitt möchte ich die eingangs gestellte Frage positiv beantworten: Verben, die in definierenden Phrasen als Kopula auftreten, markieren semantische Relationen. In bestimmten Fällen können mittels dieser Graphen, die diese Relationen darstellen, Algorithmen bestimmt werden, die maschinengestützt zur Isolation von Definiendums- und Definiens-Komponenten in einem maschinenlesbaren Textkorpus angewendet werden können. Im folgenden werden Graphen für die Verben "bezeichnen", "heißen", "nennen" (Gruppe 1), "resultieren" (Gruppe 2) und "subsumieren" (Gruppe 3) anhand von Textbeispielen aus dem Hegel-Korpus aufgeführt.

1. "bezeichnen"

Beispiel: *"Diese Unendlichkeit, welche als das Jenseits des Endlichen beharrlich bestimmt ist, ist als die schlechte quantitative Unendlichkeit zu bezeichnen"* (Hegel 1969, Bd.5, S.263f.).

Abb. 6.

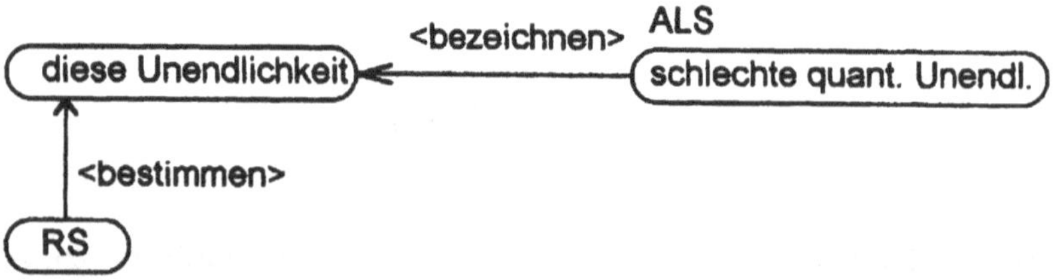

In 11 von 20 Belegstellen des Verbs "bezeichnen" tritt eine Als-Klausel (Wortklassenmuster = "als" + NP) auf, die einen Terminus bestimmt, der mittels einer definierenden Phrase, die mit einer flektierten Form von "bezeichnen" operiert, erklärt wird (hier: Terminus = "schlechte quantitative Unendlichkeit").

2. "heißen"

Beispiel: *" ... dieser Widerspruch, den man selbst setzt und dessen Auflösung [man] unmöglich macht, heißt das Unbegreifliche"* (Hegel 1969, Bd.5, S.110).

Abb. 7.

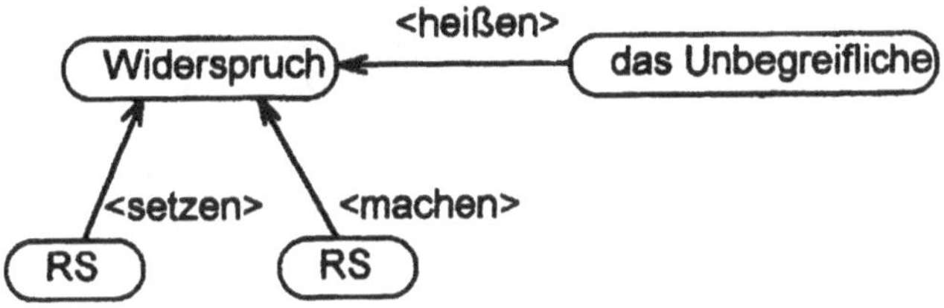

Die Nominalphrase NP (hier: NP = "das Unbegreifliche") die das Definiendum enthält, steht in der Textumgebung des Verbs "heißen" in der Regel nach der Position seiner flektierten Form.

3. "nennen"

Beispiel: *"Es ist hiermit die Beziehung der Wisssenschaft, die ich Phänomenologie des Geistes nenne, zur Logik angegeben"* (Hegel 1969, Bd.5, S.18).

Abb. 8.

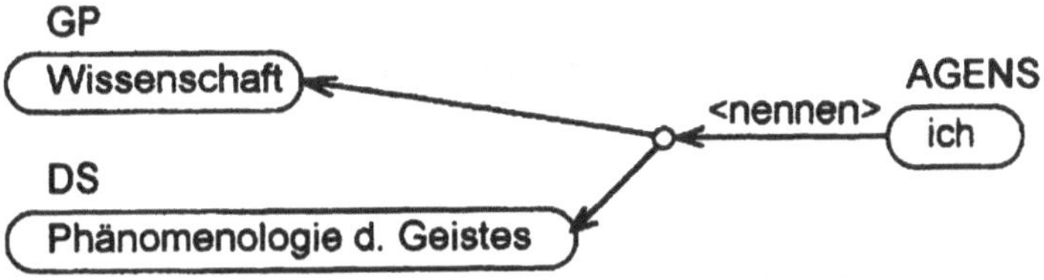

Die Nominalphrase, die das Definiendum enthält (hier: DS = "Phänomenologie des Geistes"), kann, wie bereits dargestellt, durch eine Relativsatzsegmentierung gewonnen werden. Während in diesem Beispiel das Verb "nennen" im Aktiv verwendet wird, tritt das Verb "nennen" im folgenden Beispiel im Passiv auf, entsprechend ändert sich die topologische Gestalt des Graphens.

Beispiel: *"Es kann noch die Bemerkung gemacht werden, daß jede der beiden Seiten des Subjekts, sein Begriff und seine Beschaffenheit, dessen Subjektivität genannt werden könne"* (Hegel 1969, Bd.6, S.348).

Abb. 9.

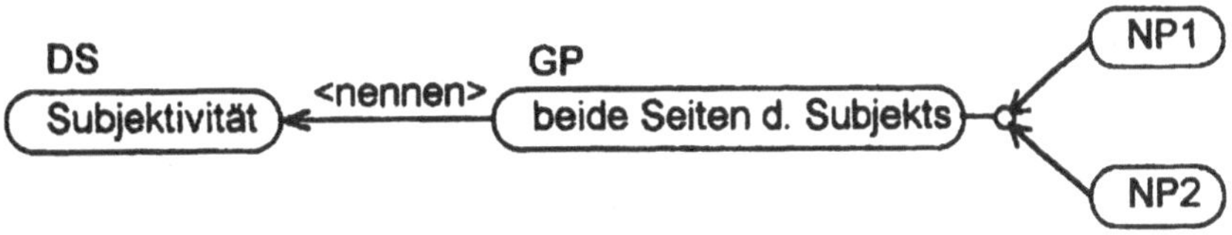

4. "resultieren"

Beispiel: *"Aber es ist gezeigt worden, daß das Unendliche selbst nur vermittels der Negation, als Negation der Negation, zum affirmativen Sein resultiert ..."* (Hegel 1969, Bd.5, S.153f.).

Abb. 10.

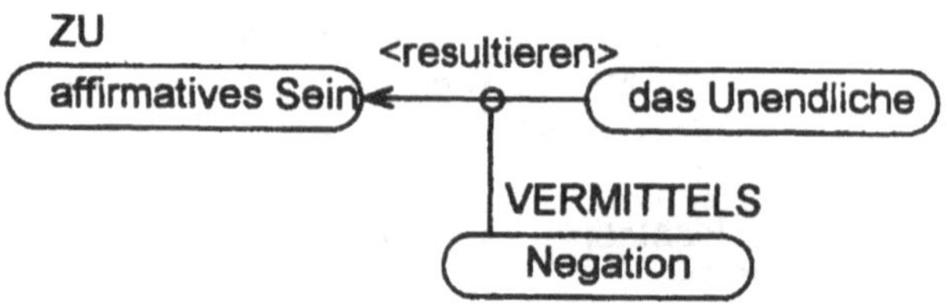

Das Verb "resultieren" expliziert die semantische Relation einer Folgerung: Die Bedeutung eines Terminus A ergibt sich als gefolgertes Resultat aus einem Terminus oder einem Sachverhalt B. Der Vorgang des "Resultierens" ist eine Folgerung von B auf A. An der sprachlichen Oberfläche im Hegel-Korpus tritt der "resultierte" Terminus A innerhalb einer Zu-Klausel auf (Wortklassenmuster = "zu" + NP). Der Vorgang der Folgerung wird in Belegstellen des Verbs "resultieren" durch instrumentale Bestimmungen, die als Vermittels-Klauseln (Wortklassenmuster = "vermittels" + NP) oder als Durch-Klauseln[3] (Wortklassenmuster = "durch" + NP) auftreten, spezifiziert.

5. "subsumieren"

Beispiel: *"Der ontologische Beweis ... subsumiert alsdann auch die Existenz unter die Realität"* (Hegel 1969, Bd.6, S.126).

Abb. 11.

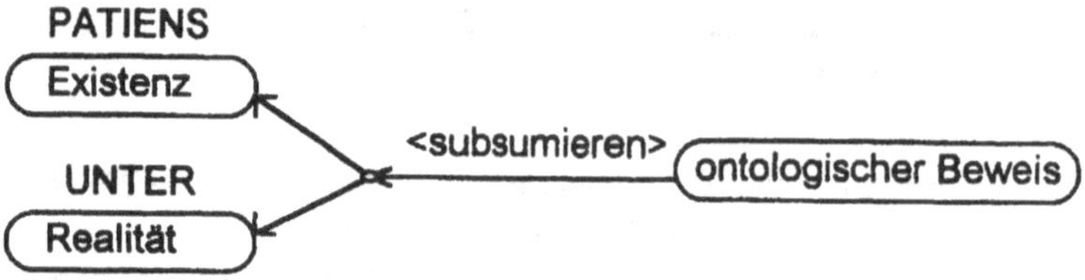

Das Verb "subsumieren" expliziert den Vorgang eines Einordnens eines Terminus A als Unterbegriff eines Terminus B. Betrachtet man diesen Vorgang aus der Sicht des Resultats dieses Vorganges, so "beinhaltet" (bzw. "enthält"[4]) der Oberbegriff B den Terminus A. Man könnte also Verben, die eine semantische Realtion der Einordnung der Termini A,B in eine Begriffshierachie $A \subseteq B$ beschreiben, in zwei Gruppen einteilen: (a) Verben, die den Vorgang des Einordnens in eine Begriffshierarchie beschreiben ("eingliedern", "einordnen", "einstufen", "subsumieren", "unterordnen"), (b) Verben, die das Resultat des Vorganges der Einordnung vom Standpunkt des Oberbegriffes aus beschreiben ("beinhalten", "einschließen", "enthalten", "implizieren", "involvieren"). In den Belegstellen zu "subsumieren" im Hegel-Korpus wird der Oberbegriff B häufig mittels einer Unter-Klausel (Wortklassenmuster = "unter" + NP) repräsentiert (hier: NP = "die Realität").

---

3. Vgl. z. B. Hegel 1969, Bd.5, S.316.
4. Zur semantischen Relation des Verbs "enthalten" vgl. Lenders 1985.

Zusammenfassend kann festgestellt werden, daß in spezifischer Abhängigkeit von bestimmten Verben, die semantische Relationen in einer Form markieren, die als r(S,P)-Graph dargestellt werden kann, präpositionale Klauseln auftreten, die entweder die Komponente S oder die Komponente P spezifizieren. Spezifische Abhängigkeiten dieser Art können in einer datenbankgeführten maschinenlesbaren Verbtabelle notiert werden, die für die genannten Beispiele folgende Einträge hätte:

Verb :	PP-Klausel:	spezifiz. Komponente:
bezeichnen	als + NP	S
resultieren	zu + NP	S
subsumieren	unter + NP	P

Literatur / References

Büchel, Gregor 1992: *Maschinelle Erschließung und Repräsentation von Terminologiebeständen am Beispiel von G. W. F. Hegel: 'Wissenschaft der Logik'*, Sprache und Datenverarbeitung 16/2 (3-14).

Glockner, Hermann 1935: *Hegel-Lexikon*. Stuttgart: Fromann (*G. W. F. Hegel: Sämtliche Werke, Jubiläumsausgabe in zwanzig Bänden, einer Hegel-Monographie und einem Hegel-Lexikon*; Bd. 23).

Hegel, Georg W. F. 1969: *Wissenschaft der Logik*. Frankfurt am Main: Suhrkamp (G. W. F. Hegel: Werke [in 20 Bänden]. Auf der Grundlage der Werke von 1832-1845 neu edierte Ausgabe; Redaktion E. Moldenhauer und K.M. Michel; Bd. 5 und Bd. 6).

Karp, Peter 1994: *Algorithmen in ESQL/C zur Erkennung von Relativsätzen auf der Grundlage eines INFORMIX-Datenbanksystems unter UNIX*. Köln (Diplomarbeit, Fachhochschule Köln, Fachbereich Nachrichtentechnik, Institut für Informatik).

Lenders, Winfried 1985: *The Semantic Structure of Definitions and their Transformation into a Computer's Memory*, in: *Proceedings of the 7th International Conference on Computers and the Humanities*.

Norman, D. A. / Rumelhart, D. E. 1975: *Explorations in Cognition*. San Francisco: Freemann.

Reinicke, Helmut 1986: *Register zu G. W. F. Hegel 'Werke in 20 Bänden'*. Frankfurt am Main: Suhrkamp.

Rosenbleck, Götz 1994: *Portierung von Algorithmen zur Lemmatisierung deutschsprachiger Textvorlagen aus PL/1 nach C unter Verwendung relationaler Datenbanksysteme*. Köln (Diplomarbeit, Fachhochschule Köln, Fachbereich Nachrichtentechnik, Institut für Informatik).

Schank, Robert C. (ed.) 1975: *Conceptual Information Processing*. Amsterdam: North-Holland.

Sowa, J. 1990: *Semantic Networks*, in: Shapiro, S. C. (ed.): *Encyclopedia of Artifical Intelligence*. New York [etc.]: Wiley (1011-1024).

Willée, Gerd 1982: *Das Programmsystem LEMMA2 - eine Weiterentwicklung von LEMMA*. Bonn (IKP-Arbeitsberichte; Abteilung LDV; Nr. 2).

Anhang: Tabellen zur Relativsatzerkennung

Satzmustertabelle		
Muster	**Satzart**	**Prio.**
RP * VF	Relativ	2
RA RA * VE	Relativ	7
RP * VE	Relativ	7
RA RA * RF	Relativ	3
RP * VA	Relativ	3
RA RA * VA	Relativ	4
RP * VS	Relativ	8
RP * VZ	Relativ	6
RA RA * VS	Relativ	8
RA RA * VZ	Relativ	6

Relativpronomina			
Pronomina	**Art der Best.**	**Kürzel**	**Ziel**
der	uncharakterisiert	U	S
die	uncharakterisiert	U	S
das	uncharakterisiert	U	S
welcher	uncharakterisiert	U	S
welche	uncharakterisiert	U	S
welches	uncharakterisiert	U	S
wie	modal	M	V
als	modal	M	V
weswegen	kausal	K	S
weshalb	kausal	K	S
wodurch	instrumental	I	S
womit	instrumental	I	S
wo	lokativ	L	V
wohin	lokativ	L	V
woher	lokativ	L	V
wer	uncharakterisiert	U	S
was	uncharakterisiert	U	S
den	uncharakterisiert	U	S
dem	uncharakterisiert	U	S
dessen	uncharakterisiert	U	S
deren	uncharakterisiert	U	S
woraus	uncharakterisiert	U	S
worin	lokal	L	S
wozu	uncharakterisiert	U	S

Nominalphrasen	
Muster	**Symbolzahl**
SU PR SU	3
SF PR SU	3
SU PR SF	3
SF PR SF	3
AF AF SU	3
AF AF SF	3
AF SU	2
AF SF	2
PR SU	2
PR SF	2
PX SF	2
PX SU	2
SU	1
SF	1
AF SU PR SU	4
PR SU PR SU	4
PP SU PR SU	4
PX SU PR SU	4
AF SF PR SU	4
PR SF PR SU	4
PP SF PR SU	4
PX SF PR SU	4
AF SU PR SF	4
PR SU PR SF	4
PP SU PR SF	4
PX SU PR SF	4
AF SF PR SF	4
PR SF PR SF	4
PP SF PR SF	4
PX SF PR SF	4

ULRICH HEID

ON THE VERIFICATION OF LEXICAL DESCRIPTIONS IN TEXT CORPORA

Abstract

The starting point for the work described here is the problem of lexicographic relevance: how can we support the lexicographer with a tool which allows him to efficiently access corpus material directly relevant for a given descriptive task? Corpus lexicographers have much text material available, and they need help for navigating through this material.

The proposed solution relies on the assumption that the dictionary will contain stratified lexical descriptions which have specific separate (morpho-) syntactic components, related with the semantic classifications introduced by the lexicographers. To verify lexical (semantic) descriptions given in the lexicon, the lexicographer selects a lexical class or an individual reading, or an individual sentence previously annotated, and the tool provides the set of corpus sentences available as an illustration of the description.

This checking mechanism exclusively relies on syntactic descriptions of sentences; it has to rely on this kind of source, because only very few text corpora are available which contain more than just categorial and morphosyntactic annotations.

This paper describes a partial practical solution to the problem of corpus-based verification of lexical descriptions given in dictionaries. Work on the tool is going on, because its coverage needs to be extended. The mapping rules used in the tool have to be manually prepared; with the increasing availability of morphosyntactically annotated text material, an application to other languages than English, in particular to German, can be envisaged.

1 Relating corpus and lexicon – the problems

Lexicographers agree to accept the need for a text corpus as a basis of any major new dictionary project, and, at least for languages like English, the availability of machine-readable and machine-processable text is not, as it was a few years ago, a problem any longer. The COBUILD dictionaries were among the first corpus-based lexicographic projects, and since the COBUILD group has produced, and, most recently, entirely updated their corpus-based dictionary, other publishers of dictionaries of English and of other European languages have started to work with large textual corpora as well. For example, there are ongoing lexicographic projects for English and Danish based on text corpora of some 40 to 60 million occurrences. The COBUILD bank of English now has some 200 million text words.

Although the notion of corpus-based lexicography and with it some aspects of a corpus-based working methodology for dictionary elaboration are gaining more and more widespread acceptance, not many computational tools for corpus-based dictionary building are available[1]

The HECTOR project[2] was a major experiment in bringing a number of relevant tools together: viewers for reference works, a dictionary editor and a corpus query system. The outcome of HECTOR on the data side is a database which contains definitions of word meanings connected with relevant corpus samples. However, the HECTOR tools were not yet fully integrated into a lexicographic workstation. Another, major problem of HECTOR's tool support concerns the control of semantic classifications: lexicographers are free to add new 'readings' or to classify material according to different criteria, but not much consistency checking is provided within the system; the lexicographer is thus not able to use the system for a detailed control of the descriptions he / she enters to the system.

A few individual tools which computationally support the creation of dictionary entries and the lexicographers' work with corpus material have been described in the literature over the past few years[3]. However, not much tool integration work has been done; what is needed is the creation of a toolbox which would support the creation of lexical descriptions on the basis of corpus material, bringing together corpus exploration, dictionary editing and consistency control. To address this particular need is the goal of tool building in DELIS.

The DELIS[4] project is an interdisciplinary effort aiming at developing prototypes of a number of tools to support the steps of corpus-based lexicon building, in particular interactive acquisition of data (both interactive corpus annotation and interactive 'population' of lexicons), formal representation of lexical descriptions and exportation of lexical information towards different types of applications, both for human use (i.e. dictionary making) and natural language processing. These three major components are symbolized in the illustration in figure 1 below.

---

1. The DECIDE project (an MLAP-project financed in part by the Commission of the European Union, Luxembourg, DG XIII E) has made a series of detailed state of the art surveys of corpus tools. These surveys cover tools for the linguistic analysis of corpora (Schulze et al. 1994), for collocation extraction (Fontenelle et al. 1994), and for corpus query for lexicographic purposes (Schulze/Heid 1994).
2. HECTOR was a collaboration of Oxford University Press and the Digital Research Laboratories, DEC-SRC; a description of HECTOR from the point of view of a lexicographer can be found in , a technical description of the tools is provided by Glassmann et al. s. d.
3. See Heid 1994, section 4.1, for a short survey.
4. DELIS stands for "Descriptive Lexical Specifications and tools for corpus-based lexicon building". DELIS (February 1993 through April 1995) is a shared-cost project partly funded by the DG XIII E of the Commission of the European Community, Luxembourg, under its LRE programme (Linguistic Research and Engineering, project 61.034). The project brings together expertise from system builders (Sonovision ITEP Technologies (Paris), Lingsoft (Helsinki)), from (computational) linguists (Universities of Amsterdam (VUA), Clermont-Ferrand, Copenhagen, Pisa and Stuttgart), Linguacubun Ltd. (London) and from dictionary publishing (Den Danske Ordbog (Copenhagen), Oxford University Press and Van Dale Lexicografie (Utrecht)).

Fig. 1. Basic components of the DELIS scenario

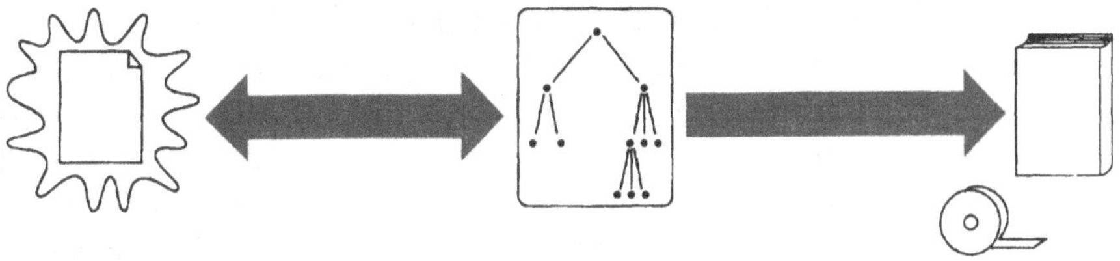

While access to text material is not a major problem, at least for languages like English, French or German, the selection of lexicographically relevant material is a much more labour-intensive and difficult task. For the more common lexemes of a language, a large text corpus will provide thousands of examples. If the usual keyword-in-context tools (Kwic) are used, the 'corpus lines' retrieved by simple word-form-based query will be presented more or less in the order of their occurrence in the text collection; the lexicographer then has to manually (or: intellectually) select the items to be retained for a more detailed description. Often lexicographers opt for the use of a 'shortcut', which consists in looking only at arbitrary subsets of the query results, of manually manageable size. How to determine such subsets while preserving the intended representativity is an open problem; methods by which a certain percentage of the corpus lines is selected at random do not necessarily lead to relevant subsets. Even though it may seem that the lexicographer's work is somewhat reduced by just selecting subsets of items, the main problem and the most labour-intensive tasks remain unsolved:

- the lexicographer has to compare corpus lines and to classify these with respect to the descriptive model used as a reference;
- in order to assess coverage and completeness of the dictionary under way, the lexicographer has to identify which sentences from a given corpus are covered by a given description in the dictionary, and, vice versa, which corpus examples are not (yet) described in the dictionary.

In DELIS, among other things, tools to support this kind of work are built. The respective DELIS tool is called 'search condition generator' (see below)[5]. Other tools concern the control of internal consistency of lexical specifications.

---

5. The author is most grateful to Sue Atkins, Martin Emele and Krister Linden for discussions about lexicographic relevance and about the search condition generator; much of what is presented in this paper goes back to these discussion. All misconceptions and infelicities in the presentation are of the author's responsibility.

2 The DELIS approach to corpus lexicography – the toolbox

Although one may view the writing of dictionary articles as a 'chain' going from corpus exploration over the creation of a descriptive model to the application of such model, for example by filling in an article template (cf. the illustration in figure 2, below), it seems more appropriate to assume a less linear approach. As with most descriptive linguistic work, or, for example, in software development, a spiral-like metaphor seems to be more appropriate. As is the case in the prototyping of software, the creation of lexical specifications can be seen as a task where an initial, most likely imperfect, model is built, verified against the data, modified and enhanced, again verified, etc. until it is considered to be a sufficiently detailed rendition of the facts observed. The lexicographer, when creating new dictionary entries, prepares a first description (lexical model), checks it against the corpus data used as reference material, if necessary modifies the lexical model, and so on.

Fig. 2. A sequential model of corpus-based dictionary buildung

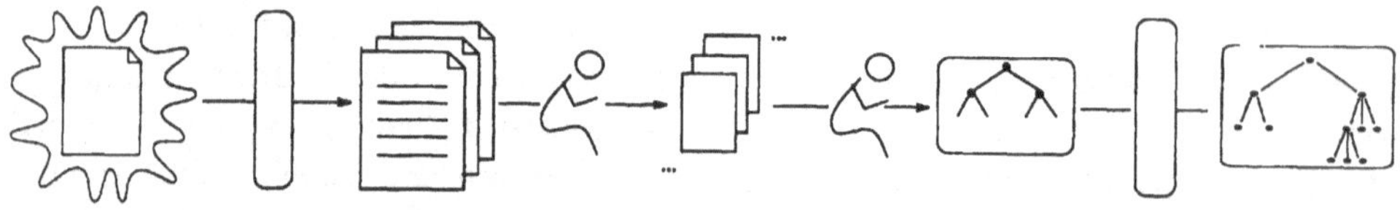

DELIS supports this going back and forth between lexicon and corpus with a number of tools. To make changes of the lexical model possible, DELIS not only includes viewing, browsing and editing facilities for the formal representations of lexical descriptions used, but also tools which support changes of the model, e.g. by indicating which objects are affected by reclassification actions; such modifications of the lexical model need to be carried out when the lexicographer splits or removes classes of lexical items previously introduced. Given the representation of lexical information in class hierarchies, typical modifications include introducing new classes, splitting, merging, deleting or moving classes elsewhere in the hierarchy. Evidently, no fully automatic reclassification of lexical descriptions is possible, but much is gained from user guidance, consistency control and from a system indicating which manual operations still need to be performed.

The second type of tool which directly supports the prototyping-like working methodology, and on which we would like to focus in the present paper, is the search condition generator, which allows to (semi-)automatically extract subsets of Kwic lines from the corpus[6]. The definition of the subsets is based on the contents of the dictionary. The prototype of this tool can extract corpus evidence on the basis of syntactic specifications contained in the DELIS dictionary. The tool converts these syntactic descriptions into query expressions which can be matched against sequences of annotated corpus material. If the corpus contains part-of–

6. For details of the specifications of this tool, see Lindèn 1994.

speech annotations, these are used to build pos-shapes of noun phrases, adjective phrases, etc., and the material is extracted on the basis of sequences of pos-shapes. If annotations of 'higher' level linguistic descriptions are available, such as grammatical functions, in the text material annotated by means of the English Constraint Grammar System (ENGCG, Vouttilainen/Heikkila/Anttila 1992), even better precision and recall can be achieved, since these annotations are more specific, and the retrieved material matches more exactly the search conditions set out by the syntactic description in the lexicon. This way, the tool allows to extract those items from a corpus which are already described in the lexicon; based on a few prominent examples which he has described manually, the lexicographer can find similar examples from the corpus. By building the complement of the set of matches, the lexicographer obtains those sentences with a given keyword for which so far no description has been supplied in the dictionary, thereby getting a clear picture of 'new' items. This latter device can also be used in the preparation of dictionary updates.

After this short overview of practical applications of the DELIS toolbox, we first describe the representation of lexical information in DELIS dictionaries, the principles guiding the structuring of these dictionaries ('dictionary architecture') and then give details of the search condition generation tool.

3 The descriptive approach in DELIS and its use in tools

3.1 Representation of lexical information

DELIS makes use of the *Typed Feature Structure System* (TFS, cf. Emele 1993, 1994, Emele/Zajac 1990, Zajac 1992) to represent lexical information. TFS is based on typed feature logics; its formal properties are well understood, and implementations of tool components exist which are 'TFS-aware'. An example is XMFED, a feature structure viewer developed in the content of the European Commission's ALEP project (Advanced Linguistic Engineering Platform, cf. Groenendijk s.d.) and integrated into the DELIS toolbox. TFS is implemented in Common Lisp.

TFS has properties of both constraint-based programming languages and object-oriented or knowledge-representation systems. The constraint-based properties include the availability of relational constraints as a descriptive device, as well as powerful consistency checking (e.g. through the use of appropriateness statements, typing of the feature structures used as data type, etc.). Moreover, the system provides powerful ad hoc querying facilities which allow for flexible extraction of subsets of the lexical descriptions with respect to criteria defined by the user according to his particular needs.

The object-oriented properties of TFS, which are most relevant for its use as a lexial representation language, include the notions of class and instance, and monotonic multiple inheritance along a user-defined class-hierarchy. This in turn allows to define the lexicon in terms of hierarchically structured classes of partial descriptions from the different descriptive levels, lexical items being instances of these classes.

Given the combination of representation-oriented and processing-oriented properties in TFS, it is evident that the use of TFS as a lexical representation language also greatly reduces the problem of adequately interfacing different components: typed feature structures are the only data type used, and the TFS language serves as data definition language, data manipulation language and as query language. The use of TFS extends to the mapping statements on which the 'translation', in the search condition generator, from the dictionary content to corpus queries is based.

3.2 Dictionary Architecture

A few general principles have been observed in the preparation of DELIS dictionary fragments, and these principles seem to greatly support the intended use of the lexical specifications in different application contexts.

DELIS dictionaries are *modular*. For each of the descriptive levels encoded, separate hierarchical models have been built, each governed by sets of well-formedness conditions. The levels considered include predicate-argument structures with roles (following Fillmore's *frame semantics* approach, cf. Fillmore 1993A, 1993B), a description of subcategorized elements in terms of grammatical functions, as well as a description of the phrase structural constructs through which the arguments are realized. Constellations of roles, of grammatical functions and of phrase types are each described by a set of type definitions organized into a hierarchy. The interaction between the descriptive levels is encoded in relational constraints similar to linking rules in say LFG. The illustration in figure 4 schematically shows the different hierarchies, information from which is combined into a given reading of a lexical item. In figure 6, the relational constraints between the different descriptive levels are symbolized. The fact that the levels are related greatly supports the verification of dictionary contents by means of checking surface-observable phenomena.

DELIS dictionaries are *classificatory*. The descriptions of each level are organized in monotonic multiple inheritance hierarchies of types, each type defining a class of linguistic objects from a particular point of view. So, the hierarchy of partial lexical semantic descriptions in terms of role constellations defines, for a lexical semantic field like the domain of perception events, which combinations of roles are observed; a few examples of such classes are given below, in the table in illustration 8. The hierarchy of partial syntactic descriptions defines for each language which subcategorization 'patterns' (in terms of grammatical functions and possibly phrase types) are allowed. This subcategorization hierarchy is close to Sanfilippo's modeling of English subcategorization classes in Acquilex (cf. Sanfilippo 1993).

The existence of such classes does not imply a priori that the lexical instances themselves are classifiable into a meaningful hierarchy. In particular, since such a tentative to make the individual readings of the elements of a lexical field fit into one single hierarchy would imply that one of the descriptive levels is priviledged (since taken as a primary criterion for establishing the instance hierarchy), no attempt to classify the instances themselves has been made. The instances are encoded as having an internal structure similar to that of the lexical sign in HPSG: every reading is characterized by its properties at the morphosyntactic, syntactic and lexical semantic level; for each level, a given reading is an instance of a given class. This is schematized in figure 3.

Fig. 3. Lexical instance description inspired by HPSG's sign-based approach: combining information from different descriptive levels

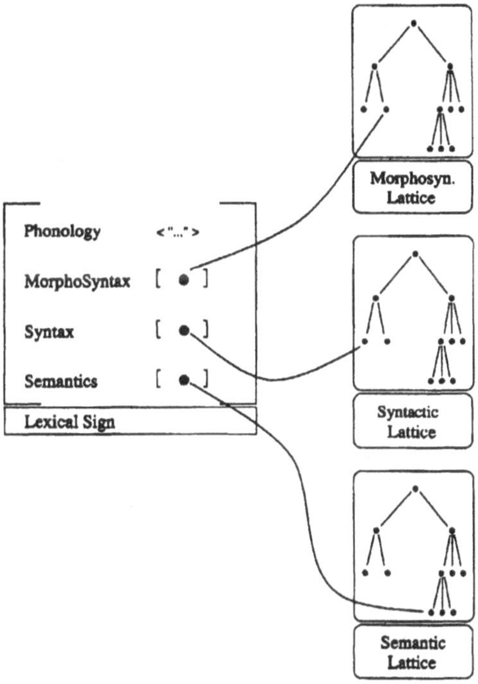

DELIS dictionaries are *access-neutral*. The absence of a classification of the lexical instances avoids any a priori commitment to one given organization or presentation of the data. Other than with printed dictionaries and with most lexical databases, none of the descriptive levels is taken a priori as the only relevant criterion for structuring the dictionary content.

Fig. 4. Access–neutrality: information from different levels flowing together, no single level priviledged

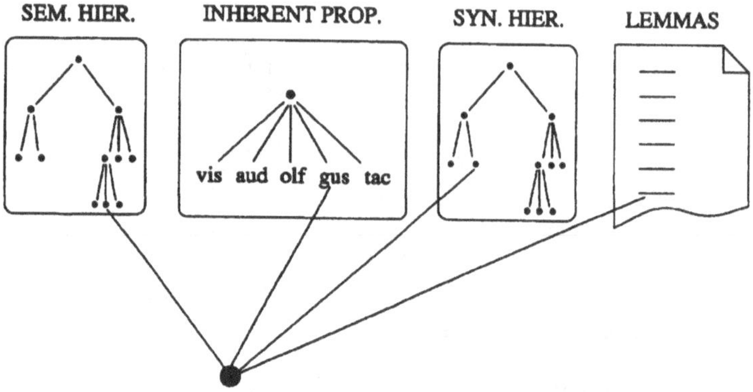

Given that TFS supports ad hoc querying, a semasiological or an onomasiological ordering (and presentation) of the instances in the dictionary can be generated out of the information contained in the DELIS dictionary, by simple restructuring and reordering of the entries. This property also supports the extraction of subsets from the TFS knowledge sources; such subsets can of course be determined in terms of the items to be exported, as well as in terms of relevant attributes and values. Thus new forms of dictionary products could be extracted from the knowledge sources without much effort. In the schema in figure 5, a DELIS entry for a verb reading is symbolized. The information contained in several such verb entries pertaining to one or more lexical semantic fields can be rearranged to provide material for different types of dictionaries.

Fig. 5. Schema of a verb entry in the DELIS dictionary

LEMMA:	"..."			
FEG:	ROLE:	[...]	ROLE:	[...]
	FUNCTION:	[...]	FUNCTION:	[...]
	PHRASE–TYPE:	[...]	PHRASE–TYPE:	[...]
Additional Information	[...]			

Fig. 6. Relational constraints between different descriptive levels

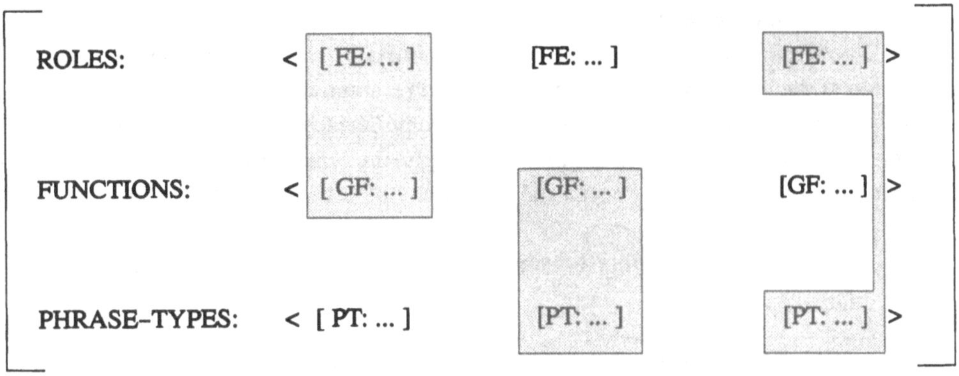

DELIS dictionaries are *documented*. To ensure usability in several application contexts, the DELIS lexical specifications can be extensively documented, both at the level of class definitions (e.g. with textual documentation of the criteria relevant for class-membership) and of lexical instances. The latter are documented, for example, by cross-references to corpus sentences which the lexicographer has identified as relevant evidence.

The properties of DELIS dictionaries play an important role for the definition of lexical specifications at the level of lexical semantics. By controlling consistency throughout a lexical semantic field, the lexicographer can make sure that the same descriptive devices are used to describe all members of a lexical semantic class. By binding descriptions from different levels together, we can ensure the cross-level completeness of the descriptions and provide syntactic input to the search condition generators.

3.3 A few examples

The DELIS approach to lexicon organization and to lexical description is being tried out in a case study: small dictionary fragments for the lexical semantic fields of perception and speech acts are being created in five languages (work on verbs of English, French, Italian, Danish and Dutch).

The DELIS lexical description of perception and speech act verbs is based on Fillmore's work in the framework of *frame semantics* (cf. ,). The roles proposed in the frame semantics analysis of perception events include experiencer (the individual who perceives something), percept (the perceived object or event) and judgement; the judgement role is used to keep track of those situations where the subjective or factual judgement formed by the perceiver is expressed (cf. sentences like *this tastes* ***bitter***).

These rather general roles can be further specialized (by additional constraints, e.g. sortal restrictions, etc.). For example, the subtypes of experiencer are used to distinguish situations where the perceiver intentionally participates in the perception event (i.e. where the perceiver is attentive: class attention), as opposed to non-intentional cases (class perception). Percepts are subclassified into 'actual percepts' and 'targets' (e.g. used with cases like *look for*, where the perceiver aims at seeing something, but where a sentence like *he looks for a pen* does not imply *he sees a pen* or *there is a pen*). The judgement role is subdivided into a veridical (or: 'factual': *this smells **sweet***) subtype, an evaluative (*this smells **nice***) and an inferential subtype (*she sounds **angry***).

The role configurations observed can be used to introduce a subclassification of the perception field at the lexical semantic level; a few such classes are listed in the table in figure 8, below. The lexical semantic classes form a hierarchy. The topmost classes are symbolized in the (multiple) hierarchy graph in figure 7. Similarly, the syntactic behaviour of the lexical items considered is described by means of a hierarchy of subcategorization classes.

Fig. 7. Topmost lexical semantic classes for the perception field, as proposed in DELIS

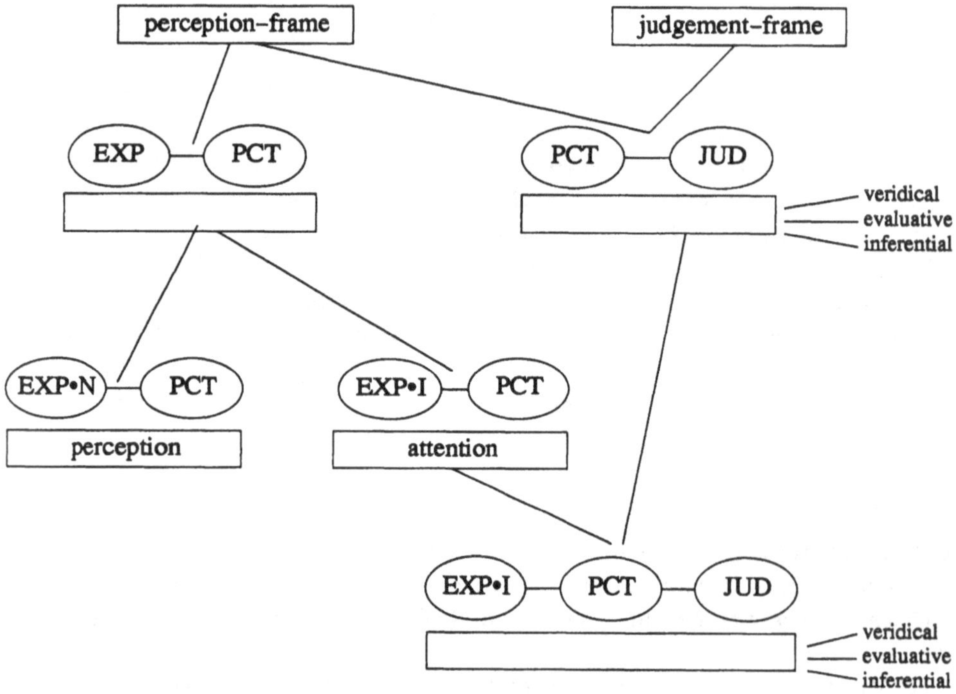

Individual lexical instances (i.e. the lexical semantic and syntactic descriptions of the individual 'readings' covered by the DELIS dictionary) are described by means of lists of attribute/ value-pair triples, each involving role, grammatical function and phrase type. A schema of such an entry is indicated in illustration .

Fig. 8. Role constellations defining subclasses of the perception vocabulary

subclass	role constellation	examples (instances)
perception	[Role: exp-nonint] [Role: pct-act]	John saw the light. John saw the car.
attention	[Role: exp-int] [Role: pct-act	John watched the car. John looked at the book.
attention-tgt.	[Role: exp-int] [Role: pct-tgt]	John looked for a pen.
judgement-ver.	[Role: pct-act] [Role: jud-ver]	The juice tastes sweet.
judgement-eval.	[Role: pct-act] [Role: jud-eval]	The juice tastes awful.
judgement-inf.	[Role: pct-act] [Role: jud-inf]	She looks tired.

To be well-formed, a lexical item description not only has to be an instance of one role constellation class and of one syntactic class, it also has to satisfy a set of constraints on the interaction of partial descriptions from the different levels; these constraints include the interrelationship between roles and grammatical functions and / or phrase types, i.e. a constraint expressing the kind of information usually conveyed by linking rules; other constraints concern the interrelationship between grammatical functions and phrase types; these interactions between partial descriptions from the different levels are encoded as relational constraints of TFS, whereas the definitions of lexical semantic and syntactic classes are encoded as type definitions.

The table below, in figure 9, summarizes the subtypes of the judgement role, the grammatical function (in LFG terms) and the phrase types which can be used to realize the roles in English. The table is an example of the combination of the constraints discussed above.

Fig. 9. Subtypes of the judgement role and their syntactic realization

role	gf	pt	example
J-VERIDICAL	XCOMP	ap	It tastes bitter
	XCOMP	pp -like	It tastes like coriander
	XCOMP	pp -of	It tastes od salt
J-EVALUATIVE	XCOMP	ap	It tastes nice
	XCOMP	pp -like	It sounds like hell
J-INFERENTIAL	XCOMP	ap	She sounds happy
	XCOMP	conj-cl	It tastes as if it had been forgotten in the fridge

4 Using the search condition generator

We now come back to the question of verification of lexical descriptions in a corpus. The syntactic description available in DELIS dictionaries can be used to identify sentences in a corpus which illustrate the readings syntactically described in the dictionary. Given the differences in annotation and classification between DELIS lexicons and the usual corpus annotation schemes, a set of mapping rules is necessary to generate corpus queries from lexical specifications.

The general principle of the search condition generator can be stated as follows:

- the lexical description in DELIS provides a (morpho–) syntactic layer, which serves as a starting point for the search;
- the different levels of description are related (through the relational constraints described above); this allows for search by any of the related levels: you can use the semantic class as an entry point to the tool, and get a listing of the related (morpho–) syntactic classes to be searched; this is schematized in illustration .

Fig. 10. Schema of the Search Condition Generator

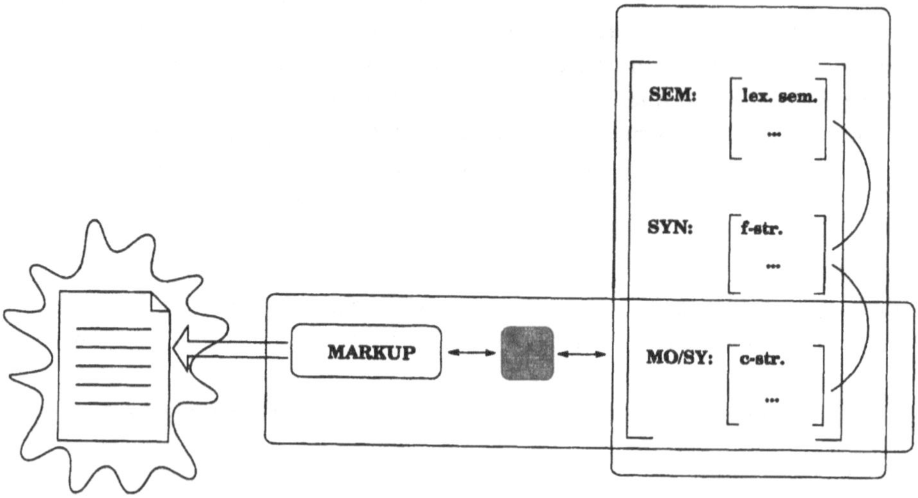

- given that most corpora are only annotated at the levels of category and morphosyntax, we must be able to provide mappings from the more 'abstract' descriptions ('higher levels of description') in the dictionary to the annotations found in the corpora. The illustration in figure 13 summarizes the different levels of description available in lexicons and corpora. In the case of DELIS, the level of phrase structure types is used as an interface between the dictionary and the corpus.

A set of mapping rules has been designed for the English Constraint Grammar System (ENGCG, cf. Vouttilainen/Heikkila/Anttila 1992). The rules take the DELIS lexicon entries as an input and produce complex corpus queries as an output. The tool operates on ENGCG–

annotated corpora and uses the CQP corpus query processor, a tool developed separately at the University of Stuttgart.[7] The illustration in figure 11 schematically depicts the interaction between the relevant components of the search condition generation tool.

Fig. 11. Components of the search condition generator

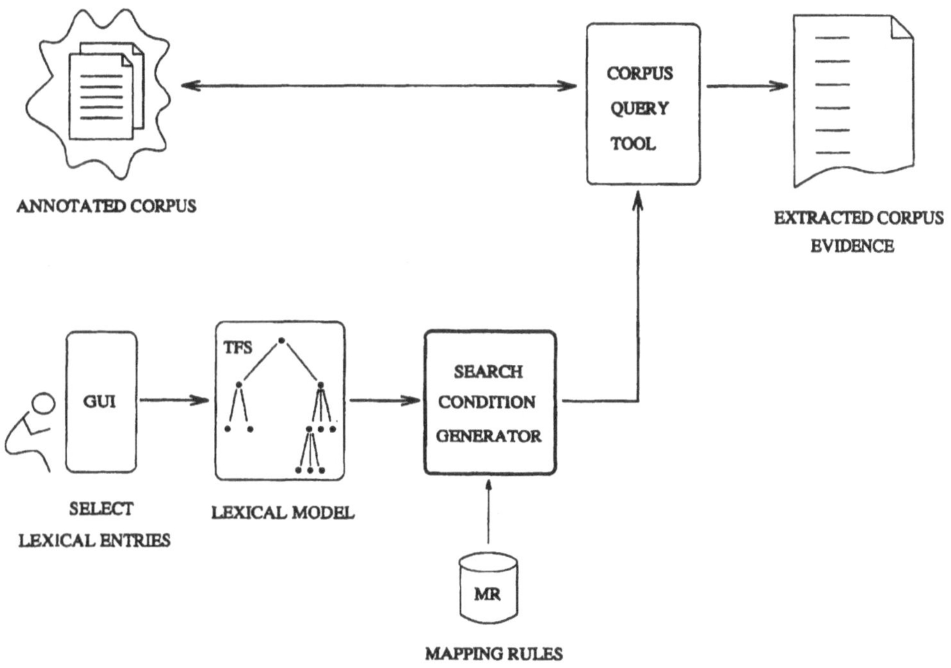

More precisely, the mapping rules use as an input the grammatical functions (and the phrase types) indicated in DELIS lexicon entries. For each subcategorized argument, an individual mapping is created. Two kinds of output can be produced: query expressions in terms of the grammatical function annotations provided by the ENGCG parser, or in terms of part-of-speech shapes for phrasal constructs. These two modes allow to broaden the applicability of the tool: the DELIS test corpora have been fully analyzed by means of the English Constraint Grammar system. Most other corpora available to lexicographers are not analyzed in terms of grammatical functions, but only annotated with part-of-speech and morphosyntactic information. In these cases, the use of pos-shapes for phrasal constructs allows at least to retrieve a relevant subset of the material. Clearly, the grammatical function annotation is better suited to the task, insofar as the retrieval results generally have higher precision rates than those produced with pos-shapes. This is of course due to the differences in granularity between the annotations of the two levels.

---

7. CQP is described in Schulze 1994. The query processor can be used along with Xkwic, a GUI which has been integrated as well into the DELIS toolbox; for details of the Xkwic tool, see Christ s.d.

The following table (figure 12) contains examples of the mapping, at the level of grammatical functions, between the DELIS descriptions (right hand side of the table) and the annotations provided by the ENGCG system (left hand side); an example sentence is indicated as well, for each mapping involving noun phrases or prepositional phrases.

Fig. 12. Tab: Mapping between DELIS and ENGCG

ENGCG function	Example sentence	DELIS (synt.)	Roles
@ SUBJ	The man ran.	subj, np	..., exper, ...
@ OBJ	He tastes the soup .	comp, np	..., pct, ...
@ IOBJ	I gave the man a book.	comp, np	n.r.
@ APP	Helsinki, the capital of Finland, ...	np	n.r.
@ PCOMPL–S	He is a teacher .	predi–s, np	..., judgem., ...
@ PCOMPL–O	I consider him a fool .	predi–o, np	..., judgem., ...
@ P	He looks like a fool .	predi–s, pp	..., judgem., ...
@ O–ADVL	He ran two miles .	comp, advl	n.r.

Below, we indicate the mapping rules for the subject and the object function, in terms of an ENGCG function tag output.

$$map\left(v, {}_{fr\text{-}comp}\begin{bmatrix} FUNC\ subject \\ PHR - T\ np \end{bmatrix}, \text{"[tag = ". * @SUBJ. * "]"} \right)$$

$$map\left\{ v, {}_{fr\text{-}comp}\begin{bmatrix} \text{ROLE } percept \\ \text{FUNC } obj \\ \text{PHR} - \text{T } np \end{bmatrix}, \text{"[tag = ". * @OBJ. * "]"} \right]$$

The mapping rules are encoded as relational constraints of the TFS formalism. The relevant rule takes the function and phrase type description of the DELIS lexicon entry as an input, to produce the query expression identifying the first and second argument of the targeted verb reading. Similar rules exist for the other arguments. A recursively defined mapping predicate maps over the complete syntactic description from the entry. The verb lemma and additional constraints on word order are taken into account as well. The result of the application of the search condition generator is a corpus query which can be processed by the CQP query processor.

Suppose we have described the sentence *this substance tastes like apples* in the work which led to a prototypical DELIS dictionary entry. The encoding of the verb [to] *taste* in this sentence looks as follows:

Fig. 13. Levels of description in the lexicon and in the corpus

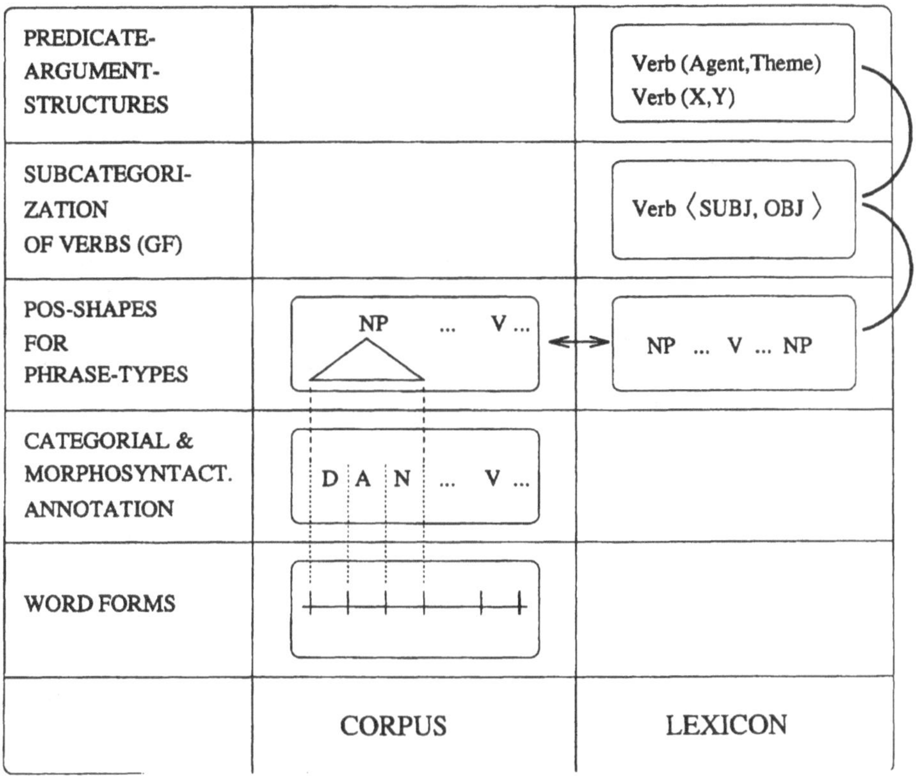

$$
{}_{sent}\begin{bmatrix} \text{LEMMA}: \textit{taste} \\ \text{FEG}: \left\langle {}_{fe}\begin{bmatrix} \text{ROLE } \textit{percept} \\ \text{FUNC } \textit{subject} \\ \text{PHR}-\text{T } \textit{np} \\ \text{EXPR } \textit{this substance} \end{bmatrix}, {}_{fe}\begin{bmatrix} \text{ROLE } \textit{judgement} \\ \text{FUNC } \textit{predicative} \\ \text{PHR}-\text{T } \textit{pp (like)} \\ \text{EXPR } \textit{like apples} \end{bmatrix} \right\rangle \end{bmatrix}
$$

The sequence of annotations produced from such an entry or such a sentence description (the tool can in principle take both types of input, since they are fully compatible) is the following.

It consists of three query components, one for the subject, the verb lemma and the predicative.

```
[tag=".*@SUBJ.*"]
[lemma="taste" & pos=V]
[lemma="like" & tag=".*@ADVL.*"]
```

The results of the corpus query are provided in a kwic format. The following are examples of the results produced for the English verb [to] *taste*, in a predicative reading with the preposition *like*:

```
34460: ss of dark-brown liquid < that tasted like> spanish water . what does the fifth ,
34649: , home-made and fresh : < it tastes like> forgotten food .
34756: y a seasonal beer - but < it tastes like> liquid christmas_pudding . the rice_paper
34786: rt of mayonnaise spread < that tasted like> chopped up cardboard with bits in
34864: ut what those liquorice < allsorts taste like> . it tastes like chicken . you need an
34868: e allsorts taste like . < it tastes like> chicken . you need an iron stomach as
34879: need an iron stomach as < it tastes like> some awful medicine . all things have
34920: th headaches and mouths < that tasted like> the bottom of a parrot's cage . "
34940: no , " said elinor , "  < it tastes like> bleach ! " do not expect these wines to
```

The corpus query can optionally be interactively refined, if the user wishes to do so. The retrieval result is indicated in Xkwic, a special MOTIF user interface, in the form or an interactively manipulatable kwic index. The full set of operations supported by the Xkwic interface (sorting, selecting, applying additional queries to the retrieved set of sentences, etc.) is available to the lexicographer. A function is foreseen which would allow to automatically attach a set of retrieved sentences to a lexical class of the dictionary model, to serve as documentation.

By (manually or semi-automatically, cf. Christ s.d.) analysing the kwic lines retrieved for a given verb reading in more detail, we can identify a number of context types which allow for a finer semantic subclassification. The illustration , below, contains object classes identified for the main readings of the verb *taste*.

Fig. 14. Examples of subject and complement contexts with different readings of EN to taste

Construction type	Object class	Examples
SUBJ:	person	they, guests, Frankie, the BBC good food panel
SUBJ:	food	food, vegetables, the sauce, roast beef, the green lentils
SUBJ:	drink	wines, this coffee, all 26 wines his pint at the rose
SUBJ:	other	her hair and face
OBJ:	food	liquorice, the oils, his salad
OBJ:	drink	inexpensive reds, sour milk
OBJ:	abstract	defeat, success, freedom, joy, danger, instant success
of + NP:	food	of oil
	drink	of pinot noir
of + NP:	other	of bleach, of old cigarette ash
like + NP:	food	like chicken, like champagne
like + NP:	other	like metal, like paper

5 Implementation

The first version of the DELIS tools was made available in June 1994. A second version is planned for sommer 1995. DELIS provides a client-server architecture where the GUIs are multiple clients of the TFS lexicon server. The corpus tools have been integrated under the common user interface.

The tools are developed on SUN Sparc workstations; the first prototype of the toolbox runs on Sparc work stations. The GUIs are based on OSF/MOTIF and C++ and usable under any XWindow compatible window manager.

The TFS system is implemented in Common Lisp and has been ported to several platforms including Macintosh, UNIX systems and PCs, with the FreeBSD operating system. Similarly, the corpus query processor may be used on PCs with FreeBSD.

DELIS has prepared the first prototype versions of the tools we have described; for testing purposes, small fragments of the lexicon of perception verbs from English, Dutch and French have been encoded in TFS. Along with the second prototype of the tools, more data and the results of a validation by lexicographic users will be made available.

Literatur / References

Atkins, B. T. S. 1993: *Tools for computer-aided corpus lexicography: the Hector Project*, Acta Linguistica Hungarica 41, 1992-93 (5-71).

Atkins, B. T. S. / Fillmore, C. 1994: *Starting where the dictionaries stop - The challenge of corpus lexicography*, in: Atkins, B. T. S. / Zampolli, A. (eds.): *Computational Approaches to the Lexicon*. Oxford (349-393).

Braasch, A. 1993: *There's no accounting for taste - except in dictionaries*. Internal paper. Copenhagen: CST.

Christ, O.: *The XKwic User Manual*. Internal report. Stuttgart [s.d.].

Emele, M. C. 1993: *TFS - The Typed Feature Structure Representation Formalism*, in: Uszkoreit, H. (ed.): *Proceedings of the EAGLES workshop on implemented formalisms*. DFKI report [s.l.].

Emele, Martin 1994: *TFS - The Typed Feature Structure Representation Formalism*, in: *Proceedings of the International Workshop on Sharable Natural Language Resources* (SNLR). Nara, Japan.

Emele, M. / Heid, U.: *Formal specification of a typed feature logic based lexical representation language*. Deliverable D-V-2 of Delis (LRE 61.034) [s.d.] [s.l.].

Emele, M. C. / Zajac, R. 1990: *Typed unification grammars*, in: Karlgren, H. (ed.): *Proceedings of the 13th International Conference in Computational Linguistics* (CoLing90). Helsinki.

Fillmore, C. J. 1993A: *A Cognitive-Frames Approach to the Vocabulary of Sensation and Perception in English*. Draft ms. Berkeley: University of California 1993.

- 1993B: *Frame semantics and perception verbs*. Unpublished contribution to Dagstuhl Seminar 9313 Universals in the Lexicon 1993 [s.l.].

Fontenelle, Th. [et al.] 1994: *Survey of collocation extraction tools*. DECIDE, Deliverable D-1a. Liège.

Glassmann, L. [et al.]: *Hector: connecting words with definitions*, in: *Screening Words: User Interfaces for Text*. Proceedings of the Eighth Annual Conference of the UW Centre for the New OED and Text Research. Waterloo, Canada: University of Waterloo (37-74) [s.d.].

Groenendijk, M.: *Xmfed User Guide*. P-E International [s.d.] [s.l.].

Heid, U. 1994: *Relating lexicon and corpus: computational support for corpus-based lexicon building in DELIS*, in: *Proceedings of the 1994 Euralex International Congress*. Amsterdam.

Linden, Krister 1994: *Specifications of the DELIS Search Condition Generation tool*. Appendix to Deliverable D-V-1 of DELIS (LRE 61.034). Helsinki.

Olivier, J.: *Delis specifications*. Deliverable D-V-1 of Delis (LRE 61.034) [s.d.] [s.l.].

Pollard, C. / Sag, I. 1987: *An Information-based Syntax and Semantics*. Vol. I. Stanford: CSLI lecture notes no. 13.

- / - 1994: *Head-Driven Phrase Structure Grammar*. Chicago: University of Chicago Press / Stanford: CSLI Publications.

Sanfilippo, A. 1993: *LKB Encoding of Lexical Knowledge*, in: Briscoe, T. / Copestake, A. / de Paiva, V. (eds.): *Inheritance, Defaults and the Lexicon*. Cambridge.

Schulze, B. M. 1994: *Entwurf und Implementierung eines Anfragesystems für Textcorpora*. Universität Stuttgart (Diplomarbeit Nr. 1059).

Schulze, B. M. / Heid, U. 1994: *State-of-the-Art Survey of Corpus Query Tools*. DECIDE, Deliverable D-1b II. Stuttgart.

Schulze, B. M. [et al.] 1994: *Comparative State-of-the-Art Survey and Assessment Study of General Interest Corpus-oriented Tools*. DECIDE, Deliverable D-1b I. Stuttgart.

Vouttilainen, A. / Heikkila, J. / Anttila, A. 1992: *Constraint Grammar of English: A Performance-Oriented Evaluation*. University of Helsinki: Department of General Linguistics (Publication No. 21).

Zajac, R. 1992: *Inheritance and Constraint-Based Grammar Formalisms*, Computational Linguistics, 18/2 (159-180).

HERBERT KÜSTNER

AUTOMATISCHE GENERIERUNG NATÜRLICHSPRACHLICHER PARAPHRASEN FORMALER BEDEUTUNGSBESCHREIBUNGEN

Vorbemerkung

Stephen Hawking gibt den Ratschlag, den Lesern eines Buches so wenig Formeln wie möglich zuzumuten, jede Formel halbiere die Verkaufszahl.

Ist der Lesestoff eine logikbasierte semantische Theorie, so lassen sich Formeln zwar nicht vermeiden; ist die Theorie aber implementiert und steht – samt ihrer Anwendung auf einen breiten Sprachdatenbestand – als Auskunftssystem zur Verfügung, so kann Nutzern, denen der Umgang mit Formeln ein Problem ist, geholfen werden durch automatisches Übersetzen der Formeln in natürlichsprachliche Paraphrasen.

Ein Modul solcher Paraphrasengenerierung ist als Nebenprodukt der Arbeiten am Projekt TELEX[1] entstanden und soll hier im Überblick vorgestellt werden.

Im System TELEX, einer im Aufbau befindlichen Datenbasis, ist die Theorie der Kasusrollen und der semantischen Emphase aus (Kunze 1991, 1993) implementiert und auf bisher knapp 500 Lexikoneinträge deutscher Verben angewendet. Hierbei stehen formale Bedeutungs- und Sachverhaltsbeschreibungen unvermeidlich im Mittelpunkt: Diese Formeln sind geradezu die Drehscheibe für die in der Theorie aufgewiesenen Zusammenhänge zwischen der Semantik und der Syntax der Lexeme, zwischen ihrer Bedeutungsstruktur (und den aus dieser abgeleiteten Kasusrelationen) und ihren Valenzmustern. Beim Navigieren im System TELEX entlang seiner Fensteroberfläche lassen sich zwar die Formeln umschiffen und trotzdem Auskünfte einholen, aber wer es dabei beläßt, verzichtet darauf, das Wesentliche der Theorie zu verstehen.

Nicht erst das Lesen, auch schon das Schreiben von Formeln wird im System TELEX durch die Paraphrasengenerierung unterstützt: In natürlichsprachlicher Fassung lassen sich Formelvarianten, deren sich der Bearbeiter noch nicht sicher ist, bequem intuitiv kontrollieren, bis die für einen Sachverhaltstyp adäquateste gefunden ist.

1 Zusammenfassendes zur Wirkungsweise

Die Formeln, um deren Übersetzung es im folgenden geht, die *semantischen Grundformen* (Kunze 1991:69 ff.), repräsentieren Sachverhaltsklassen als gemeinsame Bedeutungsprototypen für ein Verbfeld oder -teilfeld.

Einer semantischen Grundform entsprechen im allgemeinen mehrere *Sememrepräsentationen* (ibd.), das sind, grob gesagt, Grundformen, die angereichert sind mit Informationen über die semantische Emphase und mit weiteren semantischen Angaben, die zur Grundlage

1. Das Projekt TELEX (TExtLEXikalische Datenbasis auf der Grundlage der Theorie der Semantischen Emphase), wird von der Deutschen Forschungsgemeinschaft gefördert.

für das Regelsystem zwischen Semantik und Syntax der Lexeme gehören. Gehen verschiedene Sememrepräsentationen auf dieselbe semantische Grundform zurück, so repräsentieren sie unterschiedliche Sichten auf denselben Sachverhalt. Zum Beispiel unterscheiden sich *kaufen* und *verkaufen* nicht in der Sachverhaltsklasse (wo immer gekauft wird, wird auch verkauft und umgekehrt), wohl aber in der Sicht auf den Sachverhalt: Die semantische Emphase liegt jeweils auf einem der beiden Agenten und seinem Beitrag zum Geschehen.

Entscheidend für die Architektur der Sememrepräsentationen (und damit auch der semantischen Grundformen) ist, daß der streng geregelte Zusammenhang zwischen deren elementaren Argumenten einerseits und den Aktanten in den Oberflächenmustern andererseits sichtbar wird.

Soviel zum Hintergrund, auf dem in den folgenden Beispielen der Zusammenhang zwischen Formel, Beleg und Paraphrase zu sehen ist.

Die Paraphrasengenerierung, auf ihrem jetzigen Stand, geht von den semantischen Grundformen (im folgenden Grundformen genannt) aus. Sie ist in Quintus-Prolog geschrieben.

Im Grundsatz folgt sie einem einfachen Rekursionsprinzip, auf das aber für zwei bestimmte Ausdrucksmittel innerhalb der Grundformen - die nachher zu behandelnden zwei Arten der *sememinternen referentiellen Bindung* - komplexere Verarbeitungsmodule aufsetzen.

2 Der rekursive Teil der Verarbeitung

Für die Grundform `(1)` zum Beispiel genügt das rekursive Prinzip, um die Paraphrase zu generieren.

(1) `CAUSE(ACT(x),BECOME(ISA(q,u)))`

Sie ist die Darstellung einer prototypischen Bedeutung, die den Verben

(2) *berufen, bestallen, bestellen, bestimmen, einsetzen, (er)wählen*

gemeinsam ist, etwa in Satz `(3)` auftritt:

(3) *Der Gemeinderat beruft Herrn Martini zum Amtsleiter*

und sich so beschreiben läßt:

(4)	*Eine Handlung von* ref(x)	`ACT(x)`
	bewirkt,	`CAUSE(.,.)`
	daß es eintritt,	`BECOME(.)`
	daß ref(u) *ein* ref(q) *ist.*	`ISA(q,u)`

Hierbei bezeichnet ref(v) den Referenten/das Denotat der sprachlichen Form (einer DP oder NP), mit der die Individuenvariable v interpretiert wird, vgl. (Kunze 1993:20 f.). Im Beispielsatz `(3)` ist *x* mit *der Gemeinderat*, *u* mit *Herrn Martini* und *q* mit *-m Amtsleiter* belegt.

Es soll nun das Verfahren skizziert werden, das - bis auf Formulierungsvarianten - `(1)` in (4) übersetzt. (In den generierten Paraphrasen erscheint um der flüssigeren Lesbarkeit willen statt *ref(v)* jeweils nur *v*.)

Im Anfangsschritt werden den Basisausdrücken[2] Basiskonstituenten zuordnet, im Beispiel:

(5) `ACT(x)` x handelt in bestimmter Weise

(6) `ISA(q,u)` das u ist ein q

und im Rekursionsschritt wird jedes semantische Prädikat P mit propositionalen Argumenten (im folgenden komplexes Prädikat genannt) in einen natürlichsprachlichen Kontext übersetzt, in den die Übersetzungen der Argumente von P eingebettet werden, im Beispiel:

(7) `CAUSE(A,B)` *daß*-Paraphrase(A)
bewirkt,
daß-Paraphrase(B)

(8) `BECOME(A)` es tritt ein,
daß-Paraphrase(A)

Für jede durch diesen Grundmechanismus erzeugte Konstituente gibt es eine Hauptsatz- und eine *daß*-Satz-Variante. Die *daß*-Paraphrasen ergeben sich für die Basiskonstituenten durch eine einzige einfache Transformation (Finitum ans Ende, *daß* voranstellen),

(5d) `ACT(x)` daß x in bestimmter Weise handelt

(6d) `ISA(q,u)` daß das u ein q ist

für die komplexen Prädikate sind sie einzeln kodiert:

(7d) `CAUSE(A,B)` daß der Umstand,
daß-Paraphrase(A)
bewirkt,
daß-Paraphrase(B)

(8d) `BECOME(A)` daß es eintritt,
daß-Paraphrase(A)

Die Gesamtparaphrase wird im Standardfall als Hauptsatz angeboten; die Anforderung, in welcher der beiden Varianten eine Teilkonstituente benötigt wird, pflanzt sich *top-down* fort, gesteuert vom jeweils durchlaufenen komplexen Prädikat.

Die Erzeugung der Paraphrase zu Grundform `(1)` benutzt die Regeln `(7)`, `(5)`, `(8d)` und `(6d)` und führt zum Ergebnis `(9)`.

(9)
```
daß x in bestimmter Weise handelt, ACT(x)
bewirkt,                           CAUSE(.,.)
    daß es eintritt,               BECOME(.)
        daß das u ein q ist ISA(q,u)
```

2. Basisausdrücke nenne ich die primitiven prädikativen Ausdrücke, bestehend aus einem Prädikatzeichen (Basisprädikat) mit seinen Argumentzeichen, die Individuenvariablen oder -konstanten sind.

3 Die Verarbeitung der sememinternen referentiellen Bindung

In (10a) und (10b)

(10a) *Der Gemeinderat beruft den Amtsleiter*

(10b) *Der Gemeinderat beruft den Amtsleiter ab*

treten *berufen* und *abberufen* in je einer in bestimmtem Sinne *holistischen* Bedeutung auf: Bei beiden erscheint in der jeweiligen Lesart an der Oberfläche (außer dem Subjekt) nur der Aktant für die Funktion (*Amtsleiter*); der Aktant für den werdenden bzw. abschiednehmenden Träger der Funktion kann nicht mehr hinzutreten, wiewohl dieser notwendigerweise ein Teilnehmer am Sachverhalt ist. Das entsprechende Argument ist in der Grundform vorhanden, aber *sememintern referentiell gebunden.*

Damit diese Erscheinung erfaßt wird, treten zum bisher erwähnten Ausdrucksinventar der Grundformen die Operatoren σ und τ hinzu. Genaueres über sie ist in Kunze 1993:50–53 nachzulesen; hier im folgenden soll das Wichtigste über Syntax und Interpretation von σ und τ durch die Beispiele und die Paraphrasierungsregel-Schemata (13) bis (15) vermittelt werden.

Die in (10a) und (10b) erscheinenden Lesarten von *berufen* und *abberufen* werden wie in (11a) und (11b) repräsentiert,

(11a) *berufen* CAUSE(ACT(x),BECOME(σu ISA(q,u)))

(11b) *abberufen* CAUSE(ACT(x),BECOME(NOT(τu ISA(p,u))))

und die Paraphrasengenerierung liefert folgende Übersetzung der beiden Formeln:

(12a)	daß x in bestimmter Weise handelt,	ACT(x)
	bewirkt,	CAUSE(.,.)
	daß es eintritt,	BECOME(.)
	daß es etwas$_u$ gibt,	σu
	was$_u$ ein q ist	ISA(q,u)
(12b)	daß x in bestimmter Weise handelt,	ACT(x)
	bewirkt,	CAUSE(.,.)
	daß es aufhört,	BECOME(NOT(.))
	daß das$_u$ ein p ist,	ISA(p,u)
	was$_u$ anfangs ein p ist	τuISA(p,u) im Kontext BECOME(NOT(.))

In den letzten drei Zeilen von (12b) zeigt sich, daß die Interpretation des Operators τ – und folglich seine Übersetzung in Paraphrasen – in bestimmter Hinsicht sensitiv gegenüber dem Kontext innerhalb der Grundform ist, also nicht allein aus dem Teilausdruck gewonnen werden kann, dessen Kopf τ ist. Ich komme darauf noch zurück. Zudem ist die Interpretation beider Operatoren, σ und τ, noch in einer anderen Hinsicht sensitiv gegenüber der gesamten zu paraphrasierenden Formel. Die Regelschemata (13) bis (15) zur Paraphrasierung von *σ* und τ deuten an, wie das zu verstehen ist.

(13) σx F `es gibt etwas,`
Rel-x-Paraphrase(F*)
(wobei F* die Sammlung (logische Konjunktion) aller in der Grundform vorkommenden Skopi von σx ist)

(14) NOT(σx F) `es gibt nichts,`
Rel-x-Paraphrase(F*)
(F* wie eben)

(15) τx F Paraphrase(F) + Rel-x-Paraphrase(F**)
(wobei F** die Sammlung (logische Konjunktion) aller in der Grundform vorkommenden Skopi von τx ist; der Relativsatz wird eingesetzt hinter das erste - dann als Katapher zu paraphrasierende - Vorkommen des Arguments x in der Paraphrase)

Im Falle der σ-Bindung werden die Skopi beim Einsammeln aufgebraucht (was bestimmte Kontextbeschränkungen für das Auftreten von σ und Umformungsregeln für das Konsumieren eines σ-Skopus erforderlich macht), im Falle der τ-Bindung aber werden sie nicht aufgebraucht. Ein σ-Skopus wird nur einmal paraphrasiert (als Relativsatz), ein τ-Skopus aber zweimal. Letzteres wird jetzt am Beispiel der Erzeugung der Paraphrase (12b) aus der Grundform in (11b) illustriert.
Der erste Beitrag, den der Teilausdruck

(16) τu ISA(p,u)

abliefert, ist die folgende, noch nicht endgültige Paraphrase für die referentielle Bindung:

(17) $\texttt{was}_u$ `ein p ist .`

Ein solcher Relativsatz wird aus der Basiskonstituente, hier

(18) `das u ist ein p`

durch zwei Regeln gebildet. Im nächsten Schritt wird die Paraphrase (17) durch den Formelkontext modifiziert, in dem (16) in (11b) steht,

<u>BECOME(NOT(</u>τu ISA(p,u)<u>))</u> ,

und zwar wird berücksichtigt, daß ISA(p,u) die Proposition darstellt, die für die Anfangsphase des Ereignisses präsupponiert[3] wird, das eine Instanz[4] für die in (11b) repräsentierte Proposition ist. Das heißt, (17) wird modifiziert zu

(19) $\texttt{was}_u$ `anfangs ein p ist .`

Mit der nun fertigen Festlegung der referentiellen Bindung des Arguments u hat der Operator τu in der Grundform aus (11b) seine Schuldigkeit getan, und es beginnt, falls - wie hier - keine weitere σ- oder τ-Bindung in der Grundform vorkommt, deren Paraphrasierung nach dem rekursiven Prinzip, zunächst ohne Berücksichtigung der schon abgearbeiteten τ-Bindung. Es wird also die Paraphrase der Grundform

3. Zur formalen Behandlung solcher Präsuppositionen vgl. Jung / Küstner 90.
4. im Sinne der Funktion *inst*, vgl. Bierwisch 88:23

(11b') `CAUSE(ACT(x),BECOME(NOT(ISA(p,u))))`

erzeugt, allerdings in einem Punkt abgewandelt: Das erste (hier: einzige) Vorkommen einer Variablen, von der ermittelt wurde, daß sie irgendwo in der Ausgangs-Grundform τ-gebunden vorkam, wird in der Paraphrase als Katapher wiedergegeben. Damit wird eine Möglichkeit geschaffen, die Bedingung (17) der referentiellen Bindung als einschränkenden Relativsatz semantisch korrekt in die Paraphrase einzubauen, nämlich als Einschub unmittelbar hinter die katapherhaltige Konstituente (also völlig unabhängig vom "Ort des Entstehens" des Relativsatzes). Etwaige weitere Erwähnungen derselben Variablen erhalten die anaphorische Form, so daß die Koreferenz dargestellt wird.

Damit ist das Prinzip beschrieben, nach dem zu (11b) die Paraphrase (12b) erzeugt wird. Die Grundform aus (11b) enthält zu wenig Material, als daß die Erzeugung einer Anapher ausgelöst würde; dafür gebe ich als Beispiel in (20) zum Verb *ausrauben* die Grundform und die aus ihr generierte Paraphrase.

(20) Grundform zu *ausrauben*:

```
CAUSE(ACT(q),
    ET(BECOME(HAVE(q,u)),BECOME(NOT(τu HAVE(p,u)))))
```

Paraphrase dieser Grundform:

daß q in bestimmter Weise handelt	ACT(q)
bewirkt,	CAUSE(.,.)
daß es eintritt,	BECOME(.)
daß q das_u hat ,	HAVE(q,u)
was_u p anfangs hat	τuHAVE(p,u) im Kontext BECOME(NOT(.))
und	ET(.,.)
daß es aufhört,	BECOME(NOT(.))
daß p es_u hat	HAVE(p,u)

Soweit die Besonderheiten der Verarbeitung der τ-Bindung. Das Verarbeiten verteilter Skopi wird am Beispiel einer σ-Bindung dargestellt. Verteilte Skopi treten innerhalb der folgenden Beispielgruppe jeweils in (b) und (d) auf.

(21a) *Hans redete.*

(21b) *Hans redete über das Buch.*

(21c) *Hans schwieg.*

(21d) *In dem Gespräch schwieg Hans über das Buch.*

Die folgenden vier Grundformen repräsentieren entsprechend diesen Beispielsätzen je zwei Bedeutungsprototypen der Verben *reden* und *schweigen*: in beiden Fällen das einstellige Verb und das Verb mit *über*-Ergänzung.

(22a) `CAUSE(ACT(p),σU UTTER(p,U))`

(22b) `ET(CAUSE(ACT(p),σU UTTER(p,U)),`
`σU ET(TOPIC(t,H),IMPL1(H,U)))`

(22c) `CAUSE(ACT(p),NOT(σU UTTER(p,U)))`

(22d)
```
ET(CAUSE(ACT(p),NOT(σU UTTER(p,U))),
        σU ET(TOPIC(t,H),IMPL1(H,U)))
```

Die vier Einträge hängen in bemerkenswerter Weise miteinander zusammen: *reden über* ist ein Spezialfall von *reden*, aber bei *schweigen* ist es umgekehrt: *schweigen* (= gar nicht reden) ist ein Spezialfall von *schweigen über* (= über etwas Bestimmtes nicht reden). Infolge des negativen Bedeutungsbestandteils in *schweigen* kehrt sich der Zusammenhang um, daß Spezialisierung mit Ausdruckserweiterung einhergeht. Die Grundformen, konzipiert als Schnittstelle zwischen Semantik und Syntax, sind gerade so angelegt, daß sie beidem Rechnung tragen, sowohl der Gleichgerichtetheit von Spezialisierung und Ausdruckserweiterung im Falle von *reden* als auch deren Gegeneinander-Gerichtetheit im Falle von *schweigen*.
Die Paraphrasierung von `(22)` benutzt folgende noch nicht erwähnten Konstituenten:

(23)	`UTTER(p,U)`	`von p geht U aus`
(24)	`ET(TOPIC(t,H),IMPL1(H,U))`	`U betrifft t`

und man erhält in `(25)` die Übersetzung der Grundformen `(22)`.

(25a)
```
daß p in bestimmter Weise handelt ,     ACT(p)
bewirkt,                                CAUSE(.,.)
  daß es etwas_U gibt,                  σU
    was_U von p ausgeht .               UTTER(p,U)
```

(25b)
```
daß p in bestimmter Weise handelt ,     ACT(p)
bewirkt,                                CAUSE(.,.)
  daß es etwas_U gibt,                  σU
      was_U von p ausgeht               UTTER(p,U)
    und                                 ET(.,.)
      was_U t betrifft .                ET(TOPIC(t,H),
                                           IMPL1(H,U))
```

(25c)
```
daß p in bestimmter Weise handelt ,     ACT(p)
bewirkt,                                CAUSE(.,.)
  daß es nichts_U gibt,                 NOT(σU . )
    was_U von p ausgeht .               UTTER(p,U)
```

(25d)
```
daß p in bestimmter Weise handelt ,     ACT(p)
bewirkt,                                CAUSE(.,.)
  daß es nichts_U gibt,                 NOT(σU . )
      was_U von p ausgeht               UTTER(p,U)
    und                                 ET(.,.)
      was_U t betrifft .                ET(TOPIC(t,H),
                                           IMPL1(H,U))
```

Für die beiden Arten der sememinternen referentiellen Bindung, die τ-Bindung und die σ-Bindung, ist die Übersetzung in Paraphrasen jetzt am Beispiel gezeigt worden. Damit diese Darstellung so zügig wie möglich erfolgen konnte, ist über katapherhaltige, anapherhaltige und Relativsatzkonstituenten nur knapp gesprochen worden. Hierzu ein Nachtrag. Er knüpft an die Übersetzung der Basisausdrücke in Basiskonstituenten an (vgl. Abschnitt 3), und wir betrachten das Beispiel

`QUANT(b,m)` .

Zu dieser Basisproposition wird die Basiskonstituente

`der Wert von m ist gleich b`

generiert, wobei die elementaren Argumente (hier `b` und `m`) für sich in Teilkonstituenten übersetzt werden, im Beispiel:

das Argument `m` in `der Wert von m` ,

das Argument `b` in `gleich b` .

Für diese Teilkonstituenten (sie sind meist, aber nicht immer Nominalphrasen) sind kataphorische, anaphorische und Relativvariante pro Basisprädikat einzeln festlegbar. Dies trägt dazu bei, daß die nötige semantische Vielfalt in algorithmisch einfacher Weise darstellbar ist. Hier eine Anwendung.

Basisausdruck:	`QUANT(b,m)`		
Übersetzung in Hauptsatzmuster:			
	`der Wert von m`	`ist`	`gleich b`
Argumentvarianten:			
Grundvariante	`der Wert von m`		`gleich b`
kataphorische Variante	der Wert $dessen_m$		$so\_groß_b$
Relativvariante	$dessen_m$ Wert		$wie\_groß_b$
anaphorische Variante	$sein_m$ Wert		$so\_groß_b$

Anwendungsbeispiel:

Grundform für das Verb *ausmessen*:

```
ET(CAUSE(ACT(x),BECOME(KNOW(x,τb QUANT(b,m)))),
      τm MEAS(u,m))
```

Hierzu generierte Paraphrase:

```
daß x in bestimmter Weise handelt, ACT(x)
bewirkt,                           CAUSE(.,.)
daß es eintritt,                   BECOME(.)
 daß x weiß,                       KNOW(x,.)
  wie_groß_b der Wert dessen_m ist,   τbQUANT(b,m)
    was_m ein für u relevantes Maß ist  τm MEAS(u,m)
```

Diese Paraphrase gibt überdies einen Hinweis darauf, daß als weitere Argumentvariante die des Fragepronomens benötigt wird. Vorläufig wird für diese Fälle die in bestimmtem Umfang gegebene Übereinstimmung zwischen Relativ- und Fragepronomen ausgenutzt.

4 Schlußbemerkung

Das Modul der Paraphrasengenerierung ist für sich allein und auch außerhalb des Projekts TELEX verwendbar:

- für die Lehre: Es gestattet experimentierendes Erlernen des Umgangs mit formalen semantischen Repräsentationen und ist daher geeignet, die Akzeptanz bei Studierenden für Semantikformalismen wesentlich zu erhöhen und die weithin zu beobachtende Schwellenangst abzubauen.
- für die Forschung: Die hier entwickelte Methode ist geeignet, auch für andere formale Sprachen (beginnend mit der Prädikatenlogik) natürlichsprachliche Übersetzungen zu liefern und dadurch deren Handhabung zu erleichtern.

Literatur / References

Bierwisch, Manfred 1988: *On the Grammar of Local Prepositions*, in: studia grammatica XXIX, Berlin: Akademie-Verlag (1–65).

Jung, Uwe / Küstner, Herbert 1990: *Semantische Mechanismen der Negation*. Studia grammatica XXXI, Berlin: Akademie-Verlag.

Kunze, Jürgen 1991: *Kasusrelationen und Semantische Emphase*. Studia grammatica XXXII, Berlin: Akademie-Verlag.

Kunze, Jürgen (unter Mitarbeit von Beate Firzlaff) 1993: *Sememstrukturen und Feldstrukturen*. Studia grammatica XXXVI, Berlin: Akademie-Verlag.

MANFRED STEDE

VERB SEMANTICS IN MULTILINGUAL SENTENCE GENERATION

Abstract

In natural language generation, an abstract representation of content is in a number of steps transformed into linguistic output. If this mapping between content and language is not altogether strictly one-to-one, then the generator is able to produce a range of paraphrases of the same content, which makes the task much more interesting.

We collect several types of such paraphrases and employ lexical semantics as a central source of variety in text output, which has traditionally been neglected in generation research. A two-step architecture with an intermediate level of semantic representation is proposed that allows for extending the paraphrase problem to that of multilingual generation in similar languages, here in English and German.

1 Overview

1.1 Natural language generation

In automatic natural language generation (NLG), a computer produces text from either raw data (as it has been done for weather- or stock market reports) or some structured knowledge representation written in a formal language. It encodes the "content" of the text on a level that should abstract from the peculiarities of a particular natural language. Determining this abstract level of meaning representation and the mechanisms that map it to linguistic output is a difficult task; it involves drawing a line between the "pure" content (what ever that exactly is) and the "linguistic sugar", i.e., the different ways of saying roughly the same thing. The study of paraphrases deals with precisely this problem: when two utterances are paraphrases of one another, they have the content in common and differ only in aspects that are somehow secondary. For NLG then, three tasks need to be solved:

- specify the abstract representation language,
- specify the mapping from that representation to language, and
- specify the choice criteria that give reasons to prefer one paraphrase over another.

The last problem in turn presupposes some explanation of the differences between paraphrases of the same content.

In this paper, we discuss the first two tasks and suggest answers that are being implemented in a practical language generating system that has a range of different verbalizations of the same content at its disposal and furthermore is designed to produce output in multiple languages. It is an extension of the TECHDOC generator (Rösner / Stede 1994), which produces automobile maintenance instructions in English, French, and German from a common underlying knowledge base.

1.2 A shortcoming of current generation systems

The system described here is designed to overcome an often-voiced criticism of NLG systems regarding the absence of genuine *lexical choice*, i.e., the selection of words on the grounds of principled reasons. This lack is due to the tendency that systems typically associate words directly with concepts that are part of the input specification and the underlying knowledge representation scheme. By also employing trivial mappings from conceptual roles to semantic participant roles, the language generation task can be kept simple, but at the obvious expense of expressivity, that is, variety in text output.

A central reason for the limited lexical abilities of generators is the fact that lexical semantics is not given a thorough enough treatment (which, again, is not necessary as long as the conceptual input in effect pre-determines the lexical outcomes). In this paper, I sketch my attempt at improving this situation with respect to verb semantics. Specifically, I take linguistic research on lexical-semantic structures (in the sense of Jackendoff 1990), event structure (Pustejovsky 1991), verb alternations (Levin 1993), and others and transfer it to the realm of practical language generation, so that sensible lexical choices can be made on the grounds of lexical-semantic representations (and more).

1.3 Word meaning in NLG

If objects in the knowledge representation scheme do not correspond to words in a direct manner, or more precisely, if it is not postulated that these objects *represent words*, then the relationship between word meaning and objects in the knowledge base needs to be specified in some more elaborate manner. Now, doing lexical semantics includes the duty to supply the interface between knowledge and words: it has to specify what words can be used to express what KB objects, and, possibly, under what circumstances.

Once a mapping step between KB-level and linguistic representation is provided, the possibility of multilingual generation arises quite naturally: In the same way as different verbalizations within one language are producible is it possible to map a pre-linguistic specification to utterances in more than one language. If the KB-level representation is abstract enough to span a range of paraphrases in one language, it can also be made abstract enough to account for different verbalization patterns in different languages. The basic task for the mapping, and for determining the required level of abstraction in the KB stays exactly the same; therefore, I regard multilingual generation as a straightforward extension of the monolingual paraphrase problem.

Finally, an obvious central task for lexical semantics (in language understanding and generation alike) is to provide the building blocks for compositional sentence meaning: it has to explain how the meaning of an utterance can be built from the meaning of the words therein. To be sure, sentence meaning is not just the plain sum of the word meanings, but some additional work is required. In language *understanding*, one needs functions that take the basic word meanings as found in a dictionary, and construct utterance meaning on the basis of the context, i.e. the specific combination of words (and more). When viewed from the perspective of generation, however, this task is potentially more difficult: Given a representation of the meaning of an intended utterance, we cannot simply match it against individual word meanings and then put the results together according to syntactic rules; the projection needs to be reversed, too.

In summary, there are three central tasks for lexical semantics in natural language generation:

- Mediate between pre-linguistic and linguistic representations,
- provide constraints for well-motivated word choice,
- enable compositionality in sentence meaning.

2 Sources of paraphrases

Natural language generation becomes truly interesting when it is possible to produce a range of paraphrases that express more or less the same content in different ways. The decision as to *which* paraphrase to produce in a given situation depends on a large number of factors and is not the topic here; instead, I concentrate on the task of making a range of paraphrases *available* on the grounds of lexical-semantic specifications. The perspective is that of a bilingual system that produces German and English text (for our purposes here, single sentences) from the same underlying representation.

The question on what exactly it means for two utterances to be paraphrases is hard to answer generally (see Lenke 1994); from the perspective of an actual language generation system, however, the criterion is quite clear: at some level of description they have the same representation, and only subsequent steps in mapping it to language bring about the differences, due to, for instance, different pragmatic goals that leave the propositional content unchanged. For my purposes, I call the "common" level a situation specification, which will be introduced below. Mapping this specification to a linguistic utterance involves a series of decisions that allow for variation. We focus here on lexical decisions: how to map the pieces of meaning to individual words. Potential sources of variation are the following:

Connotation Choose among words that have the same denotation but different connotations: *The director asked me to meet with him* vs. *The director ordered me to meet with him.*

Incorporation Choose words that distribute the pieces of information across the sentence in different ways, by means of *incorporation*: *We swam across the river* vs. *We crossed the river swimming.*

Perspective Choose verbs with different perspective on the same event: *I sold the book to her* vs. *She bought the book from me.*

Definitional knowledge
A word can be replaced by a phrase that somehow defines the concept denoted (*to announce the departure / to make the departure known*), or, more generally, with a less specific term and appropriate modifiers (*to rise* vs. *to move upward*).

Aktionsart Choose verbs that denote different aspects of the event (Aktionsart): *I let the water run out of the tank* describes the process that went on, whereas *I emptied the tank* characterizes the result.

Emphasis Choose a particular verb alternation that places emphasis on some particular participant: *I gave Mary the key* vs. *I gave the key to Mary.*

In the next section, I will describe a system capable of producing linguistic variation along these lines. As a concrete example, here are some paraphrases that the system generates from the same underlying representation:

(1) *Sally poured water into the tank until it filled.*

(2) *Sally füllte Wasser in den Tank, bis er voll war.*

(3) *Sally filled the tank with water.*

(4) *Sally füllte den Tank mit Wasser.*

The model thus needs to explain that *to fill* and *füllen* behave identically to a certain extent (3,4) but not entirely: The German verb can undergo the locative alternation and appear in configuration (2), whereas English needs a different verb to get the parallel structure (1). Further, *to fill* can be used reflexively in the *until*-clause (1), while German strongly prefers to describe the final state with the adjective *voll* (lit. *until it was full*). The general difference between (3,4) and (1,2) is that the former express the result of the action, whereas the latter add information on how that resulting state came about.

Representing lexical semantics and producing paraphrases both presume rather fine-grained representations that can capture those differences between similar lexemes that are amenable to symbolic representation. As a consequence, the gap between the fine-grained input that can be mapped to a *range* of verbalizations and the actual output sentences is too wide to be taken in one jump.

3 A two-step architecture for multilingual paraphrasing

Lexical choices among alternatives can obviously entail different syntactic environments, and in language generation it is not clear how the various kinds of decisions exactly interact or get serialized. One possibility is to interleave lexical and syntactic decisions (e.g., Mehl 1994), paying the price of large computational (and algorithmic) complexity. Another way is to assume an intermediate level of representation and to divide the whole generation task into two stages. The primary practical advantage of such an approach lies in the fact that existing surface generators (that produce linguistic output from a semantic specification) can be used, and when a number of such modules is at hand, each for a different language, then multilingual generation becomes attainable --- if the "right" levels of abstraction are chosen for the various representations.

As "deepest" level of representation, I assume a specification of the situation to be verbalized, called SitSpec, that is to be taken as neutral between the languages to be generated as well as between the paraphrases in a single language. SitSpec is organized along a variant of the ontological categories proposed by Vendler 1967 and developed further in the direction of lexical semantics, inter alia, by Pustejovsky 1991. The key is that this level breaks up the *event structure* by treating it, in the general case, as being composed of two states and an activity transforming one into the other.

A verbalization of a situation then takes a particular perspective on the event, and places the different elements into foreground or background. Cases that linguists have investigated extensively are perspective changes like those in *buy* vs. *sell*; similarly, the passive alternation as in *Dad smoked the turkey – The turkey was smoked by Dad* does not change the content but the angle from which it is viewed. Talmy 1988 discusses a wide range of such "perspectivization" phenomena.

In the generation model proposed here, the central tasks of choosing the main verb and of mapping situation participants to verbal roles amount to constructing a semantic specification (called SemSpec) that narrows the range of verbalizations significantly, though usually not yet to one single sentence. SemSpec is a language-specific structure with process types and participant roles, which can be mapped to a surface sentence. This last step is left to a surface generator (in the actual system, the PENMAN generator (Penman 1989) and a German variant being developed at FAW Ulm) and for the sake of brevity will not be discussed further here.

3.1 Situation specification

The central categories of the SitSpec ontology are *object*, *quality*, *state*, and *event*. As we are focusing on verbs here, only the last two are relevant. I take an event as being composed of a *pre-state* (a state holding before the event commences), an *activity* (meant as neutral with respect to agency and volition), and a *post-state* (holding when the event is over). Not all of these have to be present for a well-formed event, though. It can consist of an activity only (*Sally walked*), or there can be only the pre-state and the post-state slots filled (*The room lit up*), or it can be an activity terminating in a post-state (*We destroyed the building*), an *accomplishment*.

Besides the fundamental event categories, other aspects of SitSpec are designed following proposals by Jackendoff 1990, in particular his analysis of movement events. Note, however, that he explicitly conflates semantic and 'conceptual' representation, whereas the approach outlined here employs two separate levels.

Within the general ontological system, a *domain model* is defined that holds the concepts relevant for representing situations (in a sample domain) and that specifies the exact conditions for well-formedness of situations. It is implemented in the KL-ONE language LOOM (MacGregor, Bates 1987), which, in a nutshell, allows one to specify a taxonomy of *concepts* and a set of *relations* holding between them. Figure gives an abridged example of a situation specification. Recall the scene where Sally put water into a tank; the examples (1) to (4), and more, can be produced from that SitSpec.

3.2 Semantic specification

SemSpecs are constructed from a SitSpec by selecting a process and mappings of SitSpec elements to participant roles of that process, so that all elements of SitSpec are covered (see be-

Abb. 15. Example of situation specification (abridge)

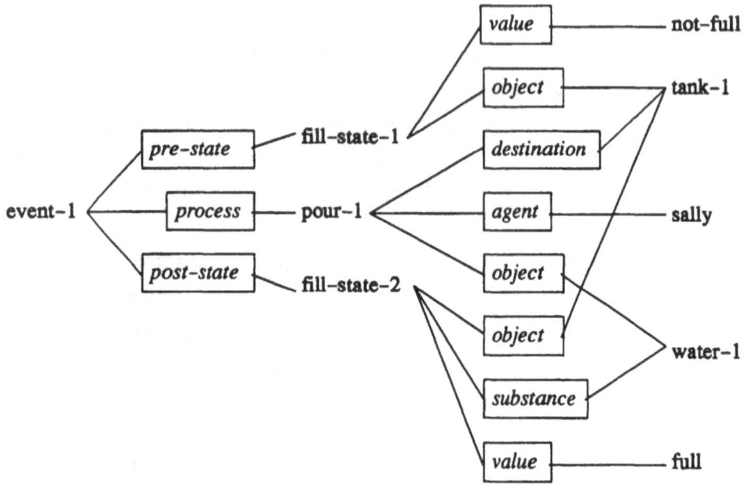

low), i.e., it is ensured that they take part in the verbalization. A process on the SemSpec level is linguistically motivated and language-specific. Following the approach of the "upper model" (UM) (Bateman et al. 1990), I take these processes to be organized in a taxonomy of concepts reflecting the distinctions that *the language* makes when different kinds of things or events are expressed. Since English and German are fairly close together, the upper models of both languages are to a good extent identical.

The concepts in the UM specify the conditions for well-formedness of SemSpecs by listing for every process the obligatory and facultative participants and, if applicable, selectional restrictions on the fillers. By means of implementation with a term-subsumption language (LOOM), these conditions are enforced when a SemSpec is constructed.

The choice of process and participants in effect establishes a perspective on the situation; SitSpec is underspecified in this respect. SemSpec is still underspecified with regard to, for example, constituent order, and lexical choice between near-synonyms (that have the same semantics with respect to SitSpec yet differ in terms of style or connotation). These and other decisions are made, on the basis of verbalization parameters, by the surface generator PENMAN, which is beyond our discussion here. For illustration, figure 2 gives the SemSpecs for the sample sentences listed above, to be produced from the same underlying SitSpec (figure 1). They contain lexical annotations that do not necessarily stand for a single lexeme, but for a class of synonyms from which the surface generator can make a choice.[1]

1. In the last example in the figure, the English lexemes are annotated; the same specification with German lexemes can be given to the German module.

Abb. 16. Sentences and corresponding semantic specifications

(1) *Sally poured water into the tank until it filled.*

```
(a / rst-until        :domain (b / directed-action :lex pour
                                 :actor (s / person :name sally)
                                 :actee (water1 / substance :lex water)
                                 :destination (tank1 / three-d-object :lex tank))
                      :range (c / nondirected-action :lex fill
                                 :actor tank1))
```

(2) *Sally füllte Wasser in den Tank, bis er voll war.*

```
...
                      :range (c / property-ascription
                                 :domain tank1
                                 :range (d / quality :lex voll)
```

(3) *Sally filled the tank with water.*

(4) *Sally füllte den Tank mit Wasser.*

```
(a /  directed-action :lex fill
      :actor (s / person :name sally)
      :actee (tank1 / three-d-object :lex tank)
      :inclusive (water1 / substance :lex water))
```

3.3 Lexical semantics

In a language generator, the central part of the meaning of a lexeme is its link to the representation system according to which the input to the generator is specified. As indicated in the beginning, most generators used to associate lexemes directly with single *concepts* they were supposed to express. As soon as input structures become more fine-grained, though, lexical-semantic specifications need to be more complex, too. The gain, of course, is possible variety in text output --- the ability to produce a range of paraphrases for the same input.

The link to the abstract representation system should be seen (from the generation perspective) as the *applicability condition* of a lexeme: the configuration of meaning that needs to be present in the input structure in order for the word to be a valid option in verbalizing that particular input. I label these necessary conditions for using a lexeme its denotation, in contrast to secondary features pertaining to style, etc., the *connotations*.[2] When determining the applicability of a candidate lexeme, its denotation is being *matched* to the input SitSpec, and therefore the denotation amounts to a partial SitSpec, or a template. In the case of objects, this template can possibly reduce to the simple case of a single concept,[3] but with events and verbs the situation is more interesting.

---

2. The denotation/connotation distinction has been made in semantic theory at least since the Middle Ages, and in a wide variety of ways; for a comprehensive historical overview, see Garza-Cuaron 1991.

3. This depends, of course, on the granularity of the knowledge base --- it is perfectly possible to decompose objects and thereby arrive at more complex denotations for nouns, but we ignore this here.

Specifically, the event structure present in the denotation reflects part of the inherent *Aktionsart* of a verb. The basic dichotomy of Aktionsart classes is that between *durative* and *non-durative* verbs. The former characterize continuous events that do not have internal structure, like *to sleep, to sit.* This class corresponds well to the situation type `activity` introduced above, which I take as the denotation type for durative verbs.

The class of non–durative verbs is the more interesting one from the perspective of event modelling. One distinction here, dating back to Vendler 1967, and elaborated by Pustejovsky 1991, is that between point–like events (achievements) and those that take time (accomplishments). Achievements are typically best characterized as involving just a change of some state, without a clearly recognizable event that would be responsible for it: *The room lit up.* The denotation of such verbs involves a pre–state and a post–state, which is the negation of the former: `(event (pre-state A) (post-state NOT-A))`. The Aktionsart of verbs denoting such state changes has sometimes been called "transformative".

Inchoative verbs characterize the beginning of an activity, and *resultative* ones its coming to an end. In German, these verbs are quite often produced by adding a prefix to the stem of a durative verb, e.g. *ent–* or *ein–* for inchoative verbs like *entbrennen* or *einschlafen.* English, on the other hand, has many phrasal verbs in these classes, e.g., the inchoative *to fall asleep.* The denotation template for inchocatives has the form `(event (pre-state A) (activity B))`, and for resultatives it is, accordingly, `(event (activity A) (post-state B))`. Examples for the latter are *verbrennen* or *to burn up*, respectively: an activity of burning with the result of its object being destroyed.

We have now established correspondences between the possible types of events as represented in SitSpec and verbs classified according to their inherent Aktionsart. The final case are simple events of the type `state`. These are usually verbalized with an appropriate adjective and the copula to be or sein, respectively: *the water is hot, das Zimmer ist aufgeräumt.*

Of course, there are more features pertaining to Aktionsart (which is a notoriously fuzzy area anyway). The distinction between *causative* and *non–causative* verbs or verb readings will be discussed in the next subsection; certain other features cannot be reflected within our model of situations. To account for the difference between "one–way" (*die, kill*), "full–cycle" (*flash, hit*), and "multiplex" (*breathe, beat*) activities (Talmy 1988), a yet more fine–grained model of activities distributed over time would be required.

Besides the denotation, we need to associate with a lexeme the contribution it makes to semantic sentence specifications: a partial SemSpec term that in the generation process is unified with others into a complete structure. In the case of verbs, this is the process type from the upper model and the mappings of situation elements to process participants, which is achieved by coindexing the variables between partial SemSpec and denotation template. To illustrate this with a simple example, figure shows the denotation and partial SemSpec for the inchoative reading of *to fill*, as it appears in example sentence (1). Compare with the SitSpec in figure 1 and the SemSpec in figure 2.

By means of sharing information between denotation template and partial SemSpec, the lexicon entries serve as a "bridge" between the input to the generator, a SitSpec, and the intermediate representation SemSpec, which is given to a front–end sentence generator. As explained below in section 3.5, sentence generation starts by matching the input SitSpec against denotation templates of lexemes, which yields possible candidates for verbalization, i.e., participation in a SemSpec.

3.4 Verb alternations and extensions

Having said that denotations of lexemes are matched against SitSpec, it is important to add that this initial matching pertains to the *base form* of the lexeme, which has a minimal meaning and unmarked participant linking rules. Further verbalization possibilities are determined by considering possible alternations of the verb, e.g.: *Tom cut the bread. The bread was cut. The bread cuts easily.*

Alternations (or *diatheses*) have been investigated widely, and a comprehensive result is the compilation by Levin 1993, who gives a catalogue of alternations and verbs that can undergo them. My proposal here is to view alternations from the language generation perspective and promote them to productive devices that derive an additional verbalization option from a more basic one.

The first distinction to be made is between alternations that involve the denotation of the verb, i.e., alter its meaning, and those that do not. The latter merely affect the participant linking and thus the surface ordering of the constituents; they can shift emphasis from one participant to another, or help establishing the focus in discourse, but the central meaning (here in particular: the applicability conditions) are left unchanged.[4] Examples are the passive or the dative alternation (*I read the book to her - I read her the book*).

Others, however, do affect the meaning of the verb. To give a well-known example, the *locative* alternation specifies that a verb like *to spray* can be used as *Sally sprayed paint onto the wall* and also as *Sally sprayed the wall with paint.* In the second but not in the first sentence we have the aspect of "complete" or "holistic" covering of the wall with paint. The idea now is to treat such alternations not just as relations between different verb forms, but to add directionality and treat them as functions that transform one into another. This step rests on the assumption that alternations *add* meaning to the more basic form. Using our terminology, the alternation extends the denotation of the lexeme - in the second spray-sentence, the holistic aspect in SitSpec (however it is encoded) is incorporated into the verb. Therefore I label those alternations that affect the meaning in this way as *extensions.*

Other cases are the stative/resultative alternation (*Water filled the tank - The tank filled with water*) or the resultative/causative alternation (*The tank filled with water - Sally filled the tank with water*). They extend the denotation from a state to a resultative event, and from that to a caused event, respectively. Of course, extending the denotation template is only half of the work; an extension (just like the other alternations) also changes the linking behaviour, that is the mapping between participants on the SitSpec level and roles in SemSpec. Thus the resultative/causative extension adds the presence of a CAUSER to the denotation of a verb like *to fill* and changes the linking rules: what used to be mapped to ACTOR now becomes the ACTEE, and the process-causer is the new ACTOR. In continuation of the example given in figure , I show the resultative/causative extension rule in figure , which can be applied to

4. From the perspective of truth-functional semantics one would say that these alternations do not change the truth conditions of the sentence.

inchoative *fill* and produces the SemSpec for the causative reading. The sentence generator then can produce either *The tank filled with water* (which would not cover the complete SitSpec in figure but leave the causer unverbalized) or *Sally filled the tank with water.*

Importantly, the instrument of extension rules can be generalized from dealing with traditional verb alternations to adding any participant to the SemSpec; it thus also serves the purpose of *adjunct rules* as used, for example, by Jackendoff 1990. Consider the example of adding a PATH to a MOVE activity. If the SitSpec represents the event of Tom walking from his home to the store, then the denotation of *to walk* will match it and be a lexical option; *Tom walked* can be generated, but will not cover the whole event. A destination–extension rule checks wheter a PATH is present in the SitSpec and maps its goal to the corresponding SemSpec role DESTINATION. This leads to *Tom walked to the store*. The success of this rule triggers the source–extension rule, which in turn enables the production of *Tom walked from his home to the store*. Applying the rules in this particular order precludes the generation of * *Tom walked from his home*;[5] if indeed only the SOURCE is present in the SitSpec–PATH, then a different verb will be selected, for example *to leave*. Note that extensions thus change the Aktionsart of the verb when sentences are built; in the last example, *to walk* is an activity, whereas *to walk to the store* is an accomplishment.

To summarize, I view alternations/extensions as productive devices that take a form of the verb and derive a (possibly) more complex one that can

- express more pieces of meaning, i.e. have larger coverage,
- add new participant linkings and/or overwrite old ones,
- thereby project the inherent Aktionsart of a verb to that of the sentence, and
- create or move the focus of the utterance (which we have not discussed further here).

3.5 Building SemSpec from SitSpec

We can now briefly look at the overall process of constructing SemSpecs from a SitSpec, which is the heart of the sentence generation procedure. Given a particular SitSpec, the first step in the verbalization process is to determine the set of lexemes that can be used to express elements of the situation. To this end, the *denotation* of a lexeme is defined as a well–formed SitSpec expression that can be matched against the actual situation in order to determine the applicability of the lexeme. In fact, the matching does not go for identity but rather for *subsumption* – the denotation can be more general than the part of the situation being matched: The denotation of *to empty* is more general than that of *to drain*, as every draining is also an emptying, but not vice versa. For details on subsumption of lexical options, see Stede 1993b.

Given the set of applicable lexemes (for the example given in figures 1 and 2, it includes *Sally, water, Wasser, tank, Tank, fill, füllen, pour, schütten*, and others), all the verbs are now tested for applicability of the alternations/extensions that are associated with them. Each extension rule, when triggered by a verb, first produces the new denotation and checks whether

5. Such inter–dependencies in verbalizing participants are a traditional problem for accounts of case role assignments; here, one case can be assigned only if another one is also present.

the SitSpec still matches it; if so, the linking changes are made and a new combination of denotation template and partial SemSpec is added to the set of options.

From the resulting pool of lexical variants, a well-formed SemSpec is to be constructed, which is maximal under a preference function that evaluates features like style, desired brevity or verbosity, etc. --- these matters are beyond our discussion here. Well-formedness of the SemSpec is ensured by constraints specified in the language-specific upper model classes (section 3.2).

More important than the preference mechanism is the requirement that the SemSpec be *complete*, i.e. that it cover the whole SitSpec. This is where variants of incorporation come in: the elements in SitSpec can be covered in different ways. *To go by car* expresses the instrument of the MOVE with an adjunct, whereas to drive incorporates it into the verb. The SemSpec construction procedure ensures that every element is covered, and that they are not covered more than once; we would not want to say **to drive by car.* Thus an additional constraint for the SemSpec is to be *minimal.*

In effect, the mapping from SitSpec participants to SemSpec roles can be conceived of as "deep linking" as we do not map directly to syntactic arguments but to process roles on the SemSpec level. The linking rules can be fairly general, like `process--causer --->actor`, or rather specific to the particular verb; for instance, the stative form of to fill uses a rule like `poststate--object--content --->actor` to plug the element representing a tank's content into the right position in SemSpec, so that the generator can produce *Water filled the tank.*

In short, given the set of lexical options and verb alternations/extensions, a subset is looked for such that the associated partial SemSpecs can combine into a well-formed, complete, and minimal SemSpec (a unification process, governed by restrictions on the upper model concepts), which covers the complete SitSpec and is maximal under a preference function. Figure provides a synopsis.

4 The lexicon of the generation system

Putting together the observations so far, and supplementing a few additional aspects, we can conclude that a lexical entry consists of the following pieces of information:

1. Denotation: applicability conditions for the lexeme, to be matched against SitSpec
2. Partial SemSpec: contribution to a semantic sentence specification
3. (For verbs only) Pointers to alternations/extensions they can undergo
4. Fine-grained semantic traits not covered by distinctions in the domain model
5. Connotations: features pertaining to style
6. Collocational constraints
7. Morphosyntactic features used by the front-end generator (here, PENMAN)

The semantic traits outside the taxonomic representation scheme (4) and the connotations (5) are beyond the present discussion; their role in the generation model is examined in DiMarco

/ Hirst / Stede 1993 and Stede 1993a. Under collocational constraints I subsume lexical affinities of the kind that a person smoking a lot can be called a *heavy smoker* or a *starker Raucher*, respectively, but a person who enjoys reading is neither **a heavy reader* nor a *starker Leser*. The most prominent approach toward these problems is that of *lexical functions*, described in Mel'čuk / Polguère 1987, and used in several generation systems. At present, the model outlined in this paper does not handle collocations.

A central task for maintaining a computational lexicon is to find efficient storage methods, and in particular to determine the possibilities for *sharing information* between lexical entries. This topic, which is an area of much active research today, cannot be debated here; I just want to mention in passing that, for example, groups of semantically related verbs like 'transfer of possession' verbs etc., can all share the same denotation yet differ in terms of linking SitSpec participants to SemSpec roles, i.e., in their partial SemSpec. And words that are commonly treated as *synonyms* may share both of these units and differ only in terms of their connotations and their morphosyntax.

5 Summary

Lexical choice has long been a weak point in language generation, and an important reason is the lack of thorough lexical-semantic specifications in such systems. The work outlined in this paper aims at making such knowledge available to a practical generator. To this end, I draw from work in linguistic lexical semantics, extend it and place it into a model of generation where lexicalization plays an early and central role.

A two-level representation enables a variety of semantic specifications to be derived from a single, language-neutral situation representation. The aim is to make a range of paraphrases available to a generator; we did not elaborate on the decision as to which particular paraphrase should be the preferred one in a given context. On the level of SitSpec representations, I proposed an event structure that extends Pustejovsky's (1991) suggestions to the effect that an event can in general be composed of a pre-state, a post-state, and an activity that brings the state transition about. The SitSpec is mapped to a language-specific semantic specification, and the lexical resources of an individual language are seen as the central engine in this mapping step. Based on the initial set of base-form lexical candidates, alternation/extension rules try to derive further verbalization options. These rules are productive instruments that generalize over work on verb alternations (e.g., Levin 1993) and other rules like those for processing adjuncts (e.g., Jackendoff 1990). An important difference to "standard" lexical rules is that those map to syntactic constituents, whereas the system outlined here produces first a lexicalized semantic specification, and the construction of a surface sentence is left to a front-end generator. This two-step mapping is a prerequisite for generating text in multiple languages.

The system is being implemented using the knowledge representation language LOOM, the PENMAN sentence generator for English, and a German variant that is under development at FAW Ulm. The generation of various bilingual paraphrases from the same underlying representation serves to demonstrate and test the strengths and weaknesses of the model; the target is to enhance the "expressivity" of language generators so that they can "say the same thing in different ways."

Literatur / References

Bateman, J. / Kasper, R. / Moore, J. / Whitney, R. 1990: *A general organization of knowledge for natural language processing: the Penman upper model.* USC Information Sciences Institute Tech. Rep.

DiMarco, C. / Hirst, G. / Stede, M. 1993: *The Semantic and Stylistic Differentiation of Synonyms and Near-Synonyms*, in: *Working notes of the AAAI Spring Symposium on Building Lexicons for Machine Translation.* Stanford University, March 1993.

Garza-Cuaron, B. 1991: *Connotation and Meaning.* Berlin [etc.]: Mouton de Gruyter.

Jackendoff, R. 1990: *Semantic structures.* Cambridge, MA: MIT Press.

Lenke, N. 1994: *Paraphrasen - Lösungen für antizipierte Leserprobleme bei der automatischen Textgenerierung.* Doctoral dissertation, Universität Duisburg.

Levin, B. 1993: *English verb classes and alternations.* Chicago: University of Chicago Press.

MacGregor, R. / Bates, R. 1987: *The Loom Knowledge Representation Language.* USC Information Sciences Institute Tech. Rep. ISI/RS-87-188.

Mehl, St. 1994: *Synonyme bei der Erzeugung, Generierung und Produktion natürlicher Sprache*, in: Trost, H. (ed.): *Proceedings of KONVENS-94.* Vienna.

Mel'čuk, I. / Polguère, A. 1987: *A Formal Lexicon in the Meaning-Text Theory (or How to Do Lexica with Words)*, Computational Linguistics 13/3-4 (261-275).

Penman Group 1989: *The Penman Documentation. Unpublished Documentation of the Penman Sentence Generation System.* USC Information Sciences Institute, Marina del Rey / CA.

Pustejovsky J. 1991: *The syntax of event structure*, Cognition 41 (47-81).

Rösner, D. / Stede, M. 1994: *Generating multilingual documents from a knowledge base: The TECHDOC project*, in: *Proceedings of the International Conference on Computational Linguistics* (COLING). Kyoto.

Stede, M. [1993a]: *Lexical choice criteria in language generation*, in: *Proceedings of the 6th Conference of the European Chapter of the ACL* (EACL). Utrecht 1993.

- [1993b]: *Lexical options in multilingual generation from a knowledge base*, in: *Proceedings of the 4th European Workshop on Natural Language Generation*, Pisa 1993.

Talmy, L. 1988: *The relation of grammar to cognition*, in: Rudzka-Ostyn, B. (ed.): *Topics in Cognitive Linguistics.* Amsterdam: John Benjamins.

Vendler, Z. 1967: *Linguistics and Philosophy.* Ithaca / NY: Cornell University Press.

Adressen der Autoren

Prof. Dr. Henning Bergenholtz
c/o Uwe Kaufmann
Handelshøjskolen i Århus
Fuglesangs Allé 4
DK - 8210 Århus

Prof. Dr. Manfred Bierwisch
Max-Planck-Gesellschaft zur Förderung
der Wissenschaften e. V.
Arbeitsgruppe Strukturelle Grammatik
an der Humboldt-Universität
Jägerstr. 10-11
D - 10117 Berlin

Prof. Dr. Gregor Büchel
Fachhochschule Köln
Fachbereich Nachrichtentechnik
Betzdorfer Straße 2
D - 50679 Köln
buechel@fh-koeln.de

Prof. Dr. Ulrich Engel
Burgweg 20
D - 64646 Heppenheim

Prof. Dr. Udo L. Figge
Ruhr-Universität Bochum
Romanisches Seminar
D - 44780 Bochum
udo.l.figge@rz.ruhr-uni-bochum.de

Dr. Ulrich Heid
Universität Stuttgart
IMS - CL
Azenbergstr. 12
D - 70174 Stuttgart
uli@ims.uni-stuttgart.de

Dr. Manfred W. Hellmann
Institut für Deutsche Sprache
Postfach 10 16 21
D - 68016 Mannheim

Prof. Dr. Johann G. Juchem
Universität Bonn
Institut für Kommunikationsforschung und Phonetik
Poppelsdorfer Allee 47
D - 53115 Bonn

Prof. Dr. Ursula Klenk
Universität Göttingen
Seminar für Romanische Philologie
Humboldt Allee 19
D - 37073 Göttingen

Dr. habil. Herbert Küstner
Humboldt Universität
Computerlinguistik
Jägerstr. 10–11
D - 10099 Berlin
kuestner@compling.hu-berlin.de

Dr. Stefan Mehl
Universität GHS Duisburg
FB 3 - Computerlinguistik
Postfach 10 15 03
D - 47048 Duisburg
he234me@unidui.uni-duisburg.de

Prof. Dr. Burkhard Schaeder
Universität GHS Siegen
FB 3: Sprach- und Literaturwissenschaften
Adolf-Reichwein-Str. 2
D - 57076 Siegen

Bernhard Schröder M. A.
Universität Bonn
Institut für Kommunikationsforschung und Phonetik
Poppelsdorfer Allee 47
D - 53115 Bonn
bsh@ikp.uni-bonn.de

Dr. Uta Seewald
Universität Hannover
Romanisches Seminar
Postfach 6009
D - 30060 Hannover
nhtcseew@rrzn-user.uni-hannover.de

Manfred Stede
Dept. of Computer Science, University of Toronto
FAW Ulm
Helmholtzstr. 16
D - 89081 Ulm
stede@faw.uni-ulm.de

Dr. Astrid Steiner-Weber
Universität Bonn
Philologisches Seminar - Abt. Byzantinistik
Am Hof 1e
D - 53111 Bonn
steiner-weber@uni-bonn.de

Prof. Dr. Rainer Stuhlmann-Laeisz
Universität Bonn
Seminar für Logik und Grundlagenforschung
Lennéstr. 39
D - 53113 Bonn

Prof. Dr. Nico Weber
Fachhochschule Köln
Fachbereich Sprachen
Mainzer Straße 5
D - 50678 Köln
n.weber@fh-koeln.de

Suzanne Wolting
Heinrich-Heine-Universität
Seminar für Allgemeine Sprachwissenschaft
Universitätsstr. 1
D - 40225 Düsseldorf
wolting@sapir.ling.uni-duesseldorf.de

Prof. Dr. Jean-Marie Zemb
Collège de France
Chaire de Grammaire et Pensée Allemandes
11, Place Marcelin-Berthelot
F - 75005 Paris

Kolibri 360 GmbH
Ferdinand-Jühlke-Straße 7
99095 Erfurt, Deutschland
produktsicherheit@kolibri360.de